KB194513

한국의 불교의례 I

프라즈냐 총서

02

한국의 불교의례 I

| 상용의례常用儀禮를 중심으로 |

정각 著

운주사

이 연구는 한국 학술진흥재단의 1997년 학술연구조성비 지원사업의 지원에 의해 이루어진 것입니다.

서 문

종교는 교조(敎祖)의 깨침을 확실히 믿고 그 믿음은 실제적 생활 가운데서 밝고 맑아져야 한다. 불교의 교설(敎說)은 여러 형태로 표현되어, 교리를 이해한다는 것은 지식의 축적이나 이해의 광폭에 도움을 주는 것도 사실이다. 그러나 그 지식과 이해라는 것은 마음의 안녕에는 큰 도움이 되지 않는다.

이에 종교에는 교조의 깨침으로 닦아 나가는 신앙이 있어야 한다. 그 신앙은 맹목적으로 구하는 것보다 어떤 의례(儀禮)에 의해 장중하고 차제(次第)가 있는 의식(儀式)을 밟아 가는 것이 좋은 방법일 것이다. 의례란 형식적 절차로서 보여지는 듯하지만, 들고 나고 앉고 서고 절하고 하는 것 모두가 의례의 과정이다.

깨침의 세계는 적멸(寂滅)의 세계이고 삼매(三昧)의 세계이다. 이러한 세계에 참입(參入)하려면 말끔한 몸매와 함께 오롯한 마음을 가다듬어야 하며, 바른 위의(威儀)를 갖추어야 한다. 이런 모든 것을 의례로서 제한해 놓지 않으면 혼돈스럽게 된다. 이에 불교 의례는 깨침의 마음을 갖도록 하는 지름길이 된다.

법당 안에 들어가 촛불 밝히고 향 사루고 삼배 올리면서 의식의 이끌림에 따라 예경(禮敬) 드리는 것은 엄숙해야 한다. 이 엄숙함은 자기 마음을 하나로 이끌어 들이며, 그런 가운데 소스라침과 사무침이 찰나(刹那)에 일어나게 된다. 소스라침은 시작과 함께 생겨나며 사무침은 회향과 함께 일어난다. 소스라침은 깨침에로 향하는 전율이며 사무침은 구원에로 다가서는 발원이다. 이러한 의례의식의 절차가 수없이 반복되고 적집(積集)되어 갈 때 우리 신앙인의 속마음은 맑아지게 된다. 이 얼마나 갸륵한 종교 행위인가. 그리고 이 같은 종교행위의 감동이 부단히 체험될 때 우리는 가피(加被)를 받았다는 증험(證驗)으로 생생하게 될 것이다.

여기 불교적 증험의 세계를 알리는 책이 나왔으니, 정각스님이 수년간 고심 끝에 상재한 『한국의 불교의례』이다. 불교를 신앙하는 사람들에게 불교의례와 그 역사적 현상들을 체계적으로 엮어 한국의 불교인이면 누구든지 바르게 알 수 있고 신해행증(信解行證)의 길잡이를 삼게 하였으니, 참으로 귀한 일이다. 이에 책머리에 몇 자 적어 그 공덕을 기리는 바이다.

불기 2544년 11월
동국대학교 교수
목정배

저자의 말

  80년대 중반, 처음 불교에 입문한 필자에게 불교 진리에의 길을 안내해 줄 손쉬운 입문서 및 지침서들이 많지 않은 상황이었다. 그리하여 강원(講院)에서 경전을 접하며, 불교에 눈 떠 가던 무렵부터 나에게는 바램이 있었다. 크나큰 책을 한 권 묶어 내고 싶었던 것이다. 그 책은 전체 16권으로 구성되었고, 한 권 한 권이 모여 그 안에 불교의 모든 것을 포괄해 담게 되는 ……

  그리하여 내 스스로 알아 가는 불교의 모습을 조망해 가면서, 내 뒤를 걷는 사람들에게 그것을 알려 줄 생각에 당시 필자는 전체 16권의 책 목차를 짜고, 한동안의 작업을 통해 89년에 『부처님 생애』 및 91년에는 『가람, 절[寺]을 찾아서』를, 그리고 93년에는 『예불(禮佛)』이란 책을 출간하기도 하였다.

  당시 전체 16권의 책 구성 가운데는 〈불교의례〉가 포함되어 있었다. 의례(儀禮)란 그 실행을 통한 종교 대상과의 합일에 대한 상징성을 제공하는 한에 있어, 그것은 불교 수행의 궁극에 이를 수 있는 또 다른 길이라 생각했던 것이다. 그래서 언젠가 기회가 되면 그에 대한 체계를 세우고 그 총론(總論)을 써 보고자 생각하였다.

  그럼에도 이후 때때로 당면하는 여러 작업들 및 다른 관심사들에 이끌려 애초의 계획을 잊고 있었다. 그러던 중 1997년 여름, 평소 연분이 있던 연극영화학과 김홍우 교수님으로부터 하나의 제안이 왔다. '학술진흥재단 연구조성비 지원사업'에 의한 〈불교 전통의례와 그 연극 연희화

방안 연구〉라는 작업의 공동연구자로서 참여해 달라는 말씀이었다.

그 작업에 참여하게 될 사람으로는 김 교수님 및 우리나라 불교의례 연구의 권위자로 알려진 홍윤식, 서윤길 교수님 등이 포함되었으며, 그 기회로 필자는 그분들과 함께 소중한 연구에 동참할 수 있는 영광을 얻었다. 그때 필자에게 할당된 연구 제목은 「불교 제(諸) 의례의 설행(設行) 절차와 방법」이었다. 위 주제를 할당받은 필자는 10여 년 전의 생각이 문득 떠올랐다. 그리고 이 기회에 〈불교의례〉라는 내 스스로의 과제를 마무리짓고자 생각하게 되었던 것이다.

이 원고는 「불교의례의 의미와 구분」이란 서론과 「불교 제 의례의 설행 절차와 방법」이란 두 부분으로 구성되어 있다. 그리고 뒷부분은 다시 '상용의례'와 '비상용의례' 등으로 나뉘는 바, 필자는 '상용의례' 부분만을 기술한 채 당시의 연구과제를 마무리해 제출하였으며, 이를 『한국의 불교의례·Ⅰ』이라 스스로 이름하였다.

그리고 이후 틈틈이 『한국의 불교의례·Ⅱ』에 해당될 '비상용의례' 부분의 원고를 완성해 가며 불교의례에 관한 총괄을 꾀하는 도중, 목정배 선생님께서는 「한국불교 의례 사상사 연구」라는 이후의 연구 테마를 주시기도 하였다.

이에, 이 책과 함께 현재 집필중인 '비상용의례' 부분은 「한국불교 의례 사상사 연구」를 위한 기초 자료가 되어질 것이다. 그리고 이를 통해 필자는 「한국불교 의례 사상사 연구」라는 또 하나의 테마를 완성해 갈 것으로, 이로서 10여 년 전에 설정한 내 스스로의 과제 중 하나를 마무리지을 수 있으리라 생각한다.

불기 2544년 11월 30일
葦山 正覺

서언(緒言)

'사회적으로 주어진 복합적 문화현상 내지 체계·생활양식'으로서 종교적 삶1)을 살아가는 가운데 우리는 우주적 진리에 대한 외경심(畏敬心)을 느끼게 된다. 그러나 불교는 절대자, 즉 신(神)에 대한 우리의 신앙이 아닌 한에 있어 진리에 대한 외경심을 바탕으로 진리 자체에 다가섬을 그 목표로 삼는다. '진리가 너희를 자유롭게 하리라'고 『성서』가운데 나자렛 예수는 말하기도 했던 바, '진리를 보는 자는 나를 보는 것이요, 나를 보는 자는 진리를 보는 것이다'라는 『대반열반경(大般涅槃經)』의 고타마 붇다의 말씀과 그 참된 의미를 추구하는 가운데, 우리는 진리 자체와 마주하게 될 것이다. 그것은 무형적 공간 속에서의 만남이 되어질 것인 바, 그 만남 자체를 키에르케고르(S. Kierkegaard)는 직접성(unmittelbarkeit)이라 표현하기도 하였다.

인간 실존적 만남을 추구하는 속에는 설레임, '공포와 전율'이 따른다. 그러한 심적(心的) 현상을 우리는 외경심이라 표현하며, 외경심을 바탕으로 그에 대한 다가감을 통해 우리는 외경(畏敬)의 꺼풀(lalum)을 하나하나 벗겨 가는 채(revelation) 외경 자체와 하나가 된다. 다가간다는

---

1) 「종교생활과 종교의례」(문화체육부 종무실, 『한국종교의 의식과 예절』, 1995). p.25.
위 항목의 필자는 '사회적으로 주어진 복합적 문화현상 내지 체계·생활양식'으로서의 종교적 삶 가운데 '① 절대진리를 직관적으로 감응하는 종교경험, ② 그 경험내용을 합리적으로 해석·체계화한 종교사상 및 ③ 종교경험의 내용을 현실에서 재연하여 신도대중을 참여케 하는 종교의례, 그리고 ④ 그 신앙을 가지고 지속적으로 종교생활을 가능케 하는 종교공동체가 어우러진 문화의 복합체가 종교'임을 기술하고 있다.

것, 그에는 행위가 따른다. 그 행위에 따른 직접적 대면 가운데 우리는
진리 안에서 자유로움을 느낀 채 진리 자체를 체득하기도 할 것으로,
만남이란 인간 주체적 실존 확립의 장(場)이 되어진다.

만남이라는 현상에 앞서 야기되는 우리의 '외경심' 내지 그에 대한
'다가감'은 진리를 향한 언어이며 몸짓에 해당될 것으로, 우리는 이것을
종교의례라 말할 수 있다. 종교의 언어는 몸짓의 상징을 통해 나타난다.
그 상징은 속(俗)에서 성(聖)에로 우리를 전환시키는 메카니즘적 성격
을 가지며, 그 상징의 메카니즘을 분석해 가는 과정 속에서 우리는 효
율적 다가섬을 행할 수 있게 된다.

상징의 메카니즘, '의례는 풍토적 조건 및 민족적 · 역사적 · 사회적
조건들의 습합에 의해 이루어진 것이라 할 수 있다. 한편 종교는 교의
(敎義)와 의례(儀禮), 교단(敎團)의 삼 요소로 구성된다고 할 수 있는데,
여기서 종교의례란 종교의식의 외적 표출로서 종교적 대상과의 합일의
상징작용을 의미한다. 이에 의례는 종교관념의 전이(轉移)에 따라 변화
한다'[2]고 할 수 있는 즉, 필자는 종교의례라는 커다란 틀 가운데 불교
의례(佛敎儀禮)의 기저에 깔린 종교관념 본래의 모습 및 형태들을 통찰
해 보는 속에 진리와의 합일에 대한 그 상징성의 안목을 마련해 갖고자
한다. 즉 불교의례 가운데 담긴 그 종교적 관념을 파악코자 하는 것으
로, 이는 각각 의례(儀禮)의 설행(設行) 절차와 방법 가운데서 발견되어
질 것이다.

---

2) 朴世敏 編, 『韓國佛敎儀禮資料叢書』(第一輯), 三聖庵, 1993. pp.21~23.

I

불교의례의 의미와 구분

1. 불교의례의 성격

불교의례의 외적 시원(始原)은 '예경(禮敬)'과 '반승(飯僧)'에 있다고
말할 수 있다. 깨달음에 이른 자, 즉 붓다에 대한 존경의 염(念)은 불교
성립기의 인도(印度) 관습에 따라 깨달은 자의 '발등에 자신 이마를 맞
댄다'거나, 혹은 '오른쪽으로 세 바퀴 돈다'거나 하는 등 예경의 형태로
서 표출[1]되었으며, 이후 깨달은 자(佛) 뿐만이 아닌 그가 깨달은 진리
(法) 내지 그 진리를 깨우친 무리(僧)에 대한 예경에 이르기까지 예경
의 대상이 확산됨에 따라 불·법·승 삼보에 대한 예경, 즉 삼귀의(三
歸依)에로 그 의미가 정착되기도 하였다.

한편 불교의 성립 이전부터 출가수행자에게 음식물을 공양(供養)하는
반승(飯僧)의 의미는 공덕의 개념으로 전이되기도 하였는데, 이는 공양
하는 자 및 망혼(亡魂)의 업(業)의 청정을 구하는 한 방편으로 이해되
기도 하였다.[2] 이렇듯 불·법·승 삼보에 대한 예경 및 수행자에 대한

---

1) 상대의 발등에 자신 이마를 맞대는 '接足作禮(또는 頂禮)'거나 상대를 오른쪽으
   로 세 바퀴 도는 '右繞三匝' 외에도, 佛에 대한 예경 뿐만이 아닌 고대 인도에서
   는 타인과의 관계 속에 역시 많은 예경의 방법들이 사용되었다. 이에 玄奘의『
   대당서역기』에서는 '天竺九儀'로서 이를 설명하고 있으며, "①發言慰問, ②俯首示
   敬, ③擧手高揖, ④合掌平拱, ⑤屈膝, ⑥長跪, ⑦手膝踞地, ⑧五輪俱屈, ⑨五體投地
   등을 들 수 있다. ……(중략)…… (한편) 말을 하고 명을 받을 때는 옷자락을 여
   미고 길게 엎드린다. ……(하략)…… 등."(『大唐西歷記』大正藏 51, p.877下)
   한편『대지도론』가운데서 '頭面禮足' 등의 표현을 발견할 수 있는 바, "禮有三
   種 一者口禮 二者屈膝 頭不至地 三者頭至地 是爲上禮 人之一身 頭爲最上 足爲最
   下 以頭禮足 恭敬之至"라는 설명을 부가하고도 있다.(『大智度論』大正藏 25,
   p.751中)
2) "時波斯匿王爲其父王諱日營齋"

음식물 공양으로서 반승의 성격은 초기 불교의례 고유의 형태로서 정립
되었으며, 이후 예경 대상에 대한 새로운 이해들이 생겨나기도 하였다.

즉 불멸(佛滅) 후, 불(佛) 사리탑 및 불(佛)의 상징으로서 보리수·불
족석·법륜 등의 형상에 대한 예경과 함께, 불상 내지 부처님 생애 중
요 사건들을 묘사한 팔상도(八相圖) 등 성화상(聖畵象) 숭배에로 확산
된 예경 대상의 변화 속에, 더욱이 소승·부파·대승·금강승 등의 교
리 발전에 따른 다양한 불·보살의 등장과 선·교학의 발전에 따른
선·조사 등에 대한 예경에 이르기까지 다양한 예경 대상들이 설정되기
도 하였던 것이다. 그리고 불교의 타국 전래 가운데 각국 고유신앙과의
접맥 속에서 무수한 신앙 대상 및 그에 따른 의례의 형식이 생겨나기도
하였는 즉,3) 그럼에도 예경 및 반승(飯僧)의 내재적 의미성 가운데 '공
덕을 통한 현세구복' 내지 '업의 청정을 통한 정토왕생의 희구'라는 측
면을 우리는 발견할 수 있게 된다.4)

大佛頂如來密因修證了義諸菩薩萬行首楞嚴經(大正藏 19, p.106中)(이하 楞嚴經이
라 약술한다.)

3) 이에 대한 독특한 예로서 한국에 있어서의 山神信仰 내지 獨聖信仰, 伽藍信仰과
관련된 의례를 들 수 있다. 이는 한국 고유의 三神信仰에 의해 생겨난 신앙의례
로서 이해되며, 이에 대한 의례의 형식 등은 전래의 의식집 가운데서 발견된다.
(正覺, 『가람, 절을 찾아서』, 도서출판 산방, 1991. pp.127~168)

4) 禮敬과 飯僧 외에 우리는 불교의례의 始原으로서 역시 齋의 의미를 들어야 할
것이다. 여기서 齋는 '단식' 내지 '부정을 피한다'는 의미의 uposaṇa거나 poṣadha
의 譯語로 布薩이라 音譯(淨住·長養·說戒 등으로 번역)되기도 하였는 바, 고대
인도에서 매월 6번의 성스러운 날[六齋日: 음력 8일·14일·15일·23일·29일·
30일] 사람들이 그 전날 밤부터 종교의식의 장소에 모여 (정오 이후의) 단식을
하며 하루를 경건히 보냈던 관습에서 유래된 행사를 말한다. 齋日 동안 재가 불
자들은 八關齋를 지켜야 했는데, 14일과 15일, 29일과 30일에는 출가 승단과 함
께 밤을 새우며 보름단위의 布薩儀式을 거행하기도 하였다.
이에 『중아함경』「포리다품」 가운데 "만약 선남자 선여인으로서 聖八支齋를 지
키면 육신이 무너져 목숨이 다할 때 他化樂天 가운데 태어나게 되리라. (이에)
녹자모 비사거가 叉手한 채 부처님을 향해 말하기를, '세존이시여, 聖八支齋는
매우 기이하고 독특한 것입니다. 큰 이익과 큰 과보가 있으며, 대 공덕이 있으니
……(후략)……(『中阿含經』「晡利多品」, 大正藏 1, p.772下)"라 하는 바, 이는 齋
의 공덕을 말한 것이라 하겠다.

불교의례의 근원적 의미

그럼에도 불구하고 불교의례의 근원적 의미는 '승단(僧團)의 위의
[계·율]'를 통한 불교의 사상적 심연과 관계를 맺는다고 할 수 있다.
즉 불교의례의 궁극적 지향점은 불교 근본 목적으로서 '수행을 통한 해
탈'의 성취에 있다고 할 때, '중도·삼법인·사성제·팔정도·십이인연
등의 교리를 바탕으로 한 명상 수련과 명상 이후 수행의 중요성을 강조
하고 있는 불교의 교리' 가운데 '수행'이란 śila, 즉 계(戒)라 번역되는
용어로서, 티벳어에서는 이를 tsültrim이라 표기한다. 이는 '적합한(tsül)
규칙·규범(trim)'을 의미하며, 부처님 모범에 따른 '적합한 규범'을 실
행함을 뜻하고 있다. 한편 부처님께서는 재세시(在世時) 승단 구성원들
이 행해야 할 '행위의 규범적 원리'를 제정한 바 있어 이는 vinaya, 즉
율(律)이라 번역되며, '길들임'을 의미한다.

즉 '적합한 규범(śila; 戒)'의 실행을 통한 우리 자신 '길들임(vinaya:
律)'을 통해 우리는 신(身)·구(口)·의(意) 삼업(三業)의 허망한 열정을
가라앉힌 채 내면의 '개인적 자유', prātimokṣa(波羅提木叉)를 성취할 수
있으리라 하였다. 그런데 여기서 prati란 '근접한다'는 뜻의 접두사로서,
prātimokṣa(波羅提木叉)란 'mokṣa(解脫)에 근접함'을 의미하여 해탈과
상응할 수 있는 말로서, 이것이야말로 불교 수행의 궁극적 목표가 되어
질 것이기도 하다.5)

이로서 생각할 때 불교 수행의 궁극적 목표를 향해 나아가고자 하는

한편 경전 가운데 齋란 齋供 즉 飯僧이라 이해되기도 하는 바(『楞嚴經』, 大正藏
19, p.106中)) 현재 일반에 있어서는 '부정한 일을 멀리함'이거나 '명복을 빌기 위
하여 드리는 불공'을(뉴에이스 國語辭典, 금성교과서주식회사), 그리고 승가에서
는 '死者에 대한 施食' 내지 '盂蘭盆日의 飯僧' 및 '불공' 등의 뜻으로(『佛敎學大
辭典』 도서출판 홍법원) 齋의 의미를 받아들이고 있다. 이는 八關齋 가운데 제일
중요한 항목으로서 (정오 이후의) 단식의 의미가 訛傳된 것으로 이해된다.
5) 正覺, 「불교적 구원관」, (『신학과 사상』, vol. 22), p.42.
   Chögyam Trungpa, Journey without Goal – The Tantric wisdom of the
   Buddha(Boston: Shambhala Pub, 1981), p.3.

입문자들은 부처님 모범에 따라 부처님께서 제정하신 '적합한 규범' 즉
śila(戒)의 실행과 함께, '행위의 규범적 원리' 즉 vinaya(律)에 스스로
길들여질 수 있어야 하는 바, 위 śila(戒)와 vinaya(律)의 총체적 의미성
을 불교의례 가운데서 찾아야 할 것이라 생각한다. 그리고 이러한 의례
실행을 통해 우리는 신·구·의 삼업의 허망한 열정을 벗어나 계(戒)·
정(定)·혜(慧) 삼학(三學)을 성취한 채, prātimokṣa(波羅提木叉) 즉 해
탈을 성취할 수 있으리라는 것이다.

 이런 전제 속에서 생각할 때 불교의례의 내적·규범적 원리를 우리
는 불교의 삼장(三藏) 중 율장(律藏) 가운데서 발견해야 할 것이다.6) 이
에 1962년 3월 22일 제정된 대한불교조계종 종헌(宗憲)에 의할 것 같으
면 "본종(本宗)의 의식은 '불조(佛祖)의 유훈(遺訓)'과 전래의 '백장청규
(百丈淸規)' 및 '예참법(禮懺法)'에 의존한다(제13조)"7)고 규정하고 있는
데, 좀더 포괄적 의미에서 '불조의 유훈'으로서 삼장(三藏) 가운데 '율장'
및 전래의 『백장청규』와 '예참법'에 의존8)하여 불교의례를 행함으로서

---

6) 필자는 불교의례의 근원을 외적 측면 및 내적 측면으로 구분하였다. 앞서 예경
   및 반승(齋, 즉 八關齋의 의미 역시 포함)을 그 외적 시원으로 삼은 것에 비해,
   내적·규범적 원리를 율장 가운데서 찾아야 할 것임을 말하고 있는 것이다.
    한편, 현재 한국불교 所依의 律藏은 자장율사 求律 이래 法藏部의 「四分律」에
   근거하는 바, 전체 60권으로 이루어진 「사분율」은 다음과 같은 구성을 갖는다.
   ┌ ① 비구·비구니계에 대한 해설을 행하고 있는 전반 30권의 〈止持戒, 또는
   │   經分別部〉,
   ├ ② 僧伽의 행사 및 일상생활 등에 대한 규정, 즉 비구·비구니의 行持에 대
   │   한 내용을 담고 있는 31권부터 54권까지의 〈作持戒, 또는 健度部〉
   └ ③ ①부분의 요약에 해당하는 〈附隨部〉 등.
    이 가운데 불교의례의 규범적 원리에 해당될 「四分律」의 〈健度部〉는 ①受戒, ②
   說戒, ③安居, ④自恣, ⑤皮革, ⑥衣, ⑦藥, ⑧迦絺那衣, ⑨拘睒彌, ⑩瞻波, ⑪呵責,
   ⑫人, ⑬覆藏, ⑭遮, ⑮破僧, ⑯滅諍, ⑰比丘尼, ⑱法, ⑲房舍, ⑳雜, ㉑集法毘尼五
   百人, ㉒七百集法毘尼 등 22健度로 나뉘어지며, 第一結集 및 第二結集에 관한 경
   과기록을 담고 있는 마지막 2개의 健度를 제외한 20개 항목 안에 불교의례의 內
   的·規範的 원리가 담겨져 있음을 말할 수 있다.(佐藤密雄(崔法慧 譯), 『律藏』,
   동국역경원, 1994. pp.25~26)
7) 대한불교조계종 총무원, 「宗憲」(『대한불교조계종 법령집』, 다보기획, p.455)
8) 한국불교 역사성의 맥락 속에 생각할 때, "'佛祖의 遺訓'으로서 三藏 가운데 「律

우리는 부처님 모범에 따라 해탈이라는 궁극적 경지에 이를 수 있을 것이다.

이에 불교의례란 그 자체가 수행의 방법을 뜻하고 있음을 말할 수 있다. 한편 불교 수행이란 무명(無明)의 집착으로부터 생겨난 탐·진·치 삼독을 제거한 채 계·정·혜 삼학을 통한 현세해탈(現世解脫)9)에 있음을 말할 수 있는 바, 무명의 탐·진·치는 윤회의 근본으로서 그 자체가 고(苦)라 표현될 수 있기도 하여, 그 고의 근원인 업의 청정을 통해 우리는 무명 자체인 혹(惑)을 제거할 수 있기도 하다. 이로서 생각한다면 불교의례란 혹(惑)을 제거하기 위한 신·구·의 삼업의 청정이라 말할 수 있는 채, 이는 신·구·의 삼업에 대한 참회와 연결되어 있기도 하다.10)

藏」 및 전래의 『百丈淸規』와 「禮懺法」'에 의존한다"는 표현은 아주 타당성 있는 것이라 할 수 있다. 즉 '백제 謙益의 對 印度 求律 및 신라 慈藏律師의 對 唐 求律(「四分律」) 이래 元曉·太賢·憬興·義寂·眞表 등에 의해 「사분율의」 및 「보살계본」 등 律藏에 대한 연구가 활발히 진행되었으며, 羅末 麗初 禪宗의 전래 속에 「禪苑淸規」가 승가의 儀軌로서 정착되었던 바, 그리고 고려 중기 이후 현재에 이르기까지 준계율적 성격으로서 예참법의 역할을 담당하고 있는 普照·元曉·野雲 등에 의한 『初發心自警文』의 확산'은 위 종헌 제13조의 성격을 다분히 뒷받침 해주고 있다고 할 것이다.(印幻, 「律藏의 번역간행에 붙이는 跋文」(佐藤密雄, 『律藏』, 동국역경원, 1994). p.349)
한편, 위 인용문 가운데 종헌에 명기된 「백장청규」 대신 「禪苑淸規」가 쓰여지고 있는데, 『백장청규』는 唐·宋 당시에 이미 산질 되어진 관계로, 그것을 토대로 만들어진 「勅修百丈淸規」 내지 「禪苑淸規」가 『百丈淸規』를 대용하고 있다는 측면에서 이해될 수 있다.
9) '모든 妄執을 멸한 마음이 해탈(khuddak-Nikāya, Nalanda Devanagari Pali Series, vol. 2, p.333)'이며 이는 '동시에 스스로의 마음을 지배하는 것(ibid. p.233)'으로서, 또한 "내 마음은 내게 순종하고 해탈해 있다"는 『수따니빠따』의 문구(元義範 譯, 『불타의 말씀, 수따니빠따』, 삼성문화문고, p.10, 23)는 해탈의 현세적 측면을 드러내 주는 좋은 예가 된다. 물론 Śvetāśvatara upaniṣd(4, 19)에 등장하는 'paramātman'이 연료가 다 타버린 불꽃을 의미하며, Majjhima Nikāya(72)에서 nirvāṇa를 불꽃의 소멸이라 설명하여 죽음과 해탈에 대한 동일한 인식의 오해 소지가 생겨날 수 있을 것이나, 그럼에도 "마음을 가라앉힘은 불꽃을 끄는 것과 같다"(Digha Nikāya, 15)는 발전적 인식 속에 존재의 소멸이 아닌 心的 현상으로서의 涅槃觀이 생겨난다.(正覺, 「불교적 구원관」 『신학과 사상』, vol. 22, p.42)

한편 전래의 불교의례 의식집들을 고찰해 볼 때 그 안에는 수많은
밀교적(密敎的) 의례 양식 및 진언(眞言)들이 사용되고 있는 등 밀교적
특색이 짙게 깔려져 있음을 볼 수 있는데, 이는 신밀(身密)·구밀(口
密)·의밀(意密) 등 중생 삼밀(三密)에 대한 불(佛)의 삼밀(三密) 가지
(加持)를 통해 궁극의 수행 경지인 해탈에 도달할 수 있는 방법을 제시
하고 있다. 이에 우리는 전래의 의식집 가운데 "선밀가지(宣密加持) 신
전윤택(身田潤澤) 업화청량(業火淸凉) 각구해탈(各具解脫)", 즉 "(신·
구·의)밀(密) 가지(加持)를 펼치시어 몸과 마음 윤택해진 채 업의 불꽃
청량케 되리니, (이로서) 각각 해탈[別解脫]을 구족하여지이다"11)라는
어구를 발견할 수 있다.

이로서 생각할 때 '밀교의례는 즉신성불(卽身成佛: 現世解脫)의 교의
(敎義)를 바탕으로 한 채 의례 집행자의 공덕력 및 불(佛)의 가지력(加
持力)·도량(道場)의 법계력(法界力) 등 삼력구족(三力具足)을 중시하며,
삼력구족을 통한 의례의 집행 가운데 진언·인계(印契)·관법(觀法) 등
삼밀가지(三密加持) 수행법에 의거'12)하게 되는 바, 『대일경』 가운데

"이 몸을 버리지 않고도 신경통(神境通)을 얻으며, 대공위(大空位)를
노닐어 신(身)의 비밀(秘密)을 성취케 되리라. 또 이르되, 금생에 이 실지
(悉地)를 이루려면 부처님으로부터 진언법[明法]을 받아 관찰·상응하면
응당 성취할 수 있으리라."13)

는 언급과, 용맹(龍猛: 龍樹)의 『보리심론』 가운데

---

10) 이렇듯 身·口·意 三業의 淸淨이란 측면이 懺悔의 의미와 함께 어우러짐 속에
서 우리는 대한불교조계종 종헌에 쓰여진 "本宗의 儀式은 ……(중략)…… 「禮懺
法」에 依尊한다(제13조)"는 말의 의미성을 새삼 생각해 볼 수 있게 된다.
11) 安震湖, 『釋門儀範(上)』, 卍商會, 1935. p.67下.
12) 朴世敏 編, 『韓國佛敎儀禮資料叢書』(第一輯), 三聖庵, 1993. p.14.
洪潤植, 『한국불교의 밀교적 특색』, 도서출판 만다라, 1995. p.33.
13) 『大日經』(大正藏 18, p.21上)

"오직 진언법(眞言法) 가운데 즉신성불 할 수 있으리라."14)

는 표현은 가지(加持) 수행에 따른 즉신성불의 교의적 바탕 및 진언법에 의한 해탈 가능성을 제시하는 것으로서 이해될 수 있다. 이로서 밀교의례의 집행자는 삼밀의 실행 가운데 불(佛)과의 동화, 즉 주객의 이원적 요소가 상즉상입한 주객일체의 상태에 이르게 된다. 이 상응일치의 실천적 단계를 삼밀유가(三密瑜伽)의 행(行)이라 하는 바, 이를 통해 불교의례의 완성, 즉신성불 즉 해탈의 현증(現證)이란 단계에로 접근해 갈 수 있는 한에 있어, 불교의례는 신비 아닌 신비 속의 합일을 뜻한다고 말할 수 있다.

이로서 생각한다면 불교의례는 '공덕을 통한 현세구복' 내지 '업의 청정을 통한 정토왕생의 희구'적 측면으로서 예경 및 반승(그리고 재齋)의 의미를 넘어선 채, 적합한 규범(Śila: 戒)의 실행과 우리 자신의 길들임(Vinaya: 律)을 통해 신·구·의 삼업의 허망한 열정을 가라앉힘으로서 바라제목차(波羅提木叉, Prātimokṣa) 또는 해탈(mokṣa)을 추구한다는 불교 수행의 궁극적 목표에로 그 지향점을 설정할 수 있는 바, 그럼에도 신·구·의 삼밀의 가지(加持)를 통한 현세해탈, 즉 즉신성불에로의 추구 가운데 그 참다운 목적이 존재한다고 말할 수 있다.

---

14) 『菩提心論』(大正藏 32, p.572下)

2. 불교의례의 구분

이렇듯 그 내용에 있어 현세해탈로서 즉신성불을 추구한다는 점에 초점이 맞춰져 있는 불교의례에 대한 포괄적 언급을 위해, 우리는 그 자체에 대한 유형 및 구조적 이해를 재조명해 볼 필요가 있다.

이에 먼저 불교의례란 말 자체가 갖는 언어적 한정 및 그 범주를 규정코자 한다.

1) 불교의례, 언어적 한정과 그 범위

우선 불교의례의 용어적 개념에 대한 정의(定義)의 필요성을 느끼게 되는 바, 불교의례란 과연 무엇을 말하는 것인가? 어의적(語義的) 측면에서 살펴 볼 때, 퇴경당 권상로 스님은 『석문의범』의 서(序) 가운데 "유인(有人)이면 사유사(斯有事)요, 유사(有事)면 사유예(斯有禮)요, 유예(有禮)면 사유의(斯有禮)니, 대이예락형정(大而禮樂刑政)과 소이읍양진퇴(小而揖讓進退)가 시야(是也)라"[1]고 말하였다. 즉 '사(事)가 있으면 예(禮)가 있으며, 예(禮)가 있으면 의(儀)가 있다'고 하였는 즉, 이러한 입장에서 생각한다면 '의(儀)'란 '예(禮)에 대한 위의(威儀)적 측면'으로서 '예(禮)'에 대한 의(儀)'를 뜻한다고 하겠다. 그러므로 예(禮)의 범주 안에 의(儀)가 포함된다고 말할 수 있어, 의(儀)란 '예(禮)의 의(儀)'에 해

---

1) 安震湖, 『釋門儀範(上)』, 卍商會, 1935. p.1.

당된다고 할 수 있다.

그럼에도 우리는 흔히 '의례(儀禮)'라는 단어의 체용(體用)적 구분을
간과한 채, 다만 의례를 보족하는 수단으로서 '의식'을 말하고 있다. 이
에 김영태 교수는

> "승가에서는 고래로 독특한 사원의례와 법회 설재(說齋)의 법식(法式)
> 이 이루어져 오늘에 이르렀고, 또 길이 전승되어질 것이다. 위의(威儀)와
> 법(격)식 또는 의법(儀法)과 예식(禮式)이라는 뜻으로 의례 의식으로 불리
> 워지는 불가 의식은 ……(후략)……"2)

이라는 언급을 통해 '의례'와 '의식'을 구분하고 있다. 한편 위 인용문
을 통해 볼 때 김영태 교수는 '사원의례'라는 넓은 범주 안에 '법회·설
재(說齋)의 법식(法式)'이 포함되어 있음을 말하고 있기도 하다. 또한
위 인용 가운데 '사원의례'라 함은 법식 내지 예식을 뜻하는 '의식'보다
는 위의와 의법(儀法)으로서 '의례'를 말하고 있음을 볼 수 있는데, 이러
한 관점을 빌린다면 '불교의례란 승가에서 실행되는 법식 및 예식 등「
의식」을 포함한, 위의와 의법 등의 총체적 집합체'로서「의례」를 뜻한다
고 하겠다.

한편 우리는 불교의례의 총체적 맥락 안에서 '의식'과 '의궤(儀軌)'를
구별하기도 하는데, 여기서 의궤란 '의식'의 궤(軌), 즉 법도(法度)를 의
미한다고 할 수 있다. 한편 "종교의례의 실천은 수행법과 불가분 관계
를 맺으며, 종교의례란 수행법으로 실천된다"3)고 할 때, 그 실천적 수
행법과의 관련 속에 불교의식을 규정하는 척도의 총칭을 '의궤'라 부를
수 있기도 하다.4) 이에 '의례'라 함은 (禮와 儀의 體用적 구분을 전제

---

2) 金煐泰, (朴世敏 編,『韓國佛敎儀禮資料叢書』(第一輯), 三聖庵, 1993). p.3.
3) 洪潤植,「삼국유사와 불교의례」(『불교학보』, vol. 16, 1979), p.222.
4) 그럼에도 密敎儀禮的 측면에서 생각할 때,「儀軌」란 三密加持의 총체적 行法이
   라는 특이성을 갖는다. 즉 法道로서의 軌의 측면을 넘어 瑜伽行의 의미를 담고

한) 광의적 의미로서, 협의적 의미의 '의식'과 그 의식의 규준이 될 수 있는 '의궤'를 포함한 총체적 성격을 갖는다고 할 수 있다.5)

그렇다면 그 의례의 범주는 어떻게 설정할 수 있을 것인가? 앞서 '사(事)가 있으면 예(禮)가 있으며, 예가 있으면 의(儀)가 있다'고 하였는 바, 의례라 함은 총체적 인간사에 대한 척도, 궤(軌)를 의미한다고 할 것이다. 이에 "일상생활 그대로가 의례이며 일상생활을 영위함이 곧 의례의 집행이라는 특이점을 지닌다"6)고 할 수 있는 한에 있어, 불교의례란 승가생활에 있어 행(行)·주(住)·좌(坐)·와(臥)·어(語)·묵(默)·동(動)·정(靜)을 포괄한 모든 위의와 법식의 총칭을 말한다고 하겠다.

그럼에도 불구하고, 의례라는 용어를 사용할 때 우리는 행·주·좌·와·어·묵·동·정 등 일상의 '모든 움직임'을 의례에 포함시키지 않음이 일반적이다. 특히 종교의례로서의 의미를 상정하는 한에 있어 우리는 일상의 행위가 아닌, '신령(神靈)과의 관계를 표현하는 정형화된 종교행위'를 들 수 있는데, 이는 '통속적 관념으로서 연희적(演戲的) 예술성과 형식적인 의식성 등의 놀이로서의 기능을 갖춘' (과거적) 성격의 의례와도 구별7)된다고 말할 수 있기 때문이다. 이러한 점에 있어 필자는 불교의례의 의미를 한정함에 있어 세속의 통속적 관념을 제외한 승가의 모든 위의와 법식 전반에 그 범주를 상정코자 한다.8)

있기도 하는 바, '身密과 口密, 意密의 총체적 실행 과정에 있어 그 총체적 진행 절차를 규정하는 것'으로서 의미를 갖는다고 할 수 있다.

5) 이렇듯 필자는 광의적 의미로서의 儀禮와 협의적 의미로서의 儀式 내지 儀軌를 구분하고자 한다. 그럼에도 불구하고 기존 논자들의 논지를 인용하는 경우, 그 표현 그대로를 기술하게 됨을 미리 언급한다.

6) 洪潤植, 『불교와 민속』(현대불교신서 vol. 30), 동국 역경원, 1980, p.4.

7) 「종교생활과 종교의례」(문화체육부 종무실, 『한국종교의 의식과 예절』, 1995). p.33.
위 항목의 필자는 "옛부터 의례라는 용어는 꼭 종교에서만 쓰이는 말은 아니었다. 일정한 규칙 속에서 이루어지는 놀이와 축제, 전쟁과 경기도 의례와 함께 융합되어 있던 것이다"라 하여 전통사회에서의 「성스러운 질서」와 「세속질서」를 대비시키고 있다.

8) 이에 一陀 스님 역시 "'의식'이라고 하면 승가 전체의 일용법도를 말할 수 있다.

불교의례에 대한 언어적 이해 및 불교의례의 범주에 대한 이상의 전제를 상정한 채, 필자는 「불교 제(諸) 의례의 설행절차와 방법」이라는 한정된 주제에 접근해 가겠는데, 그럼에도 불구하고 우선 불교 제(諸) 전통의례에 대한 유형 및 구조적 구분의 당위성에 봉착하게 된다.

2) 불교 제(諸) 전통의례의 구분

그렇다면 여기서 '불교 전통의례'란 무엇을 말하는가. 전통의례라 함은 불교의례의 총체적 전승(傳承)이란 측면과 더불어 생각될 수 있을 것이다. 이에,

> "우리나라의 불교 전래와 더불어 의례법요(儀禮法要)가 전해져 왔을 것은 당연하며, 백제의 주금사(呪禁師)와 신라의 개단작범(開壇作梵) 등의 사례를 통해서 ……(중략)…… 신라말의 진감(眞鑑) 혜소선사(慧昭禪師: 774~850)가 중국에서 돌아와 범패(梵唄)를 전함으로서 이 땅의 성범의식(聲梵儀式)에 활력을 불어넣었으며, 고려왕조에 들어와서는 거의 기복양재(祈福攘災)적인 불교행사로 일관되었기 때문에 그 의례법식도 매우 다양한 편이었다. 조선왕조에 들어와서도 처음에는 고려를 답습한 것처럼 보이나, 오래지 않아 억승척불책(抑僧斥佛策)에 의해 교단마저 폐지 당하고 산중으로 숨게 되자 산사 위주의 제반의례를 보존하기에 이르렀다."9)

는 기본 전제 아래, 우리는 한국불교의 역사적 맥락 속에서 전통의례

靈山 당시의 遠匝祖跪로부터 三千威儀와 八萬細行이 모두 그것이다. 예불·誦經·좌선·경행·포살·자자·赴齋·修懺·聽講·설법, 기타 戒壇作法·羯磨(公議)와 結制·解制·일체 운집법회 등 각종 의식절차가 전개되고 있다. 모든 經律과 論疏 및 淸規 등에 그 의식에 대한 범절을 상론하였다"라 말하고 있다. 一陀, 「儀式·衣制·僧規의 改善」(法興 편역, 『戒律綱要』, 우리출판사, 1994), p.161.
9) 金煐泰, (朴世敏 編, 『韓國佛教儀禮資料叢書』(第一輯), 三聖庵, 1993). pp.3~4.

에 대한 총체적 유형 및 구조적 구분을 행할 필요를 갖는다.

이에 선말(鮮末) 1909년 만해 한용운 스님은『조선불교유신론』가운데

"조선의 승가에 모든 제도가 미거하여 볼 만한 것이 하나도 없다. 재공의식(齋供儀式: 梵唄·四物·作法·禮懺 등 기타)과 제사예절(祭祀禮節: 對靈·施食 등 기타)에 이르러서는 어지럽기가 이를 데 없고, ……(중략)…… 그 외에 평시의 예식(巳時佛供·朝夕拜佛·誦呪 등 기타)도 어지러워 진실을 잃어버리지 않은 것이 없다.……"10)

라 하여 불교 전통의례를「재공의식(齋供儀式)」과「제사예절(祭祀禮節)」,「평시의 예식」등으로 나눈 바 있었다. 그리고 그에 따른「재공의식」으로서 범패(梵唄)·사물(四物)·작법(作法)·예참(禮懺) 등을,「제사예절」로서 대령(對靈)과 시식(施食) 등을, 그리고「평시의 예식」으로서 사시불공(巳時佛供) 및 조석배불(朝夕拜佛), 송주(誦呪) 등을 배당하기도 하였다.11)

---

10) 韓龍雲,「朝鮮佛教維新論」, 1909年(『禪과 人生』, 동서문화사, 1977. p.156)
   이후 한용운 스님은 '크고 작은 어떠한 예식을 막론하고 일체를 소탕하여 하나의 간결한 예식을 행할 것을 주장'하는 가운데, "각 사원은 예불을 하루에 한번만 한다. 그때 의식을 집행하는 사람이 雲集鐘(禮佛三警號)을 다섯 번 치고, 스님과 신도가 옷을 단정히 하고 불당에 나아가 향을 피우고 三頂禮한 후에 찬불가(歌曲은 後日 別故)를 제창하고 물러 나오면 된다(ibid. p.156)"고 하였다. 또한 '佛供에 있어서는 法供이 귀한 것이지 飯供이 귀한 것이 아닌 바, 齋供과 제사 등 기복의 요소를 폐지할 것(ibid. pp.157~158)'을 주장하기도 하였다.
11) 한편 일제기 1911년, 조선총독부는「寺刹令」7條 공포에 이어 1912년「寺法施行伺望中興」이란 문건 가운데 '本末寺法'을 제정(李能和,『朝鮮佛教通史』(下), 佛紀 2945. pp.1135~1162)하기도 하였는 바, '本末寺法'의 제7장〈法式〉항목 가운데 (ibid. pp.1145~1146)

   "(第41條) 本寺에셔 擧行ㅎ는 法式을 分ㅎ야 恒例式, 隨時式의 2種으로 홈
   (第42條) 本寺의 恒例法式期日은 左와 如홈"

   이라 규정한 채 항례법식의 경우 祝釐法式日과 報恩法式日, 報本法式日, 尊祖法

이에 안진호 스님은 1935년 출간된 『석문의범』[12]의 황엽보도문(黃葉普渡門) 가운데 ① 예경편 · ② 축원편 · ③ 송주편 · ④ 재공편 · ⑤ 각소편 · ⑥ 각청편 · ⑦ 시식편 · ⑧ 배송편 · ⑨ 점안편 · ⑩ 이운편 · ⑪ 수계편 · ⑫ 다비편 · ⑬ 제반편 · ⑭ 방생편 · ⑮ 지송편 · ⑯ 간례편 · ⑰ 가곡편 · ⑱ 신비편 등의 구분으로서 불교 전통의례를 총체적으로 구획하였으며, 각 항목에 따른 다음과 같은 세부적 구분을 행하기도 하였다.(도표 2)

한편 1962년 3월 22일 제정된 대한불교조계종 종헌에 의할 것 같으면, 제4장 「의식과 법회」 항목 가운데

式日, 安居法式日 등으로 나눔과 함께, '隨時法式은 信徒의 依賴, 其他의 필요에 따라 인정한다(43조)'고 하였으며, '항례법식 및 隨時법식 모두를 행함에 있어 法式作法은 종래 거행의 淸規에 따를 것을 말하고 있다. 단, 和請 · 鼓舞 · 鑼舞 · 作法舞 등을 일체 폐지한다(44조)'고 하고 있다.
朝鮮總督府에 의해 제정된 본말사법 가운데 〈法式〉의 구분을 간략히 도표화하면 다음과 같다.(도표 1)

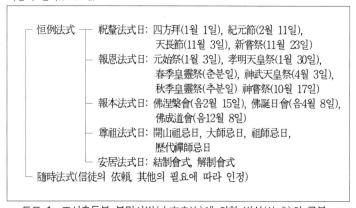

도표 1. 조선총독부 본말사법(本末寺法)에 의한 법식(法式)의 구분

12) 현재 유통되는 『석문의범』 刊記에 초판이 1931년 발행된 것으로 기록되어 있으나, 『석문의범』 序(p.1)에 "乙亥四月聖誕翌夜"라는 표현과 함께 "四佛山人 退耕相老 識"라는 기록이 보이고 있어, 여기서 乙亥年은 1935년에 해당됨을 알 수 있다.(安震湖, 『釋門儀範(上)』, 京城, 卍商會, 1935.)

①禮敬篇 : (1)대웅전(㉮향수해례, ㉯소예참례, ㉰오분향례, ㉱칠처구회례, ㉲사성
례, ㉳강원상강례, ㉴대예참례, ㉵관음예문례) / (2)극락전 / (3)팔상전
/ (4)약사전 / (5)용화전 / (6)대장전 / (7)관음전 / (8)나한전 / (9)명부
전 / ⑽신중단 / ⑾산왕단 / ⑿조왕단 / ⒀칠성단 / ⒁독성단 / ⒂현
왕단
②祝願篇 : (1)행선축원 / (2)상단축원 / (3)중단축원 / (4)생축식 / (5)망축식
③誦呪篇 : (1)조송주 / (2)석송주 / (3)반야심경(㉮소심경)
④齋供篇 : (1)상주권공 / (2)영산재(㉮식당작법) / (3)각배재 / (4)생전예수 / (5)수
류재의
⑤各疏篇 : (1)건회소 등 17종
⑥各請篇 : (1)제불통청(㉮진언권공) / (2)미타청(㉯화장미타찬) / (3)약사청 / (4)
미륵청 / (5)관음청 / (6)지장청 / (7)나한청(㉮나한각청) / (8)칠성청
(㉮칠설각청) / (9)신중청(㉮중단권공) / ⑽산신청 / ⑾조왕청 / ⑿독
성청 / ⒀현왕청 / ⒁제석청 / ⒂사천왕청 / ⒃풍백우사청 / ⒄가람
청 / ⒅용왕청 / ⒆정신청 / ⒇테세청
⑦施食篇 : (1)대령(㉮사명일대령:㉠시련절차, ㉯재대령:㉠관욕절차) / (2)시식(㉮
전시식, ㉯관음시식, ㉰구병시식, ㉱화엄시식) / (3)영반(㉮종사영반,
㉯상용영반:㉠헌식규)
⑧拜送篇 : (1)삼단도배송 / (2)삼단각배송 / (3)신중배송
⑨點眼篇 : (1)불상점안(㉮점필법, ㉯증명창불) / (2)나한점안 / (3)시왕점안 / (4)
천왕점안 / (5)조탑점안 / (6)가사점안(㉮피봉식)
⑩移運篇 : (1)괘불이운 / (2)가사이운(㉮통문불, ㉯삼화상청) / (3)불사리이운 /
(4)승사리이운 / (5)금은전이운 / (6)경함이운 / (7)설주이운 / (8)시주
이운
⑪受戒篇 : (1)사미십계 / (2)니팔경계 / (3)거사오계
⑫茶毘篇 : (1)재래력 / (2)영결식 / (3)매장식 / (4)명정식(㉮붕등신)
⑬諸般篇 : (1)조례종송 / (2)석례종송(㉮오경송) / (3)성도산림(㉮해인급십도, ㉯
동설명) / (4)축상작법(㉮통알) / (5)각종변식 / (6)삼동결제방 / (7)재
시용상방(㉮육소방) / (8)강원보설방(㉮강목) / (9)입측오주 / ⑽담악
초설 / ⑾십팔지옥송 / ⑿인과경초 / ⒀종선근설 / ⒁학립사횡 / ⒂
간당론
⑭放生篇 : (1)방생의궤(㉮방생서) / (2)칠종불살 / (3)칠종방생
⑮持誦篇 : (1)백팔다라니 / (2)츰부다라니 / (3)사십이수 / (4)화엄경약찬게 / (5)법
화경약찬게 / (6)총귀진언 / (7)실상장구 / (8)십이존불
⑯簡禮篇 : (1)포교방식 / (2)입교양식 / (3)설교의식 / (4)강연의식 / (5)삼대기념 /
(6)진산식 / (7)화혼의식 / (8)추도의식
⑰歌曲篇 : 29종의 가사(歌詞)
⑱神秘篇 : (1)주문각종(㉮복장연기) / (2)부서각종(㉯길흉잡록)

도표 2. 『석문의범』에 따른 의례 구분

　　"본종(本宗)의 의식은 불조(佛祖)의 유훈과 전래의 백장청규 및 예참법
에 의존한다.(제13조)
　　본종은 항례법회(恒例法會)와 임시법회를 설한다. 항례법회의 종별 및
일자는 종법(宗法)의 정하는 바에 의한다."(제14조)13)

라 명기된 바 있었다.

　　이로서 본다면 대한불교 조계종의 경우 불교의례는 「의식」과 「법회」
로 나뉘는 바, 제14조의 내용에 의한다면 「법회」에는 「항례법회」와 「임
시법회」가 설해지며, 「항례법회」의 경우 그 종별 및 일자가 종법으로서
정해지게 되어 있다.14) 그럼에도 불구하고 현재에 이르기까지 이를 규
정한 종법(宗法)은 전연 존재치 않은 채,15) 다만 소수의 불교 관련 학
자들에 의해 「불교 전통의례」 가운데 오직 '현행 불교의례'로서 의식 및
법회의 종별 등에 대한 논의가 행하여졌을 뿐이다.

　　이에 1980년, 홍윤식 교수는 현행 불교의례를 정기의례와 비정기의례
로 나누고, 정기의례로서 ① 세시풍속의례와 ② 일상신앙의례를, 그리고
비정기의례로서 ③ 소재(消災)신앙의례, ④ 사자(死者)신앙의례, ⑤ 영
혼천도(薦度)의례, ⑥ 기타 불공신앙의례' 등을 구분한 바 있었다.

　　그리고 정기의례 중 ① 세시풍속의례로서 석가의 출생·출가·성

---

13) 대한불교조계종 총무원, 「宗憲」(『대한불교조계종 법령집』, 다보기획), 1995. p.455.

14) 한편 대한불교조계종 宗憲은 최초의 제정 이후 무려 21차례나 개정되어졌는 바,
　　최근 1994년 9월 29일 개정·공포된 〈宗憲〉에 의할 것 같으면 "제14조 ① 본종
　　은 항례법회와 임시법회를 설한다. ② 항례법회의 종별 및 일자는 종법으로 정
　　한다"라 하여 1962년 3월 25일 공포된 대한불교조계종의 最初 〈宗憲〉 가운데 다
　　만 第14條의 문구를 ①과 ②로 나눠 놓았을 뿐임을 볼 수 있다.

15) 다만 대한불교조계종은 "본종 재적 승려에게 한국불교의 전통예식을 승계하고
　　선양 계발하여 종교예식을 높은 차원으로 승화시키기 위하여 그 특수 기능자를
　　양성코자 하는 교육기관인 종립어산성악학원 설치"를 위한 관계법령을 「종립어
　　산성악학원설치령」이란 이름하에 1982년 11월 10일 제정·공포'(대한불교조계종
　　총무원, 「종립어산성악학원설치령」, 『대한불교조계종 법령집』, 다보기획, 1995.
　　p.135)하였을 뿐인 바, 이에 따라 1997년 5월 대한불교조계종 교육원 산하단체로
　　서 〈어산작법학교〉가 중앙승가대학교 안에 설립되었다.

도·열반 등 불교의 4대 명절의례와 일반 세시풍속에 따른 불교 신앙의
례를 포함시켰으며, ② 일상신앙의례로서 조석예불의례를 들었다. 그리
고 비정기의례 가운데 ③ 소재신앙의례로서 각종 재앙을 소멸하기 위한
의례를, ④ 사자신앙의례 및 ⑤ 영혼천도의례로서 사십구재 및 수륙재,
예수재 등의 의례를, ⑥ 기타 불공신앙의례로서 신수불공 내지 재수불
공 등을 포함시켰다.16) 이를 간략해 보면 다음과 같다.(도표 3)

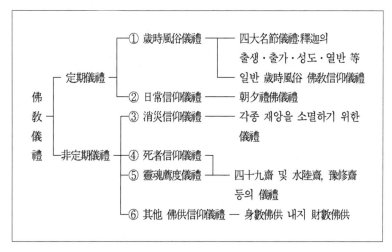

도표 3. 홍윤식 교수에 의한 불교의례 구분

이외에도 홍윤식 교수는 현행 불교의례의 유형을 수행·보은(報恩)
등의 의미를 담는 자행의례(自行儀禮)와 기원·회향 등의 의미를 담는
대타의례(對他儀禮)로 구분하였으며, 영혼천도의례를 모델 삼은 채 신
앙 기능면에서 불교의례를 봉청(奉請)·봉송(奉送)의례 및 정결(淨潔)·
불정(拂淨)의례, 밀교신앙의례 등으로 나눈 바 있었다. 그리고 상구보리
〔自行的〕 하화중생〔對他的〕이란 대승 교리의 이념에 따른 불교의례의

---

16) 홍윤식, 『불교와 민속』(현대불교신서 vol. 33), 동국 역경원, 1980. p.21.

발전적 측면에 대해, '자득자수(自得自修)의 수행의례에서 추선공양(追善供養)이란 교리 변천 속에 회향(回向)·봉송(奉送)의 대타의례로 발전됨을 말하였으며, 그 구조 속에 서분(序分)·정종분(正宗分)·유통분(流通分) 등 경전 구조의 3단 양식과 마찬가지의 형식이 내재해 있음'을 강조하기도 하였다.17)

이에 월운 스님은 1991년 『일용의식수문기』 가운데 '불교교리 및 모든 수행을 광의적(廣義的) 의식이라 하고, 불보살상 앞에 드리는 형식적 의식을 협의적(協議的) 의식이라 설명'한 채 그 협의적 의식 안에 전문의식과 일용의식 등의 구분을 두었으며, 일용의식 가운데 기초의식·상용의식·특별의식·일반의식 등에 대한 세부적 분류를 행하기도 하였다. 그리고 의식을 설행 시기에 따라 정기의식과 부정기의식으로 구분하기도 하였다.18) 월운 스님에 의한 불교의식 구분을 간략히 도표화하면 〈도표 4〉와 같다.

한편 1993년 〈한국불교의례자료총서〉를 찬집(纂集)한 세민 스님은 홍윤식 교수의 입장을 바탕으로 그를 구체화한 채, 현행 불교의례를 신앙형태적 측면에서 선정형(禪定形)의례 및 밀교형(密敎形)의례, 정토교형(淨土敎形)의례 등 셋으로 구분19)하였는데, 그 내용적 측면에 있어 자

---

17) ibid. pp.22~23. pp.25~43.
　　 洪潤植, 『불교의식구』, 대원사, 1996. pp.26~27.
18) 金月雲, 『日用儀式隨聞記』, 中央僧伽大學出版局, 1991. pp.9~81.
19) 朴世敏 編, 〈韓國佛敎儀禮資料叢書〉(第一輯), 三聖庵, 1993. pp.12~13.
　　 이러한 구분 외에도 한국불교 의례의 저변에 화엄·법화·관음신앙·지장신앙 등의 요소가 짙게 깔려져 있음을 말하기도 하였다. 이에 비해 홍윤식 교수는 한국불교 의례의 저변에 '법화·정토·밀교 신앙이 대종을 이루고 있음'을 말하였다.(洪潤植, 『불교와 민속』(현대불교신서 33), 동국 역경원, 1980. p.44)
　　 한편 禪定形儀禮 및 密敎形儀禮, 淨土敎形儀禮 등 세민스님의 구분에 이어 홍윤식 교수 역시 '불교의례의 유형구조에 대한 정토교형의례, 밀교형의례, 선정형의례 등의 구분'을 행하였는 바, 앞의 둘을 기도형의례로, 뒤의 것을 선정형의례로 나누기도 하였다.(홍윤식, 『한국불교의 밀교적 특색』, 도서출판 만다라, 1995. pp.31~32)

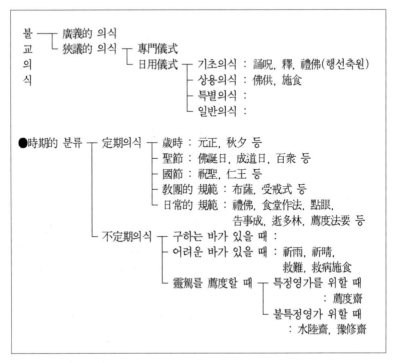

도표 4. 월운 스님에 의한 불교의식의 구분

기향상을 목적으로 행하는 자행의례(自行儀禮)와, 자행의례를 바탕으로 불교신도가 출가자인 승려에게 의뢰하여 가지(加持)·기도(祈禱)하고 회향케 하는 의례로서 타행의례(他行儀禮)를, 그리고 이에 속하지 않는 특수의례를 나눈 채 타행의례가 불교의례의 대부분을 차지하고 있음을 말하였다.[20] 이에 세민 스님에 의한 의례의 구분을 정리·요약하면 〈도표 5〉와 같다.

---

20) 朴世敏 編, 『韓國佛敎儀禮資料叢書』(第一輯), 三聖庵, 1993. pp.11~20.

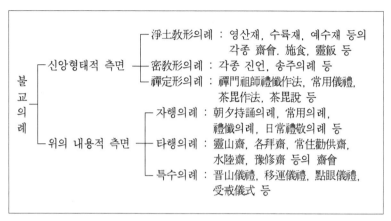

도표 5. 세민 스님에 의한 불교의례 구분

그리고 근래 대한불교 조계종 관계자들에 의해 현행 불교의례에 대한 개괄적 언급이 행해지기도 하였던 바,[21] 「일상 종교예절」 및 「의례와 의식」이란 총체적 구분 가운데 「의례와 의식」 항목으로서, ① 일상신앙의례와 ② 영혼천도의례, ③ 종교력에 따른 의례, ④ 세시풍속의례, ⑤ 소재신앙의례 및 ⑥ 기타불공의례 등의 구분을 들고 있다. 그리고 그에 따른 부수적 설명 가운데 좀더 세분을 행하고도 있어, 이를 종합·정리해 보면 〈도표 6〉과 같다.

이렇듯 불교의례에 대한 기존 입장들, 즉 만해 한용운 스님의 언급 내지 『석문의범』 가운데 안진호 스님에 의한 「불교 전통의례」에 대한 총체적 구분 및 「현행 불교의례」에 대한 홍윤식 교수 및 월운·세민 스님과 조계종 관계자들의 구분 등에도 불구하고, 이는 전승(傳承)의 역사성이란 측면을 간과한 채 〈불교 전통의례〉 전반에 대한 총체적 구분의 입장을 대변하지 못하고 있다는 생각을 갖게 된다.

---

21) 「종교의례의식(불교의 의례)」(문화체육부 종무실, 『한국종교의 의식과 예절』, 1995). pp.73~131.

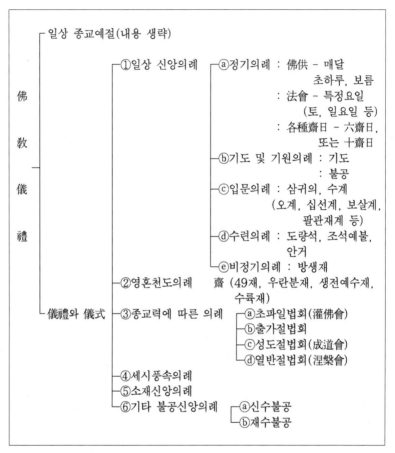

도표 6. 대한불교 조계종 관계자들에 의한 불교의례 구분

이에 필자는 불교의례에 대한 기존의 구분들을 바탕으로 〈불교 전통 의례〉 전반에 대한 보완적 구분안을 제시하고자 한다. 이는 『석문의범』 및 조계종 관계자들에 의해 상정된 형식적 틀 위에 1995년 세민 스님에 의해 정리된 〈한국불교의례자료총서〉22)를 바탕으로, 승가의 구성원으로

---

22) 朴世敏 編, 『韓國佛教儀禮資料叢書』, 三聖庵, 1993.
   고려시대 편찬본 1책과 함께 조선 초기(1403년)로부터 19세기에 이르는 고금 예

서 실생활 가운데 견문(見聞)할 수 있었던 세세 항목들을 삽입하여 그
것을 종합·보완한 것이다.

불교의례는 설행 시기에 따라 상용의례와 비상용의례로 나눌 수 있
다. 그리고 상용의례로는 ① 일상신앙의례 및 ② 불교세시의례를 들 수
있으며, 비상용의례로는 ① 통과의례와 ② 사자(死者)의례, ③ 소재(消
災)의례, ④ 특별의례, ⑤ 기타 불공의례를 들 수 있다.

한편 상용의례 가운데 ① 일상신앙의례로는 입측의례·삭발·목욕·
세탁의례·착의례·방부의례·운력·야경·대중공사 및 기타 의례 등
과 같이 승가의 일상사와 관계되는 ㉠ 일상의례를, 조석예불·탁발의
례·공양의례(소심경, 반야심경)·헌식규(獻食規)·좌선의·송경의식(간
경 및 논강 포함)·사경의식·안거·포살·만행·수련회 등과 같이 불
교 수행과 결부된 각종 ㉡ 수련의례를, 불공·법회·각종 재일(齋日) 등
과 같이 일상 가운데 행해지는 ㉢ 신앙의례를, ㉣ 기도[誦呪] 및 예참
(禮懺)의례 등을 들 수 있다.

그리고 ② 불교세시의례에는 ㉠ 불교력에 따른 의례 및 일상 세시풍
속과 관련된 ㉡ 세시의례 등이 포함될 수 있다.

또한 비상용의례 가운데 ① 통과의례를 들 수 있는데 이는 생·노·
병·사 및 관혼상제 등과 결부된 인간사 전반에 대한 과정 의례거나,
한 집단의 구성원으로서 맞닥뜨리게 되는 각종 과정 절차를 의미하는
것으로, 삼귀의·수계의식·승급의례 등 종교집단에 입문함으로부터 생
겨나는 외적 승급 등을 포함한 ㉠ 수행계차(階次)의례 및 화혼의례·구
병시식·장의의례[逝多林]·다비의례 등 관혼상제와 관련된 ㉡ 일상 통
과의례를 들 수 있다.

그리고 사자(死者)를 대상으로 하는 ② 사자의례로는 반혼재·사십구
재·우란분재·수륙재·천도재 등을 포함한 각종 재공(齋供) 등을 들

식문 74종 124권을 망라하고 있다.

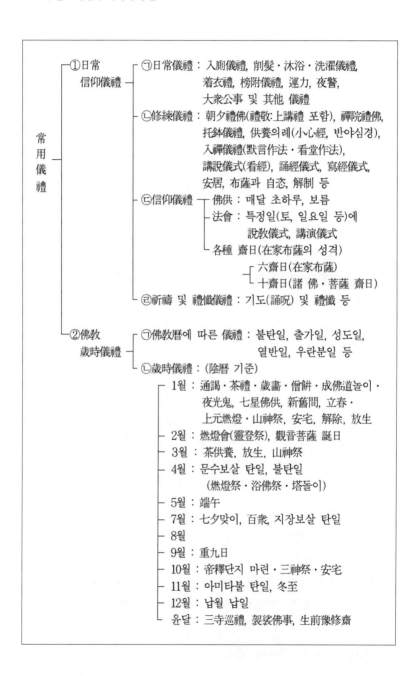

常用儀禮
├─①日常
│   信仰儀禮
│   ├─㉠日常儀禮：入厠儀禮, 削髮·沐浴·洗濯儀禮,
│   │   着衣禮, 榜附儀禮, 運力, 夜警,
│   │   大衆公事 및 其他 儀禮
│   ├─㉡修練儀禮：朝夕禮佛(禮敬·上講禮 포함), 禪院禮佛,
│   │   托鉢儀禮, 供養의례(小心經, 반야심경),
│   │   入禪儀禮(默言作法·看堂作法),
│   │   講說儀式(看經), 誦經儀式, 寫經儀式,
│   │   安居, 布薩과 自恣, 解制 등
│   ├─㉢信仰儀禮
│   │   ├─佛供：매달 초하루, 보름
│   │   ├─法會：특정일(토, 일요일 등)에
│   │   │   說敎儀式, 講演儀式
│   │   └─各種 齋日(在家布薩의 성격)
│   │   ├─六齋日(在家布薩)
│   │   └─十齋日(諸 佛·菩薩 齋日)
│   └─㉣祈禱 및 禮懺儀禮：기도(誦呪) 및 禮懺 등
│
└─②佛敎
    歲時儀禮
    ├─㉠佛敎曆에 따른 儀禮：불탄일, 출가일, 성도일,
    │   열반일, 우란분일 등
    └─㉡歲時儀禮：(陰曆 기준)
             ├─1월：通謁·茶禮·歲畵·僧餠·成佛道놀이·
             │   夜光鬼, 七星佛供, 新舊間, 立春·
             │   上元燃燈·山神祭, 安宅, 解除, 放生
             ├─2월：燃燈會(靈登祭), 觀音菩薩 誕日
             ├─3월：茶供養, 放生, 山神祭
             ├─4월：문수보살 탄일, 불탄일
             │   (燃燈祭·浴佛祭·塔돌이)
             ├─5월：端午
             ├─7월：七夕맞이, 百衆, 지장보살 탄일
             ├─8월
             ├─9월：重九日
             ├─10월：帝釋단지 마련·三神祭·安宅
             ├─11월：아미타불 탄일, 冬至
             ├─12월：납월 납일
             └─윤달：三寺巡禮, 袈裟佛事, 生前豫修齋

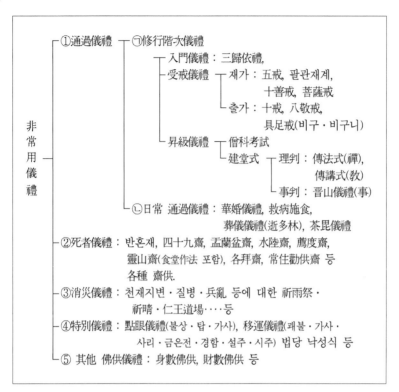

도표 7. 불교 전통의례의 구분(필자 안)

수 있다. 또한 ③ 소재(消災)의례로는 천재지변·질병·병란 등으로 야
기되는 재앙 소멸을 위한 기우제·기청·인왕도량 등의 의례를, ④ 특
별의례로는 점안의례·사리이운·(법당 등의) 낙성식 등에 따른 의례를,
⑤ 기타 불공의례로서 신수불공 내지 재수불공 등을 들 수 있다. 위에
제시한 불교 전통의례의 구성을 상용의례와 비상용의례로 나눈 채 각각
도표화하면 위 〈도표 7〉과 같다.

이상 불교의례에 대한 언어적·범주적 고찰 및, 유형적 구분의 틀 위
에 필자는 〈불교 제(諸) 의례의 설행절차와 방법〉이라는 본 연구 주제
에로 접근해 가고자 한다.

3) 연구 및 자료의 범위

그럼에도 「불교 제(諸) 의례」에 대한 연구 접근이란 너무 광범위한 것으로, 그에 따른 범위의 한정을 두어야 할 필요를 느끼게 된다. 이에 필자는 전체 불교의례를 「상용의례」와 「비상용의례」로 나눈 앞의 구분 안(도표 7)에 따라, 두 편으로 계획된 본 저술 가운데 우선 전편에서는 「상용의례」와 관련된 그 설행절차와 방법 등에 대한 논의를 행하기로 한다.

한편 본 논의를 기술함에 있어 필자는 앞서 언급한 『석문의범』 및 〈한국불교의례자료총서〉와 함께 여타의 전래 의식집·사료(史料)들을 기본 자료로 삼게 될 것인 바, 그럼에도 이에 따르는 또 다른 문헌들을 간과해서는 안될 것이다. 즉 앞서 언급했듯이, 대한불교 조계종 종헌 제 13조에 "본종의 의식은 「불조의 유훈」과 「전래의 백장청규」 및 「예참법 」에 의존한다"고 명기되어 있듯이, '불조의 유훈'으로서 삼장(三藏) 가운데 「율장(律藏)」, 그리고 '전래의 『백장청규(百丈淸規)』'와 '전래의 「예참법,' 등에 대한 고찰의 필요를 갖게 되는 것이다. 여기서 '율장'이란 자장율사(慈藏律師)의 구율(求律) 이래 한국불교 소의(所依)의 『사분율』 및 기타 대승 범망계본(梵網戒本)을 뜻한다고 할 수 있다. 또한 백장(百丈)에 의한 '전래의 『백장청규』'[23]는 이미 산실된 관계로 그에 대용할 수 있는 종색(宗賾)의 『선원청규(禪苑淸規)』[24] 내지 덕휘(德輝)의 『칙수 백장청규(勅修百丈淸規)』[25] 및 기타 청규[26] 등을, 그리고 '전래의 예참

---

23) 신라 구산선문 중 수미산문을 제외한 8門의 開祖가 馬祖道一의 禪風을 전래한 것으로 보아, 羅末麗初에 古淸規에 대한 기록이나 문헌은 발견되지 않으나 百丈 의 淸規思想은 전래되었을 것으로 여겨진다. 高翊晋, 「新羅下代의 禪傳來」(『한국 선사상 연구』, 동국대, 1984), p.63.

24) 宗賾의 『禪苑淸規』는 6種의 異本이 전하고 있는 바, 필자는 그 가운데 『禪苑淸規』 의 最古 내용을 담고 있으며, 현재 발견된 한국 淸規의 最古書籍에 해당하는 고려 본 禪苑淸規, 즉 『重添足本禪苑淸規』(崔法慧 篇, 『高麗板〈重添足本〉禪苑淸規』, 민 족사, 1987)에 의거코자 한다.

법'으로는 '고려 중기 이후 현재에 이르기까지 준계율적 성격으로서 〈예참법〉의 역할을 담당하고 있는, 한국 최초의 청규라 할 수 있는『초발심자경문』'27)이 이에 해당될 것이다.

또한 위 '전래의『백장청규』' 이전,『대비구삼천위의(大比丘三千威儀)』 및『사미십계법병위의(沙彌十戒法幷威儀)』,『사미위의(沙彌威儀)』 등은 중국에서 중요시 여겨졌던 바,28) 고구려 불교 초전(初傳)과 더불은 경·율 등의 전래29) 이후 이들 위의서(威儀書)들은 고구려 및 백제 이래 교계(敎界)의 율의(律儀) 형성에 중요한 역할을 했음을 짐작할 수 있다. 그리고 위『초발심자경문』중 보조(普照)의『계초심학인문』에는 앞서 든『선원청규』의 내용 외에도 도선(道宣)의『교계신학비구행호율의(敎誡新學比丘行護律儀)』 및『사분율산번보궐행사초(四分律刪繁補闕行思鈔)』 등이 인용되고 있음30)을 미루어, 이들 문헌들에 대한 고찰 역시 본 논의의 진행을 위한 자료로 쓰여질 것임을 밝힌다.31)

그러나 위의 한정, 즉 전래의 의식집 및 사료, 그리고 오직 '조계종 종헌'에 따른 율장 및 청규·예참법들만에 의거한 채 불교 제 의례에 대한 논의를 전개한다는 것에 대한 의문이 제기될 수 있기도 할 것이

---

25) '圓明國師 沖鑑(1275~1338)이 紹瓊에게서 禪을 받고 비로소『勅修百丈淸規』를 행하였다.' 忽滑谷快天,『朝鮮禪敎史』, p.235.

26) 百丈의 古淸規에 의거해『禪苑淸規』외에도 宋 중기이래 다수의 淸規들이 찬술되었는 바, 다음 7종을 대표적으로 들 수 있다. ① 入衆日用(宋 宗壽 集), ② 入衆須知(宋 宗壽 集), ③ 叢林校定淸規總要(宋 惟勉 集), ④ 禪林備用淸規(元 一咸 集), ⑤ 幻住庵淸規(元 普應 集), ⑥ 叢林兩序須知(明 通용 集), ⑦ 百丈叢林淸規證義記(淸 儀潤 集).

27) 〈1. 불교의례의 성격〉 항목의 註 8) 참조.

28) 國譯一切經〈和漢撰述部〉,「敎界律儀」항목.

29) '소수림왕 2년(372)에 순도스님이 처음 경전을 가져왔고,『梁高僧傳』에 의하면 그 20년 뒤에 曇始 스님이 經·律 수십 부를 가져왔다.' 金煐泰,『한국불교사』, 경서원, 1997, p.23.

30)『誡初心學人文』가운데는『禪苑淸規』및 道宣律師의 저작으로 알려진『敎誡新學比丘行護律儀』, 그리고『四分律刪繁補闕行思鈔』의 상당 부분이 그대로 인용되고 있음을 볼 수 있다. 左藤達玄의 언급(「中外日報」, 昭和59년 8월 22일 기사)을 참고로, 그 가운데 몇몇 부분만을 예시하면 다음과 같다.

다. 그럼에도 불구하고, 조계종 이외에 한국불교를 대표할 수 있는 태고
종 및 천태종·진각종 등의 의식은 조계종의 의식과 별 차이를 보이지
않기 때문에,[32) 조계종만에 기준을 삼은 채 논의를 전개함에도 큰 무리
가 따르지 않을 것이라 생각한다.

　이제 필자는 이상의 전제 속에 위 문헌들에 의거하여 불교 제 의례
의 설행 절차와 방법들을 고찰해 볼 것인 바, 본서는 문헌의 나열 및
현장조사에 의거한 보고서적 성격이 강하게 부각될 수밖에 없음을 미리
전제하는 바이다. 한편 이 일련의 과정을 통해 우리는 기존의례의 원형
적 모습이 현재에 이르러 어떤 모습으로서 전이되어 왔는가를 알 수 있
을 것이며, 아울러 원형적 모습에 비추어 현행의례를 비교해 볼 때 그
상이점을 통한 현행의례의 문제점 또한 도출할 수 있을 것이다.

誡初心學人文	禪苑淸規	教誡新學比丘 行護律儀	四分律刪繁 補闕行事鈔
* 無緣事卽 　不得入他房院		* 無緣事 　不得入他房院	
* 旣已出家 　叅陪淸衆 　常念柔和善順 　不得我慢貢高	* 旣已出家 　叅陪淸衆 　常念柔和善順 　不得我慢貢高	* 常須慈悲 　柔和善順	
* 觀三輪淸淨			* 爲成道業觀三種

도표 8. 『계초심학인문』 출전(出典) 공관표(共觀表)

　한편 平川彰은 '『教誡新學比丘行護律儀』는 중국·한국·일본의 사원생활에서 儀
禮作法을 배우면서 동시에 律의 정신을 알 수 있는 것으로, 이 책은 가장 적절
한 入門書였다'고 말하고 있다. 國譯一切經, 和漢撰述部, 「教誡律儀」, p.168.
31) 이외에도 『入衆日用淸規』 외 많은 淸規 등이 인용될 것이기도 하다.
32) 「종교의례의식(불교의 의례)」(문화체육부 종무실, 『한국종교의 의식과 예절』,
1995). pp.128~129.
　"태고종의 일반의식은 조계종과 큰 차이가 없이 동일하며(p.128)", "(천태종의 의
례는) 여타의 불교종단과 상이한 의식이 있지 않고(p.129)", "(진각종의 의식은)
전통적인 밀교의 수행법을 기본으로 하고 현대생활에 알맞은 형태로 변화시킨
것(p.128)"임에 불과하다는 점에서 ……

II

불교 제의례의 설행절차와 방법

『선림보훈음의(禪林寶訓音義)』에 "총림(叢林)이란 중승소지(衆僧所止)의 소(所), 즉 행인서심수도(行人棲心修道)의 장소를 말한다. 풀이 흐트러지지 않고 가지런히 자라나는 것을 총(叢)이라 하고, 나무가 굽어지지 않고 잘 뻗는 것을 림(林)이라 한다. 그 속에 규구법도(規矩法度)가 있음을 말한다"[1]고 하였다. 이에 절차탁마(切磋琢磨)의 장(場), 칠당가람(七堂伽藍)의 승가(僧伽)에는 규구법도, 즉 각각의 위의(威儀)가 생활 저변에 깔려 있게 되어, 그것은 부처님 당시로부터 인도 승단(僧團)에 있어서의 계(戒)와 율(律)이란 형태로서 정착화되었다.

한편 불교의 중국전래와 함께 기후풍토 및 생활습관의 차이 속에 대·소승의 계율을 다각도로 개선한 중국풍의 계와 율, 즉 청규(淸規)가 생겨난다. 최초 중국풍의 청규는 도선(道宣: 596~667)에 의한 『사분율산번보궐행사초(四分律刪繁補闕行事鈔)』 및 『교계신학비구행호율의(敎誡新學比丘行護律儀)』[2]를 들 수 있는데, 『사분율산번보궐행사초』 가운데 도선(道宣)은 많은 부분에 있어 "유학(儒學)의 사람조차도 지키고 있기 때문에 하물며 불교의 비구(比丘)는 지키지 않으면 안 된다"[3]는 입장을 견지하고 있으며, 당(唐) 백장회해(百丈懷海: 749~814) 역시 『백장청규(百丈淸規)』 가운데 인도의 계율에 중국풍의 예의를 다소 가미하고 있음을 볼 수 있기도 하다.[4]

---

1) "叢林 乃衆僧捿身行道之所也 草不亂生曰叢 木不亂長曰林 言其內有規矩法度也 又 大論云 衆多比丘 一處和合 是名僧伽 譬如大樹叢聚成林 一樹不名爲林 一比丘不名 爲僧 諸比丘和合叢聚處 得名叢林"『緇門警訓』, 僧伽學會 篇, p.186, n. 752.
2) 『敎誡新學比丘行護律儀』 가운데 "스승의 그림자를 밟지 말라(不得蹋師影)"는 등의 표현은 律藏 가운데 발견되지 않는 바, 중국의 예의가 기록된 것이라 할 수 있다.(大正藏 45, p.869下)
3) 國譯一切經, 〔和漢撰述部〕, 律部 14. 平川彰의 序.
4) ibid.

한편 『경덕전등록(景德傳燈錄)』에 실려진 「선문규식(禪門規式)」가운데 백장(百丈)은 "내가 주장하는 바는 대·소승에 국집하지 않고 대·소승을 다르게 보지도 않는다. 두루 섭렵해서 중간을 끊어 마땅한 규범을 설정하여 힘쓰게 하려는 것이다"[5]라고 하고 있는 바, 또한 "선문(禪門)만이 시행되는 것은 백장(百丈)에서 비롯되었다"[6]고 기록되어 있기도 하다. 한편 『칙수백장청규(勅修百丈淸規)』를 의거해 볼 때 승가의 생활로서 낮의 작무(作務)와 탁발(托鉢) 등이 소개되는 바, 『백장청규』 가운데 작무에 십무(十務)가 있었다 하니, 이로 미루어 볼 때 기상부터 취침 때까지 모두가 수행의 연속이었음을 말할 수 있다.

이렇듯 계(戒)와 율(律)을 통한 불교 수행의 기본 정신은 중국풍의 청규 제정과 함께, 이후 불교의 한국 전래를 통한 우리의 승단 생활에 많은 영향을 미쳤음을 말할 수 있다.[7] 그리고 이러한 전제하에 우리는 율장(律藏) 및 청규(淸規)와 전래의 예참법(禮懺法) 등 의궤서에 대한 고찰을 통해, 그리고 의례의 시대별 전이(轉移)에 따른 현행의례로의 정착 등의 예를 통해 현존의례의 정체성을 모색할 수 있으리라 생각되며, 이는 의례의 설행 절차와 방법에 깃든 그 내재적 상징 속에서 발견될 수 있다 하겠다. 이에 필자는 일상의례 가운데 깃든 계와 율, 청규를 통한 승가 실천수행의 기존 입장들을 정리해 볼 필요를 갖는다. 그리고 이에 따른 불교의례의 설행 절차와 방법 등에 대해 논의해 보기로 한다.

불교의식의 구성 및 진행절차에 대해서는 기존 소수의 논의가 있어

---

5) 大正藏 51, p.251上.
6) 大正藏 51, p.251中.
7) 특히 『禪苑淸規』의 전래 이후, 普照의 『誡初心學人文』으로부터 이어진 淸規의 정신은 이후 『重添足本禪苑淸規』의 탄생을 낳기도 하였다. 이후 현재 海印寺에 소장되어 있는 고려시대의 『講院淸規』 및 조선이래 元曉와 普照, 野雲에 의한 저술이 『초발심자경문』으로서 묶여진 채 조선시대 이래의 律目의 구실을 하였음은 중국 청규에 의해 우리나라 승단 생활이 내면적으로 지배받고 있었음을 말할 수 있다.

왔다. 이에 홍윤식 교수 및 세민 스님은 불교의식의 구성절차를 서분
(序分)·정종분(正宗分)·유통분(流通分) 등 삼분(三分)으로 나누었으며,
의식의 진행절차를 ① 예배(禮拜:禮敬)·② 찬탄(讚嘆)·③ 권공(勸供:供
養物의 奉獻)·④ 참회(懺悔)·⑤ 기도문의 낭송 등으로 구분한 바 있
었다.8) 그럼에도 이는 재의식(齋儀式)만에 그 한정을 둔 것으로, 더 이
상 기타 제반의례의 설행절차에 대한 총체적 구분 및 그 방법 등에 대
한 고찰을 행하지는 않았다. 이제 필자는 기존 계와 율 및 청규·의식
집들의 예에 의거하여, 승가에서 행해지는 제반의례에 대한 총체적 구
분 및 그에 따른 각각 의례의 설행절차 및 방법에 대한 총체적 나열과
함께, 그에 대한 분석 및 유형별 정리작업을 시도해 보고자 한다.

---

8) 朴世敏 編, 『韓國佛敎儀禮資料叢書』, 1993. 第一輯, pp.14~16.
　　이하 세민 스님에 의한 佛敎儀式의 구분을 간략히 도표화하면 다음과 같다.(도
　　표 9)

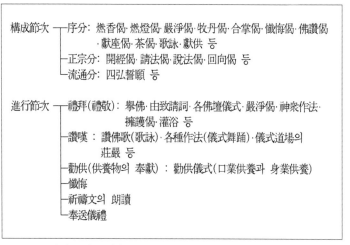

도표 9. 세민 스님에 의한 불교의식 구분

1. 일상 신앙의례

앞서 필자는 불교의례를 그 설행(設行) 시기에 따라 상용의례(常用儀禮)와 비상용의례(非常用儀禮)로 나누었으며, 또한 상용의례를 ① 일상 신앙의례 및 ② 불교세시의례로 구분 지었던 바 있다. 그리고 그 가운데 ① 일상신앙의례에 속하는 것으로서 ㉠ '일상의례'와 ㉡ 불교 수행과 결부된 각종 '수련의례'를, 그리고 ㉢ 일상 신앙 가운데 행해지는 '신앙의례' 및 ㉣ '기도 및 예참(禮懺)의례'를 들었던 즉, 이제 이러한 구분하에 여기서는 그 각각 항목에 속하는 각종 의례에 대한 설명 및 개별 의례의 의미성 및 그 설행 절차와 방법 등에 대해 기술해 보기로 한다.

1) 일상의례

여기서 일상의례라 함은 승가(僧伽)의 일상사 가운데 행해지는 제반 의례적 요소의 총칭을 의미한다. 앞서도 말했듯이 불교의 의례란 세속의 통속적 관념을 제외한 승가의 모든 위의(威儀)와 법식(法式) 전반에 그 범주를 상정할 수 있다면, 승가의 일상사 속에 행해지는 모든 행위조차 의례적 범주에 속하게 된다고 할 수 있다. 이러한 일상의례는 그 자체가 수행의 일부이기도 하다. 이에 반야지혜(般若智慧)를 구하려는 이의 처소에는 문수보살(文殊菩薩)이 승당(僧堂)의 성상(聖像)으로 놓이게 되는 바, 해우소(解憂所)에 이르기까지 모셔진 문수보살의 성상과 더불은 삶을 살아가는 가운데 승가인들은 의례적 삶 속에 수행의 궁극을 추구하게 되는 것이다.

이에 승가의 일상적 삶은 모든 것이 공안(公案)이 되지 않으면 안되며, 모든 것으로부터 해탈을 얻어 가져야 한다는 뜻에서 승가의 일상상(日常相)을 규구(規矩)라 칭하기도 한다. 그리고 그 규구의 틀에 스스로를 맞춰 가는 삶 속에 승가의 일상이 있고 1,700의 고칙(古則) 공안(公案)이 있으며, 현성공안(現成公案) 역시 무수히 생겨남을 말할 수 있다. 그럼에도 규구에 스스로를 맞춰 나가지 못하는 자는 승가의 삶을 떠난다. 말리는 자도 배웅하는 자도 없이, 아침예불 종소리 들으며 떠남을 원치 않는 자는 규구, 즉 의례의 틀 속에 스스로를 함몰시킨 채 무명(無明)의 밤으로부터 깨어남을 꿈꾼다.

이에 승가에서 행해지는 행·주·좌·와·어·묵·동·정 모두는 규구의 틀 가운데 이루어지며, 규구 자체는 각종 의례의 형태에로 고착화되어졌다. 이제 필자는 승가의 행·주·좌·와·어·묵·동·정 가운데 행해지는 전체 일상의례의 범주 가운데 입측의례, 삭발의례·목욕·세탁의례, 착의례, 방부의례, 운력·야경·대중공사, 기타 의례 등 대표적인 것만을 상정코자 한다.

(1) 입측의례(入厠儀禮)

입측의례란 측간(厠間), 즉 '근심을 푸는 장소'란 뜻으로 해우소(解憂所)라 불기우기도 하는 변소에 출입할 때의 의례를 규정한 것을 말한다. 해우소는 또한 정랑(淨廊), 즉 '깨끗한 복도'라 불리기도 하는데, 고래의 사원구조 가운데 정랑은 외진 곳에 위치하는 것이 아닌 청결한 회랑(回廊: 복도)의 일부분으로 존재해 있기도 하였다.

변소, 즉 해우소는 삼묵당(三默堂) 중 하나에 속한다. 승당(僧堂)과 욕실(浴室), 변소(便所)를 삼묵당이라 하는 바, 일체 언행을 삼가며 침묵

속에 자신 행위의 위의를 관(觀)하게 되는 즉, 『사분율』 가운데 부처님
께서는 변소에서의 예법, 즉 다음과 같은 변측법(便厠法)을 제정하고 계
시기도 하다.

도판 1. 뒤깐

뒤깐, 즉 변소(便所)는 해우소라 불린다. 한편 정랑(淨廊)이라 불리기도 하는 바, '깨끗한 복
도, 회랑'을 뜻한다. 청결한 장소를 의미하는 곳으로 승가에서 승당(僧堂) 및 욕실과 함께 정
랑은 삼묵당(三默堂) 가운데 하나로 인식된다. 침묵 속에 자신 행위의 위의를 관(觀)하는 곳
이다.(선암사 뒤깐)

> '뒷간에 갈 때는 풀[1]을 가지고 가라. 뒷간에 가서는 밖에서 손가락을
> 튕기든지 기침을 하여 사람이나 사람이 아닌 무리가 알게 해야 한다. 그
> 리고 물그릇에서 물을 부어 손을 씻되, 다음 한 사람이 씻을 만큼은 남겨
> 두어야 한다.'[2]

한편 『교계신학비구행호율의』에서는 "대소변을 보려고 할 때는 마땅
히 제 때에 바로 가야 한다. 때에 임해서 위의〔則〕를 잃지 않도록 해야
한다"[3], "설령 대소변을 볼 경우에도 가사(袈裟)를 몸에 가까이해야 한

---

1) 大正藏 22, p.932上.
  "用利厠草". 여기서 厠草란 화장지 대용으로서 쓰이는 풀을 말한다.
2) 四分律(大正藏 22, p.932)
  "爲比丘制便厠法 詣比丘應隨順此法 ……(중략)…… 若在前去者聽在前 彼至厠外
  應彈指若謦咳 若有人非人令知(932上) ……(중략)…… 應留乃至足一人洗(932中)"
3) 大正藏 45, p.871上.

다"[4]는 등 「상측법(上厠法)」 항목에서는 무려 20개 내용으로서 변소에서의 행법을 설명하고 있기도 하다.[5] 이에 청규 『입중일용(入衆日用)』역시 입측의례에 대한 상세한 설명을 행하고 있는 바,[6] 변소에 갈 때

---

[4] 大正藏 45, p.871上.

[5] 大正藏 45, pp.872下~873上.

① 출입하고 싶은 것을 느끼면 바로 가야 한다. 때에 임박해서 위의를 잃고 서둘면 안 된다. ② 두 손을 모아 병(觸瓶: 변소에서 용변을 본 뒤 大小便處를 씻는 물이 들어 있다)을 잡아야 한다. 손을 늘어뜨리지 말라. ③ 변소 앞에 이르러서 존숙(尊宿)이 있는 줄 알면 잠시 피해 주어야 한다. ④ 변소 앞에 이르러서는 세 번 손을 퉁기거나 기침 소리를 내어 사람이 없는 것이 확인되면 들어가도록 한다. ⑤ 높고 낮은 것에 따라 옷을 걷으면서 천천히 쭈그려 앉고 천천히 걷어야 한다. 미리 높은 옷을 걷어서 몸이 다 드러나도록 하면 안 된다. ⑥ 밤에 어두울 때는 막대기(厠籌: 대나무 혹은 나무의 길이 20cm 정도의 것을 삼각으로 만든 것. 용변을 본 뒤에 大便處의 不淨을 닦아 내고 다음에 물로 씻는다. 사용한 厠籌는 물로 씻어서 다시 상자에 넣어 둔다. 어두울 때는 이것으로 장소를 조사하기도 한다)로 변기(厠孔) 속을 전후로 그어 넓고 좁고 길고 짧고 바르고 바르지 않고를 알도록 해야 한다. ⑦ 변소의 사방 벽 판자나 문(尿圌) 등에 침 뱉지 말라. ⑧ 막대기를 사용하고 나서는 변기와 판자 사이에 꽂아 두어야 한다. 깨끗한 막대기(淨籌)를 넣어 두는 통(圽)이나 판자 위에 두면 안 된다. 글자가 있는 종이를 사용하지 말라. ⑨ 손은 가까운 쪽을 따라서 병을 잡도록 하며, 일을 보고 난 뒤 막대기로 깨끗이 하고 나서 다시 일곱 번 물로 씻어야 한다. 깨끗하지 못하면 스님네의 자리에 앉거나 눕지 못한다. ⑩ 물을 사용할 때는 주의하여 변소 입구의 네 모서리 판자 위에 뿌리거나 젖지 않게 해야 한다. ⑪ 많은 사람이 사용하는 곳에서 만약 변소 밖에 사람이 급하게 기다리고 있으면, 비록 아직 끝나지 않았다 하더라도 잠시 변소를 나와 주어야 한다. ⑫ 변소 안에서 신는 신발을 밖에서 신는 깨끗한 신발을 벗는 곳에 두면 안 된다. ⑬ 손을 깨끗이 씻을 때는 먼저 황토로 두세 번 닦고, 다음에 보드라운 재(灰)와 세제(皂英)를 쓴다. ⑭ 항상 막대기(厠籌)를 구비해 두어야 한다. ⑮ 항상 보드라운 재와 흙을 사용하도록 하고, 변소 가까운 곳에 늘 비치해 두어 모자라지 않도록 해야 한다. ⑯ 변소가 지저분하게 보이면 언제든지 소제하여 깨끗이 해야 한다. ⑰ 변소 안팎이 지저분하면 마땅히 소제하여 깨끗이 해야 한다. ⑱ 변소에 걸어 두는 수건이 더러우면 씻어서 깨끗이 해야 한다. ⑲ 변소 안에서 신는 신발이 더러우면 씻어서 깨끗이 해야 한다. ⑳ 재나 흙을 모아 두는 곳을 지저분하게 하지 말라. 이외에도 『說罪要行法』(大正藏 45, p.904下) 참조할 것.

[6] 이를 간략해 보면 다음과 같다. "대소변시에〔抽脫:謂之大小便 元是脫袈裟之義也〕는 ① 五條를 입고 (화장실 앞에) 남이 알 수 있도록 명주수건을 걸라. ② 우스갯소리를 하지 말고 급하게 서두르지 말라. ③ 왼손에 물 담는 통〔淨桶〕을 들고 화장실에 들어가 신을 바꿔 신은 다음, 물 담은 통을 앞에 놓고 세 번 노크해야 하니, 화장실 귀신〔糞鬼〕을 놀래지 않기 위함이다. ④ 몸을 웅크리되 바르게 하며 힘쓰는 소리를 내지 말며 침을 뱉지 말고 옆자리 사람과 말하지 말라. ⑤ 길

오조가사(五條袈裟)를 입어야 하며, 신발을 갈아 신고 일을 마친 후 산
가지를 사용해 밑을 닦고, 왼손 작은 두 손가락으로 닦고 난 후 물로
씻고, 재와 흙으로 손을 문질러 씻은 다음 세제를 사용해 손을 씻어야
할 것 등의 위의를 말하고 있다.

한편 『입중수지(入衆須知)』에서는 "(뒷간에 가는 자는) 모름지기 입
측(入廁)·세정(洗淨) 등 진언(眞言)을 외우라. 옛 문헌에 이르되〔古云〕
이 주(呪)를 염(念)하지 않으면 혹 대해(大海)의 물로 금강(金剛)의 세
계를 다 씻는다 해도 깨끗이 하지 못할 것이요, 가사를 착용커나 경(經)
을 볼 수 없을 것이다'는 말을 전하면서 '입측진언(入廁眞言) 옴 하로다
야 사바하, 세정진언(洗淨眞言) 옴 하나마리제 사바하, 세수진언(洗手眞
言) 옴 주가라야 사바하, 정신진언(淨身眞言) 옴 바아라놔가닥 사바하,
거예진언(去穢眞言) 옴 시리예바혜 사바하' 등의 주(呪)를 소개하고 있
는 즉,7) 변소에 들어설 때 '입측진언'을, 손으로 변을 씻을 때 '세정진
언'을, 물로 손을 씻을 때 '세수진언'을, 씻은 물을 버릴 때 '거예진언'을,
변소에서 나올 때 '정신진언'을 외우게 된다.

현재 위 규범에 따라 총림(叢林) 등에서는 변소에 갈아 신을 신발이
며 재〔灰〕 등을 마련해 놓기도 하는 바, 변소를 출입할 때 『석문의범』
의 규범에 따른 다음과 같은 '입측오주(入廁五呪)' 및 '입측게(入廁偈)'를

이 4寸 정도의 (화장지 대용) 막대기에 문질러 깨끗이 하되 막대기를 많이 쓰지
말라. 나올 때는 신을 벗어 가지런히 하라. ⑥ 왼손으로 洗淨하되 엄지와 두 번
째 세 번째 손가락을 사용하지 마라. ⑦ 용변을 마치면 물로서 씻되 (물을) 바깥
쪽 공간에 버리며, 사람이 많으면 오래 머물지 마라. ⑧ 물그릇은 원래의 자리에
놓고, 오른손으로 문짝이거나 문 덮개를 잡고 왼손을 재〔灰〕로 문질러 씻은 다
음 흙에 문지르되 젖은 손을 흙에 문지르지 말라. ⑨ 세제를 사용하여 씻되 呪
를 외우라.〔洗淨眞言〕 ⑩ 일을 마친 후 대야에 손을 씻어라. 소변 후에도 씻어야
하며, 거듭 양치질한 다음 堂에 돌아가 좌선하라. 入衆日用(卍續藏經 111, pp.945
下~946上)
『大比丘三千威儀』에 역시 화장실〔舍後〕에서 지켜야 할 간략한 위의가 소개되어
있다.(大正藏 24, p.925中~下)
7) 入衆須知(卍續藏經 111, p.950下)

외우게끔 하고 있다.

"입측진언(入厠眞言): 옴 하로다야 사바하
세정진언(洗淨眞言): 옴 하나마리제 사바하
세수진언(洗手眞言): 옴 주가라야 사바하
거예진언(去穢眞言): 옴 시리예바혜 사바하
정신진언(淨身眞言): 옴 바아라 놔가닥 사바하
무병수진언(無甁水眞言): 적엽연화지(摘葉蓮華枝) 환동해상파(還同海上波) 차처무병수(此處無甁水) 청정유리계(淸淨琉璃界) 옴 정체혜체 사바하

대소변시(大小便時) 당원중생(當願衆生)
기탐진치(棄貪瞋癡) 견제죄업(蠲除罪業)"8)

한편 위 『석문의범』의 '입측오주'와는 달리 근래에는 다음과 같은 한글 입측의례의 문(文)이 사용되기도 하는데, 이를 인용해 보면 다음과 같다.

입측진언(入厠眞言)(화장실에 들어가서)
버리고 또 버리니 큰 기쁨일세
탐·진·치 어둔 마음 이같이 버려
한 조각 구름마저 없어졌을 때
서쪽에 둥근 달빛 미소지으리
옴 하로다야 사바하(세 번)

대소변을 보며(필자 첨가)

---

8) 安震湖, 『釋門儀範(下)』, pp.166~167.
   이하 '手執楊枝 當願衆生……'로부터 '嚼楊枝眞言'과 '洗手面眞言', '漱口眞言', '淨水牌' 등의 문구 및 진언이 이어지고 있으나, 이는 각각 양치질시 및 洗手面시, 세탁시 등에 행해야 할 문구 및 진언으로서, 분리시켜 두었다.

"대소변시(大小便時) 당원중생(當願衆生)
기탐진치(棄貪瞋癡) 견제죄업(蠲除罪業)"
'대소변 시에
오직 원하옵건대, 모든 중생들
탐·진·치 삼독(三毒)을 버리고
죄업을 맑혀 제거케 하여지이다.'

세정진언(洗淨眞言)(뒷물하면서)
비워서 청정함은 최상의 행복
꿈같은 세상살이 바로 보는 길
온 세상 사랑하는 나의 이웃들
청정한 저 국토에 어서 갑시다
옴 하나마리제 사바하(세 번)

세수진언(洗手眞言)(손을 씻으면서)
활활 타는 불길 물로 꺼진다
타는 눈 타는 경계 타는 이 마음
맑고도 시원스런 부처님 감로
화택을 건너 뛰는 오직 한 방편
옴 주가라야 사바하(세 번)

도판 2. 입측오주(入厠偈)

거예진언(去穢眞言)(더러움을 버리고)
더러움 씻어내듯 번뇌도 씻자   이 마음 맑아지니 평화로움 뿐
한 티끌 더러움도 없는 세상이   이 생을 살아가는 한가지 소원
옴 시리예바혜 사바하(세 번)

정신진언(淨身眞言)(몸이 깨끗해지고)
한 송이 피어나는 연꽃이런가   해뜨는 푸른 바다 숨결을 본다
내 몸을 씻고 씻고 이 물마저도   유리계 푸른 물결 청정수 되리
옴 바아라 놔가닥 사바하(세 번)

(2) 삭발·목욕·세탁의례

위 입측의례 외에도 승가의 모든 신변사(身邊事) 역시 율전(律典)에
의거해 행해지고 있다. 여기서는 삭발(削髮) 및 목욕(沐浴), 양치질과
세면(洗面), 그리고 세탁(洗濯) 등과 관련된 사항을 율전에 의거해 열거
해 보기로 한다. 먼저 삭발에 관해『사분율』잡건도(雜健度) 가운데 "그
때에 어떤 비구가 머리가 기니 부처님께서 말씀하시되 '깎으라. 자기가
깎든지 남을 시켜 깎게 하라'"9) 하셨는 바, 체도(剃刀: 머리 깎는 칼)는
보배가 아닌 구리나 쇠로 만드는 것이 좋다고 말씀하고 계신다. 한편
나무로 파서 그릇을 만들든지 나무껍질이나 열 가지 옷감 가운데 어느
한 가지로 머리털 받치는 그릇을 만들라10) 하고 있기도 하다.

한편 "그들이 머리가 얼마가 길어야 할지 모르니 부처님께서 말씀하
시되 '기껏 길러야 두 손가락 두께11)이다. 만일 두 달에 한번 깎으면
기껏 긴 것이다'"12)고 말씀하시는 바, 적어도 두 달에 한번은 머리를
깎아야 하는 것으로 되어 있다. 이외에도 손톱은 "기껏 길어야 보리쌀
하나 길이가 되었을 적에 깎으라"13) 하며, 삭발할 때는 화상(和尙) 및
아사리(阿闍梨)를 보고도 일어나 절하지 않는다14)라고 한다.

---

9) 大正藏 22, p.945上.
　　"時諸比丘髮長 佛言聽剃 若自剃若使人剃"
10) 大正藏 22, p.945中.
　　"聽織竹作若屈木爲捲以樹皮鞔之若十種衣中一一衣聽作承髮器"
11) 『善見律毘婆沙』에서도 역시 "두 손가락을 맺는 것에 두 가지가 있다. ……(중
　　략)…… 머리카락의 길이이니, 두 손가락 (길이를) 넘어설 수 없다"고 말하고 있
　　다.(大正藏 24, p.799中)
12) 大正藏 22, p.946上.
　　"彼比丘不知髮長幾許應剃 佛言 極長長兩指 若二月一剃 此是極長"
　　한편『大比丘三千威儀』에 '보름이 되면 목욕하고 머리 깎을 준비를 하여 마땅히
　　알려야 한다'고 하고 있다.(大正藏 24, p.918下)
13) 大正藏 22, p.945下.
　　"不知長短幾許應剪佛言 極長如 一麥應剪"
14) 敎誡新學比丘行護律儀(大正藏 45, p.873中)

도판 3. 삭발(削髮)

사문(沙門)의 머리카락은 최고 두 손가락 두께 이상 길러서는 안 된다. 적어도 2달에 한번은 삭발을 해야 하는 바, 이는 무명초(無明草) 깎음을 의미한다. 즉 무명의 번뇌를 떨구어내고자 하는 의지인 것이다. 이러한 출가자의 의지 가운데 번뇌를 여읜 청정이 있다. 길이 15cm, 넓이 8cm 정도의 칼, 체도(剃刀)를 사용한다.(사진 제공 · 「동학」편집실)

『석문의범』에 삭발일 날짜를 일러주는 게송이 전하는 바, "자동지정개초삼(自冬至正皆初三) 이망삼현사역망(二望三賢四亦望) 오칙십칠육우망(五則十七六又望) 칠약팔구십총구(七藥八九十摠九)"라 하여 이 날을 '문수(文殊) 삭발일'15)이라 말하고 있다. 즉 '동지로부터 정월까지는 모두 초삼일에 삭발하며, 2월에는 망일(望日: 15일), 3월은 십재일(十齋日) 중 현겁천불일(賢劫千佛日)인 14일, 4월은 역시 망일(15일)에, 5월은 17일, 6월은 또한 망일(15일)에, 7월은 십재일 중 약사재일(藥師齋日)인 8일에, 8월과 9월, 10월은 모두 9일에 삭발할 것을 말하고 있는 것이다. 〔음력 1월 3일 · 2월 15일 · 3월 14일 · 4월 15일 · 5월 17일 · 6월 15일 · 7월 8일 · 8월 9일 · 9월 9일 · 10월 9일 · 11월 3일 · 12월 3일 등이 이에 해당한다.〕16)

---

15) 般若智慧를 추구하는 수행인들의 처소에는 언제나 지혜의 상징인 문수보살의 聖像이 모셔지게 되는 바, 관례적으로 문수보살에 의해 승가의 모든 위의가 통제되는 양상을 보인다. 이에 『석문의범(하)』(p.300)에 의할 것 같으면 '文殊削髮日' 및 '文殊沐浴日', '文殊洗頭顔日' 등이 소개되어 있음을 볼 수 있다.
한편 지혜의 상징 문수보살 외에도 보살행의 실천자로서 大行 普賢菩薩 역시 승가 威儀에 영향을 미치고 있음을 볼 수 있는 바, '普賢洗足日'(정월 3일 · 2월 15일 · 3월 20일 · 4월 14일 · 5월 17일 · 6월 13일 · 7월 8일 · 8월 9일 · 9월 5일 · 10월 9일 · 11월 3일 · 12월 3일)이 소개되어 있음을 통해 이를 알 수 있다. 文殊가 智慧의 추구를 의미한다면 普賢은 菩薩行을 상징하는 바, 行이란 발(足)로서 행해지는 까닭에 洗足日에는 '普賢洗足日'이란 명칭을 부여한 것 같다.

그럼에도 현재에는 보름과 초하루 전날, 즉 4와 9가 들어가는 날〔음력 14일, 29일의 그믐을 말한다〕머리를 깎는다. 이 날은 일상의 일과를 생략한 채, 강원(講院) 및 선원(禪院)에서도 강의 내지 참선을 행하지 않으며, 아침 공양이 끝나면 2인 1조가 되어 동료에게 저두(低頭) 합장(合掌)하며 '성불합시다'는 말과 함께 체도(剃刀: 길이 15cm, 넓이 8cm정도의 칼)를 숫돌에 갈아 무명초(無明草)를 깎는다. 무명초 깎음은 번뇌 끊음을 의미한다. 이에 탐·진·치의 마음이 일어나면 먼저 자기 머리를 만져 보라 하였듯이, 하루 한번 머리를 만져 보는 출가자의 마음에 번뇌를 멀리한 청정(淸淨)이 있다.[17]

한편 『사분율』에 '특수한 때를 제외하고는 반드시 보름만에 목욕하라'[18]고 하는 바, 『석문의범』에 의하면 '문수목욕일(文殊沐浴日)'[19]이라 하여 한 달에 2번 목욕일을 지정해 두고 있으나, 그럼에도 현행에 있어서는 삭발일을 또한 삭발목욕일이라 부르는 채 삭발일날 동시에 목욕까지를 행하게 된다. 이 날이 되면 욕두(浴頭) 소임자는 아침 일찍 경내의 낙엽 및 떨어진 잔가지를 모아 목욕물을 데우게 되는 바, 『사미율의』에는 당규(堂規)를 의거한 채 '예로부터 총림 욕탕에 소판(小板) 등을 설치하여 탕의 물이 차가우면 두 번 울리니 곧 「냉탕(冷湯)」이란 두 글자를 표현한 말이요, 탕의 물이 뜨거우면 세 번 울리니 불을 그만 때라는 표현이다. 만일 물을 더 쓰고자 하면 한번 울리니, 욕두가 그것을 듣고 더함을 앎이라'[20] 하였다.

---

16) 安震湖, 『釋門儀範(下)』, p.300.
17) 削髮日에는 찰밥을 먹는다. 찰밥에는 氣를 降下시키는 작용이 있어, 머리를 깎음으로서 생겨나는 上氣 현상을 조절케 하는 데 그 목적이 있다고 하며, 地氣로서의 勇을 보충하기 위한 수단으로 설명되기도 한다.
18) 大正藏 22, p.674中~下.
19) 正月 2일과 3일, 2월 4일과 7일, 3월 6일과 14일, 4월 4일과 8일, 5월 7일과 10일, 6월 5일과 7일, 7월 10일과 30일, 8월 9일과 20일, 9월 10일과 16일, 10월 8일과 17일, 11월 9일과 20일, 12월 3일과 20일 등이 이에 해당한다. 安震湖, 『釋門儀範(下)』, p.300.
20) 『沙彌律儀』(釋哲牛 註釋), 도서출판 토방, 1993. p.229.

『교계신학비구행호율의(敎誡新學比丘行護律儀)』의 「입온실법(入溫室法)」 가운데서는 다음과 같이 16항목에 걸쳐 목욕의 위의를 설명하고 있다.

① 위의를 갖추고 좌구(坐具)를 가져야 한다. ② 존숙(尊宿)이 아직 욕실에 들어가지 않았을 때 먼저 들어가면 안 된다. ③ 조심스럽게 병(瓶)을 잡아야 한다. ④ 손을 늘어뜨려서 병을 잡지 말라. ⑤ 손을 모아서 병을 잡아야 한다. ⑥ 법랍(法臘) 오 년 이상 되는 스님과 함께 목욕하면 안 된다. ⑦ 처음 옷을 벗을 때 가사를 다른 옷 아래에 두면 안 된다. ⑧ 욕실 안에 들어가면 정의(淨衣)는 벗어서 가사 걸이에 두어야 한다. ⑨ 장삼(長衫)이나 촉의(觸衣: 바지)는 벗어서 촉간(觸竿) 위에 두어야 한다. ⑩ 욕실 안에서 대소변을 보면 안 된다. 미리 용변을 본 뒤에 욕실에 들어가라. ⑪ 목욕을 할 때는 먼저 아래부터 씻고 다음에 위를 씻어야 한다.[21] ⑫ 젖은 수건의 끝을 양손에 나누어 잡고 가로로 등위에 두고 문지르면 기름때가 떨어진다. ⑬ 욕실에서는 조용히 해야 한다. 웃고 떠들지 말라. ⑭ 탕 속의 더운물을 더럽히지 말라. 손이 더러워졌으면 병의 물로 깨끗이 씻어라. ⑮ 욕실 안에서 침 뱉지 말라. ⑯ 목욕이 끝나면 앉았던 자리에 물을 뿌려서 깨끗하게 하라. 세제 등을 너저분하게 흩어 놓지 말라.[22]

그리고 『사분율』에 다음과 같은 목욕에 관한 금기사항이 적혀 있기도 하다. 이를 정리해 보면, 드러난 곳에서 목욕하지 말며[23], 우물이나 못이나 개울에서 목욕하지 말며, 담이 막힌 곳·나무와 풀이 막힌 곳·물이 몸을 가리는 곳에서 옷으로 몸을 가린 채[24] 목욕할 것이니, 절에

21) 발을 씻는 것을 洗, 몸을 씻는 것을 浴이라 한다. 『摩訶僧祇律』에 陶家의 浴法을 보이고 있다. 처음에 兩膝, 兩足을 씻고, 다음에 頭·顏·腰·背·臂·胸·腋을 씻는다.(大正藏 22, p.372)

22) 大正藏 45, p.873上~下.

23) 大正藏 22, p.946上.

24) "옷으로 몸을 가리면 모두가 법다우니, 목욕하는 일을 모두 자유로이 할 수 있다

욕실을 만들며 따로이 옷 두는 집을 만들라고 하고 있다. 또한 차례로 앉아 목욕할 것이며, 또한 속살을 드러낸 이가 속살을 드러낸 이의 등을 밀지 말며 머리를 깎아 주지 말며, 속살을 드러낸 채 양치질을 해서도 안 된다. 또한 대소변 및 절〔拜〕을 하지 말 것이며, 그리고 '속인(俗人)과 함께 목욕하지 말되, 불·법·승을 찬탄하는 사람이거든 같이 목욕해도 좋다. 혹 (피부병이 염려될 경우) 따로 조그마한 욕실을 지으라'25)는 등이다. 이에 위 위의(威儀)를 생각한 채 노사(老師)의 목욕이 끝나고 나면 대중은 순차로 목욕한다. 때를 씻는다. 신수(神秀)가 '때때로 쓸고 닦아 진애(塵埃)가 끼지 않도록 하라'고 했듯, 몸과 마음의 때를 씻는다.

한편 『사분율』 가운데 "양치질을 하라. 양치질을 하지 않으면 다섯 가지 허물이 있으니 입에서 냄새가 나고, 맛을 분별하지 못하고, 열기가 더하고, 음식이 당기지 않고, 눈이 밝지 못하니"26)라 하였는 바, 전통적으로 승가에서는 '재〔灰〕와 양지(楊枝)를 사용하여 양치질을 하였다.'27)

이때 '양지를 취하고자 하면 먼저 산택수신(山澤樹神)에 주원(呪願)을 해야'28) 하며, 길이 한 뼘 또는 아무리 짧아도 네 손가락 두

도판 4.
양지가지

(以衣障身者 一切如法 經營浴事得作)"고 하는 바, 목욕할 때 목욕 옷을 입도록 권하고 있다. 大正藏 22, p.642中.

25) 四分律(大正藏 22, p.942)
"時祇桓無浴室 佛言 聽作(942上)……彼六群比丘先入浴室 在好處坐上座後來入無處 諸比丘白佛 佛言應隨 次處坐彼上座不入其處空 佛言 次座者應坐……佛言 不應共 白衣浴 若稱歎佛法僧者聽浴……彼露形爲露形者揩身 佛言 不應爾 彼露形者爲不露 形者剃髮 佛言 不應爾……彼露形嚼楊枝 佛言 不應爾 彼露形大小便 佛言不應爾 (942中)……諸比丘露地浴得患 佛言 聽別作小浴室"

26) 大正藏 22, p.960下.
"佛言應嚼楊枝 不嚼楊枝 有五事過 口氣臭 不別味 增益熱陰 不引食眼不明"

27) 敎誡新學比丘行護律儀(大正藏 45, p.872中).

28) 沙彌十戒法幷威儀(大正藏 24, p.930下)

께의 양지(楊枝) 끝을 씹되 삼분(三分)을 지나지 않도록 한 채[29] 그것
으로서 이를 닦는다.

또한 『사분율』 가운데 "세 가지 일은 으슥한 곳에서 할 지니, 대소변
눌 때와 양치질 할 때이다"[30]라 하는 바, 『교계신학비구행호율의』 역시
"양치질하거나 가래침을 뱉을 때에는 마땅히 가린 곳에서 해야 한다"[31]
고 하며, "사람을 대하여 양치질하지 말라"[32], "스승이 양치질하거나 세
수하고 있을 때, 발을 씻고 있을 때는 절하지 않는다"[33], "세수하고 양
치질할 때 입으로 병(甁)의 부리를 머금지 않도록 해야 한다"[34] 등 양
치질할 때의 위의가 각 경문(經文) 가운데 소개되고 있다. 또한 보조(普
照)의 『계초심학인문(誡初心學人文)』 가운데 "세수하고 양치질을 할 때
는 큰소리로 코풀거나 침 뱉지 말라"[35]고 말하고 있기도 하다.

이에 『석문의범』에는 양치질할 때 및 입을 행굴 때 외워야 할 다음
게송이 실려져 있기도 하다.

"수집양지(手執楊枝) 당원중생(當願衆生)
개득묘법(皆得妙法) 구경청정(究竟淸淨)
작양지시(嚼楊枝時) 당원중생(當願衆生)
기심청정(其心淸淨) 서제번뇌(噬諸煩惱)
작양지진언(嚼楊枝眞言) 옴 바아라하 사바하
수구진언(嗽口眞言) 옴 도도리 구로구로 사바하"[36]

---

29) 大比丘三千威儀(大正藏 24, p.915中)
30) 大正藏 22, p.960下.
31) 『사분율』에서는 '한 뼘 길이의 양지가지를 쓸 것을 말하며, 대소변시와 양치질을
    할 때에는 으슥한 곳에서 행할 것'을 말하고 있다. 四分律(大正藏 22, p.960下)
32) 大正藏 45, p.871中.
33) 大正藏 45, p.873中.
34) 大正藏 45, p.873下.
35) 大正藏 48, p.1004中.
    "臨盥漱 不得高聲涕唾"
36) 安震湖, 『釋門儀範(下)』, p.167.

또한 『석문의범』에 의하면 손과 얼굴을 씻을 때에는 다음 게송을 외우게 되는 바, 그럼에도 얼굴과 머리를 씻는 것은 '문수세두안일(文殊洗頭顔日)'[37]이란 특정 일에만 행해졌던 것 같다.〔한편 눈(眼)을 씻을 때는 진회수(秦灰水: 쌀뜨물과 잿물?)를 사용한다.〕[38]

"이수관장(以水盥掌) 당원중생(當願衆生)
득청정수(得淸淨水) 수지불법(受持佛法)
세수면진언(洗手面眞言) 옴 사만다 바리슷제 훔"[39]

한편 『교계신학비구행호율의』에서는 "만약 내의(安陀會, 즉 五條袈裟를 말한다)를 씻을 때는 반드시 이와 서캐(蟣虱)를 잡아내야 한다"고 하며, "발과 양말을 씻을 때는 반드시 하나의 대야〔盆〕를 써야 한다. 정의(淨衣: 法服)를 씻는 대야에 발이나 양말을 씻어서는 안 된다. 세탁을 마치면 항상 맑은 물로 세탁하던 대야 등을 닦아서 깨끗이 해야 한다"[40]는 등의 언급을 행하고 있는 바, 『계초심학인문』에서는 "6일이 아니면 내의를 세탁하지 말라"[41]고 하며, 『입중일용(入衆日用)』에서는 "재(齋: 點心供養) 전에는 옷을 세탁하지 말라"[42]는 등 세탁에 관한 갖가지 규정을 두고 있다.

또한 『석문의범』에는 세탁시 외우는 「정수패(淨水牌)」라는 다음 게송

---

37) 『釋門儀範(下)』(p.300)에 의하면 '文殊洗頭顔日'은 정월 9일 · 2월 7일 · 3월 9일 · 4월 4일 · 5월 30일 · 6월 6일 · 7월 7일 · 8월 30일 · 9월 28일 · 10월 10일 · 11월 4일 · 12월 29일이 이에 해당한다.
38) 『釋門儀範(下)』, p.300.
39) ibid, p.167.
40) 大正藏 45, p.870中.
41) 大正藏 48, p.1004中. "非六日 不得洗浣內衣"
이에 幻住淸規(卍續藏經 111, p.973上)는 "一年內有六日 是本命好日"이라 말하고 있다.
42) 入衆日用(卍續藏經 111, p.946上)
"齋前 不得洗衣"

이 소개되어 있기도 하다.

> "약견유수(若見流水) 당원중생(當願衆生)
> 득선의욕(得善意慾) 세척멸구(洗滌滅垢)
> 나무환희장엄왕불(南無歡喜莊嚴王佛) 나무무량승왕불(南無無量勝王佛)
> 나무보계여래불(南無寶髻如來佛)
> 옴 바시바라마니 사바하"[43]

(3) 착의례(着衣禮)

착의례(着衣禮)란 법복(法服), 즉 가사(袈裟)를 착용함에 있어서의 의례를 말한다. 가사란 발우(鉢盂)·좌구(坐具)·녹수낭(漉水囊)·삼의(三衣) 등 비구(比丘)가 항시 지녀야 할 비구육물(比丘六物) 가운데 승가리(僧伽梨, saṃghāti)와 울다라승(鬱多羅僧, uttarāsaṃga), 안타회(安陀會, antaravāsaka) 등 세 종류의 옷〔袈裟〕을 의미하는 바, 승가리는 9조(條)에서 25조까지의 대의(大衣)를, 울다라승은 7조의 상의(上衣)를, 그리고 안타회는 5조의 내의(內衣)를 말하는 것으로『사분율산계보궐행사초(四分律刪繁補闕行事鈔)』에 이 "삼의(三衣)는 현성사문(賢聖沙門)의 표식이라"[44] 하였다.

원래 가사(袈裟)는 분소의(糞掃衣)를 말한다.『사분율』가운데 비구들이 부처님께 "저희들은 어떤 옷을 가지리까?" 하니 부처님께서는 (주인이 없는) '쓰레기 옷'을 갖도록 허락하였는 바, 혹은 죽은 사람의 옷 등[45]을 모아 그것을 '기운 옷〔衲衣〕'을 만들었다.[46] 한편 그 종류에 있어서는 다음과 같은 열 가지 옷을 갖도록 허락하였다. 즉 구사의(拘舍

---

43)『釋門儀範(下)』, p.167.
44) 大正藏 40, p.105上.
45) 大正藏 22, p.849ff.
46) 이처럼 衲衣를 만들어 입는 까닭에 통상 승려를 衲子라 부르게 된다.

衣)·겁패의(劫貝衣)·흠발라의(欽跋羅衣)·추마의(芻摩衣)·차마의(叉摩衣)·사토의(舍兎衣)·마의(麻衣)·시이라의(翅夷誰衣)·구섭라의(拘攝羅衣)·친라발니의(嚫羅鉢尼衣) 등으로 이 열 가지 옷은 물을 들여 탁한 빛을 만들어 입으라'고 하기도 하였다.[47] "그리고 만일 빛이 빠졌거든 다시 들이되, 진흙이나 타바나무 껍질(陀婆樹皮)이나, 바다나무 껍질(婆茶樹皮)이나 건타라(揵陀羅), 필우(蓽茇), 아마륵(阿摩勒) 따위의 나무 뿌리나 전륵(茜草)으로 들이라"[48]고 하였는 바, 가사의 산스끄리뜨어 kāṣāya는 '괴색(壞色)' 또는 '부정색(不正色)', '아름답지 않은 탁한 빛' 등으로 번역되기도 하여 가사란 원래 괴색(壞色)한 옷의 총칭으로 쓰였던 것임을 알 수 있다.

이에 원인(圓仁)의 『입당구법순례행기(入唐求法巡禮行記)』 당(唐) 회창(會昌) 4년(844년) 기록 가운데 "공자 말씀에 의하면 이씨(李氏)의 십팔자(十八子: '李'의 破字)는 이제 그 운이 다 쇠진해 버렸고, 다만 흑의(黑衣)를 입은 천자(天子)가 나타나 나라를 다스린다고 했습니다. 신들이 그윽이 생각해 보건대 흑의를 입은 자라 함은 바로 승려들을 의미합니다"[49]라는 내용으로 미루어 당시 중국 승려들은 괴색(壞色)으로 검게 물들인 옷을 입었음을 알 수 있는 바, 우리나라에서도 전통적으로 승려들은 검게 물들인 옷을 입어 이를 치의(緇衣)·흑의(黑衣)라 하였으며 치의(緇衣)를 입은 승려 집단을 치문(緇門)이라 부르기도 하였다.

---

47) 大正藏 22, p.849中.
　　한편 『大比丘三千威儀』(大正藏 24, p.918中) 가운데 法衣를 물들여 壞色하는 데 있어 다음 등 다섯 가지 사항을 말하고 있다. ① 깨끗한 그릇을 사용해야 한다. ② 屛處에서 해야 한다. ③ 걸쳐서 말릴 횟대는 튼튼한 것으로 해야 한다. ④ 옷을 놓고 가면 안 된다. ⑤ 자주 살펴보아야 한다 등.

48) 大正藏 22, p.936上.
　　"若色脫應更染 若泥若陀婆樹皮 若婆茶樹皮 揵陀羅若蓽茇 若阿摩勒 若以樹根 若以茜草染"

49) 圓仁(申福龍 譯), 『入唐求法巡禮行記』, 정신세계사, 1991. pp.261~262.

도판 5. 가사(袈裟)

가사는 분소의(糞掃衣)이다. 조각 조각의 천을 주워서 기운 옷으로, 납의(衲衣)라 불린다. 아난존자에 의해 밭[田] 모양의 할절의(割截衣)가 만들어졌으며, 각 조각의 천은 조(條)라 불리며 사방 둘레는 난(欄)이라 한다. 세로의 조각 숫자에 따라 조각이 없는 만의(縵衣)로부터 5조·7조·9조·11조·25조 가사 등 구분이 있으며, 가사의 난(欄) 사방 네 귀퉁이에는 王 또는 天이란 글자를 새겨 넣는다. 즉 사천왕이 사는 땅, 사천왕천을 의미한다. 한편 가사 중앙에 해[日]와 달[月], 또는 그 상징으로서 태양을 뜻하는 삼족조(三足鳥: 까마귀)나 달을 뜻하는 옥토끼를 그려 넣는 바, 해와 달과 별들의 세계인 일월성수천(日月星宿天)을 의미한다. 이에 이 옷을 걸치고 사천왕천과 일월성수천을 아래로 한 채 우뚝 선 사람은 그 위의 하늘, 도리천의 주인 제석천왕이 된다. 각 종파에 따라 진홍색과 검정색·목란색·청색·황색 등의 가사를 걸쳤었다.(사진 제공·범하스님)

그럼에도 『대비구삼천위의(大比丘三千威儀)』에 의할 것 같으면 '각각 숙세(宿世)의 업에 따른 그 경계를 나타내기 위해 대중을 다섯 부(部)로 만들어 각각 다섯 색의 가사를 입게 하셨다' 하니, 즉 '살화다부(薩和多部)는 널리 민첩한 지혜를 통달하여 법(法)의 교화로서 중생을 이끌고 이롭게 하므로 진홍색 가사[絳袈裟]를 입으며, 담무덕부(曇無德部)는 중계(重戒)를 잘 지켜 법률(法律)을 처단하므로 검정색 가사[皂袈裟]를, 가섭유부(迦葉維部)는 용결(勇決)히 정진하여 중생을 잘 구호하므로 목란색 가사[木蘭袈裟]를, 미사색부(彌沙塞部)는 선정(禪定: 禪思)에 깊이 들어 현유(玄幽)를 궁구하여 구창(究暢)하므로 청색 가사[青袈裟]를, 마하승부(摩訶僧部)는 온갖 경전을 부지런히 배워 깊은 의리(義理)를 잘 부연하므로 황색 가사[黃袈裟]를 입는 것'으로 불(佛)께서 제정하신 바를 받들어 불멸후 각각의 특성과 입는 옷의 색깔에 따라 (部派의) 이름을 붙였다50)고도 한다.

---

50) 大正藏 24, pp.925下~926上.
　　李能和의 『朝鮮佛敎通史(下)』 역시 이 說을 인용하고 있다.(p.995)

한편 비구들은 조(條) 없는 만의(縵衣)를 얻으면 그것을 쪼개어 옷을 만들었는 바,51) 그러한 까닭에 가사는 할절의(割截衣)라 불리기도 한다. 즉 갈라진 옷이라는 뜻이니, 그 유래에 대해 『사분율』에 "부처님께서 왕사성 남쪽을 거니시다가 어떤 밭[畓]이 가지런함을 보시고 아난(阿難)에게 그 밭의 모양대로 옷을 만들 수 있도록 하시니, 아난이 장조(長條)와 단조(短條), 엽(葉) 등으로 구성된 할절의(割截衣) 만드는 법을 비구들에게 알려 주었다 하니, 부처님께서는 '오늘부터 비구들은 안타회·울다라승·승가리를 쪼개서 만들라' 하셨던 것이다. 이에 비구들이 몇 조(條)로 옷을 만들까 하니, '5조로 하되 6조로 하지 마라. 7조는 안되며 19조는 좋고 8조는 안 되며 9조는 좋고 20조는 안 된다. 이 (20)조 지나는 것은 가지지 못한다'고 말하시기도 한다."52)

여기서 만의(縵衣)라 함은 "규정에 의해 쪼개지지 않은 옷"53), 즉 큰 천을 의미하는 것으로, 후대에 이르러 만의는 사미(沙彌)의 옷으로 이해되었는 바,54) 이 만의를 예참의(禮懺衣)라 일컬은 채 우바새·우바이 등 재가불자들이 삼보께 예경을 하거나 전각(殿閣)과 탑을 돌 때, 또는 경전을 외우며 참회의 법을 닦을 때의 옷으로 사용되기도 하였다.55)

---

51) 大正藏 22, p.863上, 中.
"爾時比丘 得縵衣廣長足 卽裁割作衣 少欲作帖葉衣白佛 佛言聽作 爾時比丘 得縵衣廣長足 欲作五納衣白佛 佛言聽作"
52) 大正藏 22, p.855中.
53) 佛光大辭典, p.3347上.
54) "業疏云 若從人正 則沙彌服也. 又云下衆縵條 卽此衣也." 衣鉢名義章(卍續藏經 1098, p.599)
"縵通三用 然本是沙彌衣, 律制 沙彌著二縵衣 一當七條入衆 二當五條作務(縵衣는 모두 세 가지로 쓰인다. 그러나 본래는 沙彌의 옷이다. 律에서 沙彌는 두 가지 縵衣를 입도록 했으니, 첫째는 七條로서 대중에 들어갈 때 입는 옷이고, 둘째는 五條로서 일할 때 입는다)" 佛制比丘六物圖(卍續藏經 1101, p.607下)
55) 『在家律要廣集』 二卷(卍續藏經 106, p.797下)
"在家男女 稟受優婆塞優婆夷戒者 準成實論 聽畜一禮懺衣 名曰鉢吒(梵語鉢吒 唐言縵條 縵謂無文 卽一幅氎也) 唯異俗服 染作壞色 不同僧衣割截縫成以表田相 縵條而言禮懺衣者 但令禮敬三寶 旋遶殿塔 讀誦經典 熏修懺法 一一許著 善業一畢 應隨卽去之"

한편 『사분율』에 가사의 크기에 대해 "길이가 네 팔뚝 너비가 두 팔뚝인 옷을 속옷으로 하고, 넓이가 세 팔뚝 길이가 다섯 팔뚝인 것을 속가사로 만들라. 큰 가사도 이와 같다"[56] 하였는 바, 『입당구법순례행기』당 개성 3년(838년) 10월 9일의 기사 가운데

> "이교 등을 위하여 삼의(三衣)를 짓도록 했다. 오조(五條)는 명주 두 길〔丈〕여덟 자〔尺〕다섯 치〔寸〕가 들고, 칠조(七條)는 명주 네 길 일곱 자 다섯 치가 들고, 대의(大衣)는 명주 네 길 25조가 들어 도합 열한 길 다섯 자가 들었다."[57]

는 기록을 통해 가사의 크기에 대한 규준 등[58]을 짐작할 수 있다.

이렇듯 가사 외에도 『대비구삼천위의』가운데 "춥고 눈이 많은 나라〔寒雪國〕에서는 옷을 덧입는 것을 허락한다"[59]고 하였는 바, 이에 따른 장삼(長衫)의 착용이며 머리에 관(冠)을 쓰는 풍속이 생기기도 하였으며, 후대에 이르러서는 생활상의 편이를 위해 장삼 외에 일상 생활복으로서 법복(法服) 등이 일반화되기도 하였다.

이에 한국의 경우 1912년 조선총독부에서 제정·공포한 〈사법시행당망중흥(寺法施行倘望中興)〉의 '법계(法階)' 항목 중 제60조에, 선종전공자(禪宗專攻者)에 대한 대선(大禪)·중덕(中德)·선사(禪師)·대선사(大禪師) 및 교종(敎宗)전공자에 대한 대선(大禪)·중덕(中德)·대덕(大德)·대교사(大敎師) 등의 법계(法階) 구분을 행하였는 바, 제67조에서는 각각 그 법계에 따른 승니(僧尼)의 의관(衣冠), 즉 법관(法冠) 및 가사·장삼에 대한 색과 지질(地質), 제식(制式) 등을 다음과 같이 규정하

---

56) 大正藏 22, p.863中.
57) 圓仁(申福龍 譯), 『入唐求法巡禮行記』, 정신세계사, 1991. p.43.
58) 가사의 크기 외에도 가사의 外形에 대해 袈裟 네 귀에 四天王 및 가사 중앙에 日月을 새기게도 되는 바, 이는 袈裟를 두른 이가 須彌山임을 상징하는 것이라 하겠다.
59) 大正藏 24, p.913中.

고 있다.

그리고 '말사 주지는 그 법계가 대선(大禪)의 급(級)에 있더라도 중덕(中德)의 법의(法衣)를 입을 수 있다'고도 하였다.[60](도표 10)

種目 \ 法階		大禪師 / 大敎師	禪師 / 大德	中德	大禪	沙彌
法 冠		毘盧冠	無	無	無	無
袈裟	色	紅色	葛黃色	葛黃色	黃色	黑色
	地質	有紋絹紬	有紋絹紬	無紋絹紬	無紋絹紬	木綿
	制式	9條 乃至 25條	9條	7條	5條	縵衣
長衫	色	紫色	紺靑色	紺靑色	灰色	黑色
	地質	有紋絹	有紋絹	無紋絹	無紋絹	木綿
	制式	(長衫形 但 道服은 後 別 幅이 有흠)	長衫形	同左	同左	同左 (但 袖가 縮小흠)

도표 10. 법계에 따른 가사(장삼) 구분

이외에 『교계신학비구행호율의』의 「재사주법(在寺住法)」에는 가사와 관련된 다소의 위의를 전하고 있는 바, "통견(通肩: 가사를 입을 때 오른쪽 어깨를 드러내는 편단우견과 달리 양어깨를 덮어 입는 방법)으로 가사를 입으면 안 되며"[61] "칠조가사를 입으려 하면 모름지기 미리 앞에 오조가사를 입어야 한다. 만약 오조가사를 벗을 때는 모름지기 칠조

---

60) 李能和, 『朝鮮佛敎通史』(下), 佛紀 2945. pp.1149~1152.
　　袈裟 및 冠 외에 넓은 의미의 僧衣에는 바지·저고리·행전·두루마기·장삼·신발 등이 포함된다고 할 수 있다. 이에 『朝鮮佛敎通史(下)』에는 3종의 신발과 10종의 모자에 대한 간략한 설명을 행하고도 있다.(p.928)
61) 大正藏 45, p.870上 "不得通肩被袈裟"
　　한편 "윗사람을 대할 때 通肩으로 袈裟를 입어서는 안된다. 經에 말씀하시기를 '비구여, 부처님과 스님 및 上座를 대할 때는 通肩으로 가사를 입지 말라. 죽어서 鐵鉀地獄에 떨어지느니라'고 하였다(ibid. p.871中)"고도 한다.

를 입어야 한다. 가사를 떠나지 말아야 한다"62)고 하였으며, '가사를 입을 때는 항상 끈을 매어야 하며, 더러운 손으로 가사를 만지지 말 것'63) 등 세세 항목에 대해 설명하고 있기도 하다.

한편 『입중일용』에서는 "짚신[草履]과 오조는 산을 다닐 때 입는 것으로 불전(佛殿) 및 법당을 경행(經行)하지 말라"64) 하고 있으며, 다음과 같이 가사를 입을 때의 규정 등을 설명하고 있기도 하다. "가사를 걸칠 때에는 먼저 합장(合掌) 정대(頂戴)하고 상념하되 '선재해탈복(善哉解脫服) 무상복전의(無上福田衣) 아금정대수(我今頂戴受) 세세상득피(世世常得披)'라는 게(偈)를 외우라."65) 그리고 『입중수지』에는 위의 게송 다음에 "옴 신다야 사바하(唵 悉陀耶 娑訶)"라는 주(呪)를 소개하고 있기도 하다.66)

그럼에도 『사미율의』에 의하면 위 게송 및 주(呪)가 각각 달리 기록되어 있는 바, 오조가사를 수(垂)할 경우 "선재해탈복(善哉解脫服) 무상복전의(無上福田衣) 아금정대수(我今頂戴受) 세세불사리(世世不捨離)"라는 게송 및 "옴 신다야 사바하(唵 悉陀耶 娑婆訶)"라는 주(呪)를 외우도록 되어 있으며, 칠조가사를 수할 경우는 '선재해탈복 무상복전의 아금정대수 세세상득피(世世常得披)'라는 게(偈)와 함께 "옴 도바도바 사바하(唵 度波度波 娑婆訶)"를, 25조가사 즉 승가리(9조와 11조, 13조 등의 下品 및 15조, 17조, 19조 등의 中品, 21조, 23조, 25조 등의 上品67) 등)

---

62) 大正藏 45, p.871上.
　　한편 "行住坐臥나 모든 出入에도 袈裟를 모름지기 몸에 가까이 해야 한다(ibid)"고 한다.
63) 大正藏 45, p.870下.
64) 『入衆日用』(卍續藏經 111, p.946下)
65) 『入衆日用』(卍續藏經 111, p.943下)
66) 『入衆須知』(卍續藏經 111, p.949上)
67) 9조와 11조, 13조 등의 下品은 2長 1短으로 구성되며, 15조, 17조, 19조 등의 中品은 3長 1短으로, 그리고 21조, 23조, 25조 등의 上品은 4長 1短으로 구성되는 바, 각각 '긴 것(長條)이 많고 짧은 것(短條)이 적은 것은 聖人이 늘어나고 凡夫가 줄어듦을 나타낸 것이다.(長多短少 表聖增凡減也)' 『沙彌律儀』(釋哲牛 註釋),

를 수할 경우에는 '선재해탈복 무상복전의 아금정대수 광도제군미(廣度 諸群迷)'라는 게(偈)와 함께 "옴 마하가바 바다신제 사바하(唵 摩訶迦波 波叱悉帝 娑婆訶)"라는 주(呪)를 각각 세 번씩 외우게끔 되어 있다.68)

도판 6.
착의례(着衣禮)

가사를 수(垂)할(입을) 때는 먼저 횟대 앞에서 합장한 후 『사미율의』에 소개되어 있는 다음 게송을 외운 후 가사를 수한다. 오조가사를 수(垂)할 경우 "선재해탈복 무상복전의 아금정대 수 세세불사리 옴 싣다야 사바하"를, 칠조가사를 수할 경우 "선재해탈복 무상복전의 아금정대 수 세세상득피 옴 도바도바 사바하"를, 승가리를 수할 경우 "선재해탈복 무상복전의 아금정대 수 광도제군미 옴 마하가바 바다신제 사바하" 등.

위 『사미율의』의 규정에 의해 현재 한국 총림에서는 가사를 수(垂)할 때(입을 때) 위 게송 및 주(呪)를 송(誦)하고 있는 즉, 현행의 의례를 간략하면 다음과 같다. 먼저 ① 가사가 걸려진 횟대 앞에 이르러 합장 반배한다. ② 걸려진 가사를 내려 반으로 접고 또다시 반으로 접어 정대(頂戴)한 다음, 위에 소개한 정대게(頂戴偈) '선재해탈복 무상복전의 아금정대수 광도제군미' 및 '옴 마하가바 바다신제 사바하'[오조가사를 수할 경우에는 옴 싣다야 사바하]라는 주(呪)를 외운다. ③ 가사를 몸 뒤로 넘겨 가사 고리와 구멍을 잡고 휘둘러 가사를 입는다.[오조가사의 경우는 목에 걸고 띠를 맨다.]

도서출판 토방, 1993. p.277.
68) 『沙彌律儀』(釋哲牛 註釋), 도서출판 토방, 1993. pp.271~272.

그럼에도 『대비구삼천위의』에 의하면 '가사를 입을 때 불탑을 바로 향하거나 등지지 않도록 해야 하며, 가사를 갤 때는 입으로 물지 말라'[69]고 하며, 『사분율』 가운데 "아무리 가사를 입었다 해도 갖가지 번뇌[結使]를 품고 있으면 원수를 면할 길 없으니, 그들은 가사를 입을 수 없다. 갖가지 번뇌를 다 없애고 계(戒)를 가져 스스로 장엄하여서 원망과 원수를 조복시키면 그들은 가사를 입을 수 있다"[70]는 등 가사과 관련한 세목들을 설명하고 있다.

(4) 방부의례(榜附儀禮)

방부의례라 함은 승려가 한 사찰 내에 들어가 정주(定住)코자 하는 위의를 말한다. 이에 『사분율』에 의할 것 같으면 "유랑하는 비구가 절에 들어가고자 하면 불탑이나 상좌(上座)가 있는지 알아야 하고 가죽신을 벗어 손에 들어야 한다. ……(중략)…… 발을 씻은 다음 '나는 몇 살인데 이러이러한 방이 있습니까' 하여야 하며 ……(중략)…… 사용하라 하거든 '내가 사용하겠소' 해야 한다. 그리고 방을 살펴본 후 사찰 내부를 살피되 불탑(佛塔)과 성문(聲聞)의 탑, 네 명의 상좌에게 차례로 예배하여야 한다. 그리고 밥 먹을 곳과 모이는 곳, 설계(說戒)하는 곳 등을 물으라" 하였으며, 이에 본래 살던 비구는 유랑하는 비구가 온다는 말을 듣거든 나가 맞이하여야 하는 등등의 설명을 하고 있기도 하다.[71]

---

69) 大正藏 24, p.915中.

70) 大正藏 22, p.882下.

71) 大正藏 22, pp.930下~932上.
    한편 『敎誡新學比丘行護律儀(大正藏 45, p.869中)』의 「入寺法」 가운데 다음 11條의 항목이 소개되어 있기도 하다. "① 절 문 밖에 이르면 威儀를 갖추어야 한다.(七條袈裟를 입는다.) ② 절 문에 들어서면 바로 예배를 하고, 무릎을 꿇고 평소와 같이 歎佛해야 한다. ③ 坐具를 거두고는 합장하여 허리를 굽혀 절한 후에 몸을 되돌려 回廊의 한쪽으로 가서 천천히 걸으며 앞을 바로 봐야 한다. ④ 손을 늘어뜨리고 다녀서는 안 된다. 마땅히 敬畏하는 데가 있어야 한다. ⑤ 殿塔의 그림자를 밟아서는 안 된다. ⑥ 尊宿(윗사람)을 殿閣 앞에서 만나더라도 禮拜는 한편 『대비구삼천위의』에서는 직세(直歲)가 객을 맞이하는 법을 소개하여, '만약 비구가 먼 곳에서 찾아오면 마땅히 편안하게 맞이해야 한다. 3일에서 7일까지 마땅히 침상이나 등불 등을 공급해 주어야 한다'[72]고 하고, 보조의 『계초심학인문』 역시 "객을 대하게 되면 모름지기 흔연히 맞아들이며"[73] 등의 언급을 행하고 있는 바, 지객(知客) 소임을 맡은 스님은 그 비구가 떠날 때까지 거처와 식사 등의 편의를 제공해 주게 된다.

그럼에도 한 비구가 일정 사찰에 3일 정도를 머무는 객으로서가 아닌 강원(講院) 및 선원(禪院) 등에 일정 기간을 머물고자 하면 방부의 례(榜附儀禮)를 행해야 하는데, 이때에 있어서는 상황이 달라진다. 즉 객(客)이 지객(知客)에게 강원 내지 선원 등에 '방부(榜附)들이겠다'는 의사를 밝히면 지객은 대개의 경우 '방사(房舍)가 좁다거나 인원이 넘친다거나' 등의 이유를 대며 거절하는 것이 상례인데, 그렇다고 해서 그에 수긍한 채 물러서는 자는 어느 사찰에건 방부를 들이지 못한다. 이는 방부를 요구하는 객이 얼마만큼이나 그곳 사찰에 머물기를 원하는가를 시험하는, 즉 근기(根機)를 시험하는 일종의 통과의례(通過儀禮)이기 때문이다.

이렇듯 지객이 거절을 하고 돌아간 뒤에 객은 그 사찰 상주대중(常住大衆)과 같이 생활을 해야 한다. 즉 아침 예불시엔 남보다 먼저 일어나 법당에 가고, 공양시간에는 후원(後園)에 나가 공양을 들며, 곧바로 양치질하고 들어와 강원에 방부들이고자 하는 자는 당해 학과의 교재를

할 수 없다. ⑦ 만약 展塔에 들어가면 마땅히 합장하고 오른쪽으로 돌아야 한다. 왼쪽으로 돌면 안 된다. ⑧ 殿閣의 문을 나올 때는 옆쪽으로 나와야 한다. ⑨ 침을 뱉을 때는 반드시 가린 곳(屛處)을 알아야 한다. ⑩ 반드시 윗사람에게 參禮해야 한다. ⑪ 반드시 대소변 보는 곳을 알아두어야 한다."

72) 大正藏 24, p.924中.
73) 大正藏 48, p.1004中.
　　"見賓客 須欣然迎接"

온종일 소리내어 읽는다거나, 선원에 방부들이고자 하는 자는 온종일 벽을 바라보며 참선에 임해야 하는 것이다. 그리고 지객은 이러한 모습을 몰래 지켜보고 객의 근기를 측정하며, 이를 각 선원 내지 강원 입승(立繩)에게 통보하게 된다.

입승(立繩) 앞에서 참중원서(參衆原書) 쓰기
(사진 제공·법흥스님)

도판 7. 방부의례, 참중원서(參衆願書)

이렇듯 대개는 3일 정도의 기간이 흘러간다. 관례적으로 객은 한 사찰에 3일 이상을 머물지 못하기 때문에, 지객이 아무 말도 하지 않으면 객은 그 절을 떠나야 한다. 그러나 그 3일간의 생활을 지켜본 지객의 판단하에 근기가 수승하다고 생각될 경우, 곧 방부 절차를 행하게 된다.

먼저 ① 지객이 내미는 참중원서(參衆願書)를 적게 되는데, 그에 필요한 관계 증명을 첨부한다. 즉 선원에 방부들이고자 할 경우에는 이전의 안거증(安居證)을 제시하며, 강원에 방부들이고자 하는 경우에 있어서는 이전 과정까지의 수료증 등을 첨부하여 이를 지객에게 제출한다. ② 지객은 이를 받아 찰중(察衆)에게, 또다시 찰중은 입승(立繩)에게 허락을 구하며, 이후 ③ 아침 공양이 끝난 후 약식 공사(公事)가 행해질 때 큰방에 인사를 드림으로서 정식 방부절차를 행한다.

장삼(長衫)과 가사(袈裟)를 수(垂)한 다음 지객과 함께 큰방에 들어선 객은 지객을 따라 먼저 불단(佛壇)에 반배(半拜)를 한다. 다음 지객이 밖으로 나가면 객 혼자 어간(御間)을 향해 삼배를 한 후 무릎을 꿇고 앉는다. ④ 이어 사찰의 교무(敎務) 소임자는 방부들일 스님의 본사(本寺)와 은사(恩師), 간략한 약력과 함께 선원 내지 강원·종무소(宗務所) 등 방부 처소를 발표하게 되는 바, ⑤ 어간에 앉은 노승(老僧)으로부터 '대중에 들어와 화합할 것' 등의 훈계를 듣고 난 다음 절[拜]을 올리고 큰방을 나옴으로서 방부 절차를 끝내게 된다.

이렇게 방부를 들인 자는 누구나 소임(所任)을 맡게 된다. 자급자족을 원칙으로 하는 승가생활에 있어 일상의 대소사 모두는 분업으로서 이루어지는 바, 그 대소사 가운데 하나를 맡음으로서 공동에 기여하고 떳떳이 자신을 자리 매김 할 수 있기 때문이다. 한편 방부절차와 함께 큰방에 붙어 있는 용상방(龍象榜)이라 불리우는 방목(榜目)에 자신 소임과 법명(法名)을 적어 넣음으로서 정식 대중 가운데 끼일 수 있는 바, 총림에서의 통상 용상방 방목을 소개하면 다음과 같다.74)(도표 11)

○○叢林 佛紀 ○○○○年 ○安居 龍象榜

住總企敎財社布護院別山書麻侍看茶火淨水浴持明獻立聽閱秉閙維律禪首方
持務劃務務會敎法主座監記護者病角臺桶頭頭殿燈食繩衆衆法主那主德座丈

○○○○○○○○○○○○○○○○○○○○○○○○○○○○○○○○○○
○○○○○○○○○○○○○○○○○○○○○○○○○○○○○○○○○○

도표 11. 용상방(龍象榜) 방목(榜目)

74) 龍과 코끼리[象]는 물과 뭍에서 가장 으뜸가는 生類이다. 수행자 개개인을 龍과 象에 비유한 채 각각 그 이름을 써두는 榜을 龍象榜이라 하는 바, 龍象榜의 榜目을 쓸 때 오른쪽으로부터 理判을 명기하고, 왼쪽으로부터 事判을 명기함이 통례이다.

이렇듯 방부절차와 함께 용상방에 소임(所任) 및 법명(法名)이 오른 다음 큰방에서의 자리가 정해진다. 큰방 자리는 불단(佛壇)을 마주한 어간을 중심으로 오른쪽을 청운(淸雲) 또는 청산(淸山)이라 하며 왼쪽을 백운(白雲)이라 하는 바, 청산에는 상주대중(常住大衆)이 그리고 백운에는 선객(禪客)과 같이 한 철 살다 떠나는 대중이 앉게 되며, 대중 가운데 법랍(法臘) 그리고 다음으로는 세납(世臘)에 따라 어간을 중심으로한 상판(上判)으로부터 불단(佛壇) 밑의 하판(下判)에 이르기까지 자리가 정해진다. 여기서 선객을 백운이라 함은 흰 구름과 물이 떠돌듯 운수행각(雲水行脚)하는 선승(禪僧)의 자세에 빗대어진 말이며, 청산이라 함은 만고에 변함없는 우뚝한 산(山)과 같이 총림에 머무는 상주대중을 비유한 것이다.[75]

그럼에도 청산이건 백운이건 용상방에 이름이 오른 자는 모두 대용상(大龍象)이 된다. 『대비바사론(大毗婆沙論)』에 이르기를, "대용상은 신(信)을 그 손으로 삼고 사(捨)를 그 이빨로 삼고, 혜(慧)를 그 머리로 삼으며, 염(念)을 그 목으로 삼고서 무수한 선법(善法)을 양어깨에 메고 가는 자이다"[76]라 했는 바, 신(信)과 사(捨)·혜(慧)·염(念)과 선법(善業) 수행으로서 대용상은 그의 삶을 살아갈 것인 즉, 『계초심학인문』에서는 "이미 출가하여 청정한 대중에 동참하였으니, 항상 부드럽고 화목하여 착하고 순종함을 생각할 지언정, 아만으로 제 잘난 체 하지 말지니라"[77]고 하여 대중 가운데서의 삶의 모습을 경계하고 있다.

---

75) 이에 빗대어 鏡峰스님은 다음과 같은 언급을 행한 바 있다.
 "백운도 날아 날아서 가고 녹수도 흘러 흘러서 가게 되고, / 왔던 손님도 훨훨 훨훨 가는구나. / 그 중에 청산은 만고에 변치 않고 / 백운이 가더라도 허공에 있게 되고, / 녹수가 가더라도 창해에 있게 되며 / 왔던 손님 가더라도 이 지구 위에 있을 것을 / 밝고 밝은 저 태양과 명월, / 멀고 먼 저곳과 이곳으로 날마다 광명 보내느니 / 그 편에 소식 전하리라 / 하하 허허"(경봉스님 유고집)
76) 有大龍象 以信爲手 以慧爲頭 以念爲頸 於其兩肩 擔輯善法
77) 大正藏 48, p.1004中.
 "旣已出家 參陪淸衆 常念柔和善順 不得我慢貢高"

도판 8. 큰방의 용상방(龍象榜)

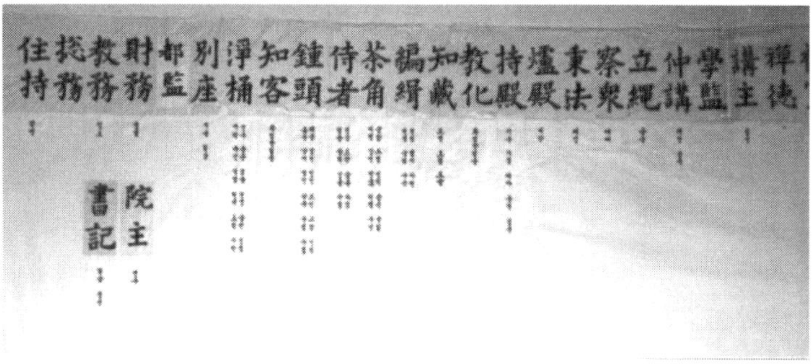

큰방 불단을 마주한 어간을 중심으로 왼쪽을 청운(靑雲) 내지 청산(淸山), 오른쪽은 백운(白雲)이라 한다. 청산은 만고에 변함없는 우뚝한 산처럼 총림(叢林)에 머무는 상주대중을, 백운은 흰구름·물이 떠돌 듯 나도는 운수승(雲水僧)을 비유한다. 그럼에도 청산이건 백운이건 용상방에 이름 오른 자는 누구나 대용상(大龍象)이 된다. 『대비바사론』에 "대용상(大龍象)은 신(信)을 그 손 삼고 사(捨)를 그 이빨 삼고, 혜(慧)를 그 머리 삼으며, 염(念)을 그 목 삼아 무수한 선법(善法) 양어깨에 메고 가는 자이다"라 하였다. 용상방 오른쪽에 이판(理判)을, 왼쪽에 사판(事判)을 명기한다.(사진·「동학」편집실)

(5) 대중공사(大衆公事), 운력(運力), 야경(夜警)

승가의 일상 저변에는 화합의 정신이 깔려 있다. 그 화합의 기반은 공의(公議), 즉 대중공사에 있다고 말할 수 있다. 대중공사라 함은 승가의 대소사를 결정하는 최고 권위의 회의로서, '대중이 원하면 소도 잡아먹는다'는 말은 이 대중공사의 결정이 무소불위(無所不爲)의 힘을 갖음을 표현한 것이다.

대중공사에는 아침공양 후 행해지는 '약식공사'와 사중(寺中) 전체 대중들에 의해 행해지는 정식의 '대중공사', 그리고 사중뿐만이 아닌 산중(山中) 전체의 대중이 한자리에 모여서 행하는 '산중공사' 등 세 가지로 구분된다.

이 가운데 약식공사는 아침공양이 거의 끝날 무렵 발우를 씻고 자리

를 정돈한 후 찰중(察衆)에 의해 주관되는 바, "한말씀 드리겠습니다"라
는 말을 필두로 찰중은 그날의 사중 소사(小事) 내지 대중운력 등의 여
부, 그리고 3일 이상 사중을 떠나게 될 사람들이 대중에게 행선지를 밝
히고 삼배를 올리는 등의 보고를 행한다. 또한 대개의 경우 '방부인사
(榜附人事)'를 행함도 아침의 약식공사를 통해 이루어지는 바, 혹 안경
을 처음 맞춰 썼거나 할 경우 "안경방부 들이겠습니다"라 하여 '안경방
부'까지도 이 약식공사를 통해 행해진다. 그리고 그날 정식 대중공사를
행할 경우 이때를 통해 그 시간 및 장소를 알리게 된다.

한편 정식 대중공사는 사중의 중요한 일에 대한 논의의 장이라 할
수 있다. 이에 미리 예정한 시간이 다가오면 찰중이 위임한 부전(副殿)
은 집회를 알리는 목탁을 치게 된다. 집회를 알리는 목탁 소리는 ◦●
●●●●●●．．．．▪ ●●●●●●●．．．． ●●●●●●●…
．． ◦◦ ● 과 같은 형태로, 즉 큰소리로부터 작은 소리에로 3번을 울린
뒤 마지막 가볍게 3번을 치는 형식인데, 이 소리를 들은 대중은 정해진
장소에 모여 대중공사를 시작한다. 정식 대중공사의 경우 복장은 장삼
과 가사를 수(垂)해야 하며, 그 진행은 찰중이 아닌 입승(立繩)이나 유
나(維那) 혹은 율주(律主) 등에 의해 행해진다. 진행은 입승의 죽비(竹
篦) 삼성(三聲)에 맞춰 대중이 마주보며 반배를 올림으로서 시작되며,
이 자리에서 결정된 사항은 사중 전체에 결정권을 갖는다.

대중공사보다 더 큰 구속력을 가지는 것으로 산중공사(山中公事)를
들 수 있다. 산중공사의 경우 사중뿐만이 아닌 산중(山中)의 암자 등에
살고 있는 모든 대중까지 참석하여 행해지는 대규모의 공사로서, 대종
(大鍾) 5회나 평소 정해진 숫자만큼의 울림을 통해 산중공사가 행해짐
을 알린다. 예불 때가 아닌 한에 있어 대종이 울림은 큰 사건을 예고한
다. 혹 산불이 났을 경우 간격을 두지 않고 빠른 속도로 대종을 치며,
산중에 누군가가 육신의 삶을 떠나 열반(涅槃)에 들었을 경우 느리고
장중하게 108번 대종을 치는 외에 좀처럼 대종을 치지 않는 까닭에 그

종소리는 대중의 관심을 끌기에 충분하며, 그 종소리를 들은 모든 산중의 승려들은 장삼과 가사를 수하고 큰절로 모이게 된다.

산중공사의 경우 그 진행은 주지(住持) 또는 조실(祖室), 방장(方丈) 등에 의해 행해진다. 여기서 결정된 사항은 종단(宗團) 전체에 영향을 미치기도 한다. 한 개인에 대한 불공거죄(不共居罪)의 논의로부터 산문출송(山門出送) 등, 그리고 좀더 중요한 사항들이 결정되는 바, 모든 공사에 있어 한 개인은 모두가 균등한 자격의 결정권을 가지며 모든 사항은 만장일치의 결정에 따르는 것이 원칙으로 되어 있다.

한편 승가의 일상은 자급자족 및 그것을 행하기 위한 분업을 통해 이루어진다. 그럼에도 각 분업에 의해 수행되기 어려운 일, 예를 들어 농감(農監)·원두(園頭)·산감(山監) 등이 혼자서 하기 힘든 일이 생길 경우 찰중에게 이를 고(告)하고, 찰중은 대중에게 이를 고지(告知)하게 되는 것이다. 이에 찰중은 아침 공양시 운력(運力)이 있음을 알림과 함께, 정해진 시간에 목탁을 두 번 내려치는 운력 목탁 소리(。● ● ● ● ● ● ● ●.. ● ● ● ● ● ● ● ●.. 。。●)에 맞춰 대중은 운력을 행한다. 『경덕전등록』의 「선문규식(禪門規式)」 가운데 "운력(運力: 普請)을 하는 것은 위와 아래가 힘을 합치는 것"[78]이라 하였는 바, 목탁소리를 들은 대중은 지위 고하를 막론하고 모두가 고방(庫房: 창고)에서 연장을 준비한다. 이때 밭일은 원두(園頭)가, 논일은 농감(農監)이, 산(山)일은 산감(山監)이 지휘한다.[79]

---

78) 『景德傳燈錄』 6卷 「禪門規式」 條.
79) 『사분율』 권11에, "만약 비구가 자신의 손으로 땅을 파면 波逸提이며, ……(중략)…… 만약 비구가 자신의 손으로 땅을 파거나 다른 사람에게 땅을 파도록 시키면 波逸提이다"라 하고 있다.(大正藏 22, p.641上~中)
그러므로 運力이란 초기 律藏 정신과는 다소 위배되는 듯 보이나, 중국 信行에 의한 三階敎의 정신과 百丈의 農禪一如의 淸規精神, 그리고 會昌法亂을 계기로 禪宗만이 남아질 수 있었던 역사를 돌이켜보는 속에, 禪宗 위주의 한국불교에서는 自生力으로서의 일을 한다. 자급자족을 하다 보니 농사며 밭일, 집 고치는 일 등을 때에 따라 해야 했다. 百丈이 '一日不作이면 一日不食이다'고 하였듯 靜의 坐禪과 動의 運力 모두에 가치를 둔 禪宗에서는 運力을 통해 한 톨의 쌀의 무게

도판 9. 대중운력(大衆運力)

운력(運力), 보청(普請)이란 '위와 아래가 힘을 합하는 것'을 말한다. 운력 목탁소리에 맞춰 고방(庫房)에서 연장을 준비하며, 밭일은 원두가, 논일은 농감이, 山일은 산감이 지휘한다. (사진 제공·법홍스님)

중봉(中峰: 1300년 경 明나라 僧) 화상(和尙)의 『중봉화상광록(中峰和尙廣錄)』에 "항상 빗자루를 가지고 다니며 당사(堂舍)의 먼지를 쓴다"는 그의 좌우명이 실려져 있으며, 향엄(香嚴) 화상은 스승 위산(潙山) 영우(靈祐)로부터 '미생이전(未生已前)의 일구(一句)를 말하라'는 주문을 받은 후 문자지식(文字知識)을 버리고 무당산(武當山)에 들어가 수행하던 중 빗자루에 걸린 자갈이 튀어 대나무에 부딪치는 소리를 듣고 활연대오(豁然大悟)하였다는 기사 등은 운력을 통해 깨달음에 접근한다는 선종(禪宗) 특유의 동중선(動中禪)을 대변해 주는 예이기도 하다.

또한 주리반특가가 청소하듯 먼지를 쓴다. 마음 깊은 곳 무명(無明)

가 수미산과도 같다는 緣起의 원리를 실감한다.

의 먼지를 닦는 것인 바, 그 중간에 차담(茶談) 목탁소리(。● ● ● ●
● ● · · · · · 。 。 ●)에 따라 차(茶)를 들며 담소의 시간을 갖는다. 한
편 『교계신학비구행호율의』 가운데에는 작무시(作務時), 즉 "일을 할 경
우, 전당(殿堂)을 청소하거나 물건을 씻는 일에까지 모름지기 오조가사
를 입어야 하며, 칠조가사를 반대로 펴 입어도 좋다"[80]고 하였는데, 현
재에는 단지 일상의 법복에 팔에 토시를 끼고서 운력에 임한다.

　이렇듯 승가의 일상사 가운데 예불·대중공사·운력 등의 대소사가
행해짐과 함께 산사에 밤이 찾아와 저녁 9시 (혹 가행정진의 경우 12
시) 무렵이 되면 대중은 잠자리를 준비한 채〔선원에서는 깔고 앉았던 두
장의 좌복(방석) 중 하나는 접어 베개를 만들어 베고 또 한 장의 좌복을 이
불 삼는다〕입승의 죽비 일성(一聲)에 맞춰 10분간의 좌선삼매에 든다.
이윽고 9시 법당 안에서 울리는 금고(金鼓)의 다섯 번(● ● ● ● ●)
의 울림, 삼경종(三更鐘) 소리와 동시에 입승의 죽비 삼성(三聲)에 따라
대중은 얕은 잠에 든다. 『사미율의』 중 "『보량경(寶梁經)』에 이르되, 반
듯이 누워 자는 것은 아수라(阿修羅)의 잠이요, 엎드려 자는 것은 아귀
(餓鬼)의 잠이며, 왼쪽으로 누워 자는 것은 탐욕인(貪慾人)의 잠이요, 오
른쪽으로 누워 자는 것은 출가인(出家人)의 잠이다"[81]라 하였는 바,
행·주·좌·와 가운데 와(臥)의 행법으로서 모든 대중은 우협(右脅)을
한 채 잠에 든다.

　이렇듯 늦은 밤이 되어 죽비 삼성과 함께 모든 대중이 잠에 들고 깊
은 밤 사찰에 등불이 꺼지면, 이것을 신호로 강원 대중 가운데 차례로
수야(守夜)의 야경(夜警)을 시작한다. 야경은 강원 학인(學人)에 의해
순번제로 행해진다. 야경 소임자는 요령 보관함에서 요령을 꺼내 들고
오른손에 쥔 채 흔들며 사찰 곳곳을 순찰하며, 아궁이에 남겨진 불을
단속하거나 걸려지지 않은 문을 잠그는 등 순찰을 행한다. 그 흔드는

---

80) 大正藏 45, p.870下.
81) 『沙彌律儀』(釋哲牛 註釋), 도서출판 토방, 1993. p.239.

요령 소리는 새벽 예불이 끝날 때까지 계속되며, 이윽고 예불이 마쳐짐과 함께 새벽 대중의 움직임에 그 바톤을 넘긴다.[82]

야경의 근원은 간당(看堂)과 관련을 맺는다고 할 수 있다. 진허(振虛) 팔관(捌關)의 『삼문직지(三門直指)』 가운데

"간당(看堂)이란 장로(長老)와 주지(住持)가 주삼시(晝三時)와 야삼시(夜三時)에 승당(僧堂)을 순찰하다가 참선납자(參禪衲子)가 졸고 있는 것을 발견하면 마땅히 선풍(旋風)같은 연가(連架: 도리깨질)의 경책으로서 수마(睡摩)를 쫓고 화두(話頭)를 되찾게 해 주는 것이다. ……(하략)……"[83]

라고 기록되어 있는 바, 저녁뿐만이 아닌 온종일에 걸쳐 장로와 주지가 승당(僧堂) 순찰을 행하며 납자들을 경책하였음을 알 수 있게 된다. 그럼에도 팔관(捌關)은 "기지술중(幾至戌中) 신기허수지시(矧其許睡之時) 하필고경이불안야(何必故驚而不安耶)"[84] 즉 '이미 술시(戌時: 저녁 9시 경) 중에 이르러 하필 수면이 허락되는 시간에 놀라게 하여 불안케 하느냐'라 말하기도 하는 바, 이러한 간당의 형식을 현행의 야경 가운데서 발견할 수 있는 것이다.

(6) 기타 의례

이외에도 승가의 모든 움직임, 즉 행·주·좌·와·어·묵·동·정 등에 걸친 모든 행(行)은 의례적 측면과 연결되어 있다. 가령 『계초심학인문』 중 "걸을 때에는 옷깃을 벌리고 팔을 흔들지 말라"[85]는 규제

---

82) 日本의 경우 夜警 때에는 柝木을 치면서 "옴 바살바엔터이수야진 사바하"라 守夜神의 呪를 외운다. 佐藤義英, 『雲水日記』, 禪文化硏究所, 昭和58, p.46.
83) 『三門直指』(韓佛全 10, p.162下)
84) 『三門直指』(韓佛全 10, p.163上)

등과 함께 신·구·의 삼업을 단속한다는 의미에서의 '차수례(叉手禮)'
및 대중이 행보(行步)할 때는 기러기 행렬과도 같이 '안행(雁行)'을 한다
거나, 원인(圓仁)의 『입당구법순례행기』 당 개성 6년(840년) 11월 26일
기사 중 "납하(臘下)의 사미(沙彌)들은 상좌(上座)에게 인사말을 할 때
한결같이 책에 쓰인 법도를 지켰다. 사미가 승려에게 말을 할 때는 오
른쪽 무릎을 땅에 꿇고……"[86]에서 볼 수 있듯 '우슬착지(右膝着地)'를
하는 등 행(行)과 관련된 의례거나, 남에게 자신을 낮추어 스스로를 '빈
도(貧道)'라 한다든지 편지를 쓸 적에 자신 이름 밑에 '화남(和南)'이란
표기를 행하는 등 어(語)와 관련된 여러 행법, 내지 탑 또는 법당 앞을
지날 때 합장·반배 한다거나 등등의 소사(小事) 가운데 생활의례적 측
면을 일견(一見)할 수 있게 되는 것이다.

한편 『교계신학비구행호율의』의 「재방중주법(在房中住法)」 가운데에
는 행·주·좌·와 가운데 행해야 할 다음과 같은 32조의 의례를 설명
하고 있기도 하다.[87]

① 자기보다 법랍이 오하(五夏) 이상 높은 사람과 함께 같은 침상을
쓰지 못한다. ② 도반과 방을 함께 쓰게 되면 늘 모름지기 서로 잘 보호
해야 한다. 소란스럽게 다투지 말라. ③ 방안에서는 항상 마음을 써서 서
로 문신(問訊)하여야 하며, 모름지기 법랍의 대소를 알아야 한다. ④ 만약
언어를 잃는 일이 있으면 곧 환희(歡喜)를 구해야 한다. 하룻밤을 지나서
죄업을 맺는 일이 없도록 해야 한다. ⑤ 서로 칭찬해야 하나니, 등져서
서로 헐뜯지 말아야 한다. ⑥ 무릇 다른 이의 방원(房院)에 가려고 하면
같은 방에 있는 사람들에게 거처를 알려야 한다. ⑦ 7조 가사를 입으려
하면 모름지기 미리 앞에 5조 가사를 입어야 한다. ⑧ 만약 5조 가사를

85) 大正藏 48, p.1004中.
　　"經行次 不得開襟掉臂"
86) 圓仁(申福龍 譯), 『入唐求法巡禮行記』, 정신세계사, 1991. p.224.
87) 大正藏 45, p.871上.

벗을 때는 모름지기 7조를 입어야 한다. 가사를 떠나지 말아야 한다.〔不得離處〕 ⑨ 불을 가지고 방에 들어가려고 하면 문 밖에 이르러 미리 방안에 있는 사람들에게 "불 들어갑니다" 하고 말하여야 한다. ⑩ 등불을 끌 때 입으로 불어서 끄면 안 된다. ⑪ 등불을 끄려고 하면 모름지기 방안에 있는 사람들에게 "더 등불이 필요하십니까?"하고 물어보아야 한다. ⑫ 방안에서, 또는 방안의 사람들이 이미 누워 있으면 독경하는 소리를 내지 말라. ⑬ 무릇 방안에서 염송(念誦)하고자 하면 큰 소리를 내지 말라. ⑭ 자기가 하좌(下座)에 있으면 힘들고 어려운 일〔苦事〕을 먼저 하라. ⑮ 무릇 좋은 일이 있으면 먼저 상좌(上座)로 미루고, 더욱이 양보하는 것이 해판비구(海板比丘)의 법(法)[88]과 같이 해야 한다. ⑯ 좋지 못한 일을 서로 말하지 말라. ⑰ 서로 헐뜯고 비난하는 희론(戱論)의 법을 익히지 말라. ⑱ 서캐나 이〔蟣虱〕를 잡아서 방바닥에 놓아두지 말라. 마땅히 솜으로 싸서 온편처(穩便處)에 두어야 한다. ⑲ 행·주·좌·와나 모든 출입에도 가사를 모름지기 몸에 가까이 해야 한다. ⑳ 설령 대소변을 볼 경우에도 가사를 몸에 가까이 해야 한다. ㉑ 누울 때는 모름지기 베개를 편하게 해야 하며, 자리를 더럽히면 안 된다. ㉒ 누울 때는 모름지기 오른쪽 옆구리〔右脇〕가 바닥에 닿도록 해야 하고, 얼굴은 밖을 보도록 하여야 하며, 벽을 보며 눕지 않도록 한다. ㉓ 몸을 반듯이 바로 누워 발을 포개거나 왼쪽 옆구리로 눕지 말라. ㉔ 옷을 다 벗어 벌거벗은 몸으로 눕지 말라. ㉕ 누울 때는 삼의(三衣: 僧伽梨와 鬱多羅僧, 安陀會)를 다리 아래쪽으로 두지 않도록 하라. ㉖ 행·주·좌·와에 나쁜 일을 생각하지 말라. ㉗ 밤에 누울 때는 마땅히 밝은 모습을 생각해야 한다. ㉘ 여름철에는 이부자리나 방석·가사·내의〔薦席衣裳〕 등을 볕에 잘 말려야 한다. ㉙ 버선이나 양말을 사람 머리 위로 지나거나 얼굴에 닿게 하지 말라. ㉚ 몸에 따르는〔緣身〕 옷들은 모름지기 정결하게 해야 한다. 기름때나 땀이 배어 있게 하지 말라. ㉛ 노지(露地)에 등촉(燈燭) 등불을 놓지 말라. ㉜ 방안은 항상 정결하게 해야 한다. 너저분하게 어지럽혀서는 안 된다.

---

88) 『大莊嚴論經』 卷3. '배를 타고 가다가 海難을 만났을 때 板子를 얻은 年少比丘가 그 板子를 上座에게 양보하여 그를 도왔다'는 이야기.

이렇듯 승가의 모든 행법은 규구(規矩)에 의해 엄밀히 통제된다. 그럼에도 위 모든 규구들로부터 해방될 수 있는 하나의 공간이 있어 '지대방'이라 부른다. 통설 '(벽에) 지낼 수 있다(기댈 수 있다)'고 하여 '지대는(기대는, 기댈 수 있는) 방', 즉 '지대방'이라고 하는데, 이 지대방에서는 담소와 함께 약간의 위의를 벗어난 일도 허용된다. 지대방에 마련된 개인 사물들 및 빨래손질과 바느질 등 허드렛일을 할 수 있기도 하는 바, 지대방에서 다과를 들며 나누는 다담(茶談)은 '지대방 이야기'라 불리운 채, 우스갯소리를 이끌어가는 '지대방 방장'이 무언하에 선출되기도 한다. 그럼에도 보조(普照)의 『계초심학인문』에서는 "부득예고방(不得詣庫房) 견문잡사(見聞雜事) 자생의혹(自生疑惑)〔지대방(庫房)에 나아가 잡스런 일들을 보거나 듣고 하여 스스로 의혹이 일지 않게 하라]"[89]이라 하여 이러한 한담(閑談)조차도 경계하고 있음을 볼 수 있어, 차라리 불립문자를 주장하는 선원의 지대방에서 선객들은 『벽암록』과 『종용록』·『무문관』·『임제록』 등 선사들의 선어록(禪語錄)을 읽기도 한다.

2) 수련의례

이상 일상사 가운데 행해지는 일상의례와는 달리, 승가의 대소사 가운데 행해지는 '출가인으로서 정업(正業)을 닦는 행법'으로서 의례적 측면을 우리는 구별해 낼 수 있다. 즉 조석예불(朝夕禮佛) 및 탁발(托鉢)·공양의례(供養儀禮: 獻食規 등)·입선의례(入禪儀禮) 및 송경의식(誦經儀式: 看經과 論講 등)·사경의식(寫經儀式)·안거(安居)·포살(布薩), 자자의례(自恣儀禮) 등을 들 수 있는 바, 이들 각각의 행법은 의례 실행을 통해 출가인으로서 정업(正業)을 맑혀가는 수행 과정으로 인식

---

89) 大正藏 48, p.1004中.

될 수 있어 이를 수련의례라 구분 지을 수 있다.

이들 각각의 수련의례는 계·정·혜 삼학(三學)의 수행과 구체적 관련을 맺고 있다. 즉 계(戒)의 수행이란 측면에서 볼 때 포살 및 자자의 례가 이에 속한다고 할 수 있으며, 정(定)의 측면에서 본다면 입선의례 및 안거 등의 예를 들 수 있다. 또한 혜(慧)의 측면에서 독경의식과 사경의식 등을 들 수 있는 바, 이외에도 조석예불 및 탁발·공양의례 등을 포함한 모든 의례는 각각 총림의 구성 중 선원과 강원, 율원(律院) 및 염불원(念佛院) 등 사원(四院)의 체계 속에 종합적으로 행해지는 수련 행법 가운데 속하는 것들이라 하겠다.

(1) 조석예불(朝夕禮佛)

예불이란 불(佛)에 대한 예경을 말한다. 고래 인도에서는 상대의 발등에 자신의 이마를 맞대는 '접족작례(接足作禮: 또는 頂禮)'나 상대를 오른쪽으로 세 바퀴 도는 '우요삼잡(右繞三匝)' 등90)이 예경의 형식으로 사용되었는데, 이러한 '신체적 접촉(발등에 머리를 맞댐)' 내지 '요잡(繞匝)' 등의 행위를 통해 예경자는 예경 대상으로부터 성스러움의 직접적 전달을 희구하며, 오른쪽의 동심원을 긋는 행위 가운데 영원(永遠)의 무의식(無意識) 속에 합류하기를 염원한다.91)

예경이란 성스러움 자체와 하나가 되기를 희구하는 것92)으로, 우리 일상과의 별리(別離)를 촉구한다.93) 즉 속(俗)에서 성(聖)에로의 전환적

---

90) 『大智度論』 가운데 다음과 같은 禮敬의 형식을 나열하고 있다. "禮有三種 一者口禮 二者屈膝 頭不至地 三者頭至地 是爲上禮 人之一身 頭爲最上 足爲最下 以頭禮足 恭敬之至." 『大智度論』(大正藏 25, p.751中).

91) 이 가운데 '右繞三匝'의 遶匝 행위는 塔돌이 형태에로 轉移되었다.

92) "行·住·坐·臥 四儀의 法則을 禮라 하며 몸으로 恭敬하는 것을 敬이라 하니, 이는 眞性을 恭敬하고 無明을 屈服시키는 뜻을 갖고 있다." 『沙彌律儀』(釋哲牛), 도서출판 토방, 1993. p.159.

93) "misa를 뜻하는 라틴어 mitere는 원래 우리들을 일상성의 마당에서 '몰아낸다'는

메카니즘을 갖는 것에 예경의 참뜻이 있다고 할 수 있는 바 불교에 있어 예불, 즉 불(佛)에 대한 예경은 보드가야(Bodhgāya) 보리수하(菩提樹下)에서 깨달음을 얻은 붇다에 대해 두 상인이 붇다의 발에 자기 머리를 갖다 대는 두면례(頭面禮)를 행했던 것으로부터 시작된다.94) 또한 붇다께서 깨달음을 얻은 후 범천왕(梵天王)이 중생들에게 설법하기를 청하고 "부처님 발에 예배한 뒤 오른쪽으로 세 번 돌고"95) 등 예불 최초의 모습들이 표현되기도 하며, 빈비사라(頻婆娑羅)왕이 불(佛)께서 도솔천(兜率天)에 머무시는 동안 부처님 모습의 불상(佛像)을 만들어 예배하였다는 기록 등은 정형화된 최초의 예경 형태를 전해 주고 있다.

　이후 무수한 예경의 형태 가운데 한국불교에 있어 최초 예경 형태는 원인(圓仁)의 『입당구법순례행기』 적산(赤山) 신라원(新羅院)에 관한 기록 가운데 보여지는 바, "해 저물녘과 초저녁과 밤중과 오전 4시경의 아침에 예불을 드린다"96)고 하여 하루 4번의 예경이 행해졌음을 말하고 있다. 한편 보조의 『계초심학인문』 가운데 "예불(焚修)에 나아가되 모름지기 조석(朝夕)으로 근행하여 스스로 게으름을 꾸짖으며, 대중이 행하는 차례를 알아서 어지럽히지 말며(赴焚修 須早暮勤行 自責懈怠 知衆行次 不得雜亂)"97) 등의 언급을 행하고 있음을 볼 수도 있다.

　여기서 예불이란 분수(焚修)와 같은 뜻으로 쓰이고 있음을 알 수 있는데, 분수(焚修)란 불전(佛殿)에 향불 피우고 예불 드림을 수행의 방편으로 삼음을 말한다. 이에 '향을 불살라 공양함(焚)을 수행(修) 방편으로 여기는 스님(僧)'들을 분수승(焚修僧)이라 말하기도 하여, 대웅전 또

　　뜻을 지닙니다. 그래서 사제가 우리로부터 등을 돌리고 있는 곳, 거기가 제단입니다. 그렇게 등을 돌리고 있는 사제와 더불어 비로소 우리는 외계를 향했던 것이지요." 조셉 켐벨·빌 모이어스(이윤기 역), 『신화의 힘』, 고려원, pp.172~173.
　94) 『四分律』(大正藏 22, p.781下)
　　　"於如來所前至佛所頭面禮已在一而立"
　95) 『四分律』(大正藏 22, p.787中)
　96) 圓仁(申福龍 譯), 『入唐求法巡禮行記』, 정신세계사, 1991. p.123.
　97) 大正藏 48, p.1004中.

는 중심 법당의 의례를 담당하는 노전(爐殿) 내지 기타 법당의 의례를 담당하는 지전(持殿: 知殿) 혹은 부전(副殿) 등과 구분된다.

새벽 3시로부터 열리기 시작하는 산사의 아침. 그 아침을 일깨우는 분수승의 도량송(道場誦) 목탁소리를 시작으로 종송(鐘誦) 및 예경·축원으로 이어지는 일련의 의식절차를 통틀어 광의(廣義)의 예불이라 부를 수 있다. 혹은 다게(茶偈) 및 오분향례(五分香禮)로부터 헌향진언(獻香眞言)·예경문(禮敬文) 등으로 이어지는 예경의 짧은 부분만을 협의(狹義)의 예불이라 칭하기도 하는데, 이를 간략히 도표화하면 다음과 같다.98)(도표 12)

예불의 구성	
광의(廣義)의 예불	협의(狹義)의 예불
● 도량송(道場誦) ● 종송(鐘誦) ● 예경(禮敬)	● 예경(禮敬) ─○ 다게(茶偈), 혹은 ─○ 오분향례(五分香禮) 및 　　헌향진언(獻香眞言) ─○ 예경문(禮敬文)

도표 12. 예불의 구성

이제 위 도표를 전제로 예불 구성의 각각 사항들에 대한 분석을 행해 보기로 하겠는데, 이러한 분석을 통해 우리는 예불이라는 전례 구조 속에 담겨진 보다 폭넓은 의미성을 발견해 낼 수 있을 것이다.

① 도량송(道場誦)

도량송이란 도량(道場)을 청정케 한다는 의미의 예식 행위를 말한다. 광의(廣義)의 예불에 있어 그 무대 혹은 단(壇)을 설치하는 기초작업을

---

98) 이하의 설명은 筆者의 책 『예불』(도서출판 운주사, 1994, pp.30~51)을 주로 참조 하였다.

뜻하는 것으로, 주변을 깨끗이 정화하고 그리하여 성스러운 힘이 도량
에 찾아들기를 기원함에 그 뜻이 있다. 정구업진언(淨口業眞言)으로부
터 시작한 도량송은 도량찬(道場讚)에 이르러 그 단락을 맺는 바, 도량
송의 전체 구성을 다음과 같이 도표화할 수 있다.(도표 13)

도량송의 구성

(1) 도량석(道場釋)
　　① 정구업진언(淨口業眞言)
　　② 오방내외안위제신진언
　　③ 개경게(開經偈) 및 개법장진언
　　④ 진언(眞言) 또는 다라니
(2) 사방찬(四方讚)
(3) 도량찬(道場讚)

도표 13. 도량송의 구성

㉠ 도량석(道場釋)

위 도표에서와 같이 도량송이란 도량석(道場釋) 및 사방찬(四方讚),
도량찬(道場讚) 등 세 부분으로 나뉘어진다. 여기서 도량석(道場釋)이란
도량을 '다스림[釋]'을 말하며, 일정 예식을 통해 도량을 정화하는 절차
로서 도량석 방법으로는 진언(眞言) 및 다라니(陀羅尼) 독송이 쓰여지
고 있다. 도량석의 진행 순서를 설명해 보면 다음과 같다.

우선 새벽 3시 조금 전 자리에서 일어난 부전은 법당 다기(茶器)에
물을 떠올린 다음, 단(壇)의 촛불을 켠다. 이어 3시가 되면 법당 앞 중
앙에 선 채 목탁[99] 세 번을 오르내린 뒤 목탁을 치면서 도량을 돌며
도량석을 행[100]하게 되는 바, 도량석은 ① 정구업진언으로부터 ② 오방

---

99) 일반적으로 木鐸은 살구나무로, 목탁 채는 대추나무로 만들며, 그렇게 함으로서
　　木鐸 소리는 兜率天 內院宮에까지 울려 퍼진다는 통설이 있다.

내외안위제신진언으로 이어진다. 즉 먼저 자신 구업(口業)을 청정케 하
는 진언을 외우고 난 뒤 오방내외안위제신진언을 외우는 바, 동·서·
남·북 사방 및 중앙 등 오방(五方) 및 그 상하[內外], 즉 공간적으로
온 법계(法界)에 머물고 있는 모든 신들을 안위(安慰)케 하는 진언을
외움으로서 그들 모두가 원만자(圓滿者)이며 최상자이신 부처님께 귀의

---

100) "陽은 陰을 기본으로 動하고, 陰은 動을 의지하여 靜하게 된다." 이는『周易』의
중심원리를 설명하는 것으로, 禮佛의 내재적 질서 안에 周易의 陰陽思想 및 五
行의 이치가 깃들어 있음을 발견할 수 있다.
예불에 깃든 陰陽 및 五行思想을 설명키 위해 예불의 형식적 진행 과정을 들어
봐야 할 것인데, 이것은 전체 예불의 내재적 원리를 형성하고 있는 것이기도 하
다. 이를 설명키 위해 다음 도표를 전제해 두어야 할 것으로, 이것은 河圖를 기
본으로 한 五行의 전체적 구성 및 특성을 간략화한 것이다.(도표 14)

구분 오행	金	木	水	火	土
方 位	西	東	北	南	中央
季 節	가을	봄	겨울	여름	四季
色 彩	白	靑	黑	赤	黃
숫 자	4, 9	3, 8	1, 6	2, 7	5, 10

도표 14. 五行의 구성 및 특성

위 도표를 전제로 우리는 '山寺의 스님들이 왜 3시에 잠에서 깨며, 저녁 9시면
잠자리에 드는가?' 하는 것을 알 수 있다. 3時의 3이란 숫자는 五行 가운데 木을
말하며 우주의 기운이 東으로부터 싹터 오는 시간을 뜻한다. 9時의 9는 五行 중
金에 속하는 바, 우주의 기운이 西에로 기우는 시간이다. 이에 3시의 기상과 9시
의 취침이란 우주적 순리에 우리 리듬을 맞춰 가는 행위임을 알 수 있다. 또한
"天開於子 地開於丑 人開於寅"이라 했다. 즉 '하늘은 子時(밤11~1시)에 열리고
땅은 축시(1~3시)에, 사람은 인시(3~5시)에 잠에서 깬다'는 말이다.
한편 새벽 道場誦에 쓰이는 의식용 法具, 즉 木鐸 및 그 소리에 주의를 기울여
볼 필요가 있다. 그런데 왜 수많은 의식용 법구 중 하루의 시작을 알리는 도량
송에 나무(木)로 만든 목탁이 쓰이게 되는 것일까? 이를 설명키 위해 우리는 위
의 도표를 참고해야 할 것이다. 즉 하루의 시작이 방위상 동쪽으로부터 시작된
다면, 그 하루의 시작을 알리는 데 쓰이는 도구로는 나무(木)가 적당한 것이라
는 말이다. 1년의 시작은 봄이고 하루의 시작은 동쪽이며, 그러므로 하루의 시작
은 나무(木)여야 하는 바, 하루의 시작에는 나무로 만든 목탁이 은은히 울려 퍼
져야 한다는 것이다. 그럼에도 그 목탁을 울리는 데에도 일정한 격식이 주어지
게 되어, 그것을 도표로 만들어 보이면 다음과 같다.(도표 15)

하여, 그로써 부처님께 귀의한 동류(同類)의 인간들에게 몸과 마음의 평온을 얻을 수 있도록 하소서라는 일종의 기원의 뜻을 포함하고 있다.

이렇듯 자신의 구업을 맑히고 모든 신들에 대한 안위를 행한 다음, 비로소 진언 혹은 다라니·경문(經文) 등을 외우게 된다. 그러나 경문 또는 다라니 등을 독송하기 전에 ③ 개경게(開經偈) 및 ④ 개법장진언(開法藏眞言)을 외워야 하는데, 이는 경전 내지 다라니를 외움으로서 부처님의 높은 가르침을 다 알아들을 수 있기 원한다는 일종의 기원〔開經偈〕인 동시에 부처님 법의 창고〔法藏〕에 이르러 그 창고의 문을 열어 젖힌다〔開法藏〕는 뜻을 갖는다.

이렇듯 부처님 법의 문을 열어 젖힌 뒤 비로소 도량석을 위한 경문

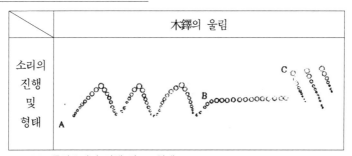

도표 15. 목탁소리의 진행 및 그 형태

위 도표에서 살펴볼 때 A로부터 시작된 목탁의 울림은 작은 소리로부터 큰 소리로, 큰 소리로부터 작은 소리로 이어지는 세 번의 오르내림 끝에 B지점에 이르게 되며, 그때부터 도량송 歌唱은 시작된다. 거기서부터 도량송 가창이 끝나게 되는 C지점에 이르기까지는 같은 크기의 울림으로 목탁을 울리게 되며(일자목탁), 도량송 가창이 종결되는 지점 C에 이르러 목탁을 세 번 내려치는 형식으로 도량송 목탁의 울림은 구성되어, 이에는 陰陽의 사상이 내재해 있음을 발견할 수 있다.

즉 작은 소리로부터 큰 소리로, 아래서부터 위로 향하는 소리의 진행 및 형태가 그것이다. 소리의 크기에 있어서 작은 소리는 陰이며 큰 소리를 陽이라 한다면, 소리의 진행은 陰에서 陽으로 진행된 채 마지막에 이르러서는 또다시 陰에로 그 세력을 되돌려 주고 있는 것이다.(위 내용은 體와 用의 작용에 관련된 표현으로, 從體起用의 원리로 설명될 것이기도 하다. 어두운 不動의 本體로부터 진리의 作用으로 나아가는 體用의 관계성. 그러나 어둠이 찾아들면 또다시 用은 體에로 섭수 되어진다.)

및 다라니·진언 등을 외우는데, 도량석에 쓰이고 있는 진언 및 다라니·경문으로는 사대주(四大呪)와 천수다라니·의상(義湘)의 법성게(法性偈), 그리고 반야심경·해탈주(解脫呪) 내지 스님들에 따라서는 경허 스님의 참선곡101)이나 보조 스님의 계초심학인문, 그리고 원효 스님의

---

101) 홀연히　생각하니 도시몽중 이로다　천만고　영웅호걸 북망산　무덤이요
부귀문장 쓸데없다 황천객을 면할소냐 오호라　나의몸이 풀끝의　이슬이요
바람속의 등불이라
삼계대사 부처님이 정녕히　이르사대 마음깨쳐 성불하여 생사윤회 영단하고
불생불멸 저국토에 상락아정 무위도를 사람마다 깨치라고 팔만장교 유전이라
사람되어 못닦으면 다시공부 어려우니 나도어서 닦아보세 닦는길을 말하려면
허다히　많건마는 대강추려 적어보세 앉고서고 보고듣고 착의끽반 대인접화
일체처　일체시에 소소영영 지각하는 이것이　무엇인고 몸뚱이는 송장이요
망상번뇌 본공하고 천진면목 나의부처 눈한번　깜짝할제 천리만리 다녀오고
허다한　신통묘용 분명한　나의마음 어떻게　생겼는고 의심하고 의심하되
고양이가 쥐잡듯이 주린사람 밥찾듯이 목마른이 물찾듯이 육칠십　늙은과부
외자식을 잃은후에 자식생각 간절하듯 생각생각 잊지말고 깊이궁구 하여가되
일념만년 되게하여 페침망찬 할지경에 대오하기 가깝도다 홀연히　깨달으면
본래생긴 나의부처 천진면목 절묘하다 아미타불 이아니며 석가여래 이아닌가
젊도않고 늙도않고 크도않고 작도않고 본래생긴 자기영광 개천개지 이러하고
열반진락 가이없다 지옥천당 본공하고 생사윤회 본래없다 선지식을 찾아가서
요연히　인가맡아 다시의심 없앤후에 세상만사 망각하고 수연방광 지내가되
빈배같이 떠놀면서 유연중생 제도하면 보불은덕 이아닌가 일체계행 지켜가면
천상인간 복수하고 대원력을 발하여서 항수불학 생각하고 동체대비 마음먹어
빈병걸인 괄시말고 오온색신 생각하되 거품같이 관을하고 바깥으로 역순경계
몽중으로 관찰하여 해태심을 내지말고 허령한　나의마음 허공과　같은줄로
진실히　생각하여 팔풍오욕 일체경계 부동한　이마음을 태산같이 써나가세
허튼소리 우스개로 이날저날 다보내고 늙는줄을 망각하니 무슨공부 하여볼까
죽을제　고통중에 후회한들 무엇하리 사지백절 오려내고 머리골을 쪼개는듯
오장육부 타는중에 앞길이　캄캄하니 한심참혹 내노릇이 이럴줄을 누가알고
저지옥과 저축생에 나의신세 참혹하다 백천만겁 차타하여 다시인신 막연하다
참선잘한 저도인은 서서죽고 앉아죽고 앓도않고 선세하며 오래살고 곧죽기를
마음대로 자재하며 항하사수 신통묘용 임의쾌락 소요하니 아무쪼록 이세상에
눈코를　쥐어뜯고 부지런히 하여보세 오늘내일 가는것이 죽을날에 당도하니
푸줏간에 가는소가 자욱자욱 사지로세 예전사람 참선할제 마디그늘 아꼈거늘
나는어이 방일하며 예전사람 참선할제 잠오는것 성화하여 송곳으로 찔렀거늘
나는어이 방일하며 예전사람 참선할제 하루해가 가게되면 다리뻗고 울었거늘
나는어이 방일하고 무명업식 독한술에 혼혼불각 지나가니 오호라　슬프도다
타일러도 아니듣고 꾸짖어도 조심않고 심상히　지나가니 혼미한　이마음을
어이하여 인도할꼬 쓸데없는 탐심진심 공연히　일으키고 쓸데없는 허다분별

발심수행장 등을 독송하기도 한다.102)

ⓛ 사방찬(四方讚)

위 도량석에 이어 사방찬(四方讚)을 독송한다. 사방찬이란 사방 즉 동·서·남·북의 방위에 대한 찬탄을 드러내는 대목으로, 여기 사방찬의 구절을 인용해 보면

"일쇄동방결도량(一灑東方潔道場) 이쇄남방득청량(二灑南方得淸凉)
삼쇄서방구정토(三灑西方俱淨土) 사쇄북방영안강(四灑北方永安康)"

즉 도량석 의식을 통해 동·서·남·북 모두에 사악한 기운이 사라졌고, 이로서 도량은 청정함과 아울러 서방정토에서와 같은 평안함을 이루게 되었음을 찬탄하고 있는 사방찬. 이어 도량송은 도량찬(道場讚)

날마다 분요하니 우습도다 나의지혜 누구를 한탄할꼬 지각없는 저나비가
불빛을 탐하여서 제죽을줄 모르도다 내마음을 못닦으면 여간계행 소분복덕
도무지 허사로세 오호라 한심하다 이글을 자세보아 하루도 열두때며
밤으로도 조금자고 부지런히 공부하소 이노래를 깊이믿어 책상위에 펴어놓고
시시때때 경책하소 할말을 다하려면 해묵서이 부진이라 이만적고 끝내오니
부디부디 깊이아소 다시할말 있사오니 돌장승이 아이나면 그때에   말할테요
102) 道場釋의 요식절차는 부처님 당시의 사건, '바이샬리(Vaiśāli)의 기근'으로부터 유래된다. 다음은『中阿含經』에 나오는 이야기로서, 부처님 成道 후 5년경의 일로 추정되는 사건이다. 당시 부처님께서는 라즈기르(Rajgir)의 竹林精舍에 머물고 계셨는데, 이웃나라 바이샬리에서는 오랜 가뭄으로 인해 많은 사람들이 굶주림에 허덕이고 있었다. 질병 또한 유행하여 하루에도 셀 수 없이 많은 사람들이 죽어가고 있었다. 이에 바이샬리 사람들은 바라문교의 전통적 방식에 따라 신에게 제사를 지내기도 하였고, 당시 유행하던 쟈이나교 및 6사외도의 지도자들을 모셔 그 재난을 해결코자 했으나 모두 실패하자, 마침내 부처님 위신력에 의지코자 하는 생각이 들어 당시 라즈기르에 머물고 계신 부처님께 사신을 보내 부처님을 청하게 되었다. 이에 부처님께서 "갠지스강을 건너 30리쯤을 지나 바이샬리 땅을 밟으시자 모든 염병의 독기는 맑아지며, 병의 기운은 문득 힘을 잃기 시작하였다." 또한 "부처님께서는 제자 아난다에게 명하여『寶經(Ratna sūtra)』이라 불리우는 경전을 외우게 하셨는 바, 아난다가『寶經』을 외우면서 성벽을 돌아 '맑은 물'을 뿌릴 때에 모든 惡氣는 스스로 쫓겨가고 염병은 그치게 되었다"는 것이다. 正覺,『예불』, 도서출판 운주사, 1994, p.33.

에 이르러 그 막을 내리게 된다.

ⓒ 도량찬(道場讚)

도량찬이란 도량을 찬탄함과 함께 아울러 하늘 신들의 가호를 바란
다는 내용이 그 중심을 이루고 있다. 곧 진언을 외움과 함께 깨끗한 물
을 뿌려 도량을 청정케 하였으니, 하늘 신들께서는 이곳 도량에 내리시
어 나에게 가호(加護)를 베풀어 주십시오 하는 말이다.

"도량청정무하예(道場淸淨無瑕穢) 삼보천룡강차지(三寶天龍降此地)
아금지송묘진언(我今持誦妙眞言) 원사자비밀가호(願賜慈悲密加護)"

이상 도량송의 전체적 구성 및 그 각각의 의미성에 대해 알아 보았
는 바, 여기에는 '물[水]을 뿌린다'는 의식103)과 함께 목탁이란 법구(法
具)가 동시에 사용되고 있음을 알 수 있다. 이에 도량석을 달리 목탁석
(木鐸釋)이라 말하기도 하는 바, 그럼에도 전통적 관례에 따른다면 도량
송의 전체적 진행에는 목탁 대신 석장(錫杖: 六還杖) 또는 요령(搖鈴)이
사용되었던 것 같다.104)

② 종송(鍾誦)

도량찬을 마지막으로 도량송은 종결을 이루게 된다. 그리고 법당의
금고(金鼓: 小鐘) 소리105)와 더불어 도량송은 종송(鐘誦)에로 이어지는

---

103) 현행의 道場誦에서는 물 뿌리는 의식이 생략되고 있다.
104) 이중 錫杖에 대해 말하자면, 그것은 比丘가 항시 지녀야 할 '比丘18物'의 하나로
윗부분에 6개의 고리가 달려 있는 까닭에 六還杖이라 불리우는 바, 이것을 땅에
울려 소리가 나게 하여 이른 새벽 도량에 널려 있는 해충들을 쫓음과 동시에 아
침 기상을 알리는 신호로 사용되었던 것 같다.
그러나 시간이 흐름에 따라 물고기를 형상화한 木鐸을 사용한 것은, 잠자는 순
간에까지 눈뜨고 있는 물고기의 외양을 본떠 그 목탁을 울림으로서 昏情에 빠진
수행자들을 격려하기 위해서였던 것으로 풀이될 수 있다.
105) 예불에 깃들어 있는 陰陽 및 五行 사상은 도량송 이후, 鐘誦의 진행에 이르러

바, 종송은 일체 지옥중생을 구제한다는 데 그 초점이 맞춰지고 있다. 종송의 전체적 구성은 서설과 진언, 장엄염불(莊嚴念佛)과 후렴 및 사물(四物)의 진행으로 각각 나뉠 수 있어, 아침 종송과 저녁 종송을 구분하는 가운데 각각 종송의 구성을 도표화하면 다음과 같다.(도표 16)

종송(鐘誦)의 구성(構成)	
아침 종송(鐘誦)	저녁 종송(鐘誦)
● 서설(序說) 부분 ● 파지옥진언(破地獄眞言) ● 장엄염불(莊嚴念佛) 및 후렴 ● 사물(四物)의 진행	● 서설(序說) 부분 ● 파지옥진언(破地獄眞言) ● 사물(四物)의 진행

도표 16. 종송(鐘誦)의 구성

㉠ 아침 종송

종송(鍾頌) 자체가 지옥중생의 구제에 그 뜻이 맞춰져 있다고 할 때, 종송의 모든 구성은 '지옥을 파괴한다'는 위대한 발원으로 집약될 수 있다. 그러므로 종송의 내용적 중심은 파지옥진언(破地獄眞言)에 있게 되며, 나머지 서설 및 장엄염불·후렴 등은 이를 서술하는 요식적 체계에

그 뜻이 더욱 명백해진다. 즉 도량송 木鐸의 나무[木]소리는 이어 종송의 쇠[金]소리로 그 소리가 변화되는 것인데, 우리는 여기서 五行의 전개 및 그 변화적 측면을 살펴볼 수 있게 되는 것이다. 五行은 火·水·木·金·土에로의 전환적 성격을 갖는다. 그러므로 〈도표 14. 五行의 구성 및 특성〉을 참고해 볼 때 하루의 시작, 木으로부터 시작한 목탁의 울림은 이후 그 소리를 金 즉 쇳소리로 이어줘야 하는 것으로, 도량송 목탁의 울림 다음에는 종송의 쇳소리가 울려 퍼지게 되는 것이다.
한편 아침 鐘誦의 경우 그 치는 방식은 ….●●●●●●● ○○ ● (이후 장엄염불 이어짐………) ●●●●●●●●●●●●●●●….●●●● ○○ ●●●●● ○○ ● 등과 같이 하며, 저녁 鐘誦의 경우에는 ○○ ●●●●● ○○ ● 과 같이 행한다.

해당된다고 말할 수 있다.

이에 『석문의범』「제반편(諸般篇)」의 '조례종송(朝禮鍾頌)' 항목에 의하면 '새벽 목탁석(木鐸釋)을 할 때 송주(誦呪)를 약간 외우고' 나서 다음의 서설, 즉 종송(鍾頌)의 서두를 행하라고 하고 있다.

> "원차종성변법계(願此鐘聲遍法界)   철위유암실개명(鐵圍幽暗悉皆明)
> 삼도이고파도산(三途離苦破刀山)   일체중생성정각(一切衆生成正覺)
> 나무(南無)   비로교주(毘盧敎主)   화장자존(華藏慈尊)
> 연(演)   보게지금문(寶偈之金文)   포(布)   낭함지옥축(琅函之玉軸)
> 진진혼입(塵塵混入)   찰찰원융(刹刹圓融)
> 십조구만오천사십팔자(十兆九萬五千四十八字)   일승원교(一乘圓敎)
> 대방광불화엄경(大方廣佛華嚴經)   제일게(第一偈)
> 약인욕료지(若人欲了知)   삼세일체불(三世一切佛)
> 응관법계성(應觀法界性)   일체유심조(一切唯心造)
> 파지옥진언(破地獄眞言)
> 나모 아따 시지남 삼막삼못다 구치남 옴 아자나 바바시 지리지리 훔"

그리고 이후 '원아진생무별념(願我盡生無別念)으로부터 장엄염불(莊嚴念佛)을 행하라'[106] 하고 있는 바, 장엄염불 이후 현행의 종송은 다음과 같은 후렴에로 끝을 맺는 즉, 이는 앞 서설의 내용을 다시금 반복하는 역할을 하고 있다.

> "지옥도중수고중생(地獄道衆受苦衆生)
> 아귀도중수고중생(餓鬼道衆受苦衆生)
> 축생도중수고중생(畜生道衆受苦衆生)
> 수라방생도중수고중생(修羅傍生道衆受苦衆生)
> 문차종성이고득락(聞此鐘聲離苦得樂)"

---

106) 安震湖, 『釋門儀範(下)』, p.150.

ⓛ 저녁 종송

『입중일용(入衆日用)』에 "향을 살라 예배코자 하면 의당 종이 울릴 때 가사를 지니고 소매 속에 넣어 문 밖에 나아간 후에 입을지니 …… (중략)…… 혼종(昏鍾: 저녁 종)이 울리면 합장하고 묵념한 채 '문종성(聞鍾聲) 번뇌경(煩惱輕) 지혜장(智慧長) 보리생(菩提生) 이지옥(離地獄) 출화갱(出火坑) 원성불(願成佛) 도중생(度衆生)'〔종소리 듣고 번뇌가 누그러지니, 지혜가 늘어나고 보리의 마음 생겨날 지어다. 지옥을 여의어 불구덩이 벗어나 원컨대 성불하여 중생들을 제도케 하여지이다〕하라'"107)고 하고 있다. 이에 『석문의범』「제반편」의 '석례종송(夕禮鍾頌)' 항목 역시 '초오퇴하일종종오퇴(初五槌下一宗終五槌)'라는 지문108) 및 "문종성(聞鍾聲) 번뇌단(煩惱斷) 지혜장(智慧長) 보리생(菩提生) 이지옥(離地獄) 출삼계(出三界) 원성불(願成佛) 도중생(度衆生)"이라는 게송과 함께 '파지옥진언(破地獄眞言) 옴 가라지야 사바하'를 소개109)하고 있는 즉, 현행 저녁 종송을 행함에 있어 먼저 법당 부전은 촛불을 켠 다음 금고〔小鐘〕를 치며 『석문의범』 범례에 의거한 종송을 행한다.

---

107) 『入衆日用』(卍續藏經 111, pp.946下~947上)
　　한편 『入衆須知』에서는 "昏種이 울리면 합장한 후 다음 偈를 상념하여 이르되, '願此鍾聲超法界 鐵圍幽暗悉皆明 三途八難悉停酸 一切衆生成正覺'하라" 하고 있다.(卍續藏經 111, p.951上)

108) 여기서 '初五槌下一宗終五槌'라 함은 鐘을 치는 방법을 묘사하는 것으로, 이를 도식화하면 다음과 같다.
　　우선 '初五槌'는 다음과 같은 방법으로 친다. ○ ○ ● ● ● ● ●. 그리고 '下一宗'은 ● ● ● ● ● ●..... 등과 같은 방법으로 내려치는 것을 말한다. 그리고 '終五槌'는 ● ● ● ● ○ ○ ● 와 같은 방법으로 친다.
　　이 각각의 종소리 가운데 '初五槌'와 '終五槌', '下一宗'에는 陰陽의 관념이 내재해 있다. 즉 '初五槌'의 ○ ○ ● ● ● ● ● 에서 ○ ○ 은 陰을 표방하며, 그 다음에 陽의 소리 ● ● ● ● ● 가 이어지는 것이다. 한편 '終五槌'의 ● ● ● ● ○ ○ ● 는 陽의 소리 ● ● ● ● 로부터 陰 즉 ○ ○ 에로 이어짐을 볼 수 있다. 한편 '下一宗'은 ● ● ● ● ● ●..... 등의 모양으로 내려치는 바, 陽으로부터 陰에로 전이됨을 표시한다. 즉 시작은 음에서 양으로 향하며 끝은 양에서 음으로 향하는, 그리고 저녁의 '下一宗'은 陽에서 陰으로 향하는 從體起用 攝用歸體의 원리가 적용된 것이라 할 수 있다.

109) 安震湖, 『釋門儀範(下)』, pp.150~151.

이렇게 하여 종송은 끝을 맺고, 이어 법당 밖 종고루(鐘鼓樓)에서 법고(法鼓)와 목어(木魚), 운판(雲版)·범종(梵鐘) 등 불전사물(佛前四物)을 울리게 되는 바, 승려들은 이 사물(四物)을 울리는 가운데 범종을 울림으로서 지옥 중생뿐만이 아닌, 법고의 울림을 통해 이 땅의 모든 네 발 달린 짐승들, 그리고 목어를 울림으로 바다 속의 생류들이며, 운판을 울림으로서 하늘을 노니는 생명체 등, 세상 천지에 널려진 뭇 생명체들의 구원이며 그 생명체 모두가 현재의 고통을 여의고 열락의 기쁨을 얻어 갖기를 기원한다.

이때 사물을 울리는 데에는 일정 규칙에 의한 순서가 주어진다. 아침예불 때에는 법고를 시작으로 목어·운판·범종을 차례로 울리며, 저녁예불 때에는 법고·운판·목어·범종 순으로 순서가 바뀌어지는 것이다.110) 그럼에도 언제나 범종은 맨 마지막에 울리게 되는데, 그것도 아침·저녁에 따라 울리는 숫자가 달라져 현재 아침에는 28번의 종을 울리며, 저녁에는 33번을 울리게 되는 것이다.111)

그럼에도 『불가일용작법(佛家日用作法)』 및 『석문의범』에는 각 사물(四物)의 운행 순서 및 범종의 횟수를 다음과 같이 정해 놓고 있다. 즉 『석문의범』에 의하면 아침에는 종송이 끝난 후 법고(法鼓) 삼통활타(三通活打)112) 다음에 범종 28번을 치는 것이니, 이는 '화신(化身) 즉 석가

---

110) 예불의 陰陽五行 관념은 종송 말미에 이어지는 四物의 전개에서도 그 예를 찾아 볼 수 있다. 이에 우선 四物의 진행 순서를 말해 본다면, 아침에는 종송을 끝으로 法鼓·木魚·雲版·梵鐘이 차례로 울리게 된다. 또한 저녁에는 법고·운판·목어·범종 순으로 순서가 바뀌는 바, 木魚의 木과 雲版의 金과의 관계에서 아침에는 동쪽 방위를 말하는 木이 먼저요, 저녁에는 서쪽 방위를 말하는 金이 그 앞선 위치를 차지하게 되는 것이다.
　　또한 위 각각의 法具를 울림에 있어서도 처음에는 작은 소리(。。)로부터 시작하여 큰 소리(●)에로 이르게 되는 바, 이는 陰陽의 次順을 고려한 것이다.

111) 아침에 28번, 저녁에 33번이란 규정은 인도의 우주관과 관련이 있다. 즉 아침의 28번은 욕계·색계·무색계 28天에 종소리 각각 울려 퍼지기를 기원하는 뜻이며, 저녁의 33번은 帝釋天王 머무는 善見宮을 포함한 도리천 33天에 각각의 종소리 울려 퍼지기를 염원하는 마음이 담겨 있다. 正覺, 『禮佛』, 도서출판 운주사, 1994, pp.56~58.

모니불께서 28개의 대인상(大人相)을 갖춘 것을 표시한 것이다'113)라 설명하고 있다. 한편『불가일용작법』에서는 "동방삼팔목(東方三八木) 가 사간(加四間)이요, 우(又) 표화신(表化身) 구이십팔대인상(具二十八大人 相)이라"114) 하였다. 다시 말해 아침에 범종 28번을 치는 것은 동쪽 방 위를 나타내는 숫자 3과 8을 곱한 것에 간방(間方)의 숫자 4를 더한 (3×8+4=28) 것을 의미한다는 것이다. 그리고『석문의범』에 의하면 범종 다음에 운판과 목어를 각 삼종(三宗) 후 소종(小鐘) 삼종오퇴(三宗五槌) 를 치라고 하고 있다.115)

또한 저녁에는 종송이 끝난 후 법고(法鼓) 삼통살타(三通殺打) 다음 에 범종 36번을 친 연후 운판과 목어를 각 살일타(殺一打)한 연후 소종 〔金鼓〕 살일종(殺一宗) 후 5퇴(槌)를 치게 되는 즉,『석문의범』에서는 '사생(四生: 태생·란생·습생·화생을 뜻하여 생명체들이 태어나는 형식) 구류(九流: 태·란·습·화의 4生에 有色·無色·有想·無想·非有想非無想 을 합한 태어남의 9가지 차별 현상)의 모든 중생들이 향을 피워 수행하는 예불 공덕으로 모두 정토에 왕생함을 표시한 것이다'116)라 말하고 있다.

112) 法鼓를 치는 방법에는 活打와 殺打가 있다. 活打란 작은 소리에서 큰소리에로 전이되게끔 치는 것이요, 殺打란 큰 소리에서 작은 소리에로 내려치는 것을 말 한다. 여기에는 從體起用 攝用歸體의 원리가 적용된다.
113) 安震湖,『釋門儀範(下)』, p.152.
114) 佛家日用作法 p.43下(金月雲『日用儀式隨聞記』, 中央僧伽大學出版局, 1991), p.272.
115)『釋門儀範(下)』, p.152.
여기서 宗이란 ·····●●●●●●●●····· 과 같이 작은 소리에 서 큰 소리로 올려치며, 또한 큰 소리에서 작은 소리로 내려치는 형식을 말한다. 여기서는 三宗과 五槌라 했으니, ·····●●●●●●●●·····●●●●● ·····●●●●●● ·····●●●●● 와 같은 형태로 3번의 宗(三宗)의 형태와 ●●●●··●●·● 와 같은 형태(五 槌)로 치는 것을 말한다.
116) 安震湖,『釋門儀範(下)』, p.152.
이외에『釋門儀範』「諸般篇」'夕禮鍾頌' 항목에서는 아침과 저녁 예불〔焚修〕때 뿐만이 아닌 初更과 二更, 三更·四更·五更 등에 행하는 五更頌과 巳時 때의 게송 및 四物을 치는 요령을 소개하고 있는 바, '初更(下午 8시)에 2槌를 치는 것은 十信과 十住를 표시'하며, '二更(下午 10시)에 3槌를 치는 것은 十行·十回 向·十地를 표시'하고, '三更(下午 12시)에 起金 1宗 다음에 大鍾 108槌를 치는

그리고 『불가일용작법』에 의하면 36이란 "표서방사구금(表西方四九金)
이요, 역(亦) 표사생구류(表四生九流) 의분수공덕(依焚修功德) 동왕정토
야(同往淨土也)"[117]라 하였다. 다시 말해 저녁에 36번의 범종을 치는 것
은 서쪽 방위를 나타내는 숫자 4와 9를 곱한 것(4×9=36)을 말하는 바,
역시 정토왕생(淨土往生)의 의미를 설명하고 있기도 하다.

　이러한 의미성을 가지고 울려 퍼지는 산사의 종소리. 아침을 가르며
저녁 황혼에 이르기까지 총림 곳곳을 웅- 웅- 울려 퍼지는 종소리에,
운문(雲門)은 "세계는 이처럼 넓은데 모든 중은 저 장엄한 종소리 듣고
왜 가사를 걸치고 법당에 나가지 않는고?"라는 공안을 남기기도 하였
다. 한편 『사미율의(沙彌律儀)』에서는 『잡유경(雜喩經)』의 게송을 인용
하면서 "종소리 듣고 일어나지 않으면 탑을 수호하는 선신(善神)이 노
하는지라. 현재에 복이 엷어지고 오는 과보에 사신(蛇身)을 받으리니,
있는 곳에서 종소리 듣거든 누웠던 자는 반드시 일어나 합장하고 착한
마음을 발(發)하라. 현성(賢聖)이 다 환회할 것이다"[118]고 하였다.

　이윽고 종소리 마쳐짐과 함께 법당에서는 오추(五搥)의 금고(金鼓)가
울리고[119] 예경 의식이 시작된다. 곧 본래적 의미에서의 예불이 시작되

것은 108번뇌 破함을 표시'하며, '四更(上午 3시)에 5槌를 치는 것은 見道位 등
五位를 표시'하며 등등의 언급을 행하고 있다. ibid, pp.150~152.
　한편 『釋門儀範(下)』의 「祝上作法」 항목(p.159)에 '百八鍾表破百八煩惱'라는 문구
와 함께 108번 종을 치는 規式이 소개되고 있는 바, 初回 8번과 27번을 치고, 次
回에 또 8번과 27번을 치며, 三回에 8번과 27번을 친 다음, 最後로 3槌를 치라
하고 있다. 여기서 종을 8번과 27번으로 나누어 침은 '八正道(8)로서 三界九類
(3×9=27) 중생을 제도한다'는 뜻을 담고 있다는 것이다. 여기서 1, 2, 3회에 걸쳐
8번+27번, 즉 35번씩 3번의 종을 치니 그 숫자가 105가 되는데, 마지막 3번을 더
침으로서 108이란 숫자가 생겨난다.

117) 佛家日用作法, p.45上.(金月雲, 『日用儀式隨聞記』, 中央僧伽大學出版局, p.275)
118) 『沙彌律儀』(釋哲牛 註釋), 도서출판 토방, 1993. p.181.
119) 禮佛 前 金鼓를 울리는 法式은 다음과 같다. 아침 禮佛時에는 三宗 五槌, 즉 ●●
●●●●●●●●●●●……●●●●●●●●●……
……●●●●●●●●……. 와 같은 형태로 3번의 宗(三宗)을 울
리고, 이어 ●● ●●●●●● ● 와 같은 형태로 五槌를 치게 된다. 한편 저녁
禮佛時에는 一宗 五槌를 치게 되는 바, 그 형태는 다음과 같다. ●●●●●●

는 것인 바, 승가의 생활 가운데 저녁 잠자리에 들어 아침예불 첫 게송
을 발설할 때까지는 묵언을 함이 원칙으로 되어 있다. 즉 최초의 음성
을 성자를 향해 발해야 한다는 뜻이다.

법고(法鼓)

범종(梵鍾)

목어(木魚)

운판(雲板)

도판 10. 불전사물(佛前四物)
법고와 운판, 목어·범종 등 4가지 법구를 불전사물이라 한다. 사천왕문을 지나 법당 앞 오
른쪽의 종고루에 안치되며, 이를 울림으로서 네발 달린 짐승 내지 하늘의 조류, 물 속 짐승과
지옥 중생의 구제라는 의미를 갖는다. 아침 예불시 범종 28번을 치는데 이는 '석가모니불께
서 28개의 대인상(大人相)을 갖춘 것을 표시하며, 저녁 예불시에는 36번을 쳐 사생(四生)
구류(九流)의 중생이 분수(梵修) 공덕으로 정토에 왕생하기를 기원한다.

――――――――――――――――――
• • • •   • • ● ● ● ● ● • • ●

　　한편 『三門直指』(韓佛全 10, p.165下)에 의할 것 같으면 金鼓를 치는 데 있어 마
지막 '五搥를 침이 五分(法身) 이룸을 표하는 것이다'라 말하고 있다.
　　또한 『佛家日用作法』 p.41上 참조.(金月雲, 『日用儀式隨聞記』, 中央僧伽大學出版
局, p.267.)

③ 예경(禮敬)

금고의 마지막 소리를 신호로 또다시 경쾌한 금속성의 울림, 법당 안에 경쇠(磬쇠: 놋쇠로 만든 경쇠를 뿔갈이 하다 버린 사슴뿔을 주워 경쇠채로 치게 되는데, 이때의 청아한 소리는 청빈의 수도생활을 상징한다)의 청량함 울려 퍼지고 이어 예경 의식이 시작된다.

자심청정(自心淸淨)에 귀의한다는 것, 즉 예불의 참뜻은 개개의 사물에 내재한 불성(佛性)에 귀의함이라고 우리는 말할 수 있다. 그럼에도 예불이라는 의식적 절차 속에는 불성에의 귀의뿐만이 아닌, 그 행위 자체를 통한 절대적 힘과의 친교의 의미를 함포해 가지게도 되며, 이러한 의미를 표현하고 있는 부분이 바로 예경 의식이라 말할 수 있다.

한편 예경 의식 전반을 고찰해 볼 때, 우리는 단지 친교의 의미를 넘어선 선각자(先覺者)에 대한 존경의 염(念)을 발견할 수 있으며, 그들 선각자의 힘에 의해 나뿐만이 아닌 만유의 중생 모두가 삶의 궁극적 목표·불도를 이룰 수 있기 바란다는 내용을 찾아볼 수도 있다.

이렇듯 많은 의미를 가지고 있는 예경 의식은 아침과 저녁에 따른 다음과 같은 형식적 구성을 이루고 있어, 예경 의식의 전반적 구성을 간략해 보면 다음과 같다.(도표 17)

예경(禮敬)의 구성(構成)	
아침 예경(禮敬)	저녁 예경(禮敬)
┌ ○ 다게(茶偈) └ ○ 예경문(禮敬文)	┌ ○ 오분향례(五分香禮) 및 　　헌향진언(獻香眞言) └ ○ 예경문(禮敬文)

도표 17. 예경의 구성

㉠ 아침 예경

아침 예경은 다게(茶偈)와 예경문(禮敬文)으로 구성된다. 먼저 불전(佛前)의 다기(茶器)에 청정수(淸淨水)를 올린 후, 그것을 감로다(甘露茶)로 변화시켜 불·법·승 삼보께 올린다[120]는 내용의 다게(茶偈)를 행하는 바, 전체 진행 과정을 설명해 보면 다음과 같다. 우선 법당 안 금고의 마지막 음이 끝나면 부전의 경쇠 소리(●)에 맞춰 대중은 자리에서 일어나, 먼저 반배(‥●: 여기서 ‥는 작은 소리를 의미하고 ●는 큰소리를 뜻한다)를 한다. 이어 경쇠 소리에 맞춰 다음 게송을 독송하게 된다.

(경쇠 ● 소리에 맞춰 자리에서 일어난다)(경쇠 ‥● 소리에 맞춰 반배를 한다)

---

120) 한국불교에서 부처님께 茶를 올리는 관습은 오래 전부터 시행되어 왔던 것 같다. 『三國遺事』 권2의 「景德王條」에 보면 경덕왕 24년(765년) 3월 3일 한 스님(忠談師)이 경주 남산 쪽에서 내려오고 있었던 바, 왕이 스님을 불러 물으니 "차를 끓여 삼화령의 미륵보살께 올리고 오는 길임"을 말하고 있는 것이다.
그런데 왜 사람들은 부처님께 茶를 공양했던 것일까? 아마 그것은 茶라는 글자 자체의 상징성과도 결부가 되었던 것 같다. 즉 茶라는 글자는 그 자체에 108이란 숫자적 표현이 가미되어져, ++의 20이라는 숫자에 八十 즉 80을 합한 데에다 또 八이란 숫자를 더한 108의 의미, 즉 인간의 108번뇌를 소멸코자 하는 소박한 이상 속에 부처님께 茶를 공양했던 것은 아닐까 생각할 수 있다.
한편 불교의 사상이 水質이 좋지 않은 인도 및 중국을 거쳐오는 가운데, 茶란 水와 동일시 인식되었던 것 같다. 그렇다면 불교적 의미에서의 水의 개념은 어떤 것인가? 水란 생명의 원천을 말한다. 水란 불교의 궁극적 목표인 열반, 니르바나(Nirvana)를 상징하고 있기도 하다. 또한 영원불변의 진리 그 자체를 말하고 있기도 하여 옛부터 중국인들은 진리 즉 다르마(Dharma)를 法이라 번역했으며, 法이란 물(水, 氵)의 흐름(去)을 뜻하는 단어로, 水 자체에 진리의 항구성이란 의미를 부여하기도 했던 것이다.
그러므로 부처님께 물(水: 혹은 茶)을 공양함은 진리 자체의 항구성을 진리의 원천에로 되돌리고자 하는 인간적 염원이며, 생명의 원천을 생명 자체의 주관자에게 되돌리고자 하는 소박한 기원이기도 하다. 水란 생명의 원천이며 진리 자체를 상징하고 있다는 것. 그러므로 불교뿐만이 아닌 무수한 종교들 역시 이 水의 성스러움을 그들 교리 속에 이끌어 들이고 있다. 이마에 聖水(물)를 찍어 바름으로써 자신 몸을 성스럽게 만들고, 물에 몸을 담금으로써 몸 자체에 영원성을 부여코자 하는 洗禮 의식 등이 그것이다. 正覺, 『예불』, 도서출판 운주사, 1994, pp.42~43.

"아금청정수(我今淸淨水)(경쇠 ●) 변위감로다(變爲甘露茶)(경쇠 ●)
　봉헌삼보전(奉獻三寶前)(경쇠 ●) 원수애납수(願垂哀納受)(경쇠 。。● 소리
에 맞춰 반배를 한다)"

　이렇듯 다게, 즉 청정수를 불·법·승 삼보께 공양하는 게송을 외운
후, 목탁 울림과 함께 예경의 핵심인 예경문 봉송(奉誦)이 시작된다. '지
심귀명례(至心歸命禮)', 즉 '지극한 마음으로 목숨을 다하여 예를 올립니
다'는 말로서 시작되는 예경문은 내용상 삼보께 귀의함을 뜻하게 되어,
이를 달리 귀명삼보(歸命三寶)라 칭하기도 한다. 또한 그 뒤에 널려진
여러 후렴들은 삼보 자체를 좀더 구체적으로 서술한 것(예경문 가운데
⑴과 ⑵·⑷는 불보께, ⑶은 법보께, ⑸·⑹·⑺은 승보께 대한 귀의의 내용
을 담는다. 한편 ⑻은 총체적 원을 내포한다)으로, 전체 예경문의 구성은
삼귀의(三歸依)의 내용을 확대시켜 놓은 것이라 말할 수 있다.
　예경문 전체 문구를 들어보면 다음과 같다.

　⑴ 지심귀명례(至心歸命禮) 삼계도사(三界導師) 사생자부(四生慈父)
　　　시아본사(是我本師) ● 석가모니불(釋迦牟尼佛)
　⑵ 지심귀명례 시방삼세(十方三世) 제망찰해(帝網刹海) ●
　　　상주일체(常住一切) ● 불타야중(佛陀耶衆)
　⑶ 지심귀명례 시방삼세 제망찰해 ● 상주일체 ● 달마야중(達磨耶衆)
　⑷ 지심귀명례 대지문수사리보살(大智文殊舍利菩薩)
　　　대행보현보살(大行普賢菩薩) 대비관세음보살(大悲觀世音菩薩) ●
　　　대원본존(大願本尊) ● 지장보살마하살(地藏菩薩摩訶薩)
　⑸ 지심귀명례 영산당시(靈山當時) 수불부촉(受佛咐囑) 십대제자(十大弟者)
　　　십육성(十六聖) 오백성(五百聖) 독수성(獨修聖) 내지(乃至) ●
　　　천이백제대아라한(千二百諸大阿羅漢) ● 무량자비성중(無量慈悲聖衆)
　⑹ 지심귀명례 서건동진(西乾東震) 급아해동(及我海東) 역대전등(歷代傳燈)
　　　제대조사(諸大祖師) 천하종사(天下宗師) ● 일체미진수(一切微塵數) ●
　　　제대선지식(諸大善知識)

(7) 지심귀명례 시방삼세 제망찰해 ● 상주일체 ● 승가야중(僧伽耶衆)

(8) 유원무진삼보(唯願無盡三寶) 대자대비(大慈大悲) 수아정례(受我頂禮) 명훈가피력(冥熏加被力) ● 원공법계제중생(願共法界諸衆生)。。● 자타일시성불도(自他一時成佛道)

　　이상의 예경문을 봉송하는 가운데 각각 삼보전에 엎드려 절을 하게 되는데, 전체 예불의 진행 가운데 7번 정례(頂禮)를 하도록 되어 있는 까닭에 이를 달리 칠정례(七頂禮)라 부르기도 한다.

　　현재 '한국불교의 예경문'으로 사용되고 있는 이 칠정례는 1955년 월운스님 등에 의해 만들어진 것[121]으로, 기존에 사용되던 많은 종류의 예경문을 종합·간략한 것이다.

도판 11. 예불

밤마다 밤마다 부처님을 보듬어 안고 자고, 아침마다 아침마다 또한 같이 일어난다. 예불이란 '자성(自性)의 부처에 귀의함'을 의미한다. 또한 그 가운데 '모든 중생들, 나와 남이 일시에 불도를 이룰 수 있게 하소서'라는 염원이 발견되는 바, 불·법·승 삼보 및 법의 등불을 전하여 온 모든 선지식에 대한 예와 함께 그들의 원력을 되새김으로서 모든 중생이 크나큰 깨달음을 성취할 수 있기를 다짐한다. 예불의 막바지에 법주(法主)는 사진과 같이 발원문을 높이 들어 올려 독송한다.(사진 제공·「수다라」편집실)

---

121) "특히 현행 七頂禮는 1955년 筆者가 通度寺에 있으면서 淨化紛糾의 소용돌이 속에 入山한 僧尼가 많음을 보고 紛糾가 끝난 뒤 高低가 순탄하여 어느 宗派나 누구나 쉽게 唱和할 수 있도록 構想하여 몇몇 同志와 뜻을 모아 諸方의 예불문을 參酌해서 作成頒布한 것인데, 無難히 施行되고 있으나 功過는 모르겠다." 金月雲, 『日用儀式隨聞記』, 中央僧伽大學出版局, 1991. p.36.

『석문의범』에 소개된 예경문들을 나열한다면, 향수해례(香水海禮) 및
소예참례(小禮懺禮)·오분향례(五分香禮)·칠처구회례(七處九會禮)·사
성례(四聖禮)·대예참례(大禮懺禮)·관음예문례(觀音禮文禮) 및 강원상
강례(講院上講禮) 등을 들 수 있다.[122] 이 가운데 향수해례·오분향
례·칠처구회례 등은 화엄종(華嚴宗) 및 선종(禪宗) 사찰에서, 그리고
사성례(四聖禮)는 정토종(淨土宗) 사찰에서 사용된 예경문이었으며, 이
와는 달리 앞서 든 칠정례는 모든 종파를 초월한 범종파적 예경문이라
는 데 그 가치가 있다고 하겠다.

물론 현재에 있어서도 몇몇 대규모 사찰에서는 그 사찰 고유의 예경
문을 사용한다거나(通度寺)[123], 앞의 칠정례에 몇몇 구절을 첨가한 예
경문을 사용하기도(松廣寺) 하여 그 사찰의 특수성을 유지코자 하는 흔
적을 엿볼 수 있기도 하다.

---

122) 安震湖, 『釋門儀範(上)』, pp.1~54.
123) 通度寺의 禮敬文은 다음과 같다.
　(헌다게)　아금청정수 변위감로다 봉헌삼보전 원수(자비)애납수
　(五分香禮) 계향 정향 혜향 해탈향 해탈지견향
　　　　　광명운대 주변법계 공양시방 무량불법승
　헌향진언　옴 바아라 도비야 훔(세번)
　　　① 지심귀명례 사바교주 시아본사 석가모니불
　　　② 지심귀명례 서방극락세계 아미타불
　　　③ 지심귀명례 당래하생 미륵존불
　　　④ 지심귀명례 축서산중 석가여래 정골사리 자비보탑
　　　⑤ 지심귀명례 시방삼세 제망찰해 상주일체 불타야중
　　　⑥ 지심귀명례 시방삼세 제망찰해 상주일체 달마야중
　　　⑦ 지심귀명례 대지문수사리보살 대행보현보살 대비관세음보살
　　　　　　　　　대원본존지장보살 마하살
　　　⑧ 지심귀명례 영산당시 십대제자 십육성 오백성 독수성 내지
　　　　　　　　　천이백 제대아라한 무량 자비성중
　　　⑨ 지심귀명례 서천동토 역대전등 제대조사 천하종사 일체미진수
　　　⑩ 지심귀명례 차사창건 남산종주 자장율사
　　　⑪ 지심귀명례 시방삼세 제망찰해 상주일체 승가야중
　유원 무진삼보 대자대비 수아정례 명훈가피력
　원공법계 제중생 자타일시 성불도

ⓛ 저녁 예경

저녁 예경은 오분향례(五分香禮) 및 헌향진언(獻香眞言), 그리고 예경
문으로 구성된다. 여기서 오분향례라 함은 계신(戒身)·정신(定身)·혜
신(慧身)·해탈신(解脫身)·해탈지견신(解脫知見身)의 오분법신(五分法
身), 즉 부처님께 오분향(五分香) 즉 계향(戒香)·정향(定香)·혜향(慧
香)·해탈향(解脫香)·해탈지견향(解脫知見香) 등 향을 공양하여 그 향
이 법계(法界)에 두루하여 시방의 무량한 불·법·승 삼보께 공양되기
를 바라는 마음속에 예를 올리는 것을 말하며, 곧이어 향을 공양하는
헌향진언이 이어진다. 이에 먼저 불단에 향을 피워 올린 후, 법당 안 금
고의 마지막 음이 끝나면 부전의 목탁 소리에(●) 맞춰 대중은 자리에
서 일어나, 반배(● ● ● ● ● ● ● ● ●….. 소리에 맞춰)를 한다. 이어 부
전은 목탁 소리와 함께 다음 게송을 독창한다.

(목탁 ● 소리에 맞춰 자리에서 일어난다)
(목탁 ● ● ● ● ● ● ● ● ●….. 소리에 맞춰 반배를 한다)
　오분향례(五分香禮)
계향(戒香)(●) 정향(定香) 혜향(慧香)(●) 해탈향(解脫香)(●) 해탈지
견향(解脫知見香)(●) 광명운대(光明雲臺) 주변법계(周遍法界)(●) 공양
시방(供養十方) 무량불법승(無量佛法僧)(●)
　헌향진언(獻香眞言)
옴 바아라 도비야 훔(●)(3번을 송하는 바, 세번째에는 ● ● ● ● ●
● ● ● ● ●…..와 같이 목탁을 내려친다.)

이렇듯 오분향례 및 헌향진언을 마친 후, 아침 예불에서와 같이 예경
문 봉송이 이어지게 된다. 그리고 사중의 가장 연로한 승려나 또는 노
전(爐殿) 소임자에 의한 간략한 축원(아침 예불시에만 해당) 및 중단예
불124) 또는 『반야심경』 봉독으로서 아침 및 저녁 예불이 마쳐지는 바,

아침 예불 때의 축원문으로는 고려말 보제존자(普濟尊者) 나옹화상(懶
翁和尙)이 지은 행선축원(行禪祝願)이나, 당(唐)의 이산연(怡山然) 선사
가 짓고 1964년 운허 스님이 번역한 이산연선사 발원문125) 등이 사용

124) 『作法龜鑑』(韓佛全 10, pp.580ff)에는 다음과 같이 中壇禮佛文이 소개되어 있다.
  "志心歸命禮 金剛菩薩明王衆 / 志心歸命禮 梵釋四王諸天衆 / 志心歸命禮 空界山
  河靈祇衆 / 惟願慈悲 受我頂禮 現增福壽 當生淨刹"
  한편 『釋門儀範』(安震湖, 『釋門儀範(上), 卍商會, 1935. pp.58~59)에는 다음과 같
  은 中壇禮佛의 두 例文이 소개되어 있다.
  ① "(茶偈) 淸淨茗茶藥 能除病昏沈 惟冀擁護衆 願垂哀納受
  志心歸命禮 華嚴會上 欲色諸天衆 / 志心歸命禮 華嚴會上 八部四王衆 / 志心歸命
  禮 華嚴會上 護法善神衆 / 願諸天龍八部衆 爲我擁護不離身 / 於諸難處無諸難 如
  是大願能成就"
  ② "(茶偈如上)
  志心歸命禮 金剛菩薩明王衆 / 志心歸命禮 梵釋四王 日月諸天衆 / 志心歸命禮 下
  界當處 一切護法善神衆 / 擁護聖衆慧鑑明 四洲人事一念知 / 愛恐衆生如赤子 是
  故我今恭敬禮"
  이에 '從來로 각 사찰에서는 위 두 가지 禮文 중 하나를 택해서 中壇禮佛을 奉
  行했는데, 淨化를 契機로 하여 (曹溪宗 寺刹의 경우 일부 比丘尼 寺刹을 제외하
  고는) 中壇禮佛을 폐지하고 般若心經으로 代替하여 현재까지 유통'되고 있는 바,
  '中壇에 修行人이 절을 하면 神將들이 滅福한다'는 것이 그 이유이다. 이에 月雲
  스님은 '우리 같은 凡僧이나 平凡한 白衣들이 절을 한다고 해서 神將들의 福이
  滅해지겠는가? 도리어 驕慢心만 북돋는 결과가 생기지나 않을까 하여 中壇禮佛
  을 하는 터이다'라 말하고 있다. 金月雲, 『日用儀式隨聞記』, 中央僧伽大學出版局,
  1991. p.37.
125) 시방삼세 부처님과 팔만사천 큰법보와 보살성문 스님네께 지성귀의 하옵나니
  자비하신 원력으로 굽어살펴 주옵소서 저희들이
  참된성품 등지옵고 무명속에 뛰어들어 나고죽는 물결따라 빛과소리 물이들고
  심술궂고 욕심내어 온갖번뇌 쌓았으며 보고듣고 맛봄으로 한량없는 죄를지어
  잘못된길 갈팡질팡 생사고해 헤매면서 나와남을 집착하고 그른길만 찾아다녀
  여러생에 지은업장 크고작은 많은허물 삼보전에 원력빌어 일심참회 하옵나니
  바라옵건대
  부처님이 이끄시고 보살님네 살피옵서 고통바다 헤어나서 열반언덕 가사이다
  이세상에 명과복은 길이길이 창성하고 오는세상 불법지혜 무럭무럭 자라나서
  날적마다 좋은국토 밝은스승 만나오며 바른신심 굳게서고 아이로서 출가하여
  귀와눈이 총명하고 말과뜻이 진실하며 세상일에 물안들고 밝은지혜 닦고닦아
  서리같이 엄한계율 털끝인들 어기리까 점잖은 거동으로 모든생명 사랑하며
  이내목숨 버리어도 지성으로 보호하리 삼재팔난 만나잖고 불법인연 구족하며
  반야지혜 드러나고 보살마음 견고하여 제불정법 잘배워서 대승진리 깨달은뒤
  육바라밀 행을닦아 아승지겁 뛰어넘고 곳곳마다 설법으로 천겹만겹 의심끊고
  마군중을 항복받고 삼보를 잇사올제 시방제불 섬기는일 잠깐인들 쉬오리까

되고 있다.

위 축원문의 내용을 살펴볼 때 "모든 중생들, 나와 남이 일시에 불도를 이룰 수 있게 하소서"라는 다소 기원의 의미를 발견할 수 있음에도, 자심귀의(自心歸依)에 예경 및 예불의 참뜻이 담겨져 있다고 한다면, 이렇듯 축원을 행하는 가운데서나마 "모든 중생들, 나와 남이 일시에 불도(佛道)를 이룰 수 있도록 할 것이다"라는 주체적 입장에서 자신의 결심을 재 다짐하는 것이 필요하다고 할 것이다.

이렇게 하여 예경문과 예불 전체가 끝마쳐진다. 그러면 법당 부전은 촛불을 끄고[126) 부처님께 올렸던 다기의 물을 한 모금 들이키게 되는 바, 이렇게 하여 산사의 하루며 승가의 아침이 시작된다.[127)

아니, 하루의 끝이며 산사에는 깊은 어둠 찾아와 9시 삼경종(三更鐘) 소리와 함께 모두는 잠자리에 들게 되는 바, '야야포불면(夜夜抱佛面) 조조환공기(朝朝還共起)[밤마다 밤마다 부처님을 보듬어 안고 자고 아침마다 아침마다 또한 같이 일어난다]'[128)라는 노사(老師)의 말과 같이 승려

온갖법문 다배워서 모두통달 하옵거든 복과지혜 함께늘어 무량중생 제도하며
여섯가지 신통얻고 무생법인 이룬뒤에 관음보살 대자비로 시방법계 다니면서
보현보살 행원으로 많은중생 건지올제 여러가지 몸을나퉈 미묘법문 연설하고
아귀지옥 나쁜곳엔 광명놓고 신통보여 내모양을 보는이나 내이름을 듣는이는
보리마음 모두내어 윤회고를 벗어나되 화탕지옥 끓는물은 감로수로 변해지고
검수도산 날쌘칼날 연꽃으로 화하여서 고통받던 저중생들 극락세계 왕생하며
나는새와 기는짐승 원수맺고 빚진이들 갖은고통 벗어나서 좋은복락 누리리다
모진질병 돌적에는 약풀되어 치료하고 흉년드는 세상에는 쌀이되어 구제하되
여러중생 이익된일 한가진들 빼오리까 천겁만겁 내려오던 원수거나 친한이나
이세상 권속들도 누구누구 할것없이 얽히었던 애정끊고 삼계고해 벗어나서
시방세계 중생들이 모두성불 하여지다 허공끝이 있아온들 이내소원 다하리까
유정들도 무정들도 일체종지 이뤄지다

126) 『敎誡新學比丘行護律儀』의 「在房中住法」 가운데 "등불을 끌 때 입으로 불어서 끄면 안 된다(大正藏 45, p.871上)"고 하는 바, 법당의 촛불을 끌 때 오른손 엄지와 검지를 이용하여 눌러 끄게 된다.
127) 寺刹에 殿閣이 여럿 있는 경우, 아침에는 큰법당 예불이 끝나고 이어 각각 나머지 殿閣에서의 예불이 행해진다. 또한 저녁의 경우에는 기타 殿閣에서의 禮佛을 먼저 하고, 큰법당 예불을 나중에 한다. 從體起用 및 攝用歸體의 원리가 여기 내재되어 있다.

들은 그들의 상념 속에 부처님을 껴안은 채 가(假)의 수면 속에 빠져든
다.

(2) 선원예불(禪院禮佛)

이상의 예불 형식·절차와는 달리 선원(禪院)에서는 독특한 형태의
예불이 행해진다. 즉 아침 도량송의 시작과 함께 선원 입승은 죽비 삼
성으로서 대중들의 기상을 알린다. 이어 큰방에 불이 켜지면 잠자리를
정돈하고 각자의 대소사를 마친 대중은 가사·장삼을 입은 채 큰방 중
앙을 향해 자리하게 되는 바, 이윽고 입승의 죽비 삼성에 맞춰 불·
법·승 삼보께 각각 1번씩, 3번의 절을 올린다.

대개의 경우 선원 큰방에는 불상이 모셔지지 않는다. 그곳에 몸을 담
고 있는 선객들 모두가 미래세 부처인 까닭이며, 유형의 가상(假像)에
집착치 않는 선객들은 단지 큰방 가운데 걸려진 커다란 일원상(一圓相)
에 절을 한다. 그렇게 삼배가 마쳐짐으로서 아침 예불이 끝난다. 그리고
가사·장삼을 벗고, 곧이어 좌복 위에 앉아 입승의 죽비에 맞춰 대중들
은 화두(話頭)에 몰입한다.

이렇듯 간략히 행해지는 선원 예불 속에는 선원 특유의 아이러니컬
한 사상이 잠재되어 있다. 이러한 경황을 보설(補說)해 주는 한 일화가
선가에 전해지고 있다. '옛날 운수행각(雲水行脚) 중 한 스님이 추운 겨
울날 산 속 깊은 절에 이르러 묵게 되었다. 방이 너무 추워 땔감을 찾
고자 했으나 찾지 못했는 즉, 법당에 모셔진 나무로 만든 부처님(木佛)
을 장작 삼아 하룻밤을 따뜻하게 지냈다'는 것이다. 한편 '목불(木佛)은
불(火)을 건너지 못하고, 니불(泥佛)은 물(水)을 건너지 못한다'는 말이
선가에 횡행하는 바, 이들 선객들 마음 가운데 부처란 무엇을 의미하는

128) 回光僧贄, 「禪家의 生活」(法興 역음, 『禪의 世界』, 도서출판 호영, 1992). p.33.

가?

　예배의 대상에 대한 관념. 이것을 명백히 하지 못할 때, 자칫 우리는 불교 자체를 잘못 받아들이는 오류에 빠지게 된다. 곧 역사적 인물로서의 붇다, 고타마 싯다르타를 우리의 숭배 대상으로 설정하게 된다면 우리는 일신론(一神論) 혹은 다신론(多神論)적 오류에 빠져들 것이고, 역사적 인물로서의 고타마 싯다르타, 이후 깨달음을 이루어 존재자(存在者)로서 궁극의 목적을 성취한 한 인간을 유신론적 신과도 같이 인식할 위험에 처하게 되는 것이다. 그러나 불교는 특정 신을 숭상하는 유신론이라기보다는, 오히려 무신론적 성격에 그 초점을 맞추고 있다. 신학·신론이 아닌 철저한 인간학·인간론에 그 토대를 형성하고 있음에 선원(禪院) 예불의 불교 본래적 의미가 담겨져 있다.

(3) 탁발의례(托鉢儀禮)

　탁발(托鉢)은 산스끄리뜨어 piṇḍapāta의 음역(音譯) 빈다파다(賓茶波多)에 대한 번역어로, 발우(鉢盂)를 들고 시중에서 음식을 얻음을 일컫는다. 걸식(乞食) 또는 행걸(行乞)·분위(分衛)·단타(團墮: 團食이 발우에 떨어진다는 뜻)·지발(持鉢)·봉발(捧鉢) 등의 뜻을 갖는 것으로, 불교 이전부터 출가 사문(沙門)의 생활 수단으로 행해진 법식(法式)이었다.

　탁발에 의한 수행자들의 생활 수단은 간혹 "사문이여, 나는 밭을 갈고 씨를 뿌립니다. 밭을 갈고 씨를 뿌린 후에 먹습니다. 당신도 밭을 갈고 씨를 뿌리십시오"라 하여 경제생활을 유지하는 다른 계층 사람들에 의한 비난의 소지를 일으키기도 하였으나,[129] 그럼에도 불구하고 "눈뜬

---

129) 어느 때 부처님께서 이카나알라 마을에서 걸식하고 계셨을 때, 그곳에 바라드바자라는 바라문이 500명의 농부를 거느리고 밭을 갈고 있었다. 부처님께서 발우를 들고 그의 집으로 가셨을 때, 음식을 받기 위해 한쪽에 서 있는 부처님을 보

사람들은 시(詩)를 읊어 생긴 것을 받지 않는다(즉 대가로서 무엇인가를 받지 않는다)"는 입장과 함께 "번뇌의 때를 다 없애고 나쁜 행위를 소멸해 버린 사람에게는 다른 음식을 드리시오. 그것은 공덕을 바라는 이의 복밭이 될 것이오"130)라는 등 붇다의 언급은 출가사문의 경제행위에 대한 부정131)과 함께, 반승(飯僧) 즉 출가자에 대한 공양은 공덕을 위한 복전(福田)의 개념으로서 이해되기도 하였다.

출가자에 대한 공양은 공덕의 복전(福田)이 된다132)는 입장 속에 탁발은 출가자가 자비(慈悲)를 행하는 방편133) 내지 출가자 스스로의 해탈을 구하는 방편134)으로 이해되기도 하였는 바, 반승(飯僧) 즉 재(齋)

고 바라드바자가 말했다. "사문이여, 나는 밭을 갈고 씨를 뿌립니다. 밭을 갈고 씨를 뿌린 후에 먹습니다. 당신도 밭을 갈고 씨를 뿌리십시오."
이에 부처님께서는 "나도 밭을 갈고 씨를 뿌리오. 갈고 뿌린 다음에 먹소"라 말씀하신 후 "믿음은 종자요, 고행은 비며, 지혜는 쟁기와 호미, 의지는 잡아매는 줄이고, 생각은 호미날과 작대기라오. 몸을 근신하고 말을 조심하며 음식을 절제하여 과식을 하지 않소. 나는 진실로서 김을 매며 온화한 성격은 내 쟁기를 벗겨주오. 노력은 나의 황소, 나를 안온의 경지로 실어다 주오. 물러남 없이 앞으로 나아가 그곳에 이르면 근심 걱정이 없어지오. 나의 밭갈이는 이렇게 이루어지며, 甘露의 과보를 가져오는 이런 농사를 지으면 온갖 고뇌에서 풀려나게 되오"라 말씀하고 계시다. 법정 역, 『숫타니파아타』(정음문고 49), 1986, pp.23~25.

130) ibid.
131) 출가수행자는 어떤 생산활동에도 종사할 수 없었으며, 출가수행자가 매매행위를 하였을 때 그것은 薩耆波逸提罪에 해당하는 것이었다.
그럼에도 『中阿含經』 가운데 "만약 옷을 축적하여 善法이 증대하고 惡法이 쇠퇴한다면 나는 그런 옷을 축적해도 좋다고 설한다. 옷뿐만이 아닌 음식·도구·주택·촌락 등도 마찬가지다"는 말을 하고 있다.
132) ibid. 또는 楞嚴經(大正藏 19, p.106中)
『四分律』에 의하면 먹을 것을 보시하는 외에도, "동산이나 과일나무를 보시하고, 다리와 배를 놓아 사람을 건네고, 끝없는 길가에 우물을 파 놓고 방이나 집을 지어 보시하면, 이러한 사람은 밤낮으로 복덕이 늘고, 계를 지키고 법을 좋아하면 이런 사람은 좋은 길에 태어나리"(大正藏 22, p.936下)라 하여 음식물 이외의 布施(『增一阿含經』에서는 四事供養 즉, 의복·음식·좌와구·집 등의 네 가지 布施를 말하고 있다)의 공덕을 찬탄하는 내용이 쓰여 있기도 하다.
133) "心中 初求最後壇越 以爲齋主 無間淨穢 刹利尊姓 及旃陀羅 方行等慈 不擇微賤 發意圓成 一切衆生 無量功德" 『楞嚴經』(大正藏 19, p.106中)
134) 『維摩經』(大正藏 14, p.540上~中) 가운데 維摩居士가 迦葉에게 묻는 다음 구절은 해탈을 추구하는 수행자의 탁발 威儀를 강하게 부각시킨다.

의 청(請)이 없는 경우 승려들은 발우를 손에 든 채 탁발을 행하였
다.[135]

『금강반야바라밀경』의 "이때 세존께서 공양시간이 되자 옷을 입고
발우를 손에 드신 채 사위국 성안에 들어가 걸식을 하셨습니다. 그 성
안에서 차제걸식(次第乞食) 하시기를 마치시고 본래의 처소로 돌아와
공양을 마치신 다음, 옷을 벗고 발우를 거두신 채 발을 씻은 다음 자리
를 펴고 앉으셨습니다"[136]는 모습에서 우리는 부처님 당시 탁발의 정황
을 엿볼 수 있게 되는 바, 『사분율』에서는 다음과 같이 비구들의 탁발
위의를 설명하고 있기도 하다. 이를 순서에 따라 간략히 정리해 보면
다음과 같다.[137]

① 이른 아침 옷에 벌레가 없는가를 살핀 후 속옷과 승가리, 허리띠를
두르고 대가사(大袈裟)를 펴 털친 다음 다시 접어 머리나 어깨 위에 놓는
다. ② 발우를 깨끗이 씻어 실 주머니나 발우 주머니에 담거나 수건으로
싸맨 뒤, 방안의 물건을 정리하고 문을 잠근다. ③ 길을 다닐 때는 항상
선법(善法)을 생각하고, 사람을 보거든 먼저 인사를 한다. ④ 마을에 들어
가고자 하거든 조금 비껴 서서 발우를 땅에 놓고 대가사를 펴서 털어 본
뒤 입으라. 그리고 마을 집에다 길 다닐 때 신는 가죽신을 벗어 맡긴다.
⑤ 오른손에 석장을 들고 왼손에 발우를 들며, 마을에 들어갈 때 거리와
시장·빈집·문·쓰레기의 형상 등을 살펴 차례차례 걸식(乞食)할 것이
며, 강제로 행하지 말라. ⑥ (탁발을 마치고) 마을을 나와서는 다시 길 다

"唯大迦葉 有慈悲心而不能普 捨豪富從貧乞 迦葉住平等法 應次行乞食 爲不食故
應行乞食 爲壞和合相故 應取揣食 爲不受故 應受彼食 以空聚相入於聚落 所見色與
盲等 所聞聲與響等 所香與風等 所食味不分別 受諸觸如智證 知諸法如幻相 無自性
無他性 本自不然 今則無滅"
135) 『楞嚴經』(大正藏 19, p.106下)
"其日無供 卽時阿難 執持應器 於所遊城 次第循乞"
136) 『金剛般若波羅密經』(大正藏 8, p.748下)
137) 大正藏 22, pp.932下~934下.
"爲乞食比丘制法 ……"

니는 가죽신을 찾아 신는다. 그리고 길에서 잠시 비껴 발우를 땅에 놓고 대가사를 벗어 접은 다음 어깨 위나 머리 위에 두며, 항상 선법을 생각한 채 길을 걷는다. ⑦ 항상 식사하는 곳으로 가서 물그릇과 밥 남기는 그릇, 발 씻을 물과 수건 등을 준비해 먼저 발을 씻은 다음 공양을 하되, 시간이 지나서는 안 되며,138) 따로 밥을 남겨 두어야 한다. ⑧ 음식을 먹을 때는 사람이나 사람 아닌 무리가 있거든 한 덩어리의 음식이라도 주어야 한다. 이때 풀 없는 땅이나 벌레 없는 물에 부으라. ⑨ 밥을 먹은 후 발우를 받아 엎고 따로 남겨 놓은 밥을 두어둔 채, 자리를 깨끗이 청소한다.

한편 『보운경(寶雲經)』에서는 걸식의 법으로서 칠가식(七家食)을 말하기도 하는 바, 위와 같은 탁발에 대한 세밀한 규정이 행해져 있음은 탁발 자체가 출가자의 12두타행(頭陀行) 가운데 하나에 속하는 것인 한에 있어 이해가 된다.139) 이에 『법구경』 가운데 "이른바 비구로서 (이

---

138) 이때 酪漿이나 淸酪漿, 식초〔苦酒〕나 소금, 채소 등을 따로 준비해 먹을 수 있다. 한편 '시간이 지나서는 안 된다' 함은 정오 이전에 식사를 마쳐야 함을 의미한다. 이에 대해서는 불멸후 100년 경, 바이샬리에서 跋闍子 비구에 의한 「十事非法」 가운데 '兩指抄食', 즉 정오를 지나 '해그림자가 두 손가락을 지나쳐 기울지 않았을 때는 식사를 해도 괜찮다'는 또 다른 해석이 등장한 채 교단 분열의 원인이 되기도 하였다.(大正藏 22, p.968下)

139) 『增一阿含經』 가운데 十二頭陀行으로서 ① 在阿蘭若處, ② 常行乞食, ③ 次第受食, ④ 受一食法 日唯一食, ⑤ 節量食, ⑥ 中後不得飮漿, ⑦ 著弊納衣, ⑧ 但持三衣, ⑨ 冢間住, ⑩ 樹下坐, ⑪ 露地坐, ⑫ 但坐不臥 등을 소개하고 있다.(『增一阿含經』 「放牛品」 第436經에서는 ⑫의 但坐不臥를 제외한 11頭陀行을 설하고 있기도 하다.) 이 가운데 常行乞食 및 次第乞食 등 托鉢에 관한 사항이 언급되어져 있음을 볼 수 있다.
한편 『大比丘三千威儀』(大正藏 24, p.919中)에는 다음과 같이 頭陀行의 12가지 行法이 소개되어 있기도 하다.
"12가지 頭陀라 하는 것은, ① 다른 사람의 청을 받지 않고 날마다 乞食을 행하며, 또한 比丘僧은 한 끼 밥의 분량만큼이라도 돈〔錢財〕을 받지 않는다. ② 산숲에 머물러 자며 군현 취락에 있는 사람들의 집에서 자지 않는다. ③ 사람들을 따라 옷〔衣被〕을 구걸하지 않으며, 사람들이 가져다주는 옷도 또한 받지 않는다. 다만 무덤이 죽은 사람의 버려진 옷을 주워 손질하여 옷을 만들어 입는다. ④ 들녘의 나무 아래에서 잠을 잔다. ⑤ 하루에 한 끼만 먹어야 하나니, 이것을 僧迦僧泥라 한다. ⑥ 낮과 밤으로 자리에 눕지 않는다. 다만 앉아 있다가 졸음이

른 아침이 아닌) 때아닌 때 걸식하고 그릇된 행과 음행을 일삼으면 다만 이름만이 비구일 뿐"[140])이라 말하고 있기도 하다.

이렇듯 탁발에 의해 얻어진 음식은 그것이 어떤 종류의 것이건 허용이 되었다. 『사분율』 가운데 비구가 "대덕 세존이시여, 어떤 음식을 먹으리까?"라는 물음에 "다섯 음식을 걸식해 먹으라" 하셨는 바, 비구들이 걸식하다가 밥을 얻으니 '먹으라' 하셨고, 국수를 얻으니 '먹으라' 하셨으며, 생선을 얻으니 '먹으라' 하셨고, 고기를 얻으니 '갖가지 고기를 먹으라'고 말씀하셨던 것이다.[141]) 이에 심지어 "(탁발에 의한) 여덟 가지 술을 마셔도 좋다. 만일 취하지 않는 사람은 아무 때나 마셔도 좋고, 취하는 사람이거든 마시지 말라"[142])는 규정조차 존재함을 볼 수 있기도 하다.[143])

오면 일어나서 經行해야 하나니, 이것을 僧泥沙者偏라 한다. ⑦ 三衣만 있고 나머지 옷은 없다. 또한 잠을 잘 때도 이불을 덮지 않는다. ⑧ 무덤가[塚間]에 있고, 佛寺에나 사람들 속에 머물러 있지 않는다. 눈으로 죽은 사람의 해골을 보고 좌선을 하며 道를 구한다. ⑨ 다만 한적한 곳에 혼자 있기를 바라며, 사람들을 보려고 하거나 사람들과 더불어 함께 잠자려고 하지 않는다. ⑩ 먼저 과일이나 풀 열매를 먹고 바로 밥을 먹는다. 먹고 난 뒤에는 다시 밥이나 과일을 먹지 않는다. ⑪ 露地에서만 자고 나무 아래에 있는 집안에서는 자지 않는다. ⑫ 고기나 醍醐를 먹지 않고, 마유를 몸에 바르지 않는다."

140) 『法句經』(大正藏 4, p.569)
"所謂比丘 非時乞食 邪行婬彼 稱名而已"

141) 大正藏 22, p.866下.
이에 심지어 코끼리 고기며 龍(뱀을 말함)의 고기, 개고기(往旃陀羅家 於彼得狗肉食之 諸比丘乞食 諸狗僧逐吠之. p.868下), 사람 고기까지 얻어먹는 예가 생겨났는 바(汝痴人食人肉 自今已去 不得食人肉. p.869上), 이러한 고기 등은 금하되, 이후 '고의로 자신을 위해 죽인 고기, 즉 ① 故意로 자기를 위해 죽였다 함을 보았거나, ② 들었거나, ③ 의심이 들거나 하는 것을 먹지 말라 하셨다.(是中故爲殺者 若故見故聞故疑 有如此三事因緣不淨肉 我說不應食. p.872中)'

142) 大正藏 22, p.873下.
"聽飮八種漿 若不醉人應非時飮 若醉人不應飮 若飮如法治"

143) 이외에도 『四分律』 가운데 "비구들이 과일밭을 얻었는데 부처님께서 말씀하시되 '받아도 좋다' 하시고, 누가 관리할지 모르니 부처님께서 말씀하시되 '절을 지키는 사람이나 沙彌나 우바새를 시키라"(大正藏 22, p.875上)는 구절이 보이는 바, 탁발에 있어 음식뿐만이 아닌 물건 등 기타 재산까지도 이에 포함된다고 하겠다.

불전(佛典) 기록에 의할 것 같으면, 불교 교단사(敎團史)에 있어 최초의 탁발은 불타(佛陀) 성도(成道) 후 7일이 지나 행해졌음을 알 수 있다. 즉 부처님께서 보드가야 보리수 밑에서 깨달음을 얻은 뒤 7일 동안 가부좌(跏趺坐)하신 채 해탈의 즐거움을 누리고 계셨는 바, 7일만에 선정(禪定)에서 깨어난 부처님께서는 마침 그곳 보리수 곁을 지나던 조(爪)와 우바리(優婆離)라 불리우는 상인에게서 미숫가루[蜜麨]를 공양받게 되었던 것이다. 이에 부처님께서는 '저 두 사람이 주는 미숫가루를 어떤 그릇에 받을까, 과거 부처님들은 「손으로서가 아닌」144) 무슨 그릇으로 음식을 받으셨을까' 생각하셨으며, 그때 사천왕(四天王)들이 각각 사방으로 흩어져 돌 발우[石鉢] 하나씩을 부처님께 바쳤는 즉, 각각 그들의 발우를 받아 하나로 합쳐145) 그것으로서 미숫가루를 받으시는 것이다.146)

이로서 본다면 불교에서 사용된 최초 발우의 형태는 석발(石鉢)이라 할 수 있는 즉, 『사분율』에 의하면 부처님께서 바라나시에 계실 때 다섯 비구가 "저희는 어떤 발우를 가져야 합니까?"라 묻자 부처님께서는 "가라(迦羅)발우나 사라(舍羅)발우를 가지라"고 말씀하시며, "발우에는

---

144) 당시 외도 수행자들은 손으로서 공양을 받았었다.
   『四分律』(大正藏 22, p.781下)
145) 현재 한국불교에서는 큰 鉢盂 안에 3개의 작은 鉢盂가 담긴, 외형은 하나이나 4개로 구성된 鉢盂를 사용하고 있는 바, 이는 경전 설명 가운데 "四天王들 各各의 鉢盂를 받아 합쳐 하나로 만들었다(受四天王鉢 令合爲一)"는 내용에 의거한다.
146) 이어 부처님께서는 그들을 위한 다음과 같은 祝願을 행하셨다. "布施하는 이는 반드시 이익을 얻나니, 만약 布施로 즐거움을 삼으면 뒷날에 반드시 安樂하리라." 『四分律』(大正藏 22, pp.781下~782上)
   "過七日已……於七日中未有所食 時有二賈客兄弟二人 一名瓜二名優波離……今奉獻蜜麨慈愍納受 時世尊復作如是念 今此二人奉獻蜜麨 當以何器受之 復作是言 過去諸佛如來至眞等正覺 以何物受食 諸佛世尊 不以手受食也 時四天王立在左右 知佛所念 往至四方各各人取一石鉢 奉上世尊 白言 願以此鉢 受彼賈人麨蜜 時世尊慈愍故 卽受四天王鉢 令合爲一 受彼賈人麨蜜 受彼賈人麨蜜已 以此勸喩 而開化之 卽咒願言 所爲布施者 必獲其利義 若爲樂故施 後必得安樂"

여섯 가지가 있으니, 쇠발우·소마발우·우가라발우·우가사발우·검은 발우·붉은 발우이다. 이를 통틀어 말하면 금발(金鉢)과 와발(瓦鉢)이다"147)라고 말씀하시기도 하였다. 한편 발우와 관련되어 '발우 주머니를 만들어 담으며, 띠를 만들어 어깨에 매라'148)거나 '병을 방지하기 위해 발우를 씻지 않고 먹으면 안 된다. 깨끗이 씻고 먹으라'149)는 등 세목을 말씀하였는 바, 『사분율산계보궐행사초(四分律刪繁補闕行事鈔)』 가운데 "발(鉢)은 출가인의 집기(什器)다"150)라고 규정하고 있기도 하다.

탁발은 불연(佛緣)을 맺게 하는 것으로, 중생에 보시이욕(布施離欲)의 기회를 준다. 또한 수행자 자신에게는 인욕몰아(忍辱沒我)의 깨침의 기연(機緣)을 주며, 이로서 비하(卑下)의 마음이 생겨나고 교만(驕慢)의 마음이 없어진다.151) 이에 『보운경(寶雲經)』에서는 '다탐(多貪)이 없게끔 일일지한칠가(一日只限七家)'라는 탁발 원칙을 제시한 채 걸식을 통해 다음의 십법(十法)을 성취할 수 있음을 말하기도 하였다. ① 섭수제유정(攝受諸有情), ② 차제(次第), ③ 불피염(不疲厭), ④ 지족(知足), ⑤ 분포(分布), ⑥ 불탐기(不耽嗜), ⑦ 지량(知量), ⑧ 선품현전(善品現前), ⑨ 선근원만(善根圓滿), ⑩ 리아집(離我執) 등.152)

한편 『조선불교통사(朝鮮佛教通史)』 「분위탁발공증휴대(分衛托鉢公証携帶)」 조에서는 본말사법 제13장(雜則) 조항에 의한 다음과 같은 탁발 규정을 소개하고 있다. '승니(僧尼) 가운데 탁발을 행하고자 하는 자는 사승(師僧) 및 관청에 연락하고 본사(本寺)에 청원(請願)을 하여야 한다. 그리고 면허증패(免許證牌)를 받고 그것을 휴대함으로서 가(可)한 즉,

147) 大正藏 22, pp.952下~953中.
148) 大正藏 22, p.953中.
149) 大正藏 22, p.945上.
150) 大正藏 40, p.105.
151) 이에 僧肇는 乞食에 ① 福利群生, ② 折伏驕慢, ③ 知身有苦, ④ 除去帶着 등 4가지 뜻이 있음을 말하기도 하다.(李能和, 『朝鮮佛教通史(下)』, p.1009)
152) 李能和, 『韓國佛教全書(下)』, pp.1008~1009.

나이 20세 미만의 자는 탁발을 불허한다. 면허를 갖은 자라 할지라도
법의(法儀)와 풍기(風紀)를 어지럽히는 자는 그 면허를 취소한다. 탁발
시간은 오전 8시부터 정오 12시까지에 한하며, 오후에는 근행(勤行)에
종사한다. 탁발을 행할 때에는 선종(禪宗)에서 입는 의관(衣冠)을 입어
야 한다.'153)

또한 탁발을 행할 때의 예절에 있어, ① 응기(應器: 鉢盂)를 항상 왼
쪽 어깨 쪽에 두어야 한다. ② 탁발을 하러 나갈 때 영악석수도인(靈岳
石樹道人: 淸 康熙 때의 사람)의 걸식게(乞食偈), 즉 "입리걸식(入里乞食)
당원중생(當願衆生) 입심법계(入深法界) 심무장애(心無障礙)"의 게송을
외운다. ③ 연로한 비구와 함께 가야 한다. 만약 함께 할 사람이 없을
경우에는 마땅히 (탁발하러) 갈 수 있는 곳을 알아야 한다. ④ 집의 대
문에 이르러 마음을 살피되 위의를 잃지 말아야 한다. ⑤ 집에 남자가
없거든 문안에 들어가지 말라. ⑥ 자리에 앉고자 할 때 좌석에 보물이
나 부인의 옷 내지 장엄구, 무기 등이 있거든 앉지 마라. ⑦ 경(經)을
설하고자 하거든 응당 설해야 할 때인지 아닌지를 알아라. ⑧ 나에게
음식물을 줌으로서 복을 얻으리라고 설하지 말라. ⑨ 걸식은 불조(佛祖)
행도(行道)의 법식(法式)인 바 지존(至尊) 지귀(至貴)해야 할 것으로, 걸
식할 때 연민과 고통의 상을 보여 (음식을) 구하지 마라. ⑩ 많은 보시
를 바라는 마음에 인과(因果)를 장황스레 말하지 말라. ⑪ 많이 얻었다
탐착하지 말며 적게 얻었다 우뇌(憂惱)치 말라.154)

조선(朝鮮)에서는 옛부터 걸량승(乞粮僧) 즉 탁발승(托鉢僧)을 동량승
(棟樑僧)이라 불렀다. 어구상 '용마루·대들보[棟樑]와 같은 승려'를 말

---

153) 李能和, 『朝鮮佛教通史(下)』, p.1008.
　　　같은 내용이 明治 45년(1912년) 공포된 〔寺法施行俏望中興〕의 '제98조'에 소개되
　　　어 있기도 하다.(ibid, pp.1161~1162)
154) 李能和, 『朝鮮佛教通史(下)』, p.1009.
　　　또한 『沙彌律儀』 제19 「乞食」 條(도서출판 토방, 1993. p.255)에 유사한 내용이
　　　실려 있기도 하다.

하는 것이나, 이규보(李奎報)의 『고려이상국집(高麗李相國集)』「왕륜사 (王輪寺) 장육금상(丈六金像) 영험수습기(靈驗收拾記)」에 의할 것 같으 면, "옛날 거빈(巨貧)과 교광(皎光)이란 두 비구가 금상(金像)을 주조(鑄 造)키 바란 채 속된 말로 동량(棟樑)이란 말을 지어냈다. 여기서 동량이 라 함은 헛된 구상(浮圖)으로 보시를 권함으로서 행하는 불사(佛事)를 칭하는 것이다"라 하며, '조선의 동량승 가운데 목탁을 치며 수행자처럼 천수주(千手呪)를 독송하는 자가 있으며, 동발(銅鈸: 鉢羅)을 치며 회심 곡(回心曲)을 부르는 자가 있으니, 이는 몸과 도(道)의 빈궁함만을 꾀하 는 것이라. 속된 말로 쩡쩡(땡땡)이란 말은 동발의 소리로서 그를 이름 한 것으로, 이는 신라 대안대안(大安大安)의 유풍(遺風)이다'라고 『조선 불교통사』는 말하고 있기도 하다.[155]

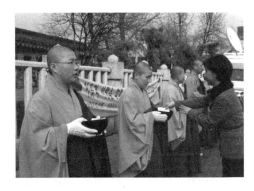

도판 12. 탁발(托鉢)

"사문이여, 나는 밭을 갈고 씨를 뿌립니다. 당신도 밭을 갈고 씨를 뿌린 후에 먹으시오"라 말 한다. 그럼에도 출가자에 대한 공양은 공덕의 복전이 된다고 이해된다. 또한 탁발은 출가자가 자비를 행하는 방편 내지, 스스로의 해탈을 구하는 방편으로 이해되기도 한다. 그럼에도 '헛 된 구상으로 보시를 권하는 불사(佛事)'는 동량(棟樑)이라 하며, 이런 승(僧)을 동량승(棟樑 僧)이라 한다.(사진 제공・「현대불교신문」)

이에 조선 말 이래 근래에까지 이러한 동량승들로 인해 피해가 막심

155) 李能和, 『朝鮮佛敎通史(下)』, pp.1009~1012.

하였는 바,156) 조계종의 경우 1964년에 승가의 위의 정립을 위해 탁발을 폐지하였다. 이후 97년 북한 수재민 돕기를 위한 목적하에 일시적으로 부활하였으며, 이는 불교적 이념(理念)인 자비의 한 방편으로 행해졌다고 할 수 있다.

(4) 공양의례(供養儀禮)

애초 출가자에게 있어 식사는 탁발에 의해 행해졌으며, 그 시간에 있어서도 정오 이전 하루 한 끼만을 들도록 율장에 규정되어 있다. 그럼에도 불교의 전개과정 속에서 기본율에 다소 변화가 가해졌던 바, 비교적 승단 초기 생활을 전해 주고 있는『사분율』가운데 "부엌〔淨食廚屋〕을 따로 지으라"157)는 부처님 말씀과 함께, 마우리아왕조 이후 자체 경작지를 소유하게 된 인도의 불교 유적지들 가운데 상당수 식당 건물이 보여지고 있음을 통해 승단(僧團) 자체적으로 음식을 조리해 먹기도 하였음을 알 수 있다.

이후 중국을 거쳐 한국에 이르는 승단사(僧團史)의 변천 속에, 특히 선종에 있어 정오 이전의 일식(一食)은 이른 아침의 전식(前食: 小食)과 정오 이전의 후식(後食: 大食)으로 정착되기에 이르렀으며, 약석(藥石)158)이라 이름한 채 저녁까지도 들게 되는 예가 생겨났다. 그럼에도 이른 아침의 소식(小食)은 죽(粥)으로서 대용되어 신죽(晨粥: 새벽죽) 내지 중재(中齋)라 하였으며, 점심은 재식(齋食) 또는 점심(點心)이라 이름되었음을 볼 때 승가에서의 식사는 맘껏 먹는 그러한 류의 식사는 아

---

156) 李能和, 『朝鮮佛敎通史(下)』, pp.1013~1014.
157) 『四分律』(大正藏 22, p.942中)
　　 "時有比丘露地看煮食 天雨濕衣澆汚淨人飮食器物 佛言聽作淨食廚屋"
158) 『釋門儀範(下)』 p.159. 저녁 藥石은 약으로 먹는 石食의 뜻으로, 출가 수행자에게는 오후불식이 요구되나, 饑渴의 병을 치료하는 약으로서 저녁을 먹게 될 때 이를 藥石이라 한다.

니었던 것 같다. 즉 점심(點心)이란 '마음에 점을 찍는 듯한 양의 식사'를 의미하는 바, 그럼에도 '과거심불가득(過去心不可得), 현재심불가득(現在心不可得), 미래심불가득(未來心不可得)이라 했는데, 어느 마음〔心〕에 점(點)을 찍을 것인가?(어느 時의 마음으로 먹을 것인가)'라는 아이러니컬한 물음 등은 식사에 대한 승가의 외경(畏敬)을 드러낸 표현이라 하겠다.

공양(供養)이란 산스끄리뜨어 pūjanā의 번역어로 공시(供施)·공급(供給)·공(供)·식물(食物) 등으로 번역되며, 음식이나 의복·탕약(湯藥)·방사(房舍) 등을 불·법·승 삼보께 공급하는 일을 말한다. 이에 탁발에 대한 공양의 의미는 재식(齋食)의 의미에로 전이되기도 한 채 밥을 먹음, 즉 식사 일반에로 그 뜻이 변이되었는 바, 그럼에도 이에는 의례적 의미가 강조됨으로 해서 공양을 법식(法食)이라 표현하기도 하였다. 그리고 이에 따른 식당작법(食堂作法) 등의 의식이 생겨나게 된다.[159]

이에 『사분율』에 '공양청(供養請)을 받거든 코끼리걸음으로 가라. 밥 먹을 곳에 가서 상좌(上座)가 앉은 다음 차례에 따라 앉으라'[160] 하고 있다. 또한 공양을 마치면 시주(施主)를 위해 축원을 해야 하는데, "이익을 취하여 보시했다면 그 이익을 반드시 얻을 것이요, 쾌락을 위하여 보시했다면 뒤에는 반드시 쾌락을 얻으리"[161]라는 등 하나의 게송이라도 설해야 함을 말하고 있다. 이에 대해 원효(元曉)의 『발심수행장(發心修行章)』 가운데 "밥을 얻어 범패〔得食唱唄〕하되 그 취지에 미치지 못

159) 식당작법의 역사적 유래는 『餓鬼陀羅尼經』에 근거한다. 인도의 조령숭배와 관련된 것으로, 선조의 영혼에 봉사하지 않으면 그 靈魂이 魂界에 떨어져 고통을 받는다는 것. 이 아귀는 오직 후손의 봉사에 의해 구원받는다.
洪潤植, 『佛敎儀式』, 문화재관리국 문화재연구소, 1989, p.532. 또한 『蘇悉地經』의 「공양품」 참조.
160) 大正藏 22, p.935上.
161) 大正藏 22, p.935下.

하면 또한 성현께 마땅히 부끄러움이 아니겠는가?"162)라는 언급을 찾을
수 있기도 하다.

한편 『교계신학비구행호율의』에서는 「이시식법(二時食法)」 및 「식료
출당법(食了出堂法)」 등의 항목에 걸쳐 공양에 임하는 의례를 설명하고
있다.163) 또한 『계초심학인문』 가운데 "공양 때에 당돌하게 차례를 어

---

162) 韓佛全 1, p.841.
  "得食唱唄 不達其趣 亦不賢聖 應慚愧乎"
163) 大正藏 45, pp.871中~872中.
  二時食法
  ① 공양 시간을 알리는 三下의 종소리가 나면 곧바로 하던 일을 쉬고 먼저 잠시
  出入(화장실 가는 일)을 해야 한다. ② 먼저 비누[皁莢]로 손을 씻어 깨끗이 해야
  한다. ③ 내의[長衫]를 입을 때 너무 높거나 낮게 하지 말라. 항상 다리의 복사뼈
  와 나란히 되도록 하라. ④ 7조 가사를 입을 때 마땅히 가로로 입어서[橫披] 장삼
  의 衣領과 가지런히 하고 바로 팔 위로 늘어뜨려서 반은 어깨를 덮도록 한다. ⑤
  발우를 들고 上堂할 때는 모름지기 손을 깨끗이 하여 수건으로 마르게 닦고 中指
  로 鉢單을 잡아야 한다. ⑥ 당에 이르러서 공양이 아직 끝나기 이전에는 항상 손
  가락과 손바닥을 깨끗이 잘 보호하여 더러워지지 않도록 해야 한다. 설사 堂에서
  경전을 잡았더라도 번거롭지만 다시 손을 씻어야 한다. 다만 향으로 깨끗이 하는
  것은 할 수 있다. ⑦ 발우의 바깥 삼분 가운데 이분 위쪽은 깨끗이 하고 아래 일
  분만 닿도록 한다.(食鉢의 속은 淨, 바깥은 위에서 三分의 二까지가 淨이다. 이 부
  분을 부정한 것에 닿지 않도록 한다. 여기에서의 설명은 律藏에는 없지만 그 의
  미는 食鉢 속에 바로 받은 음식 이외의 것이 들어가면 宿食戒를 범할 염려가 있
  기 때문일 것이다) ⑧ 발우를 잡아 씻고 물을 부을 적에 높이 들고 하지 말라. 마
  땅히 허리를 굽히고 머리를 숙여 물을 붓되 발우가 땅에서 一側手(팔의 길이) 정
  도 떨어지게 해야 한다. ⑨ 만약 사미[童行]에게 발우를 건네 줄 때에도 또한 비
  구의 발단을 잡는 법과 마찬가지이다. 발단[巾]을 잡고 사미에게 발우를 들게 하
  지 못한다. 잘못을 범하는 경우가 극히 많지만 번거로워 생략한다. 사람들이 이것
  을 범한다. 만약 그냥 발우를 가지고 가면서 자기가 발단을 잡고 가는 것은 괜찮
  다. ⑩ 歃鐘(타종을 마칠 때의 종소리. 이 종이 끝나면 방을 나온다)의 소리가 나
  기를 기다려서 곧 여법하게 발단을 잡아 발우를 들고 시저(匙箸)를 몸쪽으로 향
  하도록 한다. ⑪ 발우를 너무 높이 들거나 낮게 들지 말라. 가슴에 닿도록 한다.
  ⑫ 모름지기 尊宿의 문 앞에서 떨어져서 행랑의 기둥 곁으로 다녀야 한다. 행랑
  의 가운데로 다니지 못하며, 다니면서 웃거나 떠들면 안 된다. ⑬ 上座와 함께 나
  란히 걸어가면 안 된다. 모름지기 상좌가 앞에서 가도록 양보해야 한다. ⑭ 걸어
  갈 때는 똑바로 가야 하며, 七尺 정도의 앞을 내다보며 걸어야 한다. ⑮ 급하게
  걸어가면 안 된다. 마땅히 위의[序序]를 바로 잡아 위의를 볼 수 있도록 해야 한
  다. ⑯ 처음 식당에 들어가면 문의 양쪽 옆을 따라서 발을 들여놓아야 한다. 나올
  때도 마찬가지이다. ⑰ 앉을 자리에 이르면 먼저 발단[巾]을 놓고 다음에 발우를

놓은 뒤에 손으로 버선을 벗어서 의자 아래(床下)에 가지런히 놓는다. ⑱ 예불을 하기 위해 坐具를 내어 펼 때도 손을 써서 잡아야 한다. ⑲ 예배를 하고 난 뒤 좌구를 거두면 바로 상에 올라가서 앉아야 한다. 맨땅에 꿇어앉거나 서 있으면 안 된다. 반드시 종소리가 끝나려고 하면 바로 일어선다. 땅바닥에 꿇어앉지 말라. ⑳ 상위에 앉아서 종소리가 끝나기를 기다릴 때는 좌구를 두고 상 앞의 자리 위에 나아가면 안 된다. ㉑ 상위에 오르고자 할 때 다리의 복사뼈가 드러나지 않도록 해야 한다. ㉒ 앉을 때 내의가 비껴 나오지 않도록 해야 한다. ㉓ 당에 들어가서 아직 검종의 소리가 있으면 예배를 하고 좌구를 거둔 뒤에 상에 올라가서 앉아야 한다. 의복을 상에 걸쳐놓으면 안 된다. ㉔ 향을 공양할 때[行香] 손을 넣지 말고 내어 합장해야 한다. 웃거나 말하면 못쓴다. ㉕ 경박하게 음식을 남기거나 찾지 말라. ㉖ 만약 차례에 따라 唱禮할 때는 모름지기 한 부처님에게 한 번 예배를 올려야 한다. 너무 급하게 하거나 느리게 하지 말고 예배할 처소를 잘 얻도록 해야 한다. ㉗ 차례에 따라 범패[作梵]를 할 때 偈讚을 모두 다 해야 한다. 범패를 반쯤만[半梵] 해서는 안 된다. 사람들이 적을 때에도 또한 그 찬불 게송을 생략하지 말고 다 해야 한다. ㉘ 만약 대중 스님네의 규칙을 어겨 謹愼 중인 이는 白椎의 소리를 들으면 곧 내려와야 한다. 어기거나 거역해서는 안 된다. ㉙ 마땅히 가로로 둘러 입고 있는 것을 수습해야 한다. 가사를 앉아서 입으면 안 된다. ㉚ 발단[食巾]을 열 때 가장자리의 손톱으로 하고, 손가락 면(指面)에 닿지 않도록 해야 한다.(指面은 밥 먹을 때 사용하기 때문에 그 이전에 指面이 食巾에 닿게 되면 惡觸을 犯하는 것이 된다.) ㉛ 발단을 펼 때는 상의 귀틀 가장자리와 가지런히 해야 한다. ㉜ 발우는 항상 슬건(膝巾: 무릎을 덮어 食物로 옷을 더럽히지 않도록 하는 수건)과 떨어져 있어야 한다. 손을 무릎 위에 올려놓지 말라. ㉝ 발우의 물을 상 앞에 흘리지 않도록 하라. ㉞ 받으려는 모든 음식은 그릇이나 발우가 상을 여의게 해야 한다.(受食戒에 의해서 비구는 다른 이가 주는 것을 스스로 받은 음식물이 아니면 먹을 수 없다. 그릇이나 발우가 床에 놓여 있어서는 受食이 성립되지 않는다는 의미이다.) ㉟ 음식을 먹을 때는 굶주린 사람처럼 허겁지겁 급하게 먹지 말라. 또 음식을 먹을 때는 발우를 잡고 입을 가려야 한다. 또 음식을 뺨이 불룩하게 입안 가득히 넣어 마치 원숭이가 음식을 불룩하게 머금고 있는 것처럼 하지 말라. ㊱ 음식을 받을 때는 손을 뒤집어야 한다.(盜相이 없는 것을 보이기 위한 것이라 한다.) ㊲ 음식을 받을 때 주격[匙筯]을 잡고 淨人의 손에서 스스로 푸지[抄撥] 말라. ㊳ 주격을 건네어 정인에게 주고 스님의 食器에서 음식을 취하게 하지 말라. ㊴ 음식을 받을 때 의심 가는 것이 있으면 마땅히 慢心을 지어야 한다. 만심이라고 하는 것은 이른 아침에 죽을 받는 것과 같이 淨人이 잘못 말할 우려가 있으면 마땅히 '일체의 粥은 모두 받아야 한다'고 생각하는 것이다. 나머지 일체의 음식을 모두 받고자 할 때도 그와 같다. ㊵ 무릇 음식을 받고자 할 때는 만약 克心을 지어서 음식을 받고 난 뒤 생각한 것과 받은 음식이 다르게 되면[心境相違] 음식은 받은 것이 안 된다. 다시 거듭 받을 때 비로소 받는 것이 된다. 극심이라고 하는 것은 예를 들면 된장국[豉粥]을 받으려고 했는데 받고 나서 보니 콩죽[豆粥]이 된 것과 같은 것을 心境相違라고 한다. ㊶ 음식을 받을 때 정인이 떡가루[餠屑]나 채즙[菜汁] 등을 흔들어 발우의 여기저기에 흩어져 떨어지면 반드시 다시 받아야 한다.(落食은 受食이 아니기 때문이다.) ㊷ 죽을 出

生(生飯)하려고 하면 깨끗한 숟가락을 정인의 出生器에 떠놓지 말라. 만약 떠놓았으면 다시 숟가락을 받아야 한다. ㊸ 받을 음식은 먹을 양의 많고 적음을 생각하여 남기는 것이 없어야 한다. ㊹ 음식을 먹을 때 크게 뭉치거나 들이마시는 소리를 내지 말라. ㊺ 출생할 때 떡은 일반전(一半錢) 정도의 크기로 해야 한다. 밥은 일곱 낱[七粒]을 지나지 않도록 하고, 그밖의 음식도 많지 않도록 해야 한다. ㊻ 出生하는 음식은 일일이 여법하게 해야 한다.(떡이나 밥 등을 사용하며, 나물 등은 내지 않는다.) ㊼ 출생하는 음식과 무릎이나 상에 떨어져서 버리려고 하는 나쁜 음식물을 신선한 음식물[生] 가운데 이르게 하지 말라. ㊽ 출생하는 법은 상의 가장자리의 얕은 곳에 두고 정인으로 하여금 가져가게 한다. 자기 손으로 붙이지 말라. 마음은 손을 깨끗이 보호하는데 두어야 한다. ㊾ 숟가락으로 발우를 긁어서 소리를 내어서는 안되며, 마땅히 더운물로 씻어야 한다. 곧 발우의 광택을 손상하지 않기 위해서이다. 만약 발우의 광택이 손상하면 발우가 곧 기름때가 묻어 씻기 어렵다. ㊿ 입을 크게 벌리고 숟가락 가득하게 밥을 떠서 발우에 흘리거나 숟가락 위에 남겨 두어 지저분하게 하지 말라. 또 상좌가 있으면 마땅히 먼저 먹지 말라. (51) 한 입[一口]의 밥도 모름지기 숟가락[匙頭]으로 세 번 떠서 먹어야 한다. 숟가락을 바로 입에 넣어야 한다. (52) 국물이나 밥알 등을 흘리지 않도록 하고, 발단 위에 떨어진 것을 먹어서는 안 된다. (53) 食巾 위에 완발(椀鉢)을 놓고 먹어서는 안 된다. (54) 음식이 식건 위에 떨어진 것이 있으면 주워 먹지 못한다.(食巾은 宿食이 부착되어 있기도 하여 不淨하기 때문이다.) 한 곳에 모아 두었다가 정인에게 주어야 한다. (55) 밥에 뉘[穀]가 있으면 껍질을 벗기고 먹어야 한다. (56) 발우에 음식이 남았더라도 방에 가져가지 못한다. (57) 常住의 一食 이외에 가지고 房院에 돌아가면 모름지기 배상하여 그것을 갖추어 두어야 한다. (58) 먹을 때는 모름지기 참괴심을 내어 항상 관법을 지어야 한다. (59) 죽을 먹으면 열 가지 이익[十利]이 있음을 알아야 한다.(『摩訶僧祇律』 제29에 두 게송으로 나타내고 있다. 十利란 色과 力과 壽와 樂과 辭와 淸弁과 宿食과 風을 제거하고, 飢와 渴을 해소한다고 한다. "持戒淸淨人所奉 恭敬隨時以粥施 十利饒益於行者 色力壽樂辭淸弁 宿食風除飢渴消 是名爲樂佛所說 欲生人天常受樂 應當以粥施衆僧") 자세한 것은 게송 중에 밝힌 것과 같다. (60) 음식을 베풀고자 할 때 五常이 있음을 알아야 한다. 첫째 色, 둘째 力, 셋째 壽命, 넷째 安樂, 다섯째 無碍弁이다.

食了出堂法

① 대중 가운데서 공양을 마치고 입을 헹굴 때 소리를 내면 안 된다. ② 대중 가운데서 공양을 마치고 발우나 다른 곳에라도 물을 뱉으면 안 된다. ③ 達嚫〔超日明三昧經(大正藏 15, p.532上)에 "處世間如虛空 若蓮華不着水 心淸淨超於彼 稽首禮無上聖"이란 偈頌이 있다. 한 사람이 梵唄를 하고 大衆은 合掌하여 偈頌의 의미를 생각하는 바, 이것을 食後의 達嚫(dakṣiṇa)으로서 외운다〕을 외우는 범패 소리가 나면 합장하고 게송을 생각하라. ④ 공양을 모두 마치고 斷心(더이상 먹지 않겠다는 생각을 하는 것)을 지으면 침(津)을 삼킬 수 없다. ⑤ 상을 내려올 때 다리의 복사뼈가 드러나지 않도록 해야 한다. ⑥ 공양을 마치고 당을 나올 때 먼저 문의 양쪽 옆 가장자리에서 다리를 들어야 한다. 숟가락을 잡는 부분이 몸쪽으로 향하도록 한다. 발우를 잡아 가슴에 닿도록 하고, 고개를 들어 두리번거리지 말아야 한다. ⑦ 공양을 마치고 당을 나와서 아직 방이나 屛處에

기지 말며"164) 등의 위의를 말하기도 하는 즉, 공양을 함에 있어 범패
(梵唄)의 용례 및 공양의례 전반의 규식을 알려 주는 문헌으로서 『입당
구법순례행기』당 개성 3년(838년) 11월 24일 기사에는 다음과 같은 식
의식(食儀式)이 소개되어 있기도 하다.165)

　　"환군법사(幻羣法師)가 재탄문(齋歎文)을 짓고 식의식(食儀式)을 치렀
　　다.
　　　승려들은 함께 법당 안으로 들어가 차례대로 앉았다. 한 사람이 물을
　　돌렸다.
　　　시주승(施主僧)이 법당 앞에 서 있고 무리 가운데 하나가 퇴(槌)를 쳤
　　다. 다시 한 승려가 범패를 외우는데 그 내용은 이러했다. '어찌하면 이
　　경(經)을 통하여 피안에 이를 수 있겠는가? 바라건대 부처님께서는 미묘
　　함과 비밀스러움을 여시어 중생에게 널리 말씀하소서(云何於此經 究竟到
　　彼岸 願佛開微密 廣爲衆生說).' ……(중략)……
　　　범패를 하는 동안 한 사람이 불경(佛經)을 나눠주었다. 범패를 마친 뒤
　　무리들은 각기 두 매 남짓하게 불경을 외우고 퇴(槌)를 쳤다.
　　　돌아가면서 염경(念經)을 마치자 한 승려가 상주삼보(常住三寶)께 경례
　　(敬禮)하자고 외쳤다. 모든 승려가 상(床)을 내려와 서자 으뜸되는 범음사
　　(梵音師)가 '여래무색신(如來無色身)'166)의 문장 한 행(行)을 외쳤다. 범패

　　이르지 않으면 침을 뱉지 못한다. ⑧ 식당 문을 나오면 마땅히 회랑의 한쪽 옆
　　으로 가고, 위의를 갖추어 雁行하여야 한다. ⑨ 머리를 맞대고 웃고 말하면서 차
　　례나 질서를 잃지 않도록 해야 한다. ⑩ 식당을 나오고자 하면 먼저 가로로 걸
　　친 옷을 수섭하고 가사를 정리하여, 요란하지 않게 차례대로 가야 한다.
164) "行益次 不得搪突越序"
　　이외에도 "齋食時 飮啜 不得作聲 執放 要須安詳 不得擧顔顧視 不得欣厭精麤 須
　　默無言說 須防護雜念 須知受食 但療形枯 爲成道業 須念般若心經 觀三輪淸淨 不
　　違道用" 등의 언급이 보이기도 한다. 大正藏 48, p.1004中.
　　한편 『四分律』(大正藏 22, p.803中) 가운데 "乞食하는 것이 法답지 않아 곳곳에
　　서 부정한 음식을 받거나 부정한 鉢盂의 음식을 받거나 '粥과 밥을 먹는 자리에
　　서 큰소리로 떠들어 마치 바라문의 모임과 같이 하는가?'" 하고는 이처럼 智慧
　　없는 비구는 남의 依支師가 됨을 허락치 않았다.
165) 圓仁(申福龍 譯), 『入唐求法巡禮行記』, 정신세계사, 1991. pp.50~52.
166) "南無 妙色身如來 願諸孤魂 離醜陋形 相好圓滿"(『석문의범』참조)

를 하는 동안 ……(중략)…… 행향(行香)을 하니, 행향하는 의식은 일본과
같았다. 다른 사람들을 위해 재(齋)를 짓는 진인(晉人)의 법사는 무리들보
다 먼저 일어나 불상 왼편에 이르러 남쪽을 향하여 섰다.

　행향을 마치고 다음으로 탄불(歎佛)을 외우는데[167] 그 순서나 양식은
일본의 승들이 주원(呪願)을 하는 첫머리에 탄불을 하는 글과 다름이 없
었다. 탄불을 마친 뒤 그들은 단월(壇越)이 먼저 재(齋)를 처리하도록 권
하였다. 그 다음에 재탄(齋歎)의 글을 읽었다.

　이를 마치고 석가모니불을 외웠다. 대중이 같은 음성으로 부처님 이름
부르기를 마치고 다음으로 예(禮)를 외우는데, 그 양식은 일본에서 천룡
팔부(天龍八部)나 여러 선신왕(善神王)들을 외우는 것과 같았다. 일어나서
예불을 마친 다음 모두 마루에 올라앉았다.

　재문(齋文)을 읽고 난 승려와 감사(監寺), 강유(綱維), 시주승 등 10여
명은 식당을 나와 고두(庫頭)에 이르러 재(齋)를 들었다. 그밖의 승려와
사미들은 식당에서 재를 들었으며, 고두에서는 남악(南岳)과 천태(天台)

---

167) 같은 항목의 12월 8일 기사에는 國忌日에 따른 齋儀式을 설명하고 있는 바, 그
　　가운데 禮佛 이후의 行香儀禮 및 歎佛의례에 대한 다음과 같은 좀더 상세한 설
　　명이 이어지고 있다.
　　行香儀禮 : "(예불을 마치자) 강당의 동서 쪽 두 문에 각기 수십 명의 승려가 열
　　을 지어 서서 각각 蓮花와 碧幡를 받들고, 한 승려가 磬을 치면서 읊었다. '일체
　　가 身·口·意를 가다듬어 공경하는 마음으로 十方三世에 계시는 삼보께 경례합
　　시다.' 그러자 상공과 장군은 일어서서 香器를 들었으며, 주위 모든 관리들도 뒤
　　따라 香盞을 들고 동서로 나뉘어 걸어갔다. 상공이 동쪽으로 향하여 걸어가고
　　연꽃과 깃발을 든 승려들이 앞을 인도하면서 같은 목소리로 '如來妙色身' 등 두
　　줄의 범패를 읊었다. 한 老宿이 먼저 따르고 병졸들이 역시 호위하며 처마 밑의
　　복도를 따라 걸어갔다. 모든 승려들은 行香을 마치자, 그 길을 따라 걸어오면서
　　강당을 향하여 오는데 범패가 그치지 않았다. 장군이 서쪽으로 향하여 行香하는
　　데 동쪽에서 (상공이) 행하는 의식과 똑같아서 동시에 본래 출발했던 곳으로 돌
　　아와 만났다. 이때 東西에서 들려오는 경 읽는 소리가 서로 울려 절묘하게 들렸
　　다. 범패의 예를 읊는 한 승려는 혼자서 움직이지도 않고 경쇠를 친다. 범패가
　　멈추면 다시 '敬禮常住三寶'를 외운다. 상공과 장군이 함께 본래의 자리에 앉았
　　다. 行香할 때 香爐 두 개를 설치했다."
　　歎佛儀禮 : "노스님 圓乘和尙이 呪願을 마치자 唱禮師가 '天龍八部' 등을 읊는데
　　그 뜻은 황제의 넋을 기리는 것으로 하나의 문장이 끝날 때마다 '敬禮常住三寶'
　　를 외웠다. 상공과 모든 관리들이 함께 일어나 부처님께 예불하고, 서너 차례 讚
　　佛을 부른 다음 각자가 원하는 바를 기원했다."
　　圓仁(申福龍 譯), 『入唐求法巡禮行記』, 정신세계사, 1991. pp.55~56.

등 화상을 위해 별도의 공양을 마련하였다. 뭇 승려들이 재를 들고 있는 동안 고사승(庫司僧) 두 명이 여러 가지 일들을 처리했다.

당나라 풍습에 따르면 재를 마련할 때는 식사를 마련하는 외에 따로 돈을 마련하였다. 재를 마치고 돈이 좀 생기게 되면, 승려들은 숫자에 따라 돈을 나누어 갖는데 단 재문(齋文)을 쓴 사람에게는 따로 돈을 더 주었다. 일반 승려들에게 30문을 줄 정도라면 재문을 쓴 승려에게는 400문을 준다. 이렇게 주는 돈을 '친전(儭錢)'이라 부르는데, 생각해 보면 일본에서 말하는 보시(布施)와 같은 의미이다."

이상 신라 후기, 당(唐)에서의 공양의식과는 달리 의식이 좀더 구체화된 채 적어도 고려조에 있어서는 현행의 「반야심경(般若心經)」 내지 「소심경(小心經)」과 관련된 재공의례가 행해졌던 것 같다. 즉 보조(普照)의 『계초심학인문』 가운데 "재식시(齋食時) ……(중략)…… 수지수식(須知受食) 단료형고(但療形枯) 위성도업(爲成道業) 수념반야심경(須念般若心經) 관삼륜청정(觀三輪淸淨) 불위도용(不違道用)"[168]이란 구절이 발견되고 있는 바, "단료형고(但療形枯) 위성도업(爲成道業)"이란 어구는 현존의 「반야심경」 내지 「소심경」의 '오관게(五觀偈)' 가운데 "정사양약위료형고(正思良藥爲療形枯) 위성도업응수차식(爲成道業應受此食)"이란 어구에 그대로 쓰이고 있음을 볼 수 있는 것이다.

이외에 『입중일용』 가운데 좀더 구체화된 공양의식이 소개되어 있는데, 이는 현행의 공양의례와 거의 흡사한 모습을 전하고 있다. 『입중일용』에 소개된 공양의식을 간략하면 다음과 같다.[169]

① 목어(木魚) 후에 장판(長板: 雲板) 울림을 들으면 일어나 입정(立定)한 후 합장한 다음 발우를 들어 놓는다. ② 발우를 놓고 앉아 추(椎: 金鼓) 울리는 소리를 들으면 합장하고 '불생가비라(佛生迦毗羅) 성도마갈타

168) 『誠初心學人文』(大正藏 48, p.1004)
169) 『入衆日用』(卍續藏經 111, pp.944上~945下)

(成道摩竭陀) 설법바라나(說法波羅奈) 입멸구시라(入滅俱絺羅)’의 게(偈)를
외운다. ③ 전발 하는 법으로서, 합장하고 ‘여래응량기(如來應量器) 아금
득부전(我今得敷展) 원공일체중(願共一切衆) 등삼륜공적(等三輪空寂)’의
게송을 외운다. ④ (발우를 싼) 보자기 띠〔袱帕〕를 풀고 정건(淨巾: 膝巾)
을 펼쳐 무릎을 덮고, ⑤ 발단(鉢單: 발우 깔개)을 깔고 왼손으로 발우를
잡아 발단 위에 놓으며, 양손 엄지손가락으로 발우를 들어 작은 것으로부
터 차례로 펼쳐 놓는다. (수저집으로부터) 젓가락을 먼저 꺼내고, 집어넣
을 때에는 숟가락을 먼저 넣는다. ⑥ 숟가락 또는 젓가락으로 생반(生飯)
을 하면 안 되며, 생반시(生飯時) 7낱을 넘지 말지니, 그보다 너무 적어
인색하지 말라. ⑦ 유나염불시(維那念佛時: 十念時) 합장하되 손을 입쪽에
대지 말라. ⑧ 양손으로 봉발(捧鉢)하고 ‘약수식시(若受食時) 당원중생(當
願衆生) 선열위식(禪悅爲食) 법희충만(法喜充滿)’의 게송을 외운다. ⑨ (받
은 밥이) 많거나 적으면 오른손으로 덜어라.

　　⑩ 변식(遍食: 공양)을 알리는 쇠망치소리〔椎〕가 들리면 상하를 보고
차수(叉手)한 채 고개를 숙여 음식에 읍(揖)을 한다. ⑪ 읍을 마치고 ‘계
공다소양피래처(計工多少量彼來處) 촌기덕행전결응공(忖己德行全缺應供)
방심이과탐등위종(防心離過貪等爲宗) 정사양약위료형고(正似良藥爲療形
枯) 위성도업응수차식(爲成道業應受此食)’의 오관상(五觀想)의 게(偈)를
외운다. ⑫ 다음으로 ‘여등귀신중(汝等鬼神衆) 아금시여공(我今施汝供) 차
식변시방(此食遍十方) 일체귀신공(一切鬼神共)’의 출생게(出生偈)를 외운
다. ⑬ 발우를 들고 놓음으로서 공양을 행해야 하며, (음식에) 바람이 날
리지 않도록 하며 바닥에 떨어진 음식은 발우에 담은 후 외진 곳에 버린
다. ⑭ 손을 무릎에 괴지 말며, 적당히 음식을 먹는다. ⑮ 발우를 씻을 때
에는 큰 발우(어시발우)부터 씻되, 큰 발우 안에서 나머지 발우며 수저
등을 씻지 말며 4번째나 5번째 손가락은 사용하지 말라. ⑯ 발우를 씻고
‘아차세발수(我此洗鉢水) 여천감로미(如天甘露味) 시여아귀중(施汝餓鬼衆)
실령득포만(悉令得飽滿) 옴 마휴라세 사바하’의 절수게(折水偈)를 외운다.
절수게를 외우기 전에 슬건(膝巾)을 걷지 않는다. ⑰ 발우를 걷을 때에는
양 엄지를 사용해야 한다. 그 후 ‘반사흘이색력충(飯食訖已色力充) 위진시
방삼세웅(威震十方三世雄) 회인전과부재렴(廻因轉果不在念) 일체중생획신

통(一切衆生獲神通)'의 식필게(食畢偈)를 외운다.

위와 동일한 내용은 『칙수백장청규(勅修百丈淸規)』170) 및 『사분율산
계보궐행사초』171)에 실려 있기도 하는데, 이 가운데 특히 『칙수백장청
규』의 「대중장(大衆章)」 '일용궤범(日用軌範)'의 규범은 우리나라 공양
의례의 정립에 많은 영향을 미쳤을 것으로 생각된다.

현행의 공양의례에 있어서는, 일반 재가불자의 경우 간략한 게송과
함께 합장을 하고 공양에 임하나, 승가에서 재식(齋食)의 경우 「반야심
경」 내지 「소심경」을 독송하는 바, 그럼에도 「반야심경」은 오직 영산재
(靈山齋)의 식당작법(食堂作法) 가운데서만이 실행되고 있으며, 「소심경
」의 경우 몇몇 부분이 생략된 채 현재 총림(叢林) 내지 본사(本寺)를
중심으로 시행되고 있다. 이 가운데 현재 총림에서 실행되는 공양의례
전반을 순서별로 나열하면 다음과 같다.(조계총림 송광사에서 실행되고
있는 예를 기준하였다.)

현행의 공양의례

조선조이래 근래에 이르기까지 다음과 같은 절차에 의해 공양 준비
가 행해졌다.

먼저 절의 대중들은 스스로 경작했거나 탁발한 쌀 가운데 한 끼 분
량씩을 미감(米監)에게 제출하는 바, 공양주(供養主)는 미감(米監)으로
부터 쌀을 배분 받는다. 그리고 원두(園頭)는 반찬거리 내지 국거리를
원주(院主)에게 건네며, 이를 갱두(羹頭)와 채공(菜工)이 받아 국 내지
반찬을 준비한다. 이로서 공양주는 공양간(供養間)에서 공양(밥)을 짓고
갱두는 갱두간(羹頭間)에서 국을 끓이며, 채공은 채공간(菜工間)에서 반
찬 및 공양에 쓰일 식기 등을 준비한다. 이때 반찬을 준비함에 있어 오

---

170) 大正藏 48, pp.1144~1146.
171) 大正藏 40, p.81ff.

신채(五辛菜)172)를 사용하지 않는다.

공양주의 밥짓기와 갱두의 국끓이기

채공(菜工)의 반찬 준비

도판 13. 공양 준비

공양주는 미감(米監)으로부터 쌀을 배분 받는다. 그리고 원두(園頭)는 국거리와 반찬거리를 원주(院主)에게 건네는데, 갱두와 채공이 이를 받아 국과 반찬을 준비한다. 공양주는 공양간에서 공양(밥)을 짓고 갱두는 갱두간에서 국을 끓이며, 채공은 채공간에서 반찬 및 공양에 쓰일 식기 등을 준비한다. 공양간을 정지(淨地), 정지간(淨地間)이라 한다. 여기서 공양주는 아궁이의 장작불과 가마솥 물과의 적절한 조화 속에 밥을 익혀낸다. 그리고 그 막바지에 장작불에 소금을 뿌려 환원염(還源炎)을 휘몰아치게 하는데, 이렇듯 환원염이 가라앉으면 타오르는 아궁이에 소량의 물을 부어 그 김으로서 밥을 뜸들인다. 뜸들이는 시간에『초발심자경문』등을 외우며 승가의 위의를 몸에 익힌다.(사진 제공·「동학」편집실)

---

172) 『翻譯名義集』 3卷 「37什物編」(大正藏 54, p.1108中) 가운데 "梵網經云 不得食五辛 言五辛者 一葱 二薤 三韭 四蒜 五興渠, 準楞嚴經 食有五失 一生過 二天遠 三鬼近 四福消 五魔集, 一生過者 經云 食五種辛 熟食發婬 生啖增恚, 二天遠者 經云 食辛之人 縱能宣說十二部經 十方天仙 嫌其臭穢 咸皆遠離, 三鬼近者 經云 諸餓鬼等 因彼食次 舐其脣吻 常與鬼住, 四福消者 經云 福德日消 長無利益, 五魔集者 經云 是食辛人 修三摩地 菩薩天仙十方善神 不來守護 大力魔王 得其方便 現作佛身 來爲說法 非毀禁戒 讚婬怒癡 命終自爲魔王眷屬 受魔報盡 墮無間獄"이라 하여 있다.
한편 『法苑珠林』 33권(大正藏 53, p.450上)에는 "飮酒食肉五辛之徒 不依聖教 雖經像數如塵沙 其福甚少... "이라 했으며, 60권(大正藏 53, p.735上)에서는 "故菩薩善戒經云 菩薩爲破衆生種種惡故 受持神呪 故有五法不得爲 一不食肉 二不飮酒 三不食五辛 四不婬 五不淨之家不在中食 菩薩具足如是五法 能大利益無量衆生 諸惡鬼神諸惡毒病無不能治"이라 하였다.
이외에도 『法苑珠林』 94권(大正藏 53, p.981上) 및 『菩薩戒義疏』 下卷(卍續藏經 59, p.383), 『釋氏要覽』 中卷(大正藏 54, p.281上), 『首楞嚴經』 8卷(大正藏 19, p.141下), 『四分律』 「雜犍度」(大正藏 22, p.956中), 『諸經要集』 20卷 「五辛緣第五」 條(大正藏 54, p.189上) 등에 五辛菜 관련의 내용이 보인다.

공양간(供養間)을 정지(淨地) 또는 정지간(淨地間)이라 하며, 공양간에는 조왕단(竈王壇)이 차려진다. 여기서 공양주는 아궁이의 장작불과 가마솥 물과의 적절한 조화 속에 밥을 익혀낸다. 그리고 그 막바지에는 장작불에 소금을 뿌려 환원염(還源炎)을 휘몰아치게 하는 바, 이렇듯 환원염이 가라앉으면 불타오르는 아궁이에 소량의 물을 부어 그 김으로서 밥을 뜸들인다. 뜸들이는 시간에 『초발심자경문』 등을 외우며 승가의 위의를 몸에 익힌다.

점심때는 공양간뿐만이 아닌 향적전(香積殿)[173]에서 노공(爐供) 역시 공양을 짓는 바, 뜸이 들고 공양 준비가 다 되면 먼저 공양주는 헌공의례(獻供儀禮)를 행하고 있는 각 전각(殿閣)에 올릴 마지(摩旨)를 준비하며, 10시 35분 경 법당에서 마지 종이 울림을 신호로 대웅전으로부터 시작하여 각 전각에 마지를 올린다.(이에 대해서는 「신앙의례」 가운데 '불공' 항목 참조)

그리고 나서 공양주는 조왕단에 공양을 올린 후, 죽비(竹篦)를 치며 다음 게송으로서 조왕단(竈王壇) 예경(禮敬)을 올린다.

"지심귀명례(至心歸命禮) 팔만사천조왕대신(八萬四千竈王大神)
지심귀명례(至心歸命禮) 좌보처(左補處) 담시역사(擔柴力士)
지심귀명례(至心歸命禮) 우보처(右補處) 조식취모(造食炊母)

---

173) 爐殿 스님이 머무는 房舍를 香積殿이라 부르는데, 전통적으로 부처님전에 올리는 巳時供養(일반적으로 마지摩旨라 부른다)은 관솔가지가 아닌 향나무를 때어 밥을 지었던 까닭에, 그 향나무[香]를 쌓아놓은[積] 건물[殿]이란 뜻에서 香積殿이라 부르게 된다.
香積殿 안에는 爐供間이라 불리는 특이한 공간이 설치된다. 부처님전에 올리는 사시공양[摩旨]을 일반인들의 공양을 준비하는 供養間에서 같이 마련할 수 없다는 발상에서 생겨난 것으로, 이를 위해 특별히 爐供 즉 부처님전에 올릴 공양만을 짓는 供養主 소임이 생겨난다. "공양주 소임을 한철 살면, 평생 남의 밥 얻어먹을 복을 짓는다"고 말한다. 그럴진대 爐供 소임의 복덕은 가히 말할 수 없이 클 것이다. 이러한 까닭에 큰절에서 爐供 소임을 맡기 위해서는 여러 철을 기다려야 할 때도 있다.

향적주중상출납(香積廚中常出納) 호지불법역최마(護持佛法亦摧魔)
인간유원래성축(人間有願來誠祝) 제병소재강복다(除病消災降福多)
고아일심(故我一心) 귀명정례(歸命頂禮)"[174]

이렇듯 조왕단 예경이 끝나면 공양주는 반기(飯器)에 밥을 퍼 담으
며, 이때를 맞춰 갱두는 국을, 채공은 반찬 등을 준비해 그것을 찬상(饌
床)에 담아 큰방 부전을 통해 큰방에 들인다.

이윽고 대웅전에서의 사시불공(巳時佛供)이 마치면 ① 큰방 부전은
공양을 알리는 운판(雲板: 小鐘)을 5번 친다.[175] ② 모든 대중들은 (사
시공양의 경우는 장삼 및 대가사를 수한 채)[176] 법당으로부터 안행(雁
行)하여 큰방에 들어와, (下鉢偈[177]를 외울 경우 죽비 삼성을 울린다) 발
우를 선반에서 내려 자기 몸 한 뼘 반쯤 앞에 놓고 앉는다.[178]

---

174) 安震湖, 『釋門儀範(上)』, pp.69~70.
175) 『大比丘三千威儀』에 揵椎(小鐘)를 치는 다섯 경우를 소개하고 있다. 즉 ① 항상
    모일 때, ② 아침 공양시간, ③ 낮 공양시간, ④ 저녁에 投槃할 때, ⑤ 누군가 임
    종했을 때 등. 한편 揵椎를 치는 방법으로는, 항상 모일 때는 작은 소리로 시작
    하여 점차 큰소리에 이르도록 하여 크게 20번 치고, 점점 작게 하여 21번 내린
    다. 아주 작게 하여 10번 내리고 다시 크게 세 번 내린다. 아침공양 때는 크게 8
    번 내린다. 낮 공양 및 投槃 때는 일통으로 친다.……(大正藏 24, p.923中)
    이와는 달리 또 다른 揵椎를 치는 방법이 소개되어 있기도 하다.(大正藏 24,
    p.924下)
176) 앞서 소개한 『金剛般若波羅密經(大正藏 8, p.748下)』 가운데 "세존께서 供養時間
    이 되자 옷을 입고 발우를 손에 드신 채 …… 乞食을 하셨습니다. …… 공양을
    마치신 다음, 옷을 벗고"라는 구절 속에서 공양시 옷 즉 가사를 입어야 할 것임
    을 생각할 수 있다. 그럼에도 이는 앞서 소개한 托鉢時의 규정과 어긋남이 발견
    된다.
177) 「小心經」(『釋門儀範』(上), p.104) 규범에 의한 것으로, 下鉢偈 즉 鉢盂를 내리며
    외우는 게송이란 뜻이다. "執持應器 當願衆生 成就法器 受天人供", 즉 "應器(應
    量器· 鉢盂)를 잡아 쥐면서 오직 원하옵건대, 모든 중생이 法器(성불, 깨달음)를
    성취하여 天人의 供養을 받을 수 있어지이다"라는 願을 내포한다.
178) 이어 그날의 공양이 檀越에 의해 준비된 것일 경우, 큰방에 檀越이 들어와 佛壇
    및 御間을 향해 三拜 올리고 난 후 방 중간에 무릎꿇고 앉는 바, 敎務가 "오늘
    점심은 ○○에 거주하는 ○○○께서 대중공양을 올린 것입니다"는 말을 한다.
    이 말이 마치면 檀越은 자리에서 일어나 御間을 향해 半拜한 후 방에서 나온다.

③ 찰중(察衆)의 죽비 일성(一聲)에 합장하고 '불생가비라(佛生迦毘羅) 성도마갈타(成道摩竭陀) 설법바라나(說法波羅奈) 입멸구시라(入滅拘尸羅)'179)란 어구의 회발게(回鉢偈)를 외운다.180)

④ 찰중의 죽비 일성(一聲)에 합장한 채 "여래응량기(如來應量器) 아금득부전(我今得敷展) 원공일체중(願共一切衆) 등삼륜공적(等三輪空寂)"이란 내용의 전발게(展鉢偈)181)를 외운 후, 죽비 삼성(三聲)에 반배 한 다음 발우를 편다.182)

---

179) 佛恩想起偈라 말하기도 한다. "부처님께서는 가비라국에서 태어나셨고, 마갈타국에서 成道하셨으며, 바라나국에서 說法하셨고, 구시라국에서 涅槃에 드셨네"라는 게송.

180) 下鉢偈를 외울 경우에는, 이어 鉢盂를 손에 들고 방을 돌며 回鉢偈를 외운 후 자리에 앉는다.
여기서 '佛生迦毘羅 成道摩竭陀 說法波羅奈 入滅拘尸羅'라는 내용의 '回鉢偈를 외우며 방을 도는 것'은 靈塔 巡禮의 의미를 담고 있다. Mahāparinibbāna-suttanta(『大般涅槃經』, V, 8) 가운데 불교도가 순례해야 할 네 곳의 靈塔을 설하고 있는 바, 즉 佛生地로서의 迦毘羅(룸비니), 成道地로서 摩竭陀(보드가야), 說法地로서의 波羅奈(바라나시 녹야원), 入滅地로서 拘尸羅(쿠쉬나가라) 등이 이에 속한다. Mahāparinibbāna-suttanta 가운데 "아난다여, 신심이 깊고 성실한 사람이 실제로 찾아보고 감명을 받을 곳은 이 네 곳이다. ……(중략)…… 누구든지 사당[塔]을 순례하고 편력하여 깨끗한 마음으로 죽어간다면 그들은 모두 죽어서 몸이 부스러진 다음에 천계에 태어날 것이다"고 하는 바, '발우를 들고 방을 거니는 것'은 이렇듯 靈塔 순례의 의미를 실행한다는 상징성을 갖는다.

181) 발우를 펴면서 외우는 게송으로, '如來의 발우[應量器]를 내 이제 얻어 펼치오니, 원컨대 共法界의 일체 중생 모두가 함께 三輪 空寂하여지이다'라는 내용을 갖는다. 「般若心經」 및 「小心經」에서 행하는 "옴 발다나야 사바하"라는 眞言句가 생략되고 있다.

182) 이때 발우를 펴는 방법으로는, ① 발우 끈[鉢帊]을 풀고 밑으로부터 발우 깔개[鉢單]와 발우, 수저집, 그리고 무릎수건[膝巾]를 들어 무릎 우측에 놓은 다음, 발우 끈을 세 번 접어 무릎 우측 아래에 놓는다. ② 膝巾을 펴 무릎에 덮은 다음 수저집을 발우 끈 위에 놓고, 오른손으로 발우를 들고 왼손으로 鉢單을 몸 앞 중앙에 편 후, 鉢單 좌측 하단부에 발우를 놓는다. ③ 발우 뚜껑을 열어 수저집 아래 놓은 후 발우를 펴기 시작한다. 뚜껑을 열면 5개의 발우가 포개져 있는데 그 가운데 제일 큰 발우를 '어시발우' 또는 '佛발우'라 한다. 다음으로 큰 것을 '보살발우', 다음의 것을 '연각발우', 제일 작은 것을 '성문발우'라 한다. 이러한 명칭은 大乘과 小乘이라는 크고 작음에 빗대어, 큰 그릇 안에 많은 진리를 담을 수 있다는 뜻에서 제일 큰 것을 佛에, 작은 것을 小乘의 聲聞에 비유한 것이다. 그리고 마지막 다섯 번째의 제일 작은 발우는 '施食발우', 즉 地獄·餓鬼·阿修

도판 14. 발우(鉢盂)

발우 1벌은 4개의 짝으로 구성된다. 성도 후 조(爪)와 우바리(優婆離)라 불리는 상인으로부터 최초의 공양을 받게 된 부처님께 4명의 사천왕이 각각 하나씩의 발우를 부처님께 올렸는 바, 부처님께서는 그 4개의 발우를 받아 하나로 합치신 채 공양을 받으셨던 것이다. 이런 상징성을 담고서 발우는 4짝으로 구성된다. 그 가운데 제일 큰 발우를 '불발우', 다음 것을 '보살발우', 다음 것을 '연각발우', 제일 작은 것을 '성문발우'라 한다. 이러한 명칭은 대승과 소승의 크고 작음에 빗대어, 큰 그릇 안에 많은 진리를 담을 수 있다는 뜻에서 제일 큰 것을 불(佛)에, 작은 것을 소승의 성문(聲聞)에 비유한 것이다. 한편 4개의 발우 외에 다섯 번째의 제일 작은 발우가 만들어지기도 하는데, 이는 '시식(施食)발우', 즉 지옥·아귀·아수라 등에 공양하기 위한 발우이다.

⑤ 이어 죽비 일성에 합장하고 "청정법신비로자나불(淸淨法身毘盧遮那佛) 원만보신노사나불(圓滿報身盧舍那佛) 천백억화신석가모니불(千百億化身釋迦牟尼佛) 당래하생미륵존불(當來下生彌勒尊佛) 시방삼세일체제불(十方三世一切諸佛) 시방삼세일체존법(十方三世一切尊法) 대지문수사리보살(大智文殊舍利菩薩) 대행보현보살(大行普賢菩薩) 대비관세음보살(大悲觀世音菩薩) 제존보살마하살(諸尊菩薩摩訶薩) 마하반야바라밀(摩訶般若波羅密)"이란 내용의 십념(十念)[183]을 외우는 바, 게송의 끝 "마

羅에 공양을 하기 위한 발우이다.

발우를 펼쳐 놓는 방법으로는 먼저 양손 엄지로 '施食발우'를 발우포 밖 오른쪽 상단에 놓는다. 다음 '성문발우'를 발우포 왼쪽 상단에 놓은 다음, '연각발우'를 오른쪽 상단에, '보살발우'를 오른쪽 하단에, '어시발우'를 발우포 왼쪽 하단에 놓는다. 그리고 나서 수저집에서 오른손으로 수저와 젓가락을 꺼내 '연각발우'에 놓은 뒤, 地獄·餓鬼·阿修羅에게 음식을 나누어주기 위한 숟가락, 즉 生飯대를 수저집에서 꺼내 발단 우측 아래에 놓는다. 그리고 발우끈 및 발우 뚜껑, 수저집 등을 차례로 정리하여 우측 무릎 위쪽에 놓는다.

183) 法身·報身·化身 등에 대한 호칭과 함께 미래의 彌勒佛을 포함한 十方三世의 모든 佛·法·僧 三寶에 대한 念과 함께 文殊·普賢·觀世音 및 諸 보살에 대한 念을, 그리고 般若波羅密에 대한 歸依를 행한다. 「般若心經」 및 「小心經」 등에는

하반야바라밀"을 외우면서 반배를 한다.

⑥ 이어 죽비 일성에 진지(進旨)184)를 행한다.

진지가 끝나 모두가 발우에 밥을 받은 후, ⑦ 죽비 일성에 발우를 정대(頂帶)하고 "약수식시(若受食時) 당원중생(當願衆生) 선열위식(禪悅爲食) 법희충만(法喜充滿)"이란 어구의 봉발게(捧鉢偈)185)를 외운 다음 발우를 내려놓는다.

⑧ 또다시 죽비 일성에 합장하고 "계공다소량피래처(計功多少量彼來處) 촌기덕행전결응공(忖己德行全缺應供) 방심이과탐등위종(放心離過貪等爲宗) 정사양약위료형고(正思良藥爲療形枯) 위성도업응수차식(爲成道

'千百億化身釋迦牟尼佛' 다음에 '九品導師阿彌陀佛'이 들어있으나, 여기서는 생략되고 있다.

184) 죽비 一聲에 하판 6명이 이미 방안에 준비된 千手물을 담은 千手桶 및 밥을 담은 供養器, 국을 담은 그릇을 각각 2조로 나누어 들고 음식을 나누는데, 이 절차를 '進旨' 또는 '行益'이라 한다. 進旨를 행할 때는 먼저 합장 반배한다. 한편 普照 知訥의 『誡初心學人文』(大正藏 48, p.1004中) 가운데 "行益次 不得搪突越序"라 하고 있는 바, 진지를 함에 있어 어간으로부터 그 차례를 행한다. 그 순서에 있어 우선 ① '어시발우'에 천수물[千手水]을 받아 '보살발우'와 '연각발우'에 차례로 부어 그릇을 적시며, '施食발우'에 물을 조금 부은 뒤 마지막으로 '성문발우'에 그 물을 부어 둔다. 이후 ② '어시발우'에 밥을 받고(발우를 내밀 때 손바닥을 보이지 않고 손등을 보여 발우를 드는데, 이는 탐심으로 밥을 받지 않음을 의미한다), 이어 ③ '보살발우'에 국을 받으며, 그 다음에 ④ '연각발우'에는 찬상에 놓여진 반찬을 덜어 담는다. 이때 수저와 젓가락은 보살발우로 옮겨 놓는다.
한편 『誡初心學人文』 가운데 "齋食時 飮啜不得作聲 執放要須安詳 不得擧顔顧視 不得欣厭精麤 須默無言說 須防護雜念(ibid.)"이라 하고 있는 바, 공양시간에는 소리를 내지 않고 말을 하지 않는 채 얼굴을 들어 쳐다보지도 않는다. 그러므로 천수물을 받을 때 그 양을 한정하는 데 있어 적절하다고 생각되는 만큼의 양을 받고 난 후 발우를 좌우로 흔들어 '그만 됐다'는 의사를 밝힌다. 한편 밥은 정확히 세 홉의 밥이 담겨져야 하며, 밥의 배분이 끝난 후 加飯과 損飯을 하는 차례가 있어 받은 밥의 양이 적거나 많다고 생각될 경우 밥을 덜거나 더 담거나 한다. 받은 밥이 알맞을 경우 마땅히 손으로 (합장하여) 사양해야 하는 즉(『沙彌律儀』(釋哲牛 註釋, 서울, 도서출판 토방, 1993. p.188), 대개는 혹 모자랄지 몰라 뒷사람을 위해 숟가락[匙]으로 밥을 덜게 되는데, 이에 十匙一飯이란 말이 생겨나왔다. 또한 僧伽에서 행하는 進旨란 용어 또한 일반에 食事의 대용어로서 사용된다.

185) "이 음식 받으며 오직 원컨대, 모든 중생들 禪의 悅樂으로서 음식 삼아, 法의 기쁨 충만케 되어지이다"라는 내용의 게송.

業應受此食)"이란 내용의 오관게(五觀偈)[186)를 외운다.

도판 15. 공양의례
"밥을 얻어 범패하되 그 취지에 미치지 못하면 또한 성현께 마땅히 부끄러움이 아니겠는가?"
라고 원효는 『발심수행장』 가운데 말하고 있다. 이에 현행의 공양의례 가운데 ① 영탑(靈塔)
순례의 상징성을 갖는 '회발게' 및, ② 일체 중생의 삼륜 공적[청정]을 기원한 채 발우를 펴는
'전발게'에 이어, ③ 제불보살께 대한 염(念)과 함께 반야바라밀에 대한 귀의의 내용을 담은
'십념', 그리고 ④ 음식을 받고서 모든 중생이 선(禪)의 열락으로서 음식 삼아 법의 기쁨 충만
케 되기를 기원하는 '봉발게', ⑤ 음식이 건네 온 인연과 나의 덕행을 헤아린 채 오직 도업(道
業)을 위해 음식을 먹겠다는 의지의 '오관게', ⑥ 귀신들에게 공양을 기원하는 '출생게' 등을
외운 후 공양에 임한다. 그리고 ⑦ 공양이 마친 후 발우를 씻은 물을 아귀에게 주며 그들의
포만을 기원하는 '절수게', ⑧ 공양 후 충만한 내 몸과 마음속에 인연과 과보에 집착하지 않음
이 생겨난 채 (오직) 일체 중생이 신통을 얻기 원한다는 '수발게' 등을 외움으로서 공양을 마
친다.(사진 제공·법홍스님)

---

186) 五觀想念偈라고도 한다. "① (내 자신) 功의 많고 적음을 헤아리고 이 음식 건네
오게 된 인연을 思量하며, ② 자기의 德行을 헤아려 결함을 온전히 한 채 공양
에 응해야 할 것이다. ③ (스스로의) 마음을 방호하고 과실과 탐욕 등 여읨을 宗
으로 삼으며, ④ 정히 마른 몸 치료하는 약으로 생각한 채, ⑤오직 道業 성취를
위해 이 음식을 받습니다"라는 다섯 내용을 觀해야 할 것을 뜻하는데, "이 음식
이 어디서 왔는가? 내 덕행으로 받기가 부끄럽네. 마음의 온갖 욕심 버리고 육
신을 지탱하는 약으로 알아, 깨달음을 이루고자 이 공양을 받습니다"라 평이한
말로 번역된 채, 신자들이 일상의 공양에 앞서 외우는 게송으로 쓰이고 있다.
『增一阿含經』(大正藏 2, p.604上)에 "比丘亦如是 飮食知節 思惟所從來處 不求肥
白 趣欲支形 得全四大 我今當除故痛 使新者不生 令身有力 得修行道 使梵行不絶
如是 比丘飮食知節"라 하여 있는 바, 이러한 사유는 위 五觀偈 사유의 기본 바
탕이 된다고 할 수 있다.

⑨ 한편 법당에서 재(齋)가 없는 날에는 죽비 일성에 손으로는 감로인(甘露印)[187]을 맺고 "여등귀신중(汝等鬼神衆) 아금시여공(我今施汝供) 차식변시방(此食遍十方)   일체귀신공(一切鬼神共)"이라는   출생게(出生偈)[188]를 외운 후, 생반대(生飯대)로 밥알 7알[189]을 떠 헌식기(獻食器)에 담는다.

⑩ 이어 죽비 삼성에 반배 하고 공양을 시작한다.[190]

⑪ 어느 정도 공양이 끝나갈 무렵, 죽비 이성(二聲)에 숭늉을 어간으로부터 돌리며,[191] ⑫ 이어 죽비 일성에 찬상(饌床)을 밖의 마루로 물리는데, 찬상을 들 때에는 먼저 우슬착지(右膝着地)하고 합장을 행한다. 숭늉을 마신 후 천수물〔千手水〕로서 어시발우로부터 각각의 발우를 씻기 시작한다. 이때 손을 사용하지 않고 젓가락에 김치조각 등을 이용하며 발우를 씻으며, 숟가락 등은 보살발우에서 씻어 연각발우에 옮겨 놓

---

187) '오른손 다섯 손가락을 왼손 다섯 손가락 사이사이에 끼워 위로 향하게 하고 진언을 마치면 푼다.'『水陸無遮平等齋儀撮要』(한국불교의례자료총서, vol. 1), p.1-634.

도판 16. 감로인(甘露印)

188) 生飯偈라 말하기도 한다. "너희 귀신 무리들이여, 내 이제 너희에게 공양을 베푸노니 이 음식 시방에 두루하여, 일체 귀신에 공양되어지이다"라는 뜻이다. 법당에서 齋가 있을 경우에는 그 齋가 끝난 후 齋物 중 일부를 獻食하기에 따로 공양방에서 귀신을 위한 헌식 및 出生偈를 하지 않는다.

189)『釋門儀範』의「般若心經」항목 가운데 "汝等鬼神衆 我今施汝供「七粒」遍十方 三途飢渴 悉除熱惱 普同供養"이란 구절의 '七粒'의 예에 따른 것이다. 安震湖,『釋門儀範』(上), 卍商會, 1935. p.102上.
한편『沙彌律儀』「隨衆食」항목(釋哲牛 註釋, 토방, pp.187~190)에 "出生飯 不過七粒 麵不過一寸 饅頭不過指甲許 多則爲貪 小則爲慳 其餘蔬菜豆腐 不出"이라 하는 바, 蔬菜不出이라 함은 '蔬菜는 귀신들이 먹지 못하는 까닭이다' 하였다.

190) 供養을 함에 있어, 밥을 먹을 때는 어시鉢盂를 들어 입을 가리고 숟가락으로 떠 먹어야 하고, 국을 먹을 때는 菩薩鉢盂를 들어 입을 가리고 숟가락으로 떠먹어야 하며, 飯饌을 먹을 때에는 緣覺鉢盂를 들어 입을 가리고 젓가락으로 집어먹어야 한다.

191) 하판 가운데 2명이 밖의 마루에 준비된 숭늉을 들고 들어와 어간 자리로부터 양편으로 돌린 후 주전자를 내놓는다.

는다.

⑬ 이어 죽비 일성에 하판(下判) 양켠에서 각각 1명씩이 일어나 하판
으로부터 퇴수통(退水桶)에 천수물을 거두며, 거두어진 물은 큰방의 중
앙 천수다라니(千手陀羅尼)가 붙어진 천장 밑에 놓아 천수물[千手水]에
천수다라니가 비추도록 한다.[192]

도판 17. 큰방 천정의 천수다라니(千手陀羅尼), 퇴수통
관세음보살의 화신으로서 육관음(六觀音) 중 '천수관음(千手觀音, Sahasra-bhuja avaloki
-teśvara)'은 아귀중생의 구제자로서 설명된다. 공양시간에 천수물을 받아 발우와 수저 등을
씻고 난 후, 그 물을 대중방 천장에 붙여진 천수다라니에 비추인 후 아귀에게 공양하는 것은
아귀중생의 구제자로서 '천수관음'의 역할을 십분 감지한 것이라 하겠다. 여기서 천수다라니는
천수관음을 상징한다. 퇴수통 물 가운데 천장 천수다라니의 음영이 투영되어진다.

⑭ 그리고 죽비 일성에 감로인(甘露印)을 맺고 "아차세발수(我此洗鉢
水) 여천감로미(如天甘露味) 시여아귀중(施汝餓鬼衆) 개령득포만(皆令得
飽滿) 옴 마휴라세 사바하"라는 어구의 절수게(折水偈)[193]를 외운다.

---

192) 觀世音菩薩의 화신으로서 六觀音은 각각 地獄·餓鬼·畜生·阿修羅·天上·人間
　　등 六途世界를 관할한 채 그들을 교화하는 것으로 일컬어진다. 그 六觀音 가운
　　데 '千手觀音(Sahasra-bhuja avalokiteśvara)'은 아귀중생의 구제자로서 설명된다.
　　공양시간에 千手물[千手水]을 받아 발우와 수저 등을 씻고 난 후, 그 물을 대중
　　방 천장에 붙여진 千手陀羅尼에 비추인 후 餓鬼에게 供養하는 것은 餓鬼衆生의
　　救濟者로서 '千手觀音'의 역할을 십분 감지한 것이라 하겠다. 여기서 千手陀羅尼
　　는 千手觀音을 상징한다. 正覺, 『천수경 연구』, 운주사, 1996. pp.171~172.
193) 絶水想念偈라고도 한다. "내 이 발우를 씻은 물, 하늘 甘露의 맛과 같은 것 너희

⑮ 이어 발우를 펼 때의 반대 순서대로 발우를 거둔다.194)

⑯ 죽비 일성에 합장하고 "반사이홀색력충(飯食已訖色力充) 위진시방삼세웅(威振十方三世雄) 회인전과부재렴(回因轉果不在念) 일체중생획신통(一切衆生獲神通)"이란 어구의 수발게(收鉢偈)195)를 외운다.

⑰ 죽비 삼성에 반배 하고 발우를 정대(頂帶)한 후, 죽비 일성에 발우를 들고 자리에서 일어나 선반에 올려놓음196)으로서 공양의식이 마쳐진다. 이어 어간(御間)에 앉은 사람으로부터 큰방을 나가 각자의 처소로 향한다.

이상 현재 조계종 총림에서 실행되고 있는 공양의식의 예를 개관하였는데, 이는 태고종(太古宗) 봉원사(奉元寺)의 재의식(齋儀式) 가운데 시행되는 식당작법(食堂作法)과 큰 차이를 보이고 있다. 또한 이 둘의 입장은 기존 『석문의범』에 소개되고 있는 공양의문(供養儀文)「반야심경(般若心經)」 및 「소심경(小心經)」과의 비교에 있어 어구상 다소 차이점을 보이고도 있는 바, 필자는 공양의식 의문(儀文)에 대한 조계종 총림(송광사)의 예와 태고종 봉원사의 예 및 『석문의범』에 소개된 「반야심경」 및 「소심경」 의문(儀文)에 대한 비교적 관점에서 이를 공관도표(共觀圖表)로 구성하였다.(도표 18)

아귀의 무리에게 주노니, 모두가 이로서 포만함을 얻을지어다"라는 내용의 게송.

194) ① 먼저 膝巾으로 숟가락 등을 닦아 숟가락 젓가락 순으로 수저집에 넣고, 다음 생반대를 끼워 오른 무릎 한 뼘 앞에 놓는다. ② 膝巾으로 어시발우로부터 차례로 닦아 어시발우에 포개 놓고 난 후 뚜껑을 닫고, 발우를 왼손에 들고 鉢單을 오른손으로 접어 몸의 정면 위쪽에 놓는다. 다음 발우를 그 위에 놓는다. 膝巾을 수저집 위에 놓는다. ③ 발우 끈(鉢帕)을 펼쳐 그 위에 鉢單 및 발우를 올려 놓은 다음, 그 위에 수저집과 膝巾을 놓고 발우 끈을 맨다.

195) 食畢想念偈라고도 한다. "공양이 이미 마치고 몸의 기운 충만하니, 그 위엄이 十方三世의 영웅에 버금가누나. 因緣을 돌이키고 그 果報 되돌려 내 마음에 두지 않으니, 一切 중생이 神通을 얻게 되리라"는 내용의 게송.

196) 『摩訶僧祇律』 卷34에 "鉢盂 보호하기를 눈[眼]을 보호하듯 하라"고 하는 바, 敎誡新學比丘行護律儀(大正藏 45, p.872下)에서는 "鉢盂를 횃대 아래나 난간 위에 두지 말라"고 말하고도 있다.

도표 18. 공양의문(供養儀文) 공관도표(共觀圖表)

공관도표에는 우선 『석문의범』에 소개되어 있는 「반야심경」과 「소심경」의 예197)를, 그리고 조계종 총림(송광사의 경우)에서의 경우와 함께 태고종 봉원사에서 재식(齋食) 때 시행하는 식당작법의 예198)를 통해 각각 게송들을 비교·소개해 본다. 「반야심경」에 대한 봉원사의 예를, 「소심경」에 대한 송광사의 예를 비교하는 속에 차이가 있는 점에 대해서는 각각 밑줄을 그어 두었다.

般若心經	小心經	松廣寺	奉元寺
			① 五觀偈 計功多少量彼來處 忖己德行全缺應供 防心離過貪等爲宗 正思良藥爲療形枯 爲成道業應受此食
	① 下鉢偈 執持應器 當願衆生 成就法器 受天人供		
	② 回鉢偈 佛生迦毘羅 成道摩竭陀 說法波羅奈 入滅俱尸羅	① 回鉢偈 (佛恩想起偈) 佛生迦毘羅 成道摩竭陀 說法波羅奈 入滅拘尸羅	
① 展鉢偈 如來應量器 我今得敷展 願共一切衆 等 三輪空寂 唵 鉢多羅野 沙婆訶	③ 展鉢偈 如來應量器 我今得敷展 願共一切衆 等 三輪空寂 唵 鉢多羅野 沙婆訶	② 展鉢偈 如來應量器 我今得敷展 願共一切衆 等三輪空寂	② 如來應量器 我今得敷展 願共一切衆 等三輪空寂 옴 발다나야 사바하(3번)

---

197) 安震湖, 『釋門儀範』(上), 京城, 卍商會, 1935. pp.98~107.
198) 법현(김응기), 『영산재 연구』, 운주사, 1997. pp.100~107.

② 摩訶般若 波羅密多 心經			③ 摩訶般若 波羅密多 心經
觀自在菩薩 行深般若 波羅密多時 照見五蘊皆空 度一切苦厄 舍利子 色不異空 空不異色 色卽是空 空卽是色 受想行識 亦復如是 舍利子 是諸法空相 不生不滅 不垢不淨 不增不減 是故 空中無色 無受想行識 無眼耳鼻舌身意 無色聲香味觸法 無眼界乃至無意識界 無無明 亦無無明盡 乃至 無老死 亦無老死盡 無苦集滅道 無智亦無得 以無所得故 菩提薩埵 依般若波羅密多故 心無罣碍 無罣碍故 無有恐怖 遠離顚倒夢想 究竟涅槃 三世諸佛 依般若波羅密多故 得阿耨多羅三藐三菩提 故知般若波羅密多 是大神呪 是大明呪 是無上呪 是無等等呪 能除一切苦 眞實不虛 故說 般若波羅密多呪 卽說呪曰 揭帝揭帝 婆羅揭帝 婆羅僧揭帝 菩提 娑婆訶			觀自在菩薩 行深般若 波羅密多時 照見五蘊皆空 度一切苦厄 舍利子 色不異空 空不異色 色卽是空 空卽是色 受想行識 亦復如是 舍利子 是諸法空相 不生不滅 不垢不淨 不增不減 是故 空中無色 無受想行識 無眼耳鼻舌身意 無色聲香味觸法 無眼界乃至無意識界 無無明 亦無無明盡 乃至 無老死 亦無老死盡 無苦集滅道 無智亦無得 以無所得故 菩提薩埵 依般若波羅密多故 心無罣碍 無罣碍故 無有恐怖 遠離顚倒夢想 究竟涅槃 三世諸佛 依般若波羅密多故 得阿耨多羅三藐三菩提 故知般若波羅密多 是大神呪 是大明呪 是無上呪 是無等等呪 能除一切苦 眞實不虛 故說 般若波羅密多呪 卽說呪曰 아제아제 바라아제 바라승아제 모지 사바하(3번)

③ 十念	④ 十念	③ 十念	④ 十念
淸淨法身	淸淨法身	淸淨法身	淸淨法身
毘盧遮那佛	毘盧遮那佛	毘盧遮那佛	毘盧遮那佛
圓滿報身 盧舍那佛	圓滿報身盧舍那佛	圓滿報身盧舍那佛	圓滿報身盧舍那佛
千百億化身	千百億化身	千百億化身	千百億化身
釋迦牟尼佛	釋迦牟尼佛	釋迦牟尼佛	釋迦牟尼佛
九品導師阿彌陀佛	九品導師阿彌陀佛		九品導師阿彌陀佛
當來下生彌勒尊佛	當來下生彌勒尊佛	當來下生彌勒尊佛	當來下生彌勒尊佛
十方三世一切諸佛	十方三世一切諸佛	十方三世一切諸佛	十方三世一切諸佛
十方三世一切尊法	十方三世一切尊法	十方三世一切尊法	十方三世一切尊法
大聖文殊舍利菩薩	大聖文殊舍利菩薩	大智文殊舍利菩薩	大聖文殊舍利菩薩
大行普賢菩薩	大行普賢菩薩	大行普賢菩薩	大行普賢菩薩
大悲觀世音菩薩	大悲觀世音菩薩	大悲觀世音菩薩	大悲觀世音菩薩
大願本尊地藏菩薩			
諸尊菩薩摩訶薩	諸尊菩薩摩訶薩	諸尊菩薩摩訶薩	諸尊菩薩摩訶薩
摩訶般若波羅密	摩訶般若波羅密	摩訶般若波羅密	
	⑤ **唱食偈** 三德六味施佛及僧 法界人天普同供養		
④ 若飮食時 當願衆生 禪悅爲食 法喜充滿 結伽趺坐 當願衆生 善根堅固 得不動地 若見空鉢 當願衆生 其心淸淨 空無煩惱	⑥ **受食偈** 若受食時 當願衆生 禪悅爲食 法喜充滿	④ **捧鉢偈** 若受食時 當願衆生 禪悅爲食 法喜充滿	⑤ 若受食時 當願衆生 禪悅爲食 法喜充滿 結跏趺坐 當願衆生 善根堅固 得不動地 若見空鉢 當願衆生 其心淸淨 空無煩惱
⑤ **佛三身眞言** 옴 호철모니 사바하	⑦ **佛三身眞言** 옴 호철모니 사바하		⑥ **佛三身眞言** 옴 호철모니 사바하
⑥ **法三藏眞言** 옴 불모규라혜 사바하	⑧ **法三藏眞言** 옴 불모규라혜 사바하		⑦ **法三藏眞言** 옴 불모규라혜 사바하

⑦ 僧三乘眞言 옴 수탄복다혜 사바하	⑨ 僧三乘眞言 옴 수탄복다혜 사바하		⑧ 僧三乘眞言 옴 수탄복다혜 사바하
⑧ 戒藏眞言 옴 흐리부니 사바하	⑩ 戒藏眞言 옴 흐리부니 사바하		⑨ 戒藏眞言 옴 흐리부니 사바하
⑨ 定決道眞言 옴 합부리 사바하	⑪ 定決道眞言 옴 합부리 사바하		⑩ 定決道眞言 옴 합부리 사바하
⑩ 慧徹修眞言 옴 라좌파니 사바하	⑫ 慧徹修眞言 옴 라좌파니 사바하		⑪ 慧徹修眞言 옴 나자바니 사바하
⑪ 莫啼偈 佛於無量劫 勤苦爲衆生 云何諸衆生 能報大士恩			
	⑬ 奉飯偈 此食色香味 上供十方佛 中供諸賢聖 下及群生品 等施無差別 受咸皆飽滿 令今施受等 得 無量波羅密		
⑫ 普賢菩薩廣大 願廣修供養無疲厭 南無靈山會上 佛菩薩 南無華嚴會上 佛菩薩 南無蓮池彌陀會上 佛菩薩			⑫ 나무영산회상불보 살(3번)

若見滿鉢 當願衆生 具足成滿 一切善法 得香美食 當願衆生 知節少欲 情無所着 願我所受供 變成妙供具 遍於法界中 供養諸三寶 次施諸衆生 無有飢渴者 變成法喜食 速成無上道 我身中有八萬毫 一一各有九億蟲 濟彼身命受信施 我必成道先度汝			若見滿鉢 當願衆生 具足成滿 一切善法 得香美食 當願衆生 知節少欲 情無所着 願我所受供 變成妙供具 遍於法界中 供養諸三寶 次施諸衆生 無有飢渴者 變成法喜食 速成無上道 我身中有八萬毫 一一各有九億蟲 濟彼身命受身施 我必成道先度汝
⑬ 斷水偈 願斷一切惡 願修一切善 所修諸善根 回向諸衆生 普共成佛道			⑬ 願斷一切惡 願修一切善 所修諸善根 回向諸衆生 普共成佛道
⑭ 五觀偈 計功多少量彼來處 忖己德行全缺應供 防心離過貪等爲宗 正思良藥爲療形枯 爲成道業應受此食	⑭ 五觀偈 計功多少量彼來處 忖己德行全缺應供 防心離過貪等爲宗 正思良藥爲療形枯 爲成道業應受此食	⑤ 五觀偈 (五觀想念偈) 計功多少量彼來處 忖己德行全缺應供 放心離過貪等爲宗 正思良藥爲療形枯 爲成道業應受此食	⑭ 計功多少量彼來處 忖己德行全缺應供 防心離過貪等爲宗 正思良藥爲療形枯 爲成道業應受此食
⑮ 汝等鬼神衆 我今施汝供	⑮ 生飯偈 汝等鬼神衆 我今施汝供	⑥ 出生偈 汝等鬼神衆 我今施汝供	⑮ 汝等鬼神衆 我今施汝供

七粒遍十方 三途飢渴 悉除熱惱 普同供養	此食遍十方 一切鬼神供 옴 시리시리 사바 하	此食遍十方 一切鬼神供	此粒遍十方 三途飢渴 悉除熱惱 普同供養
⑯ 淨食偈 吾觀一滴水 八萬四千虫 若不念此呪 如食衆生肉 옴 살바 나유타 발다나야 반다반다 사바하	⑯ 淨食偈 吾觀一滴水 八萬四千蟲 若不念此呪 如食衆生肉 옴 살바 나유타 발다나야 반다반다 사바하		⑯ 淨食偈 五觀一滴水 八萬四千蟲 若不念此呪 如食衆生肉 옴 살바 나유타 발다나야 반다반다 사바하(세번)
⑰ 三匙偈 願斷一切惡 願修一切善 願共諸衆生 同成無上道	⑰ 三匙偈 願斷一切惡 願修一切善 願共諸衆生 同成無上道		⑰ 三匙偈 願斷一切惡 願修一切善 願共諸衆生 同成無上道 三德六味 施佛爲僧 法界人天 普同供養 恭白大衆 但念無常 當勤精進 如頭燃 愼勿放逸
⑱ 絶水偈 我此洗鉢水 如天甘露味 施汝餓鬼衆 皆令得飽滿 옴 마휴라세 사바하	⑱ 絶水偈 我此洗鉢水 如天甘露味 施汝餓鬼衆 皆令得飽滿 옴 마휴라세 사바하	⑦ 折水偈 (折水想念偈) 我此洗鉢水 如天甘露味 施汝餓鬼衆 皆令得飽滿 옴 마휴라세 사바하	⑱ 絶水偈 我此洗鉢水 如天甘露味 施汝餓鬼衆 皆令得飽滿 옴 마휴라세 사바하(3번)

	⑲ **解脫呪**		
	南無東方		
	解脫主世界		
	虛空功德		
	清淨微塵		
	等目端正		
	功德相 光明華		
	波頭摩		
	琉璃光寶體相		
	最上香 供養訖		
	種種莊嚴頂		
	髻無量無邊		
	日月光明 願力莊嚴		
	變化莊嚴 法界出生		
	無障礙王		
	如來阿羅訶		
	三藐三佛陀		
⑲	⑳ **收鉢偈**	⑧ **收鉢偈** **(食畢想念偈)**	⑲
飯食已訖 當願衆生 德行圓滿 成十種智 願我所受香味觸 不住我身出毛孔 遍入法界衆生身 等同法樂除煩惱 施者受者俱獲五常 色力命安及無礙辯 處世間 如虛空 如蓮花 不着水 心清淨 超於彼 稽首禮 無上尊	飯食已訖色力充 威振十方三世雄 回因轉果不在念 一切衆生獲神通	飯食已訖色力充 威振十方三世雄 回因轉果不在念 一切衆生獲神通	飯食已訖 當願衆生 德行圓滿 成十種智 願我所受香味觸 不住我身出毛孔 遍入法界衆生身 等同法樂除煩惱 施者受者具獲五常 色力命安及無碍辯 處世間 如虛空 如蓮花 不着水 心清淨 超於彼 _首禮 無上尊

⑳ 統領閣下壽萬歲 辦供齋者厄消除 四事施主增福壽 干戈息靜國太平 法界衆生同一飽 摩訶般若波羅密			⑳ **祝願文** 今日 至極之精誠 爲薦度齋者 …(중 략)… 厄消災 願成就 四事施主增 福壽 干戈 息靜國太平 法界衆 生同一飽 摩訶般若波羅密
㉑ 捨跏趺坐當願衆生 觀諸行性悉皆散滅 下狀安足當願衆生 履踐善跡不動解脫 堅持應器當願衆生 成就法器受天人供 始擧足時當願衆生 越度生死善法滿足 南無 東方解脫主世界 虛空功德 淸淨微塵 等目端正 功德相 光明華 波頭摩 琉璃光 寶體相 最上香 供養訖 種種莊嚴頂髻 無量無邊 日月光明 願力莊嚴 變化莊嚴 法界出生 無障碍王 如來阿羅訶 三藐三佛陀 退坐出堂當願衆生 深入佛地永出三界			㉑ 捨跏趺坐當願衆生 觀諸行性悉皆散滅 下床安足當願衆生 履踐善跡不動解脫 堅持應器當願衆生 成就法器受天人供 始擧足時當願衆生 越度生死善法滿足 南無 東方解脫主世界 虛空功德 淸淨微震 等目端正 功德相 光明華 波頭摩 琉璃光 寶體相 最上香 供養訖 種種莊嚴頂髻 無量無邊 日月光明 願力莊嚴 變化莊嚴 法界出生 無障碍王 如來阿羅訶 三藐三佛陀 退座出當當願衆生 永出三界

			㉒ 自歸佛 自歸依佛 當願衆生 體解大道 發無上意 自歸依法 當願衆生 深入經藏 智慧如海 自歸依僧 當願衆生 統理大衆 一切無碍
			㉓ 回向偈 普願衆生 苦輪海 摠令除熱 得清凉 皆發無上 菩提心 同出愛河 登彼岸

위 공양의식이 모두 마친 후 큰방 부전은 천수물이 담긴 퇴수통을
큰방 옆에 마련된 퇴수구(退水溝)에 붓는다. 또한 헌식(獻食) 소임을 맡
은 이는 큰방의 헌식기(獻食器)를 거두어 밖에 마련된 헌식대(獻食臺)
에 헌식한다.199) 이때의 위의를 헌식규(獻食規)라 한다. 『석문의범』에
의하면 영반(靈飯) 말미에 헌식규200)가 실려져 있으나, 일반적으로는
'옴 미기미기 야야미기 사바하'란 어구의 시귀식진언(施鬼食眞言)만을
외우게 된다.

이상으로 공양의식과 관련된 모든 의례가 마쳐지고, 대중들은 모두
각 승당(僧堂)에 돌아간다. 이에 『입중일용』 가운데 "재(齋)가 파하거든
승당 내에서 머리를 맞대고 이야기하지 말며, 승당 가운데서 경책(經冊)
등을 보지 말며"201) 등의 내용을 기술하고 있기도 하다.

---

199) 『大比丘三千威儀』에 '밥이 남으면 마땅히 깨끗한 땅에 부어야 한다'(大正藏 24,
　　p.916上)는 말을 하고 있다.
200) 『釋門儀範(下)』, pp.87~88.
201) 『入衆日用』(卍續藏經 111, p.946上)

(5) 입선의례(入禪儀禮)

사교입선(捨敎入禪)이란 말이 있다. 즉 교(敎)를 버리고 선(禪)에 듦을 말하는 것인 바, "석가세존(釋迦世尊)의 자각각타(自覺覺他) 각행원만(覺行圓滿)한 근본교리를 봉체(奉體)하며 직지인심(直指人心) 견성성불(見性成佛) 전법도생(傳法度生)함을 종지(宗旨)로" 삼는 조계종(曹溪宗)[202]의 경우 선(禪)이란 상구보리(上求菩提) 하화중생(下化衆生)의 보살도(菩薩道) 실천을 위한 요체(要諦)로서 여겨지기도 한다.

이렇듯 중요 요체가 되는 선문(禪門)에 들어 입선(入禪)을 행[203]하고자 하는 참선행자(參禪行者)는 등에 걸망을 둘러맨 채 선문(禪門)의 초입(初入) 불이문(不二門)에 들어선다. 불이문에는 '입차문내(入此門內) 막존지해(莫存知解)'라는 주련이 걸리게 되는 바, 그 문에 들어서는 자는 지해(知解)를 끊어버린 채 대신근(大信根)과 대의단(大疑團)·대분심(大憤心)·대용맹심(大勇猛心) 속에 방부의례(榜附儀禮)를 마친 후 참중(參衆)하게 된다.

선원(禪院) 대중으로 참여하게 된 선자(禪子)는 하루 중 조과(朝課) 중이거나 죽파(粥罷: 아침공양 마침)에, 또는 약석(藥石) 후 조실(祖室)에 입실(入室) 독참(獨參)하여 묻는다. "여하시(如何是) 조사서래의(祖師西來意)니까?" 이렇듯 질문하는 참선납자(參禪衲子)에게 조실의 노사(老師)는 척수음성(隻手音聲), 즉 '한 손을 들어 허공을 치니, 그 소리나는 곳을 잡아오너라' 요구할 것인 바, 그 허공의 당처(當處)를 찾고자 선자(禪子)는 내면의 길을 향한 먼 여정을 떠난다. 즉 선사(禪師)는 분별정식(分別情識)을 투입해 참구오료(參究悟了)해야 할 공안(公案)을 신참납자(新參衲子)에게 건네게 되는 것으로, 중국 당대(唐代)로부터 전래된 1,700여 개의 공안(公案) 가운데 신참자의 근기에 따른 화두(話頭)를 비

---

202) 대한불교조계종 총무원, 「宗憲」(『대한불교조계종 법령집』, 다보기획), 1995. p.19.
203) 『坐禪儀』에 調身·調食·調心의 打坐要領 등이 기록되어 있다.

밀리에 건네게 되는 것이다.

도판 18. 입선의례

선문(禪門) 초입의 불이문에는 '入此門內 莫存知解'란 주련이 걸린다. 입실 독참하여 "如何是 祖師西來意?"라 묻는 납자에게 조실의 老師는 '雙手音聲', 즉 '한 손을 들어 허공을 치니, 그 소리나는 곳을 잡아오너라'고 요구한다. 그 허공의 당처를 찾고자 禪子는 내면의 길을 향한 먼 여정을 떠난다. 화두를 건네 받은 禪子는 尼師壇, 즉 방석에 자리하여 허리를 곧바로 세우고 앉은 채 다음의 게(偈)를 세 번 외운다. "坐具尼師壇 長養心苗性 展開登聖地 奉持如來命 옴 단다 단다 사바하." 즉 '좌구 니사단이여, 내 마음의 싹 키워주는 것. 펼쳐 그 성스런 자리에 오르니, 여래의 혜명을 받들어 지니리이다'는 의미로, 내 마음 참된 싹을 틔워 여래의 혜명을 잇겠다는 의지 속에 선객들은 참선에 임한다. (사진 제공·법홍스님)

이에 화두를 건네 받은 선자(禪子)는 허리와 등을 곧바로 세운 채 좌구(坐具) 니사단(尼師壇)을 펼쳐 깔고서 자리에 앉는다. 『사미율의』에 의하면 니사단(尼師壇), 즉 방석을 깔고 앉을 적에는 다음의 게송과 주(呪)를 외우게끔 되어 있다. "좌구니사단(坐具尼師壇) 장양심묘성(長養心苗性) 전개등성지(展開登聖地) 봉지여래명(奉持如來命) 옴 단다 단다 사바하[옴 단파 단파 사바하] (세 번)."204) 즉 '좌구 니사단이여, 내 마음

---

204) 『沙彌律儀』(釋哲牛 註釋), 도서출판 토방, 1993. p.272.

의 싹 키워 주는 것. 펼쳐 그 성스런 자리에 오르니, 여래(如來)의 혜명
(慧命)을 받들어 지니리이다'는 의미인 바, 내 마음 참된 싹을 틔워 여
래의 혜명을 잇겠다는 의지 속에 선객들은 참선에 임한다. 참선에는 행
선(行禪)과 주선(住禪)·좌선(坐禪)·와선(臥禪) 등이 있어 행·주·
좌·와의 모든 위의 자체가 선(禪)이라 할 수 있는데, 그럼에도 일반적
으로 이 가운데 좌선 및 행선만이 행해진다.

입선(入禪) 및 방선의례(放禪儀禮: 默言作法·看堂作法)

전통의 좌선(坐禪) 행법(行法)에 있어 입선(入禪) 및 방선의례(放禪儀
禮)로는 간당작법(看堂作法)을 들 수 있다. 간당작법은 묵언작법(默言作
法)이라 불리기도 하는 채 선원(禪院)에서의 입선 및 방선과 관련된 의
례였던 바, 그럼에도 조선조 중엽이래 강원(講院)에서도 이를 받아들여
간경의례(看經儀禮)로서 쓰여지기도 하였다.[205] 이에 『석문의범』의 삼
동결제방(三冬結制榜)과 함께 강원보설방(講院普說榜)에도 역시 간당(看
堂)이란 소임(所任)이 등재[206]되어 있음을 우리는 볼 수 있다.

입선의례로서 간당작법에 관해서는 19세기 초반 백파긍선(白坡亘璇)
의 『선문수경(禪文手鏡)』[207] 및 『작법귀감(作法龜鑑)』[208] 가운데 「간당

---

205) "看堂作法은 고려 중엽부터 우리나라 총림, 특히 선방에서 入·放禪할 때의 작
　　법행사였지만, 조선조 중엽부터는 講院에서도 그 제도를 도입하여 論講할 적에
　　행하였던 것으로 알려져 있다." 李智冠,「看堂作法에 對한 考察」(佛教學報, vol.
　　19, 1982). p.49, 65.
　　한편 比丘尼 講院에서는 看經을 入禪이라 말하기도 하며, 이는 入禪儀禮로서의
　　看堂作法이 看經과 관련되어 있음을 짐작케 해주는 것이라 하겠다.
206) 安震湖, 『釋門儀範(下)』, p.165.
　　물론 看堂은 夜警과의 관련 속에 생각해 볼 수 있으나, 유형적 측면에서의 看堂
　　자체가 講院에서 행해졌음에는 異論이 없다.
207) 韓佛全의 경우 禪文手鏡(韓佛全 10, pp.514~527) 말미에 看堂論을 생략하고 있
　　는 채, "이하 저본에는 看堂論이 실려 있으나 作法龜鑑 가운데 실려지는 고로
　　편자가 제외시켰다"고 하고 있다.
208) 韓佛全 10, pp.553~609. pp.606~609 가운데 「附錄」으로서 '看堂論'이 실려져 있
　　다.

론(看堂論)」이란 제목으로서 실려 있어, 안진호(安震湖) 스님은 백파(白坡)의 「간당론」을 현토(懸吐)하여 『석문의범』 가운데 실어두고 있기도 하다.209)

『작법귀감』의 「간당론」에 의할 것 같으면, 간당(看堂)이란 '간찰자심당(看察自心堂) 사육적부득입(使六賊不得入)'이란 뜻을 갖는다. 즉 '자신 마음의 집을 보아 살펴 안(眼)·이(耳)·비(鼻)·설(舌)·신(身)·의(意) 등 여섯 번뇌(煩惱)의 도적이 들어오지 못하게 한다'는 의미로, 이는 마치 세인(世人)이 자신의 집을 간수하여 도둑이 들지 못하게 함과 같은 것이다210)라고 말하고 있다. 또한 『삼문직지』에 "간당(看堂)이란 장로와 주지가 승당(僧堂)을 순찰하다가 참선납자가 졸고 있는 것을 발견하면 마땅히 선풍(旋風)같은 연가(連架: 도리깨질)의 경책의 법(法)으로서 수마(睡摩〔烏〕)를 쫓게 하는 것이다. ……(하략)……"211)고 하는 바, 저녁 뿐만이 아닌 온종일에 걸쳐 장로와 주지가 승당 순찰을 행하며 납자(衲子)들을 경책하였음을 알 수 있다. 이에 『삼문직지』에서는 "기지술중(幾至戌中) 신기허수지시(矧其許睡之時) 하필고경이불안야(何必故驚而不安耶)",212) 즉 '이미 술시(戌時: 저녁 9시경) 중에 이르러 하필 수면을 허락하는 시간에 놀라게 하여 불안케 하느냐213)라 말하기도 하여 간당제도(看堂制度) 자체에 많은 논란이 있었음을 보여주고 있기도 하다.

여기 『작법귀감』에서 설명하고 있는 간당규(看堂規)를 요약해 보면

---

209) 安震湖, 『釋門儀範』(下), 卍商會, 1935. pp.173~176.
　　이외에도 18세기 후반 振虛捌關은 『三門直指』의 小目 「看堂規」(韓佛全 10, pp.162~163) 가운데 '十統說'을 말하고 있는데, 白坡亘璇의 『禪文手鏡』 「看堂十統說」(韓佛全 10, p.524)에서는 振虛의 '十統說'을 부정하고 있기도 하다.
210) 『作法龜鑑』(韓佛全 10, p.606中~下)
211) 『三門直指』(韓佛全 10, p.162下)
　　"看堂何爲而作也 長老住持 循看僧堂之際 參禪衲子 若睡雲籠心月者有之 使以應法驅烏……"
212) 『三門直指』(韓佛全 10, p.163上)
213) 이렇듯 '도적이 들지 못하게 한다'는 뜻으로서 看堂의 의미는 夜警과 혼용하여 쓰였던 것으로 보인다. 앞의 夜警 항목의 註 82), 83) 참조.

다음과 같다.214)

① 먼저 사미(沙彌)가 밖에 나가 간당(看堂)을 정처(正處)에 안치하고 죽비 삼성(三聲)을 친다.〔이는 학인이 멀리서 와 좌구를 펴고 善知識과 相見하는 양태를 표시한다.〕② 다음으로 입승 역시 (죽비) 삼성을 친다.〔이는 상견을 허락하는, 즉 圓通普門을 활짝 열어 접대하는 양태를 표시한다.〕③ 다음으로 입승이 주장자(拄杖子)를 세워 둔다.〔이는 佛祖 受用의 末後 一句를 提示하는 것이다.〕④ 사미가 간당을 삼통(三統) 친다.〔이는 荷澤 宗旨인 義理禪 三句를 타파하는 것을 의미한다.〕⑤ 다음으로 입승이 (주장자) 한 번을 들었다 놓는다.〔이는 如來禪 二句로서 三關을 타파함을 뜻하는 것으로, 多子塔前分半座 消息을 의미한다.〕

⑥ 다음으로 사미가 또 간당 일통(一統)을 친다.〔비로소 如來禪 二句를 薦得하여 佛祖의 嫡子가 되어짐을 의미한다. 즉 曹洞宗과 潙仰宗, 法眼宗 등 三家의 宗旨를 의미한다.〕⑦ 다음으로 입승이 (주장자) 한 번을 들었다 놓는다.〔이는 祖師禪 一句에 三要의 活人劍이 구족되어 있음을, 즉 靈山 會上 擧拈花消息을 의미한다.〕⑧ 다음으로 사미가 또다시 (간당) 삼통(三統)을 친다.〔이는 능히 活人劍을 만나 得한 것을 의미한다.〕⑨ 다음으로 채찍(鞭: 간당살)을 엇갈려 놓은 다음 (간당에서) 물러나 삼배의 예를 올린다.〔이는 泥蓮河側槨示雙趺의 殺活提示의 소식을 徹悟한 것으로, 三拜의 의미는 迦葉이 佛足에 三拜함이요 慧可가 三拜를 함으로 佛祖의 嫡子가 된 것이니, 臨濟宗과 雲門宗 二家의 宗旨를 의미한다.〕⑩ 다음으로 (사미가) 죽비 삼성을 친다.〔學人이 깨달음의 경지를 스승에게 드러내 보임을 의미한다.〕⑪ 이에 입승 역시 (죽비) 삼성을 친다.〔그 깨달음의 경지에 만족하여 허락함을 의미한다.〕⑫ 다음으로 사미가 본처(本處)에로 돌아와 앉는다.〔이후 入禪을 행한다.〕

⑬ 방선시(放禪時) 입승이 먼저 죽비 삼성을 친다. ⑭ 이어 사미가

214) 韓佛全 10, pp.607~608.

(간당을) 삼통 친다. ⑮ 그리고 (사미는) 죽비 삼성을 친다.〔이는 學人이
그 깨달은 바를 스승께 드러냄을 의미한다.〕 ⑯ 입승 역시 (죽비) 삼성을
친다.〔그 깨달음의 경지에 만족·허락함을 의미하는 즉, 이는 格外禪의 본
분인 末後句를 圓成했음을 의미한다.〕

　이상 『작법귀감』의 간당론에 기초한 채, 지관(智冠) 스님은 이에 대
한 요약과 함께 다음과 같은 간당제도에 대한 형식적 틀을 제시하고 있
기도 하다.215)

　　　"간당틀을 선원이나, 강원 한 복판에 차려놓고 입선하거나 방선하는
　　것을 말한다. 간당틀의 높이는 一자 3치쯤의 네 기둥을 세우고, 기둥과
　　기둥 사이에는 세 개의 재비를 넣어서 길쭉한 입방형(立方形)으로 만들
　　고, 두 기둥 위에 따로 두 개의 널쪽을 두어 잘 흔들리게 한다. 그리고
　　가늘고 얇은 댓가지 열 개를 다섯 개씩 한쪽 끝을 얽어매어 둘로 만든
　　것을 '간당살' 또는 '선채(禪簺)'라고 한다.

　　　입선할 때에는 먼저 사미가 간당틀을 선방 한복판에 내려놓고 죽비를
　　세 번 치면, 이어 입승도 따라서 죽비를 세 번 친 다음, 주장자를 세워
　　둔다. 그리고 난 후, 사미가 간당살을 들어 초삼통(初三統)을 치면 입승은
　　주장자를 들어 한번 구르고, 뒤에 사미가 중일통(中一統)을 치고 나서 간
　　당살을 엇귀어 놓은 다음 세 번 절하고, 죽비를 세 번 치면 입승도 따라
　　서 죽비를 세 번 친다. 이것을 일러 '선(禪)을 들인다〔入禪〕'고 한다.

　　　이때부터 대중은 묵언하고 좌선하거나 경을 본다. 정해진 시간이 끝난
　　후 방선할 때가 되면 입승이 죽비를 세 번 친다. 그때 사미는 곧 나와 간
　　당살을 들어 삼통(三統)을 치고 또 죽비를 세 번 치면 따라서 입승도 죽
　　비를 세 번 친다. 이것을 '선(禪)을 낸다〔放禪〕'고 한다. 이때부터 대중은

---

215) 李智冠, 「看堂作法에 對한 考察」(佛敎學報, vol. 19, 1982). pp.61~64.
　　위의 필자는 "오늘날 이 看堂制度가 거의 사라져 없어졌기에, 간략하나마 그 자
　　취를 남기고자(p.50)" 위 논문을 기술한다고 말하고 있다. 이에 따라 위 필자는
　　'간당틀' 및 '간당살', '묵언패'에 대한 모형을 제시하고도 있는 바 그 근거를 문의
　　한 즉, 오래 전 해인사 관음전 마루 밑에서 이 각각의 것을 본 적이 있으며 그
　　때의 기억을 되살려 모형을 그려본 것이라 하였다.

모두 포단(蒲團: 방석)에서 일어나 자유로이 행동한다."[216]

이렇듯 입선(入禪) 및 방선의례(放禪儀禮)의 중간에 참선이 행해지며, 그때 선원 입승은 장군죽비(將軍竹篦)를 어깨에 둘러맨 채 선실(禪室)을 행보한다. 그러다 혹 졸고 있거나 자세가 흐트러진 사람을 발견하면 경책(警責)의 장군죽비를 내린다. '훈계(訓戒)의 봉(棒)'이라 쓰여진 채 4척(尺) 2촌(寸) 크기의 참나무를 깎아 만든 장군죽비를 치는 데도 방법이 있다. '따닥 따따따따 ----' 하고 리드미컬하게 오른쪽 혹은 왼쪽 어깨에 장군죽비를 내리쳐 어깨쭉지의 근육 긴장을 풀어 주며, 그 소리로 말미암아 여타 대중들의 수마(睡魔)를 쫓고 산란심(散亂心)을 다시 한 번 일깨운다. 그리고 경책 받은 사람과 입승은 말없이 합장하고 선실(禪室)은 또다시 침묵에 잠긴다.

일주향(一炷香)이 타오르는 50분의 시간 동안 좌선을 행한 후, 입승의 죽비 이성(二聲)이 울리면 부전은 방문을 열어 방 내부를 환기시키며 나머지 대중은 자리에서 일어나 경행(經行)을 한다. 그리고 이 시간

216) 그리고 이와 함께 간당틀과 간당살 등의 양식을 소개(ibid, pp.62~63)하고 있는 즉, 여기 인용해 보기로 한다.

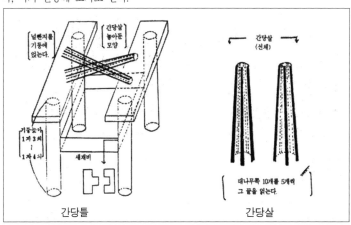

도판 19. 간당틀과 간당살의 모형

을 이용해 혹 변소에 가기도 한다.

여기서 경행이라 함은 선(禪)의 행법, 즉 행선(行禪)과 주선(住禪)·좌선(坐禪)·와선(臥禪) 중 행선의 한 행법에 속한다. 행선의 행법 가운데는 위 경행(經行)과 포행(布行: 步行) 및 만행(萬行)이 있어, 『대비구삼천위의』에서는 '앉아 있다가 졸음이 오면 일어나서 경행해야 하나니 이것을 승니사자구(僧泥沙者傴)라 한다'217)고 하며, '경행을 할 때는 ① 한적한 곳 및 ② 집 앞, ③ 강당 앞, ④ 탑 아래, ⑤ 전각 아래'에서 해야 한다218)는 등 행선의 방법을 설명하고 있다.

50분의 좌선과 10분의 경행, 즉 행선. 입승의 죽비 이성에 대중은 그 자리에서 일어나 좌차(座次)에 따라 일렬로 방 가장자리를 돈다. 방을 돌며 졸음을 쫓고, 앉아 있음으로 인한 다리의 근육과 긴장을 푸는 방법으로, 『계초심학인문』에 "경행을 할 때는 옷깃을 벌리고 팔을 흔들지 말라"219)고 하였듯 손은 차수를 한 채 말없이 조용히 걷는다. 행선의 일부로서, 동중공부(動中工夫)로서의 경행을 함에도 좌선삼매(坐禪三昧)를 그대로 유지시켜야 하며, 해우소(解憂所)를 다녀온 대중도 이 긴 행렬에 합류한다. 다시금 죽비 일성이 울리면 경행이 끝나고 또다시 일주향 타오름과 함께 각자의 자리에 앉아 입승의 죽비 삼성에 맞춰 좌선을 시작한다.

이상 행선(行禪)의 행법으로서 경행 외에 포행(布行)이 있어, 이는 방선(放禪) 때의 의례에 속한다. 『사미율의』의 「입선당수중(入禪堂隨衆)」 항목에 의하면 방선시에는 먼저 신을 신은 채 다음과 같은 하상묵념게(下狀默念偈)와 함께 주(呪)를 외우게끔 되어 있다. "종조인단직지모(從朝寅旦直至暮) 일체중생자회호(一切衆生自廻護) 약어족하상신형(若於足

---

217) 大正藏 24, p.919中.
218) 大正藏 24, p.915下.
219) 大正藏 48, p.1004中. "經行次 不得開襟掉臂"
한편 『敎誡新學比丘行護律儀』(大正藏 45, p.870上)에는 "行不得垂手(다닐 때는 손을 내려 흔들지 말라)"라 쓰여 있기도 하다.

下喪身形) 원여즉시생정토(願汝卽時生淨土) 옴 시리 일리 사바하(7번)
."[220] 즉 '아침 새벽부터 저녁에 이르도록, 일체 중생들 내 발을 피해
스스로를 보호하여라. 혹 내 발 밑에 죽음을 맞이하거든, 원컨대 즉시
정토(淨土)에 왕생하기를 ……'이란 내용의 게송으로서, 이 게송과 함께
주(呪)를 외운 후 선자(禪子)는 발을 움직여 포행(布行)을 한다. 도반(道
伴)과 말을 나누거나 혼자의 상념에 잠긴 채 포행의 길을 간다.

도판 20. 경행(經行: 行禪) 및 포행(布行)
50분의 좌선 후 10분간의 경행, 즉 행선이 행해진다. 입승의 죽비 二聲에 좌차로 방 가장자
리를 돌며 다리의 근육과 긴장을 푼다. 이 사이 해우소를 다녀온 대중이 이 긴 행렬에 합류한
다. 한편 방선 후 대중들은 포행을 하게 되는 즉, 방선 시에는 먼저 신을 신은 채 "從朝寅旦
直至暮 一切衆生自廻護 若於足下喪身形 願汝卽時生淨土 옴 시리 일리 사바하"라는 하상묵념게
(下狀默念偈)를 7번 외우게끔 되어 있다. 즉 '아침 새벽부터 저녁에 이르도록, 일체 중생들
내 발을 피해 스스로를 보호하여라. 혹 내 발 밑에 죽음을 맞이하거든, 원컨대 즉시 정토에
왕생하기를‥‥'이란 내용의 게송을 외운 채 선자(禪子)들은 깊은 상념의 포행을 행한다.(사
진 제공·법홍스님)

　그리고 석달 안거(安居)가 끝난 선자(禪子)는 또 다른 석달 해제(解
制) 동안 만행(萬行)을 떠나게 되는 바, 그 만행의 길조차 행선(行禪)의
의미가 담겨 있다.

───────────────

220)『沙彌律儀』(釋哲牛 註釋), 도서출판 토방, 1993. pp.219~221.

(6) 강설의식(講說儀式)(및 看經)

선원(禪院)에서의 입선의례와 마찬가지로 강원(講院)에서도 역시 입선의례(入禪儀禮)가 행해진다. 강원에서는 이를 입선(入禪: 比丘尼 講院의 경우) 또는 간경(看經: 比丘 講院의 경우)이라 말하며, 이는 폭넓은 의미의 강설의식(講說儀式) 가운데 속하는 것이라고 할 수 있다. 여기서 강원(講院)은 달리 강당(講堂)이라 불리워지며, 『삼국유사』 가운데 강당(講堂)이란 기록이 현존221)하고 있음을 미루어 종래의 칠당가람(七堂伽藍)222) 가운데 하나인 강당에서 경(經)의 강설(講說)이 행해졌음을 짐작할 수 있다.

그럼에도 불구하고 '고려 중엽까지는 오늘날과 같은 일정한 교육적 편제 및 의식이 구비되지 못한 채 고승(高僧) 대덕(大德)223)들이 저마다 거주하는 산문(山門) 가운데 법당(法幢)을 세우고 자종(自宗)의 소의경전(所依經典)에 따라 학인(學人)들을 제접(提接)·지도(指導)하였던 것'224)으로 보인다. 이에 경전에 대한 체계적 강설(講說) 장소로서 강원이란 명칭은 고려의 〈속리산법주사자장국존비명서(俗離山法住寺慈藏國尊碑名序)〉 가운데 비로소 등장225)하게 된다.

이후 강원의 양태는 승과고시(僧科考試)와의 관련 속에 그 형태를 짐작해 볼 수 있다. '26세에 화엄선(華嚴選)에 합격한 원증국사(圓證國師:

221)『三國遺事』卷第三,「南白月二聖 努肹夫得怛怛朴朴」條. "又塑彌陀像安於講堂", 卷第四,「慈藏定律」條. "覆所講堂"
222) 七堂伽藍은 宗派에 따라 그 명칭이 달라지기도 하나, 일반적으로 敎宗 사원(講院)은 ① 塔, ② 金堂(佛殿), ③ 講堂, ④ 鐘樓, ⑤ 經閣, ⑥ 僧房, ⑦ 食堂(齋堂) 등으로 구성되며, 禪宗 사원은 ① 佛殿, ② 法堂(法 설하는 곳), ③ 僧堂, ④ 庫院 ⑤ 山門(三解脫門), ⑥ 西淨(便所), ⑦ 浴室 등으로 구성된다.
223) 經·論·律·記·疏 등을 講論하는 사람을 座主, 和尙, 大德이라고 부른다. 圓仁(申福龍 譯),『入唐求法巡禮行記』, 정신세계사, 1991. p.52.
224) 李智冠,「한국불교 승가교육의 사적고찰」(佛敎學報 vol. 18, 1981). p.62.
225)『朝鮮金石總覽』(上), p.488.
"邀入大旻天寺 講院 講三家章疏"

太古 普愚)'[226]는 고려의 승과제도에 이어 승과고시를 실시하였으며, 『경국대전(經國大典)』「시승조(試僧條)」에 의하면 선종에서는 전등록(傳燈錄) 및 염송집(拈頌集)을, 교종에서는 화엄경(華嚴經) 및 십지론(十地論) 등을 시험[227]하였던 한편, 『경국대전』「승니조(僧尼條)」에는 '승(僧)이 되고자 하는 자는 3달 내에 선종 혹은 교종에 고(告)하여야 하며 심경(心經) 및 금강경(金剛經)·살달타(薩怛陁) 등의 송경(誦經) 시험을 본 뒤 본조(本曹)에 보고하라'[228] 하였으니, 위 승과고시와의 관련 속에 강원이 존재했었으며, 승과고시와 관련된 학과목이 강원에서 강설되었으리란 점을 추정할 수 있게 된다.

기존 연구에 의할 것 같으면 강원에서 강설된 교과목은 보조의 정혜결사(定慧結社) 이래 월담설제(月潭雪霽) 및 백암성총(栢庵性聰)에 의한 대교(大敎)와 사교(四敎)·사집과목(四集科目)의 정착[229]과 "종전 이래로 조선 승려가 차제로 강수경론(講修經論)하게 되는 과목[학과] 즉 이력(履歷)"[230]이 정비되었는 바, 사미과(沙彌科)에서는 십계(十戒)와 송주(誦呪)·반야심경·예참(禮懺)·초심문(初心文)·발심문(發心文)·자경문(自警文)을, 사집과(四集科)에서는 대혜서장(大慧書狀)·고봉선요(高峰禪要)·선원제전집도서(禪源諸詮集都序)·법집별행록절요(法集別行錄節要)를, 사교과(四敎科)에서는 능엄경(楞嚴經)·기신론(起信論)·금강반야경(金剛般若經)·원각경(圓覺經)을, 그리고 대교과(大敎科)에서는 화엄경(華嚴經)·선문염송(禪門拈頌)과 전등록(傳燈錄)을 학습하였다[231]고

---

226) 李能和, 『朝鮮佛敎通史(下)』, p.295.
227) 李能和, 『朝鮮佛敎通史(下)』, p.295, p.798.
228) 李能和, 『朝鮮佛敎通史(下)』, p.734.
229) 李能和, 『朝鮮佛敎通史(下)』, pp.568~571.
   金映遂, 「韓國佛敎와 所依經典」(「一光」, 創刊號〈1928〉, pp.2~3, 「普照思想」(제3집, p.82의 註 12).
230) 李能和, 『朝鮮佛敎通史』(下), p.568("朝鮮僧侶 次第講修經論科目謂之履歷"). p.989("朝鮮僧侶謂 學科曰履歷").
231) 李能和, 『朝鮮佛敎通史』(下), p.568.

한다. 그럼에도 강원에서의 이력과정(履歷科程)이 좀더 체계화된 것은
조선 말기에 이르러서였다고 할 수 있는 즉,232) 『석문의범』의 예233)를
거쳐 현재 강원에서는 사미과·사집과·사교과·대교과 등 각 과정에
따른 다음과 같은 강목(講目)을 설정한 채 그에 대한 강설(講說)이 행
해지고 있다.

사미과(沙彌科): 초발심자경문(初發心自警文), 치문(緇門)
사집과(四集科): 서장(書狀), 도서(都序), 선요(禪要), 절요(節要)

---

232) 1912년 조선총독부에서 제정 明治 45년(1912년) 공포된 〈寺法施行倘望中興〉의
'僧規' 항목 가운데 "僧尼는 戒定慧 三學을 具足흠 者로 홈 此롤 修흠에 普通科
專門科 二種에 分흠을 法으로 홈(제52조)"이라 하고 있는데, 여기서 '普通科는
寺內에서나 혹은 普通學校에 들어가 修함으로 함(제53조)'이라 하고, '專門科는
본사 또는 말사 중 전문도량의 설비를 갖춘 처소에 들어가 修함으로 함(제54조)'
이라 한 채(朝鮮佛敎通史(下), pp 1147~1149) 專門科의 경우 必須科目으로서 10
년(혹은 12년)에 걸쳐 다음 도표에 따른 수업을 행하도록 규정, 이외의 經論은
隨意에 따라 修學할 것을 말하고 있다.(도표 19) (朝鮮佛敎通史(下), pp.1147~
1149)

學科	所修年間	科 目
沙彌科	1年 (或은 2年, 3年)	受十戒, 朝暮誦呪, 般若心經, 禮懺, 初心文, 發心文, 自警文
四集科	2年	書狀, 禪要, 都序, 節要
四敎科	4年	楞嚴經, 起信論, 金剛般若經, 圓覺經
大敎科	3年	華嚴經, 禪門拈頌, 傳燈錄

도표 19. 전문과(專門科)의 교과(敎科)(課程寺法施行倘望中興)
사미과 3년의 경우 沙彌律儀, 緇門警訓, 禪林寶訓을 추가하며, 대교과 3년 6개월의 경우
十地論, 禪家龜鑑, 妙法蓮華經을 추가한다.(朝鮮佛敎通史(下), p.989)

한편 『朝鮮佛敎通史(下)』 「中央學林是選佛場」 條의 大正 5년(1916년) 제정된
'私立佛敎中央學林學則' 및 그 要綱(朝鮮佛敎通史(下), pp.1214~1234)을 참조해
볼 것 같으면 위 제52조의 普通科 專門科 二種에 대한 4년의 普通學校科程 및
13세 이상이 입학할 수 있는 3년의 地方學林科程을 신설하였는 바, 보통학교과
정을 졸업하여야 지방학림에 입학할 수 있으며, 지방학림과정을 졸업하여야 豫
科 1년 本科 3년의 中央學林에 입학할 수 있음을 말하고 있다.(附則 제11조) 그
리고 예과에는 사교과를 수료한 자가, 본과에는 예과 수료 및 지방학림을 졸업
한 자가 입학할 수 있게끔 하고 있다.

사교과(四敎科): 능엄경(楞嚴經), 기신론(起信論), 원각경(圓覺經),
　　　　　　金剛경(金剛經)
대교과(大敎科): 화엄경(華嚴經)

① **강설의식(講說儀式) 및 강원상강례(講院上講禮)**
강설의식이란 강원 등에서 불전(佛典)을 강의하는 가운데 행해지는

學年\n教科目	제1학년 時數	제1학년 科程	제2학년 時數	제2학년 科程	제3학년 時數	제3학년 科程	제4학년 時數	제4학년 科程
修身	2	修身의 要旨	2	同左	2	同左	2	同左
國語	10	讀方,解讀 會話,暗誦 書取,作文 書方	10	同左	10	同左	10	同左
朝鮮語 及 漢文	6	讀方,解讀 暗誦,書取 作文	6	同左	4	同左	4	同左
算術	6	整數	6	同左	6	同左, 小數 諸等數, 珠算	6	同左
理科					2	自然界의 事物現象 及其의 利用	2	同左,人身 生理 及 衛生의 大要
唱歌 · 體操	3	單音唱歌, 體操,敎鍊 遊戱	3	同左	3	同左	3	同左
圖書 · 手工	2	自在書, 簡易한 細工	2	同左	2	同左	2	同左
農業 初步					2	農業初步	3	同左
計	29		29		31		32	

도표 20. 보통학교(普通學校)의 교과과정(私立佛敎中央學林 學則)

제반 절차를 뜻한다고 할 수 있다. 고래로 강설의식은 다소 복잡한 절차에 의해 행해졌음을 알 수 있는 바,『입당구법순례행기』중 당(唐) 개성 4년(839년) 당시 신라 적산원(赤山院)에서의 '불경 강의의식'과 '신라 산원(山院)의 1일 강의의식' 등 두 항목[234] 가운데 다음과 같은 강설 및 강의의식이 소개되어 있다. 이를 간략해 보면,

① 오전 8시경에 강의를 알리는 종을 쳐 대중들에게 알리면, 얼마의 시간이 흐른 다음 대중이 먼저 강당(講堂)으로 들어와 줄지어 앉는다.

② 다시 대중에게 자리를 잡도록 알리는 긴 종을 치고, 강사(講師)와 도강(都講· 讀師, 覆講師)이 법당에 들어오면 대중은 같은 목소리로 탄불

학년 교과목	제1학년		제2학년		제3학년	
	時數	科 程	時數	科 程	時數	科 程
修 身	4	修身의 要旨	4	修身의 要旨	4	同左
國 語	3	讀方,解釋, 會話,作文	3	同左	3	同左
戒律學	3	四分律	3	同左	3	同左
	3	梵網經	3	同左	3	同左
佛教史學	4	日本歷史 三國時代 佛教史	4	同左 高麗時代 同左	4	同左 朝鮮時代 同左
	3	傳燈錄	3	同左	3	同左
	3	高僧傳	3	同左	3	同左
定慧學	3	書狀 都序	3	節要 禪要	3	永嘉集 楞伽經
	4	金剛經 起信論	4	楞嚴經	4	圓覺經
計	30		30		30	

도표 21. 지방학림(地方學林)의 교과과정(私立佛教中央學林 學則)

233)『釋門儀範』에는 다음과 같은 講目이 소개되고 있다.
    "華嚴, 法華, 圓覺, 楞嚴, 般若, 起信, 四集, 緇門, 初心, 發心, 自警, 拈頌, 傳燈, 毘尼, 隨意科" 安震湖,『釋門儀範(下)』, p.166.
234) 圓仁(申福龍 譯),『入唐求法巡禮行記』, 정신세계사, 1991. pp.119~121.

(歎佛)하는데 그 사이에 강사는 북좌(北座)에 앉고 도강(都講)은 남좌(南座)에 앉는다. 그 음곡(音曲)은 모두가 신라의 것이지 당음(唐音)이 아니다. 이들이 자리에 오르기를 마치면 탄불을 멈춘다.

③ 이때 하좌(下座)에 있는 한 승려가 범패를 외는데 ……(중략)…… 그 구절은 '운하어차경(云何於此經)' 등 한 행(行)이다. '원불개미밀(願佛開微密)'이란 구절에 이르면 대중은 계향(戒香), 해탈향(解脫香) 등을 합창한다.

④ 범패 읊기를 마치면 남좌(南座)에 앉은 독사(讀師: 覆講師)가 그 전날 강사가 강의한 문장에 관해 대화를 나눈다. 어떤 뜻이 있다고 여겨지는[如含義] 구절에 이르면, 강사는 그 대목을 문장으로 만들어 그 뜻을 풀이하고 복강사가 또한 그것을 읽는다.

⑤ 위 절차가 마치면 복강사(覆講師)는 오늘 강의할 불경 제목을 발표하고 길게 읊는데, 이때 대중들은 세 번 꽃을 뿌리며[散花], 꽃을 뿌릴 때마다 저마다 게송을 외운다. 불경 읊는 것이 끝나면 다시 짧게 그 제목을 부른다.

⑥ 강사는 불경 제목을 펴들고 삼문(三門)으로 나누어 그 대강의 뜻을 설명한다.

⑦ 제목 풀이를 마치면 유나사(維那師)가 나와 고좌(高座)에서 오늘 모임의 이유를 설명하고 시주의 이름과 그가 바친 물건을 밝힌 뒤에 그 문서를 강사에게 넘겨준다.(그 글에는 無常의 도리, 죽은 사람의 공덕, 죽은 날짜가 함께 기록되어 있다.)

⑧ 강사는 주미(麈尾: 拂子)를 잡고 시주한 사람의 이름을 일일이 들면서 스스로 발원한다.

⑨ 발원을 마치면 논의자들이 질문을 제기한다. 질문을 하는 동안 강사는 주미(麈尾)를 들어 질문자의 말을 듣는다.

⑩ 질문을 마치면 주미를 들었다 놓으면서 질문해 준 것을 사례한 뒤 대답한다.(강사가 손을 옆으로 하여 세 번 오르내린 뒤, 질문에 대답하기 전에 어떤 논의자가 갑자기 어려움을 제기하는데 그 목소리는 마치 화가 난 사람과 같이 한껏 외치며 논박한다. 강사가 그 어려움을 지적 받고서 그에 대하여 대답하면 다시 어려움을 제기하지 않는다.)

⑪ 논의를 마치면 독경에 들어간다.

⑫ 강의를 마치면 대중들은 한 목소리로 길게 탄불하는데, 그 가운데에는 회향사(廻向師)가 들어 있다.

⑬ 강사가 자리에서 내려오면 한 승려가 '허세계여허공게(虛世界如虛空偈)……' 하고 외친다.

⑭ 강사가 예반(禮盤: 불단 밑의 단)에 올라서면 한 승려가 삼례(三禮)를 외우고 다시 대중과 강사가 한 목소리로 삼례(三禮)를 따라 외운 뒤 법당을 나서 방으로 돌아간다.

위의 예에서 볼 때 840년 당시 신라 적산원에서 행해진 강의의식은 ① 운집종, 강당에 모임, ② 탄불(講師 着座), ③ 범패, 계향·해탈향 합창, ④ 전날 내용 복강(覆講), ⑤ 당일 강의제목 발표(散花), ⑥ 강사가 불경을 삼문(三門)함, 대강의 뜻 설명, ⑦ 유나사가 모임의 이유 설명, 시주와 시주물 밝힘, ⑧ 강사의 발원, ⑨ 논의자의 질문제기, ⑩ 질문에 대한 대답, ⑪ 송경, ⑫ 탄불, ⑬ 게송 외움, ⑭ 삼례(三禮) 등으로 구성되어 있음을 알 수 있는데, 현재 사찰에서 행해지는 강설의식 즉 강원의 강의의식과 상강례(上講禮) 등은 이와는 전연 다른 형태로 진행되고 있다.

현행 강원에서의 강의의식을 진행 순서에 따라 설명하면 다음과 같다. 우선 강의에 앞서 아침 공양과 잠시의 휴식이 있은 다음, 오전 7시 조금 전 전체 강원 학인들은 오조가사를 착용한 채, 대교반(大敎班)을 제외한 사미(沙彌)·사집(四集)·사교반(四敎班) 대중이 큰방(대중방)에 모여 강원 찰중(察衆)의 주재하에 약식공사(略式公事)를 벌인다. 그리고 잠시 후 7시에 불단(佛壇)의 촛불을 켠 뒤 부전이 운집목탁(雲集木鐸) 세 번을 내려치는 소리를 신호로 별채에 머무는 대교반 학인들 및 각 중강(仲講)·강사(講師)·강주(講主)〔이때 講師와 講主는 반가사를 걸치기도 한다〕 모두가 큰방에 모여, 다음의 예와 같이 강주가 앉는 어간(御

間)을 바라본 채 마주하여 앉는다.(도표 22)

大教班⑤學人	大教班③學人	大教班①班長	仲講②	講師	講主	仲講①	大教班②學人	大教班④學人
四教班⑤	四教班③	四教班(①班長)					四教班②	四教班④	四教班⑥
四集班⑤	四集班③	四集班(①班長)					四集班②	四集班④	四集班⑥
沙彌班⑤	沙彌班③	沙彌班(①班長)					沙彌班②	沙彌班④	沙彌班⑥
				佛壇				

도표 22. 강원 상강례 자리 배치

이어 강원 입승(立繩)의 주재하에 약식공사가 행해진다. 이때 '한말씀 드리겠습니다'는 말을 필두로 강주로부터 강사, 중강, 강원 입승 순으로 훈계 및 강원 자체의 전달사항을 전하게 되는 바, 대교반 반장 이하 대교반 학인들 각각에 이르기까지 하급반에 대한 경책(警責) 및 훈계가 끝나면, 종두(鍾頭)가 큰방 추녀 끝에 매달린 종을 5번 타종함으로서 강원 상강례(上講禮)의 시작을 알린다.

상강례는 선창과 후창의 이중창으로 행해지며, 사집반 이하 학인들이 차례로 선창을 맡게 된다.(당일 선창자임을 알리는 창불패 唱佛牌에 줄을 달아 장삼 長衫·오조가사 五條袈裟 위에 걸며, 그날 선창이 끝나면 다음 사람에게 창불패를 인계한다. 창불패를 인계 받은 사람은 상당한 연습을 행한 뒤 상강례의 선창 및 큰법당 예불시에 선창을 맡게 된다.)

이윽고 상강례의 시작을 알리는 마지막 종소리의 여운이 채 가라앉기 전 대중들 모두는 자리에서 일어나 불단을 바라본 채 '귀의삼보(歸依三寶)' 및 '증명청(證明請)'의 내용을 담고 있는 상강례 게송을 창(唱)

도판 21. 창불패
창불패를 장삼·오조가사 위에 걸어 당일
상강례 및 예불시 창불(唱佛), 즉 선창을
맡게 됨을 알린다. 당일 저녁예불이 끝나
면 옆 사람의 오조가사 위에 이를 걸어 그
역할을 인계한다.

한다. 그 방법으로는 우선 선창이 "지심귀명례(至心歸命禮)……"를 창하
게 되는데, 이어 "진시방삼세(盡十方三世)"의 '진(盡)' 소리가 시작될 무
렵 큰방 부전의 목탁소리에 맞춰 나머지 대중이 '지심귀명례'라는 어구
를 받아 후창하며, 이후 아래의 게송들을 가창하는 가운데 각각 목탁에
맞춰 정례(頂禮)를 드린다.〔● 표기가 있는 자리에서 목탁을 내려치며 절
을 시작한다. 한편 ◎ 표기가 있는 자리에서 목탁소리 1번에 맞춰 자리에서
일어난다. 그리고 ◇ 표시가 있는 부분에서는 목탁소리 3번에 맞춰 고두례
를 한다. 또한 ◆ 표시가 있는 데서는 목탁 내려치는 소리와 함께 반배를
한다. 목탁에 맞춰 절하는 부분은 拜, 半拜 등으로 표기하였다.〕

　지심귀명례　　진시방삼세 ● 일체제불(拜)
　(至心歸命禮)　(盡十方三世)　(一切諸佛)
　지심귀명례 ◎ 진시방삼세 ● 일체존법(一切尊法)(拜)
　지심귀명례 ◎ 진시방삼세 ● 일체현성승(一切賢聖僧)(拜)
　◇ 아제자등(我弟子等)　　강론삼장(講論三藏) ◎
　　유원삼보(唯願三寶) ◆ 위작증명(爲作證明) (半拜)

　선창은 후창의 위 마지막 게송이 끝나기를 기다렸다가, 자리에 선 채
다시금 '귀의불(歸依佛)'의 내용을 담은 다음 게송을 선창한다.

나무본사(南無本師) 석가모니불(釋迦牟尼佛) (三說)

이어 대중들은 선창을 좇아 위 게송을 거듭 창하게 되는데, 위 게송
은 모두 세 번을 하게 되어 있다. 이상의 3번의 창을 마친 다음 선창은
또다시 아래의 '개경게(開經偈)' 게송을 한 구절씩 외우며, 나머지 대중
들도 선창을 따라 각각 한 구절씩 아래의 게송을 거듭 창하게 되며, 마
지막 게송이 끝날 때쯤에 목탁에 맞춰 반배를 한다.

무상심심(無上甚深)　　미묘법(微妙法)
백천만겁(百千萬劫)　　난조우(難遭遇)
아금문견(我今聞見)　　득수지(得受持)
원해여래(願解如來) ◆ 진실의(眞實意) (半拜)

이상 현행 강원상강례의 내용은 일체의 불·법·승 삼보께 예경을
드리는 '귀의삼보(歸依三寶)'와, '우리 제자 등이 (경·율·론) 삼장(三
藏)을 강(講)하고 론(論)하고자 하오니, 원컨대 삼보께서는 그 증명이
되어 주소서'라는 '증명청(證明請)'의 게송과 함께 '본사 석가모니불'을
세 번 칭하는 '귀의불(歸依佛)' 항목 및 "무상심심미묘법(無上甚深微妙
法)……" 등의 내용, 즉 '그 깊고도 미묘한 법은 백천 만 겁에 걸쳐 만
나기 어려운데 내 지금 그것을 듣고 보아 지니고자 하오니, 원컨대 여
래의 진실한 뜻을 해득할 수 있게 하소서'라 말하는 '개경게(開經偈)' 등
으로서 구성되어 있다.

　이러한 현행 강원상강례는 『행자수지(行者受持)』[235] 의문(儀文)에 의
거하고 있는 바, 그럼에도 『석문의범』의 「강원상강례」 항목에는 다음과
같은 상강례 의문(儀文)이 소개되어 있기도 하다. 우선

---

235) 通度寺 佛教專門講院 編, 『行者受持』, 己未 孟秋. pp.95~96.

"전종살일종오퇴시창아금청정수운운   종을한변나려서선창하고도량교주를
(轉鐘殺一宗五槌時唱我今淸淨水云云)   창할때에종을살려서한마루치고그침"
창최후도량교주시전종활일종오퇴필
(唱最後道場敎主時轉鍾活一宗五槌畢)

이란 지문(指紋)과 함께 다음 의문(儀文)이 실려져 있다.

"我今淸淨水 變爲甘露茶(아금청정수 변위감로다)
奉獻三寶前 願垂哀納受(봉헌삼보전 원수애납수)
南無 大敎主 淸淨法身 毘盧遮那佛(나무 대교주 청정법신 비로자나불)
南無 法界主 圓滿報身 盧舍那佛(나무 법계주 원만보신 노사나불)
南無 娑婆敎主 千 百億化身 釋迦牟尼佛
                    (나무 사바교주 천 백억화신 석가모니불)
南無 西方敎主 阿彌陀佛 當來敎主 慈氏 彌勒尊佛
                    (나무 서방교주 아미타불 당래교주 자씨 미륵존불)
南無 華嚴會上 佛菩薩(나무 화엄회상 불보살)
南無 法華會上 佛菩薩(나무 법화회상 불보살)
南無 圓覺會上 佛菩薩(나무 원각회상 불보살)
南無 楞嚴會上 佛菩薩(나무 능엄회상 불보살)
南無 般若會上 佛菩薩(나무 반야회상 불보살)
南無 起信論主 馬鳴菩薩(나무 기신론주 마명보살)
南無 結集上士 阿難海菩薩(나무 결집상사 아란해보살)
南無 諸經論 飜譯主 諸大三藏(나무 제경론 번역주 제대삼장)
南無 諸經論 疏鈔主 諸大祖師(나무 제경론 소초주 제대조사)
南無 道場敎主 觀世音菩薩 幽冥敎主 地藏菩薩
                    (나무 도량교주 관세음보살 유명교주 지장보살)
唯願無盡三寶 大慈大悲 受我頂禮(云云)
                    (유원무진삼보 대자대비 수아정례)(운운)"236)

---

236) 安震湖, 『釋門儀範(上)』, 卍商會, 1935. pp.12~13.

위 같은 내용과 의식에 따른 강원상강례를 마치면 각각 반마다 강의실로 돌아가 강의가 시작된다. 그 강의의식에 있어 현재에는 다만 강사가 강의실에 들어오면 학인 모두가 책상 자리에서 일어나 반장이 치는 죽비 삼성에 맞춰 반배(半拜)를 올리고, 자리에 앉아 강의에 임하는 것으로 되어 있다. 그리고 그 전날 배운 경전 내용의 암송(暗誦), 새로운 내용의 석사(釋辭) 및 질문과 답으로서 강의가 진행되는 바, 강의를 마치면 반장의 죽비 일성에 자리에서 일어나 또다시 죽비 삼성에 따라 반배를 올림으로서 강의가 끝나고 있다.

이로서 볼 때 현행의 강의의식은 840년 당시 신라 적산원 강설의식과의 비교 속에 많은 유형상의 차이를 보이고 있다. 즉 ① 운집종, 강당에 모임, ② 탄불(講師 着座), ③ 범패, 계향·해탈향 합창, ④ 전날 내용 복강, ⑤ 당일 강의제목 발표(散花), ⑥ 강사가 불경을 삼문(三門)함, 대강의 뜻 설명, ⑦ 유나사가 모임의 이유 설명, 시주와 시주물 밝힘, ⑧ 강사의 발원, ⑨ 논의자의 질문제기, ⑩ 질문에 대한 대답, ⑪ 송경, ⑫ 탄불, ⑬ 게송 외움, ⑭ 삼례(三禮) 등으로 구성되어진 적산원에서의 의식 순서와는 달리 ① 운집목탁 3번[큰방에 모임], ② 공사(公事), ③ 타종 5회, ④ 상강례[귀의삼보, 증명청, 귀의불, 개경게], ⑤ 전날 배운 내용의 암송, ⑥ 새로 배울 내용의 석사(釋辭), ⑦ 질문, ⑧ 답 등으로서, 의식에 있어 다소 축소되어진 느낌을 받게 된다.

② 논강의식(論講儀式)

한편, 사교반(四敎班) 및 대교반(大敎班)의 경우 강의에 앞서 새벽예불이 끝난 후 아침 공양시까지 책상을 마주한 채 논강(論講)을 행하는데, 우선 반장의 지휘하에 자리를 정돈한 채 죽비에 맞춰 반배한 다음 학인들 안에서 '발의(發議: 發起라고도 한다)' 및 '중강(仲講)'을 선출한다.

선출 방법은 산통(算筒)을 흔들어 뽑는다. 우선 반의 인원수대로 산(算)가지를 만들고 그 위에 각각의 이름 내지 번호를 써 두어 그것을 대나무의 산통에 넣은 다음, 반에서 제일 나이가 적은 스님이 산통을 거꾸로 하여 산가지 두 개를 뽑는다. 처음 나온 사람이 중강을 맡고, 두 번째 나온 사람이 발의를 맡으며, 발의를 맡은 사람이 그날 수업 받을 내용을 석사(釋辭)하기 시작한다.

도판 22. 산통(算筒)
산통(算筒)을 흔들고 산(算)가지 2개를 뽑아 중강(仲講)과 발의(發議)를 정한다. 논강(論講) 중 거센 논쟁 속에 산통(算筒)을 던지기까지 하는데, '산통이 깨졌다' 하면 그날 강의에 큰 논쟁이 예측된다.(사진·「동학」편집실)

이때 발의를 맡은 사람과 서로의 의견이 분분하여 논쟁이 생겨나기도 한다. 진리에 있어 오차가 생겨나지 않아야 한다는 정신으로, "토(吐)를 하나 잘못 새겨도 지옥에 간다"는 통설이 강원에서는 지배적인 까닭이다. 거센 논쟁 속에 심지어 산통을 던지기까지 하는데, "산통이 깨졌다" 하면 그날 강의에 큰 논쟁이 예측된다. 우여곡절 끝에 틀린 부분을 수정하며, 강사 내지 강주스님께 물어 볼 사항을 중강은 꼼꼼히 메모해 둔 채 논강이 마쳐진다.[237)

사미·사집반의 경우 중강(仲講)의 주입식 교육으로 강의가 행해진다. 먼저 일어서서 죽비 삼성에 맞춰 반배 한 후 전날 배운 부분을 전체가 암송하게 되는데, 미심쩍은 경우 중강은 각 개개인들을 지명하여

---

237) 李智冠,「韓國僧伽教育의 史的考察」, (佛教學報 vol. 18), p.73.
韓國佛教最近百年史 第2冊,「教育編年」p.1.(朝鮮後期 韓國 寺刹의 看經制度 李晦明禪師 實錄 p.402.)

일어서서 암송토록 한다. 그리고 그 뒤를 이어 강의가 진행된다.

그리고 사교반 및 대교반의 경우 강의 시간에 학인 중강이 새벽 논강의 예에 따라 석사를 하면, 강사·강주가 이를 듣고 틀린 점을 지적한다거나 보충 설명함으로서 강의가 진행된다. 이어 각 100분여의 강의가 끝나고, 10분간 휴식이 있은 다음 그날의 내용을 복습하거나 다음날 내용을 예습하는 간경(看經: 入禪) 시간이 이어진다.

도판 23. 간경(看經) 및 논강(論講)
강원에서는 간경을 달리 입선(入禪)이라 말한다. 곧 경(經)을 보는 자체가 선(禪)의 또 다른 표현이 된다. 전문강원(專門講院)에서는 새벽 3시의 기상으로부터 저녁 9시 잠자리에 들기까지, 예불·공양과 1시간 남짓 포행시간을 제외한 나머지 8시간 정도가 간경에 할애된다. 특히 사교반 이상에서는 새벽예불 후 아침공양 전까지의 간경 시간에 논강(論講)을 통해 그날의 수업을 준비한다. 큰방에서는 입승 또는 찰중의 죽비에 의해 간경시(看經時)의 위의가 통제된다.(사진·「동학」편집실)

『입중일용』 가운데 "혹 간경을 하려 할 때 경(經)을 길게 펼치지 말 것이며, 경을 손에 들고 거처를 걸어다니지 말며, 경대(經帶)를 늘어뜨리지 말며 소리내지 말고 등을 기대고 간경하지 말라"[238]고 하고 있다.

238) 『入衆日用』(卍續藏經 111, p.945下)
"或看經 不得長展經 謂二面也 不得手把經 寮中行 不得垂經帶 不得出聲 不待背靠 板頭看經"

또한『교계신학비구행호율의』에는 "경전을 잡으려 할 때는 반드시 먼저 비누로 손을 씻어야 한다"[239]는 등 간경의 위의가 설명되고 있는 바, 현행의 경우 강원 입승 내지 찰중의 죽비 삼성에 맞추어 50분 간경과 10분 휴식 등으로 간경시(看經時)의 위의가 통제되고 있다.〔혹 看經時 부득이한 일로 큰방 밖을 나서는 경우, 먼저 佛壇에 半拜한 다음 입승 또는 찰중에게 삼배 후 허락을 득한다. 큰방에 들어설 때도 마찬가지이다.〕

(7) 송경의식(誦經儀式)

송경의식이라 함은 경전을 독송할 때의 의식을 말한다. 원인(圓仁)의 『입당구법순례행기』는 839년 당시 신라 적산원에서의 송경의식을 소개하고 있는데, 이를 옮겨 보면

> "이를 일컬어 당나라에서는 염경(念經)이라 한다. 종이 울리고 대중들이 자리를 잡으면, 아랫자리의 한 승려가 일어나 북〔槌〕을 치며, '공경(恭敬) 일체만물(一切萬物), 경례(敬禮) 상주삼보(常住三寶)'라고 읊조린다. 이때 한 승려가 '여래묘색신(如來妙色身)' 등 두 행의 범패를 읊는데 …… (중략)…… 범패를 읊는 동안 한 사람이 향그릇〔香盆〕을 들고 대중들 앞으로 걸어다니는데 발걸음을 빨리 했다가 멈추었다 한다. 대중들은 한 목소리로 마하반야(摩訶般若: 摩訶般若波羅蜜經)의 제목을 수십 번 외운다. 이때 한 승려가 송경하는 이유를 설명한다. 대중들은 같은 목소리로 송경하는데, 어떤 때는 경본(經本)을 보고, 어떤 때는 경본을 보지 않는다.
> 송경을 마치고 도사(導師)가 혼자서 '귀의불(歸依佛) 귀의법(歸依法) 귀의승(歸依僧)' 하고 읊은 다음 부처님과 보살의 이름을 외운다. 도사(道士)가 '나무십이대원(南無十二大願)'을 읊으면 대중들은 '약사유리광불(藥師琉璃光佛)'을 외우고, 도사가 '나무약사야(南無藥師也)'를 읊으면 대중들은 한 목소리로 '유리광불(琉璃光佛)'을 외우고, 도사가 '나무대자대비(南

無大慈大悲)'를 읊으면 대중들은 한 목소리로 '관세음보살(觀世音菩薩)'을
외우는데, 그 나머지도 모두 이와 같다.

예불이 끝나면 도사가 회향사(迴向詞)로서 발원을 마치는데, 이 대목은
다소 길다. 회향사를 마친 뒤 도사가 '발심(發心)'이라고 말하면 대중들도
역시 같은 목소리로 발심이라 읊는다. 그런 다음 도사가 발원을 읊고 이
를 마치면, 삼보께 정례를 드린다. 그 뒤 시주는 시물(施物)을 들고 앉아
있고, 도사가 주원(呪願)을 한 다음 흩어져 돌아간다."[240]

이상의 예문을 통해 볼 때 적산원에서의 송경의식은 ① 운집종(운
집), ② (북을 치며) '공경 일체만물 ……' '여래묘색신' 등의 어구를 읊
음(이 사이에 향그릇 들고 대중들 사이로 다님), ③ 경 제목 수십 번 외
움, ④ 송경의 이유 설명, ⑤ 송경, ⑥ 귀의삼보, ⑦⑧ 예불, ⑨ 회향사
(발원), ⑩ 삼보께 정례, ⑪ 주원(呪願) 등으로 구성됨을 볼 수 있다.

한편 1721년 지환(智還)에 의해 편찬된 『천지명양수륙재의범음산보집
(天地冥陽水陸齋儀梵音刪補集)』의 「영산작법절차(靈山作法節次)」 가운
데 설법의식(說法儀式)이 소개[241]되고 있어, 이를 통해 당시의 송경의
식 또한 가늠해 볼 수 있게 된다.

그에 의하면 먼저 ① 개경게(開經偈:無上甚深微妙法 百千萬劫難遭遇 我
今聞見得受持 願解如來眞實意)와 ② 개법장진언(開法藏眞言: 옴 아라남 아
라다)을 외운 후 ③ 설주(說主) 거량(擧揚), 그리고 ④ 석제(釋題: 제목
풀이)에 이어 ⑤ 청법게(請法偈: 此經甚深意 大衆心渴仰 惟願大法王 廣爲
衆生說)와 ⑥ 설법게(說法偈: 一光東照八千土 大地山河如杲日 卽是如來微
妙法 不須向外謾尋覓) 등을 외운 다음 ⑦ 설법(說法)이 이어지는 것으로
되어 있다. 한편 설법이 끝난 후 ⑧ 어산(魚山)이 '묘법연화경(妙法蓮華
經)'을 창(唱)하면 대중이 북을 치며 '연화경(蓮華經)'을 동송(同誦)한다.

---

240) 圓仁(申福龍 譯), 『入唐求法巡禮行記』, 정신세계사, 1991. pp.121~122.
241) 『天地冥陽水陸齋儀梵音刪補集』(韓佛全 11, p.468)

그리고 ⑨ 보궐진언(補闕眞言: 옴 호로 호로 사야목계 사바하)에 이어 ⑩ 수경게(收經偈: 聞經開悟意超然 演處分明衆口宣 取捨由來元不動 方知月落 不離天)를 외우고 난 후 ⑪ 사무량게(四無量偈: 大慈大悲愍衆生 大喜大捨 濟含識 相好光明以自嚴 衆等至心歸命禮)나 사무량게를 대신하여 "시방진 귀명(十方盡歸命) 멸죄생정신(滅罪生淨身) 원생화장계(願生華藏界) 극락 정토중(極樂淨土中)" 등의 게(偈)를 외우게끔 되어 있다.

그럼에도 이와는 달리 현행의 송경의식은 다음과 같이 구성된다. 먼 저 대중이 모인 자리에서 법사가 목탁을 내리침(●●●●●●●……)을 신 호로, 자리에 모인 대중은 이후 일정 높이의 목탁 울림(일자목탁: ●●● ●)에 맞추어 "① 정구업진언(淨口業眞言) '수리 수리 마하수리 수수리 사바하(세 번)', ② 오방내외안위제신진언(五方內外安慰諸神眞言) '나무 사만다 못다남 옴 도로도로 지미 사바하(세 번)', ③ 개경게(開經偈) 무 상심심미묘법 백천만겁난조우 아금문견득수지 원해여래진실의(無上甚深 微妙法 百千萬劫難遭遇 我今聞見得受持 願解如來眞實意), ④ 개법장진 언(開法藏眞言) '옴 아라남 아라다(세 번)'"까지의 게송을 외운다.242) 이 어 특별히 독송코자 하는 "⑤ '경 제목(經題目, 또는 경전의 品名)'과 함 께 ⑥ '경(經) 본문'을 목탁에 맞추어 독송하며, 경 본문 독송이 마쳐지 면 ⑦ '원이차공덕 보급어일체 아등여중생 당생극락국 동견무량수 개공 성불도(願以此功德 普及於一切 我等與衆生 當生極樂國 同見無量壽 皆共 成佛道)'란 어구의 회향게(回向偈)를 외움"과 함께 목탁을 내려침(●●●● ……)으로서 송경의식이 마쳐지는 것이다.

---

242) ① 淨口業眞言 및 ② 五方內外安慰諸神眞言, ③ 開經偈와 ④ 開法藏眞言까지의 앞부분은 달리 開啓라 불리운다. 즉 誦經의 도입부에 해당하는 것으로, 이 부분 은 어떤 경전을 독송하거나 간에 공통적으로 행해지는 부분이다.

(8) 사경의식(寫經儀式)

붇다의 교설(敎說)은 입으로서 설파된 이래 상당 기간 구전(口傳)에 의해 전파되었다. 문자의 발명 후에도 '명상을 통한 지혜, 성언(聖言)에 대한 문자 기록이란 성스러움을 위배하는 것'이라는 인도 고대적 관념 속에 합송(合誦, saṁgīti), 결집(結集)된 교설(敎說)들은 구전의 형식을 통해 전승되었던 것이다. 그러나 이후 '문자 안에 신(神)이 머문다'[243]는 식의 관념 전환은 구전된 붇다의 성설(聖說)이 문자화됨을 가능케 하였다.

B.C. 1세기 중반, 스리랑카의 무외산(無畏山) 알로까 동굴에서 500명의 성자(聖者)들은 구전되던 빨리어(인도 마가다국 왕사성 지역 서민들이 쓰던 문자 없는 口傳言語) 삼장(三藏)을 다라수(多羅樹) 잎〔葉〕 패다라(貝多羅, pattra), 즉 패엽(貝葉)을 규격에 맞게 자른 뒤 송곳으로 글씨를 써 물감으로서 채색한 채 성설(聖說)의 문자화를 행하였다. 이를 패엽경(貝葉經)이라 불렀다. 그리고 이를 경(經)과 율(律)·론(論) 등으로 구분한 채 각각 3개(tri)의 광주리(pitaka)에 넣어 보관하였는 바, 이로서 생겨난 '3개(tri)의 광주리(pitaka)' tri-pitaka를 삼장(三藏)이라 번역하였다. 이에 경·율·론 삼장은 전체 경전을 의미하는 말로서 이해되었다.

이렇게 생겨난 낱낱의 패엽경은 이후 보관과 개별 경전에 대한 구분의 용이함을 위해 각각의 내용에 따른 묶음장치가 필요했다. 이에 패엽

---

243) 文字化 내지 言語化는 그 자체가 人爲的 상징으로서 부정적 의미를 갖고 있다. 어찌 감히 神의 언어를 인간 언어로 기록할 수 있는가 하는 것이다. 이에 漢文에서도 "언어·문자〔言〕 화한다〔化〕"는 것은 참된 진리를 그르치게 할 것이라는 우려 속에 "거짓 訛"字가 생겨져 나오기도 하였다.
그럼에도 불구하고 산쓰끄리뜨어의 文字名 데봐나가리(devanagari)는 〈神(deva)의 都市(nagari)〉란 뜻을 갖는다. 즉 문자 자체가 神들의 거주처며, 그 안에 神이 머물고 있다는 측면에서 文字 자체의 神性을 부여하기 시작했음은 문자 기록의 가능성을 허용한다.

(貝葉)의 중앙 부분에 2개의 구멍을 뚫어 그것을 실[絲]로 엮었으며, 하나의 독립된 내용을 묶어 sūtra(sūtra는 '……을 꿰는 줄'을 뜻한다. 또한 '구슬[眞理]을 꿰어 만든 목걸이[책]'를 뜻하기도 하여, 고대 인도에서는 종교·일반 학문의 기본 학설을 갖춘 짧은 문장을 sūtra라 칭하였다)라 불렀다. 그리고 이는 수다라(修多羅)·소달라(蘇怛羅) 등으로 음역(音譯)된 채, 그러한 방식으로서 경·율·론 삼장을 '맺어 놓았다'는 뜻에서 이를 계경(契經)이라 부르기도 하였다.

도판 24. 최초의 사경(寫經) 형태, 패엽경(貝葉經)
B.C. 1세기 중반, 스리랑카의 무외산 알로까 동굴에서 500명의 성자들은 종래 구전되던 성설(聖說)을 문자화한다. 다라수(多羅樹) 잎 패다라(貝多羅)를 규격에 맞게 자른 후, 송곳으로 글씨를 써 물감으로 채색한 채 패엽경(貝葉經)을 만들었다. 이 낱낱의 패엽경은 패엽(貝葉) 중앙에 2개의 구멍을 뚫어 실로 엮었으며, 이렇게 하여 최초의 사경본 sūtra가 탄생하였다. 그리고 이것을 경·율·논 등으로 구분한 채 3개(tri)의 광주리(pitaka)에 넣어 보관하였는 바, tri-pitaka 즉 삼장(三藏)이 구성되었다. 동국대 박물관 소장. (사진 제공·박상국)

애초 sūtra는 구성상 digha nikāya(長部) 및 majjhima nikāya(中部)·saṁyutta nikāya(相應部)·aṅguttara nikāya(增支部)·khuddaka nikāya(小部) 등으로 크게 나뉘어졌으며, '(口傳으로) 전승(傳承)되어온 것'이란 뜻에서 이는 agama라 불리웠다. agama는 이후 중국에서 아함(阿含)이라 번역되었으며 패엽(貝葉)의 agama를 꿰어 만든 독립 agama의 묶음, 즉 sūtra는 경(經)이라 불리운 채 초전(初傳)의 경전은 〈아함경(阿含經)〉이라 통칭되기도 하였다. 이것이 현 〈남전대장경(南傳大藏經)〉의 원형이 되며, 사경(寫經) 즉 경전 기록 최초의 예가 되어진다.

그럼에도 교역로 실크로드를 따라 진행된 경전의 북방(서역 및 중국) 전파는 빨리어로 기록된 남전계(南傳系) 계통이 아닌, 제4차 경전결집 이후에 만들어진 산스끄리뜨어로 기술된 경전이 대부분으로 〈대승경전(大乘經典)〉이 주종을 이루고 있었다. 그것은 기존 〈아함경〉 교설에 근거한 채 대승(大乘)의 새로운 교의(敎義)와 사상을 담고 있었으며, 〈대승경전〉의 새로운 교의는 그 자체의 확산을 위해 경문(經文) 안에 사경공덕(寫經功德)을 강조하고 있기도 하였다.

인도 이외의 서역지방, 돈황·고창·우진·구자 등지에서는 대승의 경설(經說) 산스끄리뜨어 사본이 다량 발견되었던 바, A.D. 148년 안세고(安世高)의 소승경전 한역(漢譯) 이후 167년 지루가참(支婁迦讖) 이래 많은 대승경전이 중국에 번역되었다. 그리고 이와 함께 사경(寫經)이 활발히 진행 되었는 바, 사경이란 '경(율과 론 등을 포함한 일체 藏)을 모사(模寫)함'을 뜻하는 것으로 인쇄술의 미진으로부터 생겨난 경(經)의 초기 인출(印出) 및 유포를 위한 방편이었다고 말할 수 있다.

한편 대승경전 및 교의의 확산은 사경의 확산을 유도하기도 하였다. 『금강반야바라밀경』 내지 『법화경』의 「법사품(法師品)」과 「약왕보살본사품(藥王菩薩本事品)」, 그리고 『도행반야경(度行般若經)』의 「공양품(供養品)」 등 초기 대승경전들 가운데 사경공덕(寫經功德)이 강조되고 있음을 볼 수 있는 바, 『법화경』 「법사품」에서는

"어떤 사람이 『법화경』의 한 구절이라도 받아 지니고 읽고 외우고 해설하고 베껴 쓰거나, 이 경전 공양하기를 부처님과 같이 하며 갖가지 꽃·향·영락·당기·번기·의복·풍악 등으로 공양하거나 합장 공경하면, 약왕이여! 이 사람들은 이미 십만 억 부처님께 공양하였고 또 여러 부처님 계신 곳에서 큰 서원을 성취하고 중생을 어여삐 여겨 이 인간세계에 난 줄 알아야 하느니라."[244]

---

244) 大正藏 9, p.30下.

하였다. 그리고『법화경』「약왕보살본사품」에서는

"어떤 사람이 이『법화경』을 듣고, 제가 쓰거나 사람을 시켜 쓰게 하면 얻는 공덕이 부처님의 지혜로 그 수효를 헤아려도 끝을 다할 수 없느니라"[245)

고 기록되고도 있다.

이러한 점에서 볼 때 경전 인출(印出) 및 유포의 목적에서 뿐만이 아닌, 사경 자체가 공덕·수행의 한 방편으로 인식되기도 하였다. 이에 우리나라 사경의 최고본(最古本: 天寶 13년, 754년 제작)인 국보 제196호 '신라 사경「백지묵서대방광불화엄경(白紙墨書大方廣佛華嚴經)」권 제50 말미의 발문(跋文) 가운데 다음과 같은 사경시의 염원이 실려 있음을 볼 수 있기도 하다.〔跋文 내용을 行別로 구분해 두었다. 10, 11 등은 각각 跋文의 행을 나타낸다.〕

"10 내 이제 서원하노니, 미래세 다하도록 필사(筆寫)한〔所成〕이 경전 파손되지 않기를…… 설사 삼재(三災)로 대천세계 부서진다 하여도, 이 사경(寫經) 허공마냥 파괴되어 흩어지지 말지어다. 만약 중생이 이 경을 통해 부처님 뵈옵고 법문 들으며 사리(舍利) 받들어,
  11 보리심을 발하여 퇴전(退轉)치 않고 보현(普賢)의 (行願) 닦은 즉 이내 성불케 되어지이다."[246)

"若復有人 受持讀誦解說書寫妙法華經乃至一偈 於此經卷敬視如佛 種種供養華香瓔珞末香塗香燒香繪蓋幢幡衣服伎樂 乃至合掌恭敬 藥王當知 是諸人等 已曾供養十萬億佛 於諸佛所成就大願 愍衆生故生此人間"
245) 大正藏 9, p.53.
"若人得聞此法華經 若自書 若使人書 所得功德 以佛智慧籌量多少不得其邊"
246) 黃壽永,「新羅 景德王代의 白紙墨書 華嚴經」, (『歷史學報』, vol. 83), p.123.
"我今誓願盡未來 所成經典不爛壞 假使三災破大千 此經與空不散破 若有衆生於此經 見佛聞法敬舍利 發菩提心不退轉 修普賢因速成佛"

또한 사경에 의한 경전(사경본)은 그 자체가 불탑(佛塔) 및 묘(廟)와 동일시되고 있음을 볼 수도 있다. 이에 『금강반야바라밀경』 가운데

"다시 말하건대 수보리여, 이 경(經) 내지 사구게(四句偈) 등을 좇아 설하면, 마땅히 알라. 그곳은 일체 세간(世間)과 천(天)·인(人)·아수라(阿修羅)가 모두 응당히 공양하기를 불탑(佛塔)과 묘(廟)를 공양함과 같이 하리니, 어찌 하물며 수지(受持)·독송함이야 더 말할 나위가 있겠는가? 수보리여, 마땅히 알라. 이 사람은 최상의 제일 희유의 법(法)을 성취한 것이며, 이 경전이 있는 곳은 불(佛) 및 존중제자(尊重弟子)가 있음이 된다."[247]

고 말하고 있다. 또한 『법화경』 「법사품」에서는

"약왕이여, 이 경을 설하거나 읽거나 외우거나 쓰거나 이 경전이 있는 곳에는 마땅히 칠보(七寶)로 탑을 쌓되 지극히 넓고 높고 장엄하게 꾸밀 것이요, 다시 여래(如來)의 사리(舍利)를 봉안하지는 말아라. 왜냐하면 이 가운데 이미 여래의 전신(全身)이 있는 까닭이다."[248]

라 말하고 있기도 하다. 즉 탑(塔)에 대한 신앙 자체가 경전에 대한 신앙에로 탈바꿈되고 있음을 볼 수 있는데, 경전 자체가 사리(舍利)와 같은 효능으로서 인식되기까지 하는 것이다.

그러나 불교의 전파와 함께 수많은 불탑(佛塔, stupa)의 조성 및 묘(廟, caitya)의 조성에 있어 진신(眞身)인 사리의 수효가 한정되어 있었으므로, 그를 대신할 법신(法身)으로서 붇다의 설파된 진리, 즉 경전을 사리로서 인식한 채 진신사리(眞身舍利)에 대응한 법신사리(法身舍利)

---

247) 大正藏 8, p.750上.
248) 大正藏 9, p.31中.
　　"藥王 在在處處 若說若讀若誦若書 若經卷所住處 皆應起七寶塔極令高廣嚴飾 不須復安舍利 所以者何 此中已有如來全身"

로서 탑에 안치하였는 바,[249] 1966년 불국사 석가탑에서 발견된 세계 최고(最古)의 활자본 〈무구정광다라니경(無垢淨光陀羅尼經)〉〈국보 제126호, 750년경) 등은 이러한 의도에 의해 조성된 법신사리임을 알 수 있다. 즉 사경 자체가 법신사리의 조성과 다름 아닌 것으로 인식되었던 것이다.

경전 인출을 위한 방편 내지 법신사리 조성을 위한 작업. 이러한 의미를 갖는 작업으로서 사경은 신라 최초의 사경 이래, 고려 목종(穆宗) 9년(1006년) 「감지금니대보적경(紺紙金泥大寶積經)」 등의 사경본 제작에 이르러 고려말기의 사경술(寫經術)은 상당 수준에까지 이르렀음을 알 수 있다. 이에 고려말 원(元)에서는 고려에 다수의 사경승(寫經僧)을 요구하였으며, 또한 많은 사경본(寫經本)들을 인출(印出)해 가기도 하였다.[250] 한편 충숙왕 12년(1325년) '고려국왕발원사성은자대장경(高麗國

---

249) 塔이란 산쓰끄리뜨어 stupa, 巴利語 thupa의 번역으로 窣都婆 혹은 塔婆라 音譯된다. 원래 위대한 성인의 유해 또는 무덤에 돌맹이 등을 높이 쌓아 두었던 인도의 풍속에서 유래하는 것으로, 일반적으로 부처님 舍利를 묻고 그 위에 돌이나 흙을 쌓아둔 무덤을 뜻하게 된다. 그러므로 우리는 일반적으로 塔을 舍利塔이라 부르게 된다.
塔을 구분짓는 가운데 塔 안에 佛舍利가 봉안되었는가의 여부에 따라 그것을 둘로 나누게 된다. 즉 사리가 봉안된 경우를 스투파(stupa)라 부르며 그렇지 않은 경우는 챠이트야(caitya)라 불러 말하는 것이다. 수많은 인도의 고대 僧院들은 스투파[佛塔]를 중심으로 발달되었는 바, 그러나 후대에 이르러서는 舍利를 구하기 힘든 연유로 해서 스투파보다는 스투파에 대응할 만한 조형물을 건축하게 되어 그것을 챠이트야(caitya)라 불렀다. 이것을 廟라 하며 支提 혹은 制多라 음역하는 바, 챠이트야는 부처님께 공양·예배를 올리는 祠堂을 말하는 것으로서, 그 안에는 부처님 열반의 흔적으로서 眞身舍利 대신에 法身舍利로서의 經典(특히 般若部 經典)을 봉안하던가 또는 '열반에 이르신 부처님'을 상징한 佛像을 모심으로서 이를 대신하기도 하였다.
正覺, 『法住寺』, 법주사출판부, pp.30~34.
250) 『高麗史』 기록을 통해 볼 때 元은 佛畵와 佛經·大藏經 轉經 및 寫經을 위한 종이뿐만이 아닌, 寫經을 위한 寫經僧을 요구하고 있음을 상당 부분에서 볼 수 있게 되는 바, 이를 추려 간략해 보면 다음과 같다.
① 1290년 3월, 元나라 황제가 金字經을 筆寫시키기 위하여 글씨 잘 쓰는 僧을 요구하였으므로, 35명을 元나라에 보냈다.(『高麗史』, 世家30, 忠烈王 3 條) ② 同年 4월, 佛經을 筆寫할 僧 65명을 元나라에 보냈다. ③ 同年 8월, 장군 趙珹으로

王發願寫成銀字大藏經)'인 「아육왕태자법익괴목인연경(阿育王太子法益壞目因緣經)」 조성 이전부터 고려에는 사경을 전담하는 사경원(寫經院)이란 국가기관이 설립되기도 하였는데, 이는 이후 금자원(金字院)과 은자원(銀字院) 등으로 분리·운영되기도 하였다.

이후 사경은 조선 초기에 이르기까지 꾸준히 지속되었는 바, 조선 세종 23년(1441년) 12월 '금자경(金字經)이 몇만 권에 이르는지 알 수 없을 정도인데, 또다시 금은자경(金銀字經)을 조성하는 일을 막지 않으면 나라의 금은(金銀)이 모두 없어질 것이다'는 의정부로부터의 상소문을 통해 조선조 초기까지 금은의 사경이 얼마나 성행하였는가를 짐작할 수 있기도 하다.[251]

이들 사경에는 그 의미성 만큼이나 그에 따른 종교적 의식이 뒤따랐다. 이에 국내 사경의 최고본(最古本) 국보 제196호 '신라 사경 「백지묵서대방광불화엄경」 권 제50 말미의 발문을 통해 사경의식(寫經儀式)의 대강을 살펴볼 수 있는 바, 이를 정리해 보면[252]〔跋文 내용을 行別로 구

___

하여금 佛經을 筆寫할 僧들을 데리고 元나라에 가게 하였다. ④ 同年 9월, 元이 사신을 보내 藏經을 修補함. ⑤ 1297년 8월, 元에서 사신을 보내어 불경을 필사할 승려들을 선발하였다.(『高麗史』, 世家31, 忠烈王 4條) ⑥ 1300년 12월, 元에서 伯顔忽篤不花를 보내 …… 장경을 轉經하게 하였다.(『高麗史』, 世家31, 忠烈王 4條) ⑦ 1301년(충열왕 27년) 1월, 왕은 元나라 사신과 함께 홍왕사에서 藏經을 전경함.(『高麗史』, 世家32, 忠烈王 5條) ⑧ 1302년(28년) 4월, 元은 別帖木兒 등을 보내 사경승을 징발함.(『高麗史』, 世家32, 忠烈王 5條) ⑨ 1303년(29) 2월, 藏經을 전경케 하였다. ⑩ 同年 3월, 백관이 儀를 갖추고 향을 받들어 藏經을 전경.(『高麗史』, 世家32, 忠烈王 5條) ⑪ 1305년(충열왕 31년) 4월, 元은 突烈을 보내어 장경을 전경함. 5월 광명사, 홍왕사에 행차하여 장경 轉經. ⑫ 同年 12월, 忽都不花를 보내어 寫經僧을 구하므로 100명을 뽑아 보냄.(『高麗史』, 世家32, 忠烈王 5條) ⑬ 1310년 6월, 元에서 방신우를 보내 金字大藏經 필사하는 것을 감독케 하고 황태후가 금박 60여정을 보냈다.(『高麗史』, 世家 33, 忠宣王 1條) ⑭ 同年 12월, '찬성사 裵挺이 왕의 명령으로 원에 가서 畵佛을 바쳤다.'(『高麗史』, 世家33, 忠宣王 1條) ⑮ 1311년 8월, '원나라 황태후가 5800錠을 불경 필사의 상금으로 보냈다.'(『高麗史』, 世家34, 忠宣王 2條) ⑯ 同年 11월, '찬성사 權溥 등이 대장경을 가지고 元에 갔다'(『高麗史』, 世家34, 忠宣王 2條) 등.

251) 任昌淳, 「典籍」(한국문화재보호협회 편, 『文化財大觀』, vol. 2, 1988), p.252.
252) 黃壽永, 「新羅 景德王代의 白紙墨書 華嚴經」, (『歷史學報』, vol. 83), p.123.

분해 두었다. ②, ③, ④ 등은 각각 跋文의 행을 나타낸다.〕

『대방광불화엄경』 사경본
(신라시대, 백지묵서. 국보 196호, 호암미술관
소장)

도판 25. 사경(寫經), 사경본(寫經本)

국보 196호. 백지묵서 「대방광불화엄경」 권 제50 말미의 발문 중 다음과 같은 사경의식이
소개되고 있다.
"사경에 쓰일 닥나무는 나무 뿌리에 향수(香水)를 뿌려 키우고, 연후 닥나무 껍질을 벗겨 삶
고 종이를 뜬다. 종이 만드는 사람, 경(經)을 사필하는 사(師), 경심(經心)을 만드는 사람,
불보살상을 그리는 사(師) 등은 보살계를 받고 재식(齋食)을 금해야 한다. 대소변을 보거나
잠을 자고 난 뒤, 밥을 먹은 뒤에 반드시 향수로서 목욕해야 하며, 사경 중에는 오직 경을 서
사(書寫)함에 힘써야 한다.
사경할 때에는 신정의(新淨衣)·곤수의(褌水衣)·비의(臂衣)·관(冠)·천관(天冠) 등으로 장
엄시킨 두 청의동자(靑衣童子)가 관정침(灌頂針)을 받들며, 청의동자는 네 사람의 기악인(伎
樂人) 등과 함께 기악을 한다. 그 중 한 명은 향수를 가는 길에 뿌리고 또 한 명은 꽃을 뿌린
다. 법사는 향로를 받들고 이끌며, 또 한 법사는 범패를 부르며 인도한다. 뒤를 이어 필사(筆
師)들이 각기 향과 꽃을 받들고 불도(佛道)를 행할 것을 염(念)하며 사경소(寫經所)에 도착
하여 삼귀의를 행한다. 세 번 정례(頂禮)하고, 불·보살께『화엄경』등을 공양한 후 자리에
올라 사경한다. 필사를 마치면 경심(經心)을 만들고 불·보살상을 그려 장엄하며, 마지막으로
경심 안에 한 알의 사리를 넣는다."(사진 제공·박상국)

　　"② 경(經)을 만드는 방법은, 먼저 닥나무는 나무 뿌리에 향수(香水)를
뿌려 키우고, 성장한 연후 닥나무
　　③ 껍질을 벗겨 삶고 종이를 뜬다. 종이를 만드는 사람이나 경을 사필
(寫筆)하는 사(師) 내지 경심(經心)을 만드는 사람, 불보살상(佛菩薩像)을
그리는 사(師) 등은 보살계(菩薩戒)를 받고 재식(齋食)을 금해야 한다.

④ 또한 대소변을 보거나 잠을 자고 난 뒤에나 밥을 먹은 뒤에는 반드시 향수를 사용해 목욕을 해야 하며, (사경을 행하는) 중에는 오직 경(經)을 서사(書寫)함에 힘써야 한다.

⑤ 사경할 때에는 모두 순박하고 청정한 신정의(新淨衣) · 곤수의(褌水衣) · 비의(臂衣) · 관(冠) · 천관(天冠) 등으로 장엄시킨 두 청의동자(靑衣童子)가 관정침(灌頂針)을 받들며,

⑥ 청의동자는 네 사람의 기악인(伎樂人) 등과 함께 기악을 한다. 그 가운데 한 사람은 향수를 가는 길에 뿌리고 또 한 사람은 꽃을 뿌린다.

⑦ 법사는 향로를 받들고 이끌며, 또 한 법사는 범패를 부르며 인도한다. 이 뒤를 여러 필사(筆師)들이 각기 향과 꽃을 받들고 불도(佛道)를 행할 것을 염(念)하며 경(經)을 만드는 곳에 도착하여 삼귀의(三歸依)를 행한다.

⑧ 세 번 반복하여 정례(頂禮)하고, 불 · 보살께 『화엄경』 등을 공양하고 자리에 올라 사경한다. 필사(筆寫)를 마치면 경심(經心)을 만들고 불 · 보살상을 그려 장엄하는데 이때는 청의

⑨ 동자와 기악인들은 제외되나 다른 철차는 마찬가지이고, 마지막으로 경심(經心) 안에 한 알의 사리(舍利)를 넣는다."

이러한 사경의식은 근대에 이르러 승가에서 거의 시행되지 않고 있다. 단지 몇몇 승(僧) 및 불자(佛子)들에 의해 개별적으로 시도되었을 뿐인 바, 근래 간행된 『금강반야바라밀경 사경』이란 책에서 「사경의식작법(寫經儀式作法)」의 방안을 제시한 채 사경의 확산을 모색하고 있다. 여기 제시되고 있는 「사경의식작법」 안(案)을 옮겨 보면 다음과 같다.253) 먼저 향을 피운 후,

"① 삼귀의례
(여럿이서 게송으로 할 경우에는 선창후화이나 노래로 할 때는 다

---

253) 『금강반야바라밀경 사경』, 불광출판부, 1996. pp.2~5.

함께 함)
　　귀의불 양족존　　거룩한 부처님께 귀의합니다
　　귀의법 이욕존　　거룩한 가르침에 귀의합니다
　　귀의승 중중존　　거룩한 스님들께 귀의합니다

　② 공양게(집에서 할 때는 향을 피워 올리고 난 뒤에 게송을 낭송하나,
사무실이나 기타의 장소에서는 마음 향으로 대신하여 게송을 낭송한다)
　　일심으로　향과꽃 -　구름일구어　시방세계　부처님과　무진법문과
　　삼승사과　승보님께　공양하오니　크- 옵신　자비로써　거둬주소서

　③ 정례(선창후화의 격식이나 혼자일 때는 낭송함)
　　일심정례　본사세존　석가모니불　일심정례　시방삼세　상주불보
　　일심정례　시방삼세　상주법보　　일심정례　일체보살　제현성승
　　일심정례　시방삼세　상주승보

　④ 금강경 봉독(한글 또는 한문으로 된 경문을 다 함께)

　⑤ 염불(다 함께)
　　나무　삼계도사　사생자부　시아본사　석가모니불 ……(21念)

　　빛나올사　거룩하신　석가모니불　시방세계　무엇으로　견주어보리
　　이- 세간　모든것을　다보았지만　부처님만　하온어른　다시없어라

　⑥ 발원(대표자 또는 다 함께 - 낭송으로)
　　대자대비　윤택한 -　지혜의물과　거룩하온　능엄정을　먹으로하고
　　넓고깊은　서원을 -　붓으로하여　견고하온　믿음의 -　청정지위에
　　마하반야　법신문자　서사합니다　이문자는　삼세불의　진실몸이니
　　모든공덕　빠짐없이　구족합니다　바라건대　사경하는　이공덕으로
　　시방삼세　중생들이　모두다함께　무시이래　지은업장　소멸되옵고
　　위- 없는　큰법문을　얻어지이다　몸과마음　청정하고　보리빛나고

　　　복과지혜　구족하게　장엄하오며　　보현행원　원만하게　이룩하여서
　　　모든중생　함께성불　하여지이다　　나무 마하반야바라밀

　⑦ 사경 시작

　⑧ 사경 끝남

　⑨ 사은명(함께 낭송으로)
　　　평화한천하　나라님은혜　　나아기르신　부모님은혜
　　　함께도웁신　중생님은혜　　정법빛내신　삼보님은혜
　　　마음에새겨　잊지않으리

　⑩ 회향(함께 낭송으로)
　　　저희들이　지은바 -　이 - 공덕이　일체의 - 중생들의　공덕이되어
　　　모든중생　빠짐없이　성불하옵고　위 - 없는　불국토를　이뤄지이다
　　　나무 마하반야바라밀"

　이렇게 하여 쓰여진 사경권(寫經卷)은 탑 내지 불상 등에 복장(腹藏)
으로서 안치되거나, 혹 49재 내지 천도재 등을 통해 영가(靈駕)를 위해
소대(燒臺)에서 불살라 공양되기도 하며, 불전(佛殿)에 올리거나 어려운
일이 있는 사람에게 희망과 용기의 상징으로 보내진다. 사경은 기도(祈
禱)이다. 참회(懺悔)이다. 작복(作福)이다. 선(禪)이다. 경안(經眼)을 열어
준다. 이를 통해 일행삼매(一行三昧)를 얻으며, 일심(一念)을 얻어 일체
법(一切法)을 얻는다. 안정 속에 청정자성(淸淨自性)을 얻는 지름길이
다.254)
　이러한 염원 속에 사경자(寫經者)는 사경 말미에 "원이차공덕(願以此
功德) 보급어일체(普及於一切) 아등여중생(我等與衆生) 당생극락국(當生

---

254) 『금강반야바라밀경 사경』, 불광출판부, 1996. pp.91~93.

極樂國) 동견무량수(同見無量壽) 개공성불도(皆共成佛道)"라는 구절을
부가하게 되는 바, 여기에는 '나와 더불어 모든 중생들이 극락국에 태어
나 무량수여래(無量壽如來)를 뵈옵고 모두 불도(佛道)를 이룰 수 있기
바란다'는 회향(回向)의 정신이 깃들어 있다.[255]

(9) 안거(安居)

안거는 산스크리트어 varṣa, vārṣika의 번역어로, 우기(雨期)를 뜻하
는 말이다. 인도에서 비가 많이 내리는 우기 3개월 동안 실시되었던 불
교 승단 전래의 연중행사로, 비 내리는 여름 90일 동안 돌아다니기 불
편한 이유로 해서, 또한 자라나는 초목과 벌레들을 밟아 죽이지 않기
위해 일정 장소에 머물며 오로지 연구·수양·정진에 힘쓰는 것을 말한
다.

안거는 원래 불교 아닌 외도(外道)의 법(法)으로부터 유래된 것으로,
『사분율』 가운데 "사문(沙門) 석자(釋子)들은 ……(중략)…… 산 초목을
밟아 죽이고 남의 목숨을 끊는가. 심지어 벌레와 새들도 오히려 둥지와
굴이 있어 머물거늘, 이 사문 석자(釋子)들은 언제나 봄·여름·겨울 없
이 세간으로 다니다가 소나기가 와서 강물이 넘치면 ……(중략)…… 산
초목을 밟아 죽이고 남의 목숨을 끊는가"라는 외도들의 비난에 부처님
께서 여름 석달의 안거를 제정하게 되었던 것이다.[256]

---

255) 寫經은 쓰인 재료에 따라 金字經 내지 銀字經 외에 墨書經 등으로 구분된다. 한
편 닥나무 껍질로 만든 楮紙 내지 삼 껍질로 만든 麻紙를, 白紙와 紺紙(銅을 부
식시킨 녹물에 염색한 감색 종이)·橡紙(도토리 열매를 삶은 물로 염색한 갈색
종이)·茶紙·翠紙 등으로 채색하여 白紙墨書經·白紙金泥經·紺紙金(銀)泥經·
橡紙金(銀)泥經·翠紙金(銀)泥經 등을 만들기도 한다. 현재 옛 寫經 작품으로는
국보 6종(185, 196, 210, 211, 215, 278호) 및 보물 17종(269, 270, 271, 278, 314,
315, 352, 390, 740, 751, 752, 753, 754, 755, 756, 757, 793-3호) 외 많은 秀作이
남아 있다.
256) 『四分律』(大正藏 22, p.830中~下)

이 90일 동안, 비구(比丘)들은 승원(僧院)이나 암굴 내지 작은 방·통나무 속 같은 데에 한 사람 혹은 두 사람 이상이 모여 안거를 행하게되는 즉, 그 동안 재가 신도 내지 승원(僧院)에서는 그들에게 공양을 제공하게 된다. 이에 안거를 행함에는 음식물의 제공 내지 편의를 보아줄사람, 즉 의지할 사람이 요구되며, 『사분율』에서는 안거에 앞서 먼저 의지할 사람에게 다음과 같은 말을 알리게끔 하고 있다.

> "나는 여기에서 하안거(夏安居)를 하겠습니다. 장로(長老: 또는 施主)시여, 일심으로 생각해 주시오. 나 모(某) 비구는 아무 마을 아무 절 아무방에 의지해 석달 동안 하안거를 하겠으니, 방이 파괴되었거든 고쳐 주시오."257)

이렇듯 하안거를 행함은 안거를 맺는다는 뜻으로 결하(結夏) 또는 결제(結制)라 하고, 안거를 완료하는 것을 과하(過夏), 그리고 이후 안거의제(制)를 푸는 것을 해하(解夏)·해제(解制)라 말한다. 이 안거에는 전안거(前安居)와 후안거(後安居)가 있어258) 음력 4월 16일부터 7월 15일까지가 전안거, 5월 16일부터 8월 15일까지는 후안거에 해당한다.259)

안거 동안 비구들은 엄격히 외출을 삼가며, 안거 중에 금계(禁戒)를범해 외출하는 것은 파하(破夏)라 불리워 매우 수치스런 일로 여겨지고있다. 그럼에도 단지 음식만이 아닌 의발(衣鉢)·약초(藥草)를 구한다거나, 부득이한 사정260)의 경우 7일 내지 15일이나 한달 동안 안거의 경계를 떠남이 허락261)되기도 한다. 또한 청정행(淸淨行)을 닦는데 장애

257) 大正藏 22, p.830下.
258) 『四分律』(大正藏 22, p.832上)
259) 佐藤密雄(崔法慧 譯), 『律藏』, 동국역경원, 1994. p.43.
260) 『四分律』(大正藏 22, p.833上~下)
261) 그럼에도 7일 이상, 즉 15일이나 한달 동안 떠날 경우에는 대중들 앞에 다음과같은 허락을 구해야 한다. "대덕스님들이여, 아무 비구가 7일이 지나는 법으로서15일이나 한달 동안 경계 밖에 나가서 아무 일을 하는 청을 받았는데, 그 일이

가 되리라 판단되는 경우 역시 경계를 떠남이 허락되기도 하는데, 그
허락 속에 떠나는 자에 한에서는 안거 석달 후의 법랍(法臘)이 인정262)
되었다.

이러한 안거의 행사는 부처님께서 성도(成道)한 다음해부터 부처님
입멸시(入滅時)까지 계속되었다. 이후 안거제도는 불교가 전파된 모든
지역에서 행해지게 되었고, 우리나라에서도 참선·간경·정진·수양의
행사로서 강원과 율원, 선원 및 염불원 등 각 사암(寺庵) 및 총림(叢林)
에서는 겨울과 여름, 연 2회에 걸쳐 안거가 행해지고 있다.

안거를 행하기 하루 전날 삭발(削髮)을 마친 대중은 결제(結制) 전야
(前夜)에 결제방(結制榜)263)을 짜게 되며, 음력 4월 15일(또한 음력 10
월 15일) 결제일(結制日) 아침 10시의 사시예불이 마쳐지고 난 후 총림
의 방장(方丈)이나 선원(禪院)의 조실(祖室)로부터 결제법문(結制法
門)264)이 행해진다. 칠언시(七言詩)의 게송 등으로 행해지는 결제법문을
시작으로 안거가 시작되는데, 안거 중에는 매 보름마다 포살(布薩)이 행
해지기도 한다. 그리고 결제 후 한달 반이 지난 오전에는 반결제(半結
制) 법문이 행해진다.

한편 『사분율』 가운데 "안거를 마치고는 해야 할 일이 네 가지 있으
니, 자자(自恣)를 행해야 하고, 결계(結界)를 풀어야 하고 ……"265)라 하

끝나면 다시 여기에 와서 안거를 하겠습니다. 허락하는 것을 승인하시면 잠자코
계십시오. ……(후략)……" 『四分律』(大正藏 22, pp.833下~834上)
262) 전통적 관례 속에 승려들은 하안거를 원만히 마침에 따라 1년씩의 승랍을 더하
여 갖게 된다.
263) 『釋門儀範(下)』(p.165)에는 다음과 같은 冬安居때의 榜目이 소개되고 있다.
　　證明, 會主, 禪德, 秉法, 魚山, 梵音, 梵唄, 持殿, 唱佛, 執金, 獻香, 奉茶, 看堂, 頌
子, 道子, 侍者, 鍾頭, 判首, 祝上, 表白, 通謁, 施食, 獻食, 對靈, 淨桶, 火臺, 地排,
書記, 別座, 都監, 察衆, 立繩, 維那 (년월일)
264) 結制 또는 解制 때의 法文 儀禮에 대해서는 1.日常信仰儀禮의 3)信仰儀禮 항목
중 (2)法會 부분 가운데 '叢林 등에서 행해지는 法會의 양식 참조할 것.
265) 大正藏 22, p.877下.
　　"安居竟有四事應作 何等爲四 應自恣應解界應結界應受功德衣"

는 바, 안거가 마쳐지는 해제일(解制日)에는 결계(結界)를 푸는 방법으로서 해제법문(解制法門)이 행해진다. 그리고 그 법문(法門) 속에 산승(山僧)은 말한다. "대중들은 마음에 얻어진 바가 있는가?" 그리고 이어 다음날 저녁 녘이면 자자(自恣)가 행해질 것으로,[266] 자자(自恣) 및 그와 상이(相異)한 유형으로서 포살(布薩)에 대한 설명을 행해 보기로 한다.

(10) 포살(布薩)과 자자(自恣)

불교 교단은 교단 질서를 유지시키는 가장 중요한 항목으로서 화합을 강조해 왔다.[267] 이에 승가 구성원들의 무리를 일컬어 saṁgha(晉譯: 僧伽)라 불렀던 바, saṁgha라 함은 화합 또는 화합승(和合僧)이라 번역되는 단어이다. 승가(僧伽, saṁgha)란 동일 지역[界] 안에 살고 있는 3명 내지 4명 이상의 구성원들이 동일 정사(精舍)에 함께 머무는 것을 의미하였다. 그리고 그들이 함께 모여 포살(布薩)을 행하고, 전원 의결로 제반사항을 결정하는 대중공사(大衆公事)를 행함 역시 승가 구성의 개념적 범주 안에 속하는 것이었다.

이렇듯 3, 4명 이상의 대중이 동일 지역[界]에 머무는 것을 현전승가(現前僧伽)라 칭하였다. 그 현전승가는 정해진 일정 기일에 포살(布薩) 의식을 행해야 했고, 대중공사를 통해 생활상의 모든 결정을 내리곤 하였다. 그러므로 생각할 때 현전승가 및 포살·대중공사야말로 승가 구

---

266) 自恣는 安居가 마쳐진 음력 7월 16일 저녁 녘에 행하는 것으로 되어 있다.(『四分律』, 大正藏 22, p.816下) 그럼에도 현재 한국불교에서는 自恣를 행하지 않는 채 대신 安居 중 매 보름마다 布薩을 행하고 있다. 그러나 布薩이 安居를 제외한 기간에 행해졌던 것이며 自恣는 安居가 마쳐진 다음날 행해진 의례임을 돌이켜 볼 때, 이는 원칙에서 벗어나 있음을 알게 된다.
267) 승잔법 제10계에 "僧과 화합하여 환희하고 다투지 아니하며 師와 學(戒)의 동일함이 水와 乳가 합한 듯하면 불법 가운데 증익되며 안락하게 살 것이다"라고 거듭 강조하고 있다. 『四分律』(大正藏 22, p.880上)

성의 필연적 요건에 해당한다고 말할 수 있을 것이다.

포살은 산스크리트어 uposadha 또는 posadha의 음역(音譯)으로, 정주 (淨住)·장양(長養)·재(齋)·설계(說戒) 등으로 번역된다. 고대 인도에 서 매월 육재일(六齋日)에 사람들이 그 전날 밤부터 종교의식의 장소에 모여 단식을 하며 하루를 경건히 보냈던 관습에서 유래된 행사로, 이것 이 불교의례로 정착된 것은 부처님 재세시 마가다국의 왕 빈비사라(頻 婆娑羅, Bimbisāra)의 요청에 의해서였던 것으로 전한다.268)

『사분율』 가운데 부처님께서 "내가 비구들에게 계(戒)를 제정해 줄 때에 바라제목차(波羅提木叉)를 말했다. 그 중에 신심이 있고 새로 계 를 받은 비구들이 계를 듣지 못했으니, 어떻게 계를 배울지 모를 것이 다. 나는 지금 비구들이 한곳에 모여 바라제목차 말하기를 허락하노 라"269)고 하였는 바, 여기서 포살이란 계(戒)를 듣기 위한 목적으로, 그 리고 계를 배우기 위한 수단으로 바라제목차 설(說)함을 의미한다고 하 겠다. 한편 포살이란 설계포살(說戒布薩)과 동일시 생각될 수 있어, 이 는 "날마다 계(戒)를 설하지 말라. 지금부터는 포살하는 날에만 계를 설 하도록 허락한다"270)는 부처님 말씀에 의거한다.

『증일아함경(增壹阿含經)』에 의하면 포살의식은 매월 8일·14일·15 일·23일·29일·30일[『사분율』에서는 (각각 白月과 黑月의) 1일·14일· 15일에]271) 등 6번의 재일(齋日)에 거행되었으며, 이는 달리 재(齋)라 표현되기도 하였다. 이날 참석한 대중들은 재집포살당(齋集布薩堂: 또는 說戒堂, uposathāgāra)이란 특정 장소에 모여 율사(律師), 즉 율법비구(律 法比丘)를 청해 모신 뒤 바라제목차(波羅提木叉, prātimokṣa)를 염송(念

---

268) 『四分律』(大正藏 22, p.830中)
269) 『四分律』(大正藏 22, p.817中)
270) 『四分律』(大正藏 22, p.817下)
271) 大正藏 22, p.816下.
　　　『大智度論』에서는 1일·8일·14일·16일·23일·29일 등을 말하여 날짜에 차이 가 있다.

誦說戒)하여 그에 대한 과실을 반성 혹은 참회케 함으로써, 비구들로
하여금 청정한 계(戒) 안에 머물러〔淨住〕 선법과 공덕을 길이 육성케
〔長養〕 함에 그 뜻이 있으며, 그러한 까닭에 포살(upoṣadha)을 정주(淨
住) 또는 장양(長養)·설계(說戒) 등으로 번역하기도 했다.

이러한 육재일(六齋日)의 포살의식은 이후 신월제(新月祭, darśa-
māsa) 및 만월제(滿月祭, paurṇa-māsa)라 불리웠던 인도의 전통 제법
(祭法)에 영향을 받아, 한 달에 2번의 행사로 그 횟수가 축소되었다. 그
전통 제법(祭法)에 의하면 보름 또는 초하루의 전날 거행된 그 행사 역
시 upoṣadha(布薩)라 불리운 채, 제주(祭主)는 단식을 하고 몸과 마음을
청정히 하여 계법(戒法) 가운데 머물렀다고 하며, 부처님 허락 하에 불
교의 포살의식 역시 이와 같은 형태를 취하게 되었던 것이다.

그럼에도 『사분율』 및 『오분율(五分律)』 등을 참고해 볼 것 같으면
후대에 있어 포살의 방법 및 형태에 많은 변화가 생겨났던 것으로 보인
다. 즉 『사분율』에서는 삼어포살(三語布薩)·청정포살(淸淨布薩)·설바
라제목차포살(說波羅提木叉布薩)·자자포살(自恣布薩) 등 4가지의 포살
형태를 들고 있는데,[272] 이에 비해 『오분율』에서는 심념구언(心念口
言)·향지설정(向他說淨)·광략설계(廣略說戒)·자자포살(自恣布薩)·화
합포살(和合布薩) 등의 5가지를,[273] 『선견율비바사(善見律毘婆沙)』에서
는 9가지의 포살 형태를 전하고 있는 것이다.[274]

여기서 우리는 자자포살(自恣布薩)이라 불리는 포살 형태의 특이한
면을 접하게 된다. 자자포살이란 어떠한 형태의 의식을 말하는 것인가.
이는 엄밀한 의미의 포살과는 약간 성격을 달리한 것으로, 먼저 우리는
포살과 자자(自恣)와의 차이점을 간략해 보아야 할 것이다.

우선 포살이란 스스로 자신의 허물을 대중 앞에 드러내 고백하는 참

---

272) 大正藏 22, p.1001上.
273) 大正藏 22, p.121ff.
274) 大正藏 24, p.782ff.

회의 절차를 말한다. 이렇듯 포살이란 스스로의 범계(犯戒)를 드러내
반성하는, 즉 자율적인 것인데 반해, 자자라 함은 대중 앞에서 서로 상
대방의 허물을 드러내는, 그리하여 타율적으로 나의 잘못이 대중 앞에
폭로되는 성격을 갖는다. 즉 포살이 자발적 참회를 위한 것이라면, 자자
는 타에 의한 나의 참회가 요구되는 것이다.

한편 시기적으로 볼 때 포살 의식이 우기(雨期), 즉 안거를 제외한
여타의 기간 동안에 행해졌다면, 자자 의식은 우기, 즉 하안거(夏安居)
와 때를 맞춰 행해진 독특한 포살 방법이었던 것 같다. 즉 인도에서의
여름 안거 동안 대부분의 수행자들은 일상생활 가운데 보통 묵언(默言)
을 하곤 하였는데, 그것은 석달 동안의 공동생활에서 서로간에 분쟁을
야기시키지 않고자 하는 데 뜻이 있었다. 그러나 90일의 안거가 끝나는
마지막날 밤, 모든 수행자들은 한자리에 모여 안거 동안에 있었던 스스
로 깨우치지 못한 자신의 잘못을 지적 받곤 하였으며, 그것은 본인이
알지 못한 채 저지른 행위를 바로잡을 수 있는 좋은 기회가 되기도 하
였다.

그러므로 자자가 행해진 것은 1년에 1번, 곧 안거가 마쳐지는 음력 7
월 16일의 일로서, 대중들은 안거 동안에 동료 수행자들의 행위에 대해
본 것·들은 것·의심이 가는 것 등 세 가지 잘못을 지적하였다.275) 이
에 지적을 받은 자는 지적한 자의 뜻에 따라[隨意] 참회·속죄하였으
며, 그러므로 자자를 수의(隨意)라 달리 번역하기도 하였다.

이렇듯 포살 및 자자의 차이점은 의식 진행의 상이점 속에서도 쉽게
발견된다. 이에 『사분율』 가운데 각각 포살의 방법을 전하고 있는 설계
건도(說戒犍度) 및 자자의 방법을 전하는 자자건도(自恣犍度)의 부분을
인용하여 이를 설명해 보기로 하겠는데, 여기서 건도(犍度)라 함은 부분
(部分) 또는 항목(項目) 쯤으로 번역할 수 있는 용어이다.

---

275) 『四分律』(大正藏 22, p.998下)

우선 『사분율』의 설계건도(說戒健度) 부분을 인용해 보면, 포살날 "오늘은 대중들에게 계(戒)를 설하오"라 외친 채 "시각을 전하거나 해 그림자를 겨냥하거나 대 쪼개는 소리를 내거나 땅 치는 소리를 내거나 연기를 내거나 소라를 불거나 북을 치거나 종을 치거나 그저 외치되, '여러 스님들이여 포살하고 설계(說戒)할 때가 되었오' 하라."276)

이후 모든 비구들이 한자리에 모이면,

> "대덕스님들이여, 내가 이제 바라제목차의 계(戒)를 말하리니, 자세히 듣고 생각하시오. 만일 스스로가 범한 것이 있는 줄 알거든 참회하시오. 범하지 않았거든 잠자코 계시오. 잠자코 계시므로 여러 스님네가 청정한 줄 알겠습니다. ……(중략)…… 이와 같이 하여 비구277)가 대중에게 세 번까지 물어 자기의 죄를 기억하게 하여도 참회하지 않으면 고의로 거짓 말한 죄를 얻습니다. 고의로 거짓말을 함은 도를 장애하는 법이라고 부처 님께서 말씀하셨습니다. 만일 그 비구가 죄 있음을 기억하여 청정해지고 자 하거든 참회하여야 하니, 참회하면 안락할 수 있습니다. 바라제목차는 계(戒)이니 ……(중략)…… 온갖 착한 법을 모아 삼매를 성취합니다. 내가 이제 설명하고 맺고 일으키고 연설하고 펴고 드러내서 분별하고자 합니 다. 그러므로 스님네여, 내가 이제 계를 설하겠습니다."278)

이렇게 한 다음 비구 포살에서는 250계·비구니 포살에서는 348계를, 사미·사미니 포살에서는 각각 10계의 항목을 세 번씩 되풀이하여 묻게 되는데, 포살에 참석한 대중들은 그 질문이 자기를 향해 물은 것처럼 알아듣고 스스로의 잘못이 있으면 드러내 참회를 하여야 했던 것이다.

이런 형식으로 계본(戒本)의 낭독과 물음이 되풀이되는 가운데 포살 의식이 마쳐지며, 포살의식에서 비구·비구니·사미·사미니 각각은 자

---

276) 大正藏 22, p.817下.
277) 布薩을 진행하는 律法比丘(현재는 통상적으로 叢林의 律主가 이를 대신한다)를 말한다.
278) 大正藏 22, p.818上.

신들의 포살이 아닌 한 근처에서 엿듣는 것이 금지되어 있다.279)

한편 『사분율』의 자자건도(自恣健度)는 다음과 같이 자자의 진행 형식을 설명하고 있다.280) 우선 자자를 행하는 날, 죽 먹을 때나 점심을 먹을 때 상좌(上座)가 '오늘 대중이 자자를 합니다'고 알린 후 때가 되면 종을 치거나 소라를 불거나 북을 치거나 연기를 내거나 그림자를 겨냥해 주거나, 혹은 외치되 '지금 대중이 자자할 때가 되었오'라 말한 다음, (대중이 모이면) 대중 가운데 자자의식 진행할 사람을 뽑은 후 '비구들이 오른쪽 어깨를 드러내고 가죽신을 벗고 (병들은 비구를 제외하고는) 모두 꿇어앉아 합장하고 상좌(上座)로부터 이렇게 말하도록 한다.

"대덕이시여, 대중이 오늘 자자(自恣)를 하는데 나 아무 비구도 자자를 합니다. 보았거나 들었거나 의심되는 죄가 있거든 대덕께서 나를 사랑하시어 말씀해 주시오. 내가 만일 내 죄를 발견한다면 법답게 참회하겠습니다."

이렇게 두 번, 세 번 말한 후 자자를 마친 자는 바로 앉아도 되는데, 한 사람 한 사람 돌아가며 신입 비구에 이르기까지 다 마쳐졌을 때 비로소 끝나게 되는 자자의식(自恣儀式).281) 이렇듯 포살과 자자는 교단

---

279) 그럼에도 "인간으로서 구족계를 받지 않은 이를 제하고는 (天·龍·夜叉 등) 다른 무리 앞에서는 갈마와 자자를 하도록 허락한다."(大正藏 22, p.842中)
『教誡新學比丘行護律儀』의 「入堂布薩法」 가운데 "(포살에 관한 자세한 것은) 『鈔文』(四分律行思鈔, 「說戒正儀篇」을 말함) 및 『布薩儀』(道安의 『出家布薩法』을 말함)에 있는 것과 같다. 여기서는 자세히 적지 않는다"(大正藏 45, p.872下. "具如鈔文及布薩儀 此不備述")는 언급이 보여진다.
280) 大正藏 22, pp.836~837.
281) 『四分律』(大正藏 22, pp.840下~841上)에는 다음 등의 세목이 설명되고 있다. 즉 自恣가 행해지는 날, 다른 곳에 사는 비구들도 모두 說戒하는 곳에 참석해야 하며, 병들어 있는 경우와 禪定에 든 자는 남에게 위탁해 자자를 행해야 하고, 혹 병들은 이의 처소까지 방문해 自恣를 행해야 한다. 혹 8가지 難이 생길 경우 自恣를 생략해도 되며, 앉은 곳이 협소하거나 병든 이가 많을 경우는 자자를 간략히 해도 된다. 自恣는 먼동이 트기 전까지 끝내야 하며, 혹 禪定의 기쁨에 머물러 그 기쁨이 사라질 것을 염려하는 사람은 넉달만에 자자를 해도 된다는 등.

(敎團) 질서를 유지키 위한 아름답고 숭고한 의식이라 할 수 있으며, 이를 통해 수행자들은 상호간에 믿음을 갖고 신뢰할 수 있는 채 진정한 수행의 길에 다다를 수 있었던 것이다. 이에 덧붙여 말한다면 포살과 자자의식은 승가공동체의 중요 이념이 깃든 대중공사의 근원이 되어진다고 할 수 있다.

이에 현행 조계종에서는 자자는 행해지지 않은 채, 안거(安居) 중 매 삭망(朔望)이면 비구계포살〔사미계포살 포함〕또는 보살계포살이 행해지는 바,[282] 각각의 포살 의식을 간략하면 다음과 같다.

도판 26. 포살의식
부처님께서 『사분율』 가운데 다음과 같이 말씀하고 계시다. "내가 비구들에게 계를 제정해 줄 때에 바라제목차를 설했다. 그 중에 신심이 있고 새로 계를 받은 비구들이 계를 듣지 못했으니, 어떻게 계를 배울지를 모를 것이다. 나는 지금 비구들이 한 곳에 모여 바라제목차 설하기를 허락하노라."
이에 안거 중 매번 삭망이 찾아오면 총림 및 선원에서는 비구계포살과 사미계포살, 또는 보살계포살 등이 행해진다. 포살의식을 진행하는 율법비구(통상 律主)가 자리 중앙에 앉아 바라제목차를 설한다. 이를 설계포살(說戒布薩)이라고도 한다.(사진 제공 · 법흥스님)

① 먼저 포살이 예정된 시간 10분 전에 부전은 운집목탁을 세 번 내려친다. 이어 법당의 대종을 5번 울림과 함께 전체 대중이 포살 설계장(說戒場)에 모이는 바, 포살의식을 진행하는 율법비구(律法比丘: 현재는

---

282) 조계종 종헌 제9조에 "승려는 具足戒(比丘戒)와 菩薩戒를 수지해야 한다"고 되어 있다. 대한불교조계종 총무원, 「宗憲」(『대한불교조계종 법령집』, 다보기획), 1995.

통상적으로 총림의 律主가 이를 대신한다)가 자리 중앙에 앉는다. 이어 전체 대중이 모이면 부전의 목탁에 맞춰 일어나 불전(佛殿)에 반배를 한다.

② 이어 모두 합장하고, 창불(唱佛)의 '예경삼보게(禮敬三寶偈)' 선창에 따라 대중이 이를 후창한다.〔이때의 唱法은 강원 상강례 때의 예와 동일하다.〕

예경삼보게(禮敬三寶偈)(보살계포살 및 비구계포살 동일)
일심정례(一心頂禮) 진시방삼세(盡十方三世) 일체제불(一切諸佛)(拜)
일심정례(一心頂禮) 진시방삼세(盡十方三世) 일체존법(一切尊法)(拜)
일심정례(一心頂禮) 진시방삼세(盡十方三世) 일체성승(一切聖僧)(拜)
아제자등(我弟子等) 설계포살(說戒布薩) 유원삼보(唯願三寶) 위작증명(爲作證明)(半拜)

③ 이어 창불 혼자서 다음 '거향찬(擧香讚)' 게송을 창한다. 그리고 마지막 구절 "나무향운개(南無香雲盖) 보살마하살(菩薩摩訶薩)"은 창불의 선창이 끝나면 대중이 후창하고, 이를 세 번 반복한다.〔마지막 번에 목탁을 내려친다.〕

거향찬(擧香讚)(보살계포살)
원차묘향운(願此妙香雲) 편만시방계(便滿十方界) 일일제불토(一一諸佛土)
무량향장엄(無量香莊嚴) 구족보살도(具足菩薩道) 성취여래향(成就如來香)
나무향운개(南無香雲盖) 보살마하살(菩薩摩訶薩) (이하 동일)
나무향운개 보살마하살
나무향운개 보살마하살

거향찬(擧香讚)(비구계포살)

선종정법(禪宗正法) 비계무방(非戒無防)
견지결백(堅持潔白) 보심왕식(保心王識)
상행온량(相行溫良) 의표당당(儀表堂堂) 이제계생향(利濟戒生香)
나무향운개 보살마하살(이하 동일, 三說)

④ 이어 대중이 '칭불명호(稱佛名號)'를 합창한다.

칭불명호(稱佛名號)(보살계포살)
나무범망교주(南無梵網敎主) 노사나불(盧舍那佛)
나무범망교주 노사나불
나무범망교주 노사나불

稱佛名號(비구계포살)
나무본사(南無本師) 석가모니불(釋迦牟尼佛)
나무본사 석가모니불
나무본사 석가모니불

⑤ 이어 별해탈(別解脫), 즉 바라제목차(波羅提木叉) 설함을 듣게 된
연기(緣起)를 설명하는 '난우게(難遇偈)'를 합창한다.

난우게(難遇偈)(보살계포살)
무상심심미묘법(無上甚深微妙法) 백천만겁난조우(百千萬劫難遭遇)
아금문견득수지(我今聞見得受持) 원해여래진실의(願解如來眞實義)

난우게(難遇偈)(비구계포살)
별해탈경난득문(別解脫經難得聞) 경어무량구지겁(經於無量俱胝劫)
독송수지역여시(讀誦受持亦如是) 여설행자갱난우(如說行者更難遇)

⑥ 이후 계사(戒師)가 법상에 좌정(座定)한 후 목탁에 맞춰 대중이 삼배를 올린 다음, 포살의범(布薩儀範)에 따라 진행한다. 보살계포살 의범은 다음과 같은 순서로 진행된다.283)

㉠ 송자백중(誦者白衆)

계(戒)를 외우는 이가 윗사람이거든 반드시 대중에게 고(告)할 필요가 없고, 또 대중이 사양치 않아 자리에 올랐거든 대중은 위를 향해 삼배하고 장궤 합장하고 듣는다. 그리고

(보통음으로) "비구 보살 ○○는 머리를 조아려 합장하옵고 대중스님에게 사뢰옵니다. 스님네가 불러내어 계(戒)를 외우게 되었으니, 혹 잘못이 있거든 자비로 지시하여 주옵소서"라 한다.

㉡ 귀경삼보(歸敬三寶)

(포살법사가 범음성梵音聲으로) "원만 보신(報身)이신 노사나부처님과 시방세계 금강불께 귀명하오며 또한 전론주(前論主)이신 당각자씨존(當覺慈氏尊)께 예(禮)하옵고 이제 삼취계(三聚戒)를 설하노니 보살들은 다 함께 들으라. 계(戒)는 밝은 등불과 같아 능히 무명장야(無明長夜)의 어둠을 없애며, 계는 보배 거울과 같아 법의 실상을 비추어 다하며, 또한 계는 마니주(摩尼珠)와 같아 물건을 내려 빈궁을 구제하느니라. 고해(苦海)를 벗어나서 속히 성불함에는 오직 이 계법(戒法)이 으뜸이 되는 길이니, 그런고로 모든 불자(佛者)들은 응당 부지런히 보호해 가질지어다"라는 게송을 외운다.

㉢ 책수(策修)

(법사가 보통음으로) "모든 대덕들이여 여름철 석달을 한철로 삼았더니, 보름이 이미 지나감에 오늘이 벌써 ○월 그믐이라. 오늘 저녁 하루 밤과 두 달 반이 남았을 뿐이니라. 늙고 죽음은 지극히 가깝고 불법은

___
283) 이하는 日陀 編譯의 『梵網經 菩薩戒布薩 朗誦本』(용안사 刊)에 의거하였다. 比丘 戒布薩의 경우도 내용만이 다를 뿐, 그 형식은 유사하기에 생략하기로 한다.

멸하려 하니, 모든 대덕과 우바새·우바이들은 도를 얻기 위해 일심으로 부지런히 정진하라. 부처님께서도 일심으로 부지런히 닦아 정진하신 까닭에 아뇩다라삼먁삼보리를 얻으셨거든, 하물며 나머지 선도법(善道法)을 말해 무엇하리요. 각각 듣고 건강할 적에 노력하여 부지런히 수행하라. 어찌 도를 구하지 아니하고 편안히 늙고 병들기를 기다리리요. 무엇을 즐기려고 하는가. 이 날이 이미 지나감에 목숨 또한 따라 멸함이로다. 마치 줄어드는 물에 고기와 같거늘 무슨 즐거움이 있으리요"라는 내용을 독송한다.

ㄹ 작전방편(作前方便)

다음은 송자(誦者)가 묻고 유나(維那)가 대답하는 형식을 취한다.

(보통음으로) (문) 대중 스님네가 다 모이셨습니까? (답) 이미 모였습니다. (문) 화합하십니까? (답) 화합합니다. (문) 대중이 모여서 화합함은 무엇을 하기 위함입니까? (답) 계를 설하여 포살을 하기 위함입니다. (문) 이 대중 가운데 보살계를 받지 않은 이와 청정치 못한 이는 없습니까? (답) 이 대중 가운데에는 보살계를 받지 않은 이와 청정치 못한 이가 없습니다. (문) 이 자리에 참예(參詣)하지 못하는 사정과 자기의 청정을 부탁한 이가 있습니까? (답) 사정과 사실에 따라 대답한다.

ㅁ 송계서(誦戒序)

계를 외우기에 앞서 계사(戒師)는 (범음성으로) "모든 불자들은 합장하고 지극한 마음으로 들으라. 내가 이제 부처님의 대계서(大戒序)를 설하고자 하노라. 대중은 묵묵히 듣고 스스로 죄가 있거든 마땅히 참회하라. 참회하면 안락하고 참회하지 아니하면 죄가 더욱 깊어지리라. 죄가 없는 자는 묵연(默然)하라.

묵연한 고로 이 대중은 청정한 대중이니라. 모든 대덕(大德)과 우바새와 우바이들은 자세히 들으라. 부처님께서 멸도(滅度)하신 후, 말법시대에 마땅히 해탈을 보호하는 법인 바라제목차(波羅提目叉)를 존중하라 하시니 이 계를 수지하는 이는 어두운 곳에서 밝음을 만남과 같으며,

가난한 이가 보배를 얻음과 같으며, 병든 이가 쾌차해짐을 얻음과 같으며, 갇혔던 이가 감옥을 벗어남과 같으며, 멀리 갔던 이가 집에 돌아옴과 같나니, 마땅히 알라. 이 계는 곧 대중들의 큰 스승이라. 만약 부처님께서 세상에 계실지라도 이와 다름이 없으리라. 죄를 두려워하는 마음은 내기 어렵고 선한 마음도 내기가 어려운지라. 그러므로 경에 이르시되, '작은 죄를 가벼이 여겨 재앙이 없다 하지 말라. 물방울이 비록 작으나 점점 큰그릇에 찬다' 하시니, 찰나 동안에 지은 죄로 무간지옥에 떨어짐이라.

한번 사람 몸을 잃으면, 만겁을 지나도 다시 받기 어렵느니라. 젊은 시절 머물지 아니함이 마치 달리는 말과 같고, 사람의 목숨 무상함이 폭포수보다 빠르니라. 오늘 비록 살아 있으나 내일을 또한 보증하기 어렵느니라. 대중들은 각각 일심으로 부지런히 정진하고, 삼가 게으른 생각에 잠겨 방일하지 말 것이니, 밤에라도 마음을 수섭하여 생각을 삼보께 두어 헛되이 지내지 말지어다. 한갓 피로함만 베풀면 다음에 깊이 후회하게 되리라. 대중들은 각각 일심으로 삼가 이 계를 의지하여 여법하게 수행할지어다"는 내용을 독송한다.

ⓗ 힐문(詰問)

(보통음으로) "모든 대덕들이여, 이제 흑월(黑月)인 그믐날에 포살을 지어 보살계를 설하노니, 대중들은 마땅히 일심으로 잘 듣고 죄가 있는 이는 드러내고 허물이 없는 이는 묵연하라. 묵연한 까닭에 마땅히 모든 대덕들이 청정한 줄 알아서 보살계를 설하리라. 이미 보살계서(菩薩戒序)를 설해 마치고 이제 모든 대덕들에게 묻노니 '이 가운데 청정하십니까?'(세 번 묻는다)

모든 대덕들이여, 이 가운데 청정하여 묵연한 고로 이 일을 이와 같이 호지할 것입니다"는 내용을 독송한다.

ⓢ 정송계경(正誦戒經)

(범음성으로) "그때, 석가모니 부처님께서는 처음 나투었던 연화대장

세계(蓮花臺藏世界)로부터 동방으로 오시어 천왕궁(天王宮)에 드셔서 『마수화경(魔受化經)』을 설하시고 남염부제 가이라국(迦夷羅國)에 하생하시니, '나의 어머니는 마야부인이요 아버지는 백정왕이며, 나의 이름은 실달다니라. 칠년 동안 출가수행하여 삼십 세에 도를 이루니 나를 석가모니불이라 부르게 되었느니라. 적멸도량(寂滅道場) 금강화광왕좌(金剛華光王座)에 앉음으로부터 마혜수라천왕궁(摩醯首羅天王宮)에 이르기까지 십주처(十住處)에서 차례로 설하였느니라.'

그때, 부처님께서는 대범천왕의 망라당(網羅幢)을 보시고 말씀하시되, '무량한 세계도 저 그물 구멍과 같아, 세계마다 각각 같지 않고 서로 다르기가 한량이 없나니, 부처님 교문(敎門)도 또한 그러하니라. 내가 이 세계에 팔천 번을 다시 와서 이 사바세계를 위해 금강화광왕좌에 앉았으며, 내지 마혜수라천왕궁에 이르기까지 모든 대중에게 심지법문(心地法門)을 대강 열었더니라. 다시, 그 천왕궁으로부터 염부제(閻浮提)의 보리수하에 내려와 이 땅에 있는 일체중생 어리석은 범부들을 위하여 나의 근본인 노사나불(盧舍那佛)의 심지법문(心地法門) 가운데 초발심 속에 항상 외우시던 한가지 계법을 설하나니, 이것은 광명금강보계(光明金剛寶戒)이며 일체 부처님의 본원(本源)이며 일체보살의 본원이며 불성(佛性)의 종자니라. 일체중생이 모두 불성이 있어 불성의 뜻과 알음알이와 형상과 마음이 있으며 그 뜻과 마음이 모두 불성계(佛性戒) 안에 있나니, 마땅히 결정된 인(因)이 항상 있으므로 마땅히 법신이 항상 머무느니라. 이와 같이 하여 열 가지 바라제목차(波羅提目叉)가 세계에 나왔으니, 이 법계(法戒)는 삼계의 일체중생이 이마에 이고 받들어 지닐 것이니라. 나는 지금 대중을 위하여 무진장계품(無盡藏戒品)을 거듭 설하나니, 이것은 일체중생의 계(戒)이며, 그 본원자성이 청정하니라.'

'나는 원만한 과보신(果報身) 노사나불이니라. 바야흐로 연화대에 앉아 둘러싸인 천화상(千華上)에 다시 천(千)의 화신인 석가불을 나투어 한 꽃마다 백억 세계요 세계마다 석가모니불이로다. 각각 보리수하에 앉으사 일시에 성불하신 천백 억 석가불은 노사나부처님의 본신이로다. 천백 억 석가모니부처님이 각각 미진수 대중을 거느리고 노사나부처님의 처소에 이르러 오묘한 계의 법문을 듣사오니 감로문이 활짝 열림이로다. 이때에 천백 억 부처님이 본 도량(道場)에 돌아가 각각 보리수하에 앉으사 우리 본사(本師)의 계(師)인 십중(十重) 사십팔계(四十八戒)를 외움이로다.

계는 밝은 일월과 같으며, 또한 영락구슬과 같은지라. 미진수 보살들이 이로 말미암아 정각을 이룸이로다. 노사나께서 외우심이라 나도 또한 이와 같이 외우노니, 너희들 새로 배우는 보살들도 이 계를 받들어 가져 청정하게 수지한 다음 모든 중생들에게 전하여 줄지어다.

분명히 듣고 바르게 외우는 이 계법은 불법 중 계장(戒藏)으로 별해탈(別解脫)의 법인 바라제목차니라. 대중들은 마음을 다하여 믿으라. 너희는 당래에 이룰 부처요 나는 이미 이룬 부처이니, 항상 이와 같이 믿을진대 계품(戒品)은 이미 구족한 것이로다. 마음을 가진 일체중생은 모두 다 불계(佛戒)를 섭(攝)해 있음에 불계를 받은 일체중생은 부처님 지위에 들게 되며, 위치가 대각(大覺)과 다름이 없어 진실한 불자라 하는 것이니, 대중은 모두 다 공경하여 지극한 마음으로 나의 계법을 들으라."

이어 (보통음으로) "그때에 석가모니부처님께서 처음 보리수하에 앉으사 무상정각을 이루시고 처음으로 보살의 바라제목차를 결정하시니, 그것은 부모와 사승(師僧)과 삼보께 효순하는 것이며 지극한 도에 효순하는 법이더라. 효순하는 것을 계(戒)라 하며 또한 제지(制止)라 하느니라. 부처님께서는 입으로 무량한 광명을 놓으시니, 이때에 백만 억 대중 모든 보살들과 18범천(梵天) 육욕천자(六慾天子)와 십육대국왕(十六大國王)이 합장하고 지극한 마음으로 부처님께서 외우시는 일체제불의 대승계(大乘戒)를 들더라.

부처님께서 모든 보살들에게 고하여 말씀하시되, '내가 지금 보름마다 여러 부처님의 법계(法戒)를 외우노니, 너희들 모든 발심한 보살들과 십발취(十發趣)·십장양(十長養)과 십금강(十金剛)·십지(十地)의 모든 보살들도 따라 외우라. 그러므로 계의 광명이 입에서 나왔으니, 연(緣)만이 있고 인(因)이 없는 것이 아니니라. 광명과 광명은 청·황·적·백·흑(靑黃赤白黑)이 아니며, 빛깔도 아니요, 마음도 아니며, 있는 것도 아니며, 인연법이 아니니, 곧 모든 부처님의 본원(本源)이며, 보살도를 행하는 근본이며, 대중 여러 불자들의 근본이니라. 그러므로 모든 불자들은 응당 수지하고 독송하여 잘 배울지어다. 불자들이여 자세히 들으라. 이 불계(佛戒)를 받는 이는 국왕·왕자와 백관, 재상과 비구·비구니와 십팔범천·육욕천자와 서민, 황문과 음남·음녀, 노비와 팔부귀신 금강신, 축생과 내지 변화한 사람이라도 다만 법사의 말을 알아들을 수 있는 이는 모두가 이 계를 받을지니 모두 다 제일청정자(第一淸淨者)라 이름하리라'"라는 내용을 독송한다.

◎ 십중대계(十重大戒)

(戒師가 보통음으로) "다시 부처님께서 모든 불자들에게 고하여 말씀하시되, '열 가지 중(重)한 바라제목차가 있느니라. 보살계를 받은 이로서 만약 외우지 아니하면 보살이라 할 수 없으며 불종자(佛種子)라고 할 수 없기에 나도 또한 이와 같이 외우느니라. 일체 보살들이 이미 배웠으며, 당래에도 배울 것이며, 지금도 배우느니라. 이제 보살 바라제목차의 모양을 대강 설하였으니, 마땅히 배워서 공경하는 마음으로 받들어 가져야 하느니라'"라는 내용을 독송한 다음,

(범음성으로) 각각 십중대계의 제목과 그 강요를 외운 후,

"잘 배우는 모든 인자(仁者)들이여, 보살의 열 가지 바라제목차를 응당히 배워서 그 가운데 낱낱이 티끌만큼도 범하지 말지니라. 만약 범하는 이는 현신(現身)에 보리심을 발하지 못할 것이며, 또한 국왕의 자리와 전륜왕의 지위를 잃을 것이며, 비구·비구니의 지위를 잃을 것이며,

십발지(十發地)·십장양(十長養)과 십금강(十金剛)·십지(十地)와 불성 (佛性)이 상주하는 묘과(妙果)를 모두 다 잃어버리고 삼악도에 떨어져 이겁·삼겁을 지내도록 부모와 삼보의 명자도 듣지 못하리라. 이런 까 닭에 한 가지라도 범하지 말아야 하느니라. 너희들 모든 보살이 지금 배우며, 당래에 배울 것이며, 이미 배웠으니, 이와 같은 열 가지 계를 응당히 배워서 공경하는 마음으로 받들어 가질지어다. 팔만 위의품 가 운데서 널리 밝혔느니라"라는 내용을 독송한다.

ⓐ 사십팔경계(四十八輕戒)

(계사가 보통음으로) "부처님께서 모든 보살들에게 고하여 말씀하시 되, 이미 열 가지 바라제목차를 설하였으니, 이제 마흔 여덟 가지 경구 계(輕垢戒)를 설하리라"는 내용을 독송한 후,

(범음성으로) 각각 사십팔경계의 제목과 그 강요를 외운 다음,

(보통음으로) "모든 불자들이여, 이 사십팔경계를 너희들은 수지할 지니라. 과거 모든 보살들이 이미 외웠으며, 미래 모든 보살들이 당래에 외울 것이며, 현재의 모든 보살들이 이제 외우느니라.

모든 불자들이여, 이제 이 십중(十重) 사십팔경계(四十八輕戒)를 삼세 모든 부처님께서 이미 외우셨으며, 당래에 외우실 것이며, 이제 외우시 며, 나도 지금 이와 같이 외우노니, 너희들 보살계를 받은 모든 대중들 은 응당히 불성이 상주하는 계권(戒卷)을 수지 독송하고 해설 서사(書 寫)해서 삼세의 모든 중생들에게 유통시켜 교화하고 교화되는 일이 끊 어지지 않게 하라. 그리하여 천불(千佛)을 친견하고 수기를 받아 세세 생생토록 악도와 팔난에 떨어지지 아니하고, 항상 인도(人道)와 천중(天 中)에 나게 하라. 내가 이제 이 보리수 아래에서 칠불의 불계(法戒)를 대략 설하였나니, 너희 대중들은 마땅히 일심으로 바라제목차를 배워서 환희심으로 받들어 행할지니라. 저 '무상천왕권학품' 가운데서 낱낱이 널리 밝혔느니라.

이때에, 석가모니부처님께서 위와 같이 연화대장세계(蓮花臺藏世界)

의 노사나부처님께서 설하신 심지법문품 가운데 열 가지 무진계품(無盡戒品)을 설해 마치시니, 천백 억의 석가모니부처님께서도 또한 이와 같이 설하시되, 마혜수라천왕궁으로부터 보리수하에 이르기까지 십주처(十住處)에서 설하신 법문을 하셨으며, 여러 보살들과 많은 대중들의 수지 독송을 위해 그 뜻을 해설하심도 이와 같이 하였더라.

천백 억 세계와 연화장세계의 미진 같이 많은 세계에서도 모든 부처님의 심장과 지장(支藏)과 계장(戒藏)과 무량행원장(無量行願藏)과 인과불성상주장(因果佛性常住藏) 등, 모든 부처님께서 설하신 무량일체법장(無量一切法藏)을 설하여 마치시니, 천백 억 세계에 있는 모든 중생들도 받아 지니고 환희심으로 봉행하더라. 심지(心地)의 모양을 광개한 것은 불화광왕칠행품(佛華光王七行品) 가운데 설하심과 같으니라."

(범음성으로) "밝은 사람들이 참는 지혜가 강하여 능히 이와 같은 법을 지키면 불도를 이루기 전에라도 편안히 다섯 가지 이익을 얻으리라. 첫째는 시방세계의 부처님께서 연민히 여기사 항상 수호하여 주심이요, 둘째는 이 목숨이 마칠 때 올바른 소견으로 마음이 기쁘고 즐거울 것이요, 셋째는 세세 생생 나는 곳마다 모든 불보살들과 도반이 될 것이요, 넷째는 공덕이 모이고 쌓여, 계의 바라밀을 모두 다 성취할 것이요, 다섯째는 금생에나 후생에나 성계(聖戒)와 복덕 지혜가 원만하리라. 이렇게 되어야사 참으로 불자가 되는 길이니, 지혜로운 이는 잘 사량하라. 아(我)를 헤아리고 상(相)에 착(着)하는 이는 능히 이러한 법을 내지 못할 것이요, 수(壽)를 멸하고 증(證)을 취하려는 이도 또한 종자를 심을 곳이 아니니라. 보리의 싹을 길러내어 광명이 세간을 비추려고 할진댄 응당히 고요하게 관찰할지니라.

모든 법의 진실한 모양은 나는 것도 아니요 죽는 것도 아니며, 항상도 아니요 끊어짐도 아니며, 하나도 아니요 다른 것도 아니며, 오는 것도 아니요 가는 것도 아니니라. 이와 같은 일심 가운데 방편으로 부지런히 장엄하여 보살들이 응당 해야 할 것을 차례대로 마땅히 배울지어

다. 배울 것이 있는 이와 배울 것이 없는 이에 차별하는 생각을 내지
말지니, 그 이름이 제일도(第一道)가 되는 것이며 또한 마하연 대승법이
라 하느니라. 모든 희론의 악이 모두 다 이로부터 없어지는 것이며, 모
든 부처님의 살바야일체지(薩婆若一切智)가 모두 다 여기에서 나오느니
라. 이런 때문에 모든 불자들이여, 마땅히 큰 용맹심을 내어 모든 부처
님의 청정한 계율을 밝은 구슬과 같이 보호하여 지닐지어다. 과거의 모
든 보살들이 이미 이 가운데서 배우셨으며, 미래자가 당래에 배울 것이
며 현재자가 지금 이렇게 배우느니라. 이것이 부처님께서 행하신 길이
며 성주(聖主)께서 찬탄하신 바이로다. 나도 이미 수순하여 설하였노니
한량없는 복덕의 무더기를 돌이켜 중생들에게 보시하옵고 함께 모든 지
혜를 향하옵나니, 바라건대 이 법문을 듣는 이 모두 다 불도를 이루어
지이다"는 내용의 게송을 외운다.

㉛ 송계필사중(頌戒畢謝衆)

(보통음으로) "비구 보살 ○○은 대중 스님께 공경히 감사합니다. 스
님네가 부르셔서 계를 외웠으나, 삼업(三業)이 부지런하지 않고 계문(戒
文)이 매끄럽지 않아 오래 앉아 지체해서 대중스님네를 수고롭게 하였
으니, 바라건대 대중 스님네는 자비로 보시어 기뻐하소서"라는 게송을
외운다.

⑦ 이상 포살에 필요한 송경(誦經)이 모두 끝난 후 목탁에 맞춰 자리
에서 일어난 대중은 설계자(說戒者)에게 반배와, 그리고 이어 삼배를 올
린다. 이후 설계자가 자리에서 내려와 불전에 삼배를 하면 창불이 아래
의 '거회향게(擧回向偈)'를 한 구절씩 선창하는 바, 대중은 합장한 채 한
구절씩 후창함으로서 포살이 마쳐진다.

거회향게(擧回向偈)(보살계포살 및 비구계포살 동일)
송계공덕수승행(頌戒功德殊勝行) 무변승복개회향(無邊勝福皆回向)

보원침익제유정(普願沈溺諸有情) 속왕무량광불찰(速往無量光佛刹)
시방삼세일체불(十方三世一切佛) 제존보살마하살(諸尊菩薩摩訶薩)
마하반야바라밀(摩訶般若波羅密)

이상 설명한 포살의식은 출가인 위주의 의식이라 말할 수 있는 바,
이에 대한 재가포살(在家布薩)로서는 오계포살(五戒布薩)을 들 수 있다.
재가불자들을 위한 오계포살 의식 역시 몇 부분을 제외하고는 위 보살
계포살 의식과 일치하는 바, ④의 부분 '칭불명호(稱佛名號)'를 합창함에
있어 보살계포살에서의 게송[나무범망교주노사나불]이 아닌 비구계포살
때의 게송[나무본사석가모니불]을 사용한다거나, 위와 같이 10중계와 48
경계를 설하는 것이 아닌 오계(五戒)를 설하는 차이점만을 보이고 있다.
　여하튼 자자와 포살을 통한 지계(持戒)의 정신. 이것은 재가 및 출가
를 포함한 승가의 내적 수행 및 성장을 위한 필수 요건임과 함께, 바라
제목차(波羅提木叉) 즉 '내면적 자유(自由)'에로 나아가기를 추구한 채
해탈 성취의 지름길을 제시해 주는 것이라 말할 수 있다.

(11) 해제(解制)

포살 및 자자의식이 행해짐과 함께 안거(安居)가 끝나고, 승가는 해
제를 맞이한다. 『사분율』 가운데 "안거를 마치고 해야 할 일이 네 가지
있으니 자자를 행해야 하고 결계(結界)를 풀어야 하고……"[284]라 하는
바, 자자의식이 끝난 승가에서는 '결계를 푸는 행사'를 행하게 되어 이
것을 해제의식이라 한다.
　현행 해제의식은 큰법당에서의 해제법문(解制法門)으로 대체된다. 그
리고 해제에 앞서 대중방 백운(白雲) 편에 자리했던 선원(禪院) 대중들

---

284) 大正藏 22, p.877下.
　"安居竟有四事應作 何等爲四 應自恣應解界應結界應受功德衣"

은 90일 안거 동안 머물던 요사(寮舍)를 정리하고 안거증(安居證)을 나누어 받은 채 걸망을 싼다. 그리고 큰법당에서의 해제법문.[285] 조실(祖室) 스님의 법문을 끝으로 운수승(雲水僧)들의 만행(萬行)이 시작되는 바, 『교계신학비구행호율의』「입취락법(入聚落法)」에서는 다음 30조에 이르는 운수행(雲水行)의 규구(規矩)를 소개하고 있다.

도판 27. 해제법문, 안거증(安居證)
『사분율』에 "안거를 마치고 해야 할 일이 네 가지 있으니, 자자를 행해야 하고 결계를 풀어야 하고……"라 하고 있다. 이에 결계를 푸는 행사로서 해제법문이 행해지는 바, 그것을 마치면 대중방 백운(白雲) 편에 자리했던 운수승(雲水僧)들은 90일 동안 머물던 요사를 정리하고 안거증(安居證)을 받아 쥔 채 흰 구름의 길, 흐르는 물처럼 만행(萬行)의 길을 향한다.

　　"① 일이 여법(如法)하더라도 도반(道伴)이 여법하지 못하면 마을에 들어가지 말라. ② 일이 여법하지 않으면 도반이 여법하더라도 들어가지 말라. ③ 일과 도반이 함께 여법하지 않으면 들어가지 말라. ④ 일과 도반

---

285) 총림에서의 경우, 해제법문 의식절차는 1. 일상신앙의례 가운데 3) 신앙의례 (2) 법회 항목 중 「총림에서의 법회의식」 부분에서 행하는 방법과 동일한 형태를 취한다.

이 함께 여법할 때 비로소 마을에 들어가라. ⑤ 절박한 반연(攀緣)이 없으면 속가(俗家)에 들어가지 말라. ⑥ 설령 절박한 반연이 있더라도 혼자서 들어가지 말라. ⑦ 반연된 일이 없으면 자주[數數] 시장[塵市]에 들어가지 말라. ⑧ 마을에 들어갈 때는 항상 물병을 가지고 다녀야 한다. ⑨ 만약 마을에 들어가서 묵게 될 때는 마땅히 삼의(三衣)와 좌구(坐具), 물병과 물병을 넣는 주머니[水袋瓶] 등을 가지고 있어야 한다.286)

⑩ 걸어갈 때에는 칠척(七尺) 정도 앞을 곧게 바라보고 걸어야 하며, 개미나 벌레 등을 밟지 않도록 해야 한다. ⑪ 마땅히 위의를 갖추어 다녀야 하고, 걸어다닐 때 허겁지겁 서두르지 말라. ⑫ 멀리 관인(官人)이나 술 취한 사람이 보이면 그곳을 피해야 한다. ⑬ 걸어다닐 때 손을 늘어뜨리거나 팔을 흔들지 말라. ⑭ 길에서 여인과 함께 걸어가지 말라. ⑮ 길에서 니승(尼僧)이나 여인들과 함께 말하지 말라. ⑯ 오신채(五辛菜)를 먹거나 술을 마시는 사람과 함께 가지 말라. ⑰ 도살장이나 술 파는 집에 들어가지 말라. 초청 받는 것은 제외한다. ⑱ 남자가 없는 집에 들어가지 말라. 초청을 받는 것은 제외하며, 도반이 있으면 곧 가도 된다. ⑲ 여색(女色)을 파는 집에 들어가지 말라. ⑳ 속가에 들어가서 앉고 일어설 때 네 가지 위의를 갖추어 속인으로 하여금 좋은 마음이 생기도록 해야 한다. ㉑ 항상 깨끗함을 잘 지켜야 한다. ㉒ 설사 오래 전부터 잘 알고 있던 속인의 집이라 하더라도 만약 들어가고자 할 때는 먼저 문을 두드려 본 뒤에 들어가야 한다. ㉓ 여인과 함께 말하지 말라.287) ㉔ 이양(利養)을 구하기 위해 삿된 방편[邪命]으로 교화하여 속인의 마음을 움직여 그 혜시(惠施)를 받으려고 해서는 안 된다. ㉕ 자기의 덕을 드러내어 칭찬하면서 다른 비구를 욕하면 안 된다. ㉖ 웃고 떠들지 말라. ㉗ 세간의 하찮은 일[閑事]을 말하지 말라. 마땅히 법어(法語)를 말하여 선심(善心)이 생기게 해야 한다. ㉘ 마땅히 속인의 뜻을 잘 보호해 주어서, 공경하고 믿는 마음을 잃지 않도록 해야 한다. ㉙ 말로만 자선을 하여 다른 사

---

286) 離三衣戒에 의하면, 一宿할 때는 반드시 三衣를 소지해야 한다. 三衣와 발우, 坐具, 漉水袋는 비구의 六物로서 반드시 몸에 지니고 있어야 한다.

287) 波逸提法에는 成人의 男子가 곁에 있지 않을 때는 다섯 여섯 마디 이상 女人에게 말하지 못하게 하고 있다.

람을 뇌롭게〔靀纊〕하지 말라. ⑳ 항상 육근(六根)을 섭수(攝受)하여 방
일하지 말라."[288]

이러한 규구(規矩)를 마음 깊이 담고 만행(萬行)을 떠나는 운수승(雲
水僧). 그들이 떠나는 길은 길이 아닐지어다. 해제(解制)의 끝은 또다시
새로운 시작을 의미하며, 나는 새는 자취를 남기지 않는 까닭이다.

3) 신앙의례(信仰儀禮)

이상 '승가(僧伽)의 일상사 가운데 행해지는 제반(諸般) 의례적 요소
의 총칭'으로서 일상의례(日常儀禮) 및 '출가인들이 정업(正業)을 닦는
행법'으로서 수행의례(修行儀禮)는 전문적 의례의 범주에 속하는 것들
로, 출가 수행자만에 관련된 의례적 성격이 짙다 하겠다. 이와는 달리
일반 재가불자들과 관련된 의례 형태로서 신앙의례를 들 수 있다. 여기
서 신앙의례라 함은 '믿고〔信〕 숭앙〔仰〕하는 것' 내지, '숭앙〔仰〕하는 바
에 대한 우리의 믿음〔信〕' 표현으로서 행해지는 외적 의례의 형태적 측
면을 의미하는 것으로, 이에 대표적으로 불공(佛供)과 법회(法會), 그리
고 각종 재일(齋日)과 관련된 의례 형태에 대해 정리해 보기로 한다.

(1) 불공의례(佛供儀禮)

불공(佛供)이란 어구상 부처님께 공양(供養) 올림을 뜻하여 헌공(獻
供)이란 용어로 대치되기도 하는 바, 반승(飯僧)의 의미가 현금에 전이
된 채 엄밀한 의미에서는 불·법·승 삼보에 대한 공양의 뜻이 내재되

---

288) 大正藏 45, pp.873下~874上.

어 있다고 하겠다. 한편 삼보에 대한 공양의 의미는 일반 새가불자들에게 있어 업(業)의 청정 및 구복(求福)의 한 방편으로 이해되기도 하는 바, 『석문의범』에서는 "제성탄일(諸聖誕日)에 공양을 올리면 살아서도 또한 죽어서도 이익이 있다"고 말한 채 4월 8일의 석가모니불 탄일 및 11월 17일 아미타불 탄일, 4월 4일의 문수보살 탄일, 7월 30일의 지장보살 탄일 등을 들고 있다. 또한 '갑자(甲子)·갑술(甲戌)·갑오(甲午)·갑인(甲寅)·을축(乙丑)·병인(丙寅)·정축(丁丑)·정사(丁巳)·술인(戌寅)·기해(己亥)·경오(庚午)·경진(庚辰)·경술(庚戌)·경신(庚申)·신사(辛巳)·신미(辛未)·신해(辛亥)·신축(辛丑)·임신(壬申)·임진(壬辰)·계축일(癸丑日)' 등 불공 길일(吉日)을 소개[289]하기도 하는 즉, 현재에 있어서는 매월 삭망(朔望) 즉 초하루와 보름의 정기법회시, 그리고 매일의 불공의례 가운데 불자(佛子)들은 쌀 한톨 한톨의 정성을 모아 부처님께 공양 올린다.

부처님께 올리는 공양은 마지(摩旨)라 부른다. 즉 '공들여 만든[摩] 맛있는 음식[旨]'을 의미하여, 공양주는 밥을 지어 뜸들이고 그 가운데 제일 잘된 부분을 마지 그릇에 담아 부처님께 진지(進旨)한다. 우선 마지를 떠서 마지그릇에 담은 후 빨간색 보자기 또는 금색 뚜껑을 덮어두는데, 이는 사악한 기운이 마지에 접근치 못하게 한다는 의미를 갖는다.

이윽고 법당에서 자진머리에서 중중몰이로 올려치고 내려치는 다섯 번의 금고 소리, 즉 마지종(摩旨鐘)이 울리면 행자(行者)는 마지를 법당 부처님 전에 공양하게 되는데, 혹 침이라도 튀길까 하는 염려에 마지그릇을 자신 입 위로 치켜든 채 다른 손으로 그 든 손을 받쳐 운반한다.

---

289) 『釋門儀範(下)』, p.301.

한편 甲子·甲戌·甲午·甲寅·乙丑·乙酉·丙寅·丙申·丙辰·丁未·戊寅·戊子·己丑·庚午·辛酉日 등 佛供大通日을 들고 있기도 하다.

또한 "諸聖下降日과 五臘日(1월 1일은 天臘, 5월 5일은 地臘, 7월 七夕은 王后臘, 10월 1일은 道德臘, 12월 그믐은 時臘)에 獻供 내지 施食을 하면 消災增福하여 法界의 含靈에 이르기까지 離苦得樂한다"고 한다.(『釋門儀範(下)』, p.300)

부처님께 올리는 공양을 지니기에 큰스님을 만나더라도 절을 올리지 않는다.

행자가 법당 불전(佛前)에 마지를 올리고 삼배를 올리는 사이, 법당에서는 이미 헌공의례(獻供儀禮)가 상당히 진행되어 있게 된다. ① 보례진언(普禮眞言)을 시작으로 ② 천수경(千手經) 독송 및 ③ 정삼업진언(淨三業眞言), ④ 개단진언(開壇眞言), ⑤ 건단진언(建壇眞言), ⑥ 정법계진언(淨法界眞言), ⑦ 거불(擧佛), ⑧ 보소청진언(普召請眞言), ⑨ 유치(由致), ⑩ 향화청(香華請), ⑪ 가영(歌詠), 그리고 ⑫ 헌좌진언(獻座眞言)까지의 진행을 이미 마치고, ⑬ 정근(精勤) 즉 '나무 삼계도사 사생자부 시아본사' 어구 이후에 '석가모니불……'이란 불(佛) 명호(名號)를 불러 찬탄하는 절차를 행하고 있게 되는 바, 행자가 마지를 단상(壇上)에 올려놓을 때까지 정근이 계속된다.

도판 28. 마지(摩旨)

부처님께 올리는 공양을 '공들여 만든(摩) 맛있는 음식(旨)', 즉 마지(摩旨)라 부른다. 마지그릇에 담겨진 마지에 사악한 기운이 접근해서는 안 되므로, 그 위에 빨간색 보자기 또는 금색 뚜껑을 덮는다. 이윽고 법당에서 자진머리에서 중중몰이로 올려치고 내려치는 다섯 번의 금고(金鼓) 소리, 마지종(摩旨鐘)이 울리면 행자(行者)는 부처님 전에 마지를 공양한다. 혹 침이라도 튀길까 하는 염려에서 마지그릇은 자신의 입 위로 치켜든다.

이후 마지(摩旨)를 올려놓은 다음 "천상천하무여불(天上天下無如佛) 시방세계역무비(十方世界亦無比) 세간소유아진견(世間所有我盡見) 일체무유여불자(一切無有如佛子)"라는 후구(後句)에 이어 ⑭ 만다라(曼拏羅) 설립을 위한 정법계진언(淨法界眞言), ⑮ 다게(茶偈), ⑯ 진언권공(眞言勸供), ⑰ 변식진언(變食眞言), ⑱ 시감로수진언(施甘露水眞言), ⑲ 일자수륜관진언(一字水輪觀眞言), ⑳ 유해진언(乳海眞言), ㉑ 운심공양진언(運心供養眞言), ㉒ 공양칠정례(供養七頂禮), ㉓ 보공양진언(普供養眞言), ㉔ 보회향진언(普回向眞言), ㉕ 원성취진언(願成就眞言), ㉖ 보궐진언(補闕眞言), ㉗ 축원(祝願), ㉘ 중단헌공(中壇獻供) 등으로 이어지는 일련의 헌공의례가 이어지며, 이러한 의례를 통해 부처님께 공양을 올리고 나서야 비로소 스님들은 큰방에 들어가 공양[飯僧]에 임하게 된다.〔불공의식에 참석치 않은 자는 큰방에서 공양에 임할 자격이 없어, 후원의 공양간에서 점심을 먹는다.〕

　부처님께 공양 올리는 헌공의례로는 '제불(諸佛)을 통청(通請)'한다는 의미로서 제불통청(諸佛通請: 三寶通請이라고도 한다)이란 의식절차가 쓰이고 있다. 제불통청의 전체 절차는 불(佛) 재세시(在世時)의 공양 절차〔즉 ㉠ '부처님께 대한 공양청(供養請)'과 ㉡ '공양청의 이유'를 밝힘, ㉢ '佛께서 공양 장소에 가심', ㉣ '佛께서 공양을 드심', ㉤ '공양 후 축원을 행함'〕를 구성(構想)하여 모델로서 상정한 채 그것을 구체화한 것이라 말할 수 있다.

　앞서 든 헌공의례로서의 제불통청은 ① 보례진언(普禮眞言)을 시작으로 ㉖ 축원에 이르기까지 26개의 항목으로 구성되는 바, 전체의 구성을 크게 〈1. 결계(結界)〉, 〈2. 공양청(供養請)〉, 〈3. 도량청정(道場淸淨)〉, 〈4. 가지권공(加持勸供)〉, 〈5. 공양(供養)〉, 〈6. 회향(回向)〉, 〈7. 축원(祝願)〉, 〈8. 중단권공(中壇獻供)〉 등으로 나누어 설명할 수 있다. 이들 구성에 따른 헌공의례와 관련된 전체 행법290)을 소개하면 다음과 같다.

　〈1. 결계(結界)〉 결계란 의식을 행함에 있어 도량(道場)을 청정케 하

---

290) 이와 관련된 전체 문구는 『釋門儀範(下)』(pp.1~6)에 소개되어 있다.

는 행위를 말한다. 이에 먼저 의식을 행할 대상자에 대한 예를 올리고
〔① 普禮眞言〕 난 이후 송주(誦呪)를 외움〔② 千手經 誦呪〕으로서 도량
정화의 행법을 행하게 되며, 그런 다음 의식자(儀式者) 자신의 신·구·
의 삼업의 청정을 구하고〔③ 淨三業眞言〕 이어 의식도량을 조성하는 작
업〔④ 開壇眞言, ⑤ 建壇眞言, ⑥ 淨法界眞言〕을 행한다.

이에 대한 전체적 행법을 소개하면, 먼저 오전 10시가 되면 법당 부
전은 청정수(淸淨水)를 법당 다기(茶器)에 올리고 촛불과 향을 켠 다음
법당 중앙 왼켠 자리에 서서 목탁으로 치면서 ① '보례진언(普禮眞言)
아금일신중(我今一身中) 즉현무진신(卽現無盡身) 변재삼보전(遍在三寶
前) 일일무수례(一一無數禮) 옴 바아라 믹(唵 婆阿羅 美)'이란 일련의
게송을 창(唱)하게 된다. 마지막 '옴 바아라 믹'을 외우면서는 목탁을 내
려친 채 삼배를 올린다.〔이때 부전뿐만이 아닌 노전과 일반 불자들 역시
자리에 같이하여 부전과 서고 앉음을 같이한다.〕 이후 자리에 무릎꿇고 앉
은 법당 부전은 노전(爐展) 및 일반 불자들과 함께 ② 송주(誦呪)를 행
하게 되는데, 여기서 송주라 함은 일반적 통념 속에서의 천수경이 이에
해당한다. 그리고 송주 독송에 이어 ③ 정삼업진언(淨三業眞言) 및 ④
개단진언(開壇眞言), ⑤ 건단진언(建壇眞言), ⑥ 정법계진언(淨法界眞言)
까지의 모든 게송을 법당 내 전 대중이 목탁에 맞춰 독송함으로서 이
부분을 끝맺는다.

〈2. 공양청(供養請)〉 공양청 부분에서는 공양코자 하는 대상, 즉 삼보
(三寶)님을 청하여〔⑦ 擧佛, ⑧ 普召請眞言〕 청한 인연을 아뢰고〔⑨ 由
致〕 난 후, 그 오시는 길목을 꽃과 향으로 장엄한 채 또다시 간절히 오
시기를 청하며〔⑩ 香華請과 ⑪ 歌詠〕, 그리고 난 후 오신 분께 자리를
내어 드린 이후〔⑫ 獻座眞言〕, 그분에 대한 찬탄을 행하게 된다〔⑬ 精
勤〕.

이 부분의 전체적 순서를 설명하면, 먼저 위 ⑥ 정법계진언(淨法界眞
言)까지를 마친 다음 부전과 노전, 불자들이 자리에서 일어난 후, 부전

이 목탁을 울리며 ⑦ 거불(擧佛)의 게송 "나무불타부중(南無佛陀部衆) 광림법회(光臨法會)(拜) 나무달마부중(南無達摩部衆) 광림법회(光臨法會)(拜) 나무승가부중(南無僧伽部衆) 광림법회(光臨法會)(拜)"를 외우며 세 번 절을 하는데 이때 불자들은 게송은 따라 하지 않은 채 절만을 한다. 이어 부전과 전 대중이 자리에서 일어나며, 노전은 ⑧ 요령을 삼하(三下)한 후 합장한 다음 혼자서 "보소청진언(普召請眞言)〔半拜 후 요령을 흔들며 다음 진언을 외운다〕 나무 보보제리 가리다리 다타 아다야(南無 步步諦哩 迦哩多理 多陀 揭多野)"를 외우는데 뒷부분 진언구(眞言句)는 세 번 외운다.

이어 노전은 자리에 서서 합장한 채 공양청(供養請)의 연유를 알리는 '앙유삼보대성자(仰惟三寶大聖者) ……(중략)…… 유원자비(唯願慈悲) 연민유정(憐愍有情) 강림도량(降臨道場) 수차공양(受此供養)' 등 ⑨ 유치(由致)291)의 문(文)을 독송케 되며, '나무일심봉청(南無一心奉請)'이

---

291) 仰惟三寶大聖者 從眞淨界 興大悲雲 非身現身布身雲於三千世界 無法說法 灑法雨
   於八萬塵勞 開種種方便之門 導茫茫沙界之衆 有求皆遂如 空谷之傳聲 無願不從 若
   澄潭之印月 是以 娑婆世界 南瞻部洲 海東 大韓民國 某道 某郡 某面 某洞 寺院
   淸淨之道場 今此至極至誠 獻供發願齋者 某住所
    乾命 某生 某人 保體
    坤命 某生 某氏 保體
    長男 某生 某人 保體
   以此因緣功德 一切苦難 永爲消滅 四大强健 六根淸淨 心中所求所願 如意圓滿 亨
   通之大願 以今月今日 虔設法筵 淨饌供養 帝網重重 無盡三寶慈尊 薰藝作法 仰祈
   妙援者 右伏以 爇茗香以禮請 呈玉粒而修齋 齋體雖微 虔誠可愍 冀回慈鑑 曲照微
   誠
   謹秉一心 先陳三請
   南無 一心奉請 以大慈悲 而爲體故 救護衆生 以爲資粮 於諸病苦 爲作良醫 於失道
   者 示其正路 於闇夜中 爲作光明 於貧窮者 永得福藏 平等饒益 一切衆生
   淸淨法身毘盧遮那佛 圓滿報身盧舍那佛 千百億化身釋迦牟尼佛 西方敎主阿彌陀佛
   當來敎主彌勒尊佛 十方常住 眞如佛寶
   一乘圓敎 大華嚴經 大乘實敎 妙法華經 三處傳心 格外禪詮 十方常住 甚深法寶
   大智文殊菩薩 大行普賢菩薩 大悲觀世音菩薩 大願地藏菩薩
   傳佛心燈 迦葉尊者 流通敎海 阿難尊者 十方常住 淸淨僧寶 仰惟三寶大聖者 從眞
   淨界
   如是三寶 無量無邊 一一周偏 日日塵刹 唯願慈悲 憐愍有情 降臨道場 受此供養

하의 "청문(請文)을 세 번 독송한 다음 산화락(散花落) 세 번과 '강림도
량(降臨道場) 수차공양(受此供養)' 세 번을 창"292)하기도 한다. 다음으로
부전은 혼자 ⑩ '향화청(香華請)'을 세 번 창하는 바, 각각 한번씩 창하
며 목탁 1번씩을 치고 마지막 창을 하면서는 목탁을 길게 내려친다. 그
리고 이어 '불신보변시방중(佛身普徧十方中) 삼세여래일체동(三世如來一
體同) 광대원운항부진(廣大願雲恒不盡) 왕양각해묘난궁(汪洋覺海眇難窮)
고아일심(故我一心) 귀명정례(歸命頂禮)'라는 게송의 ⑪ 가영(歌詠)을
창하는데, '고아일심 귀명정례'를 외우면서는 반배를 한다.

다음으로 ⑫ '헌좌진언(獻座眞言)' 문구를 외우며 서서 반배를 올린
노전은 요령을 한번 흔든 뒤, 또다시 요령을 계속 흔들며 "묘보리좌승
장엄(妙菩提座勝莊嚴) 제불좌이성정각(諸佛坐已成正覺) 아금헌좌역여시
(我今獻座亦如是) 자타일시성불도(自他一時成佛道)"의 게송 독송 및 "옴
바아라 미나야 사바하(唵 縛日羅 未那野 娑婆訶)"란 주(呪)의 경우 세
번 창한다. 이후 마지(摩旨)가 불전(佛前)에 오를 때까지 불자들과 함께
⑬ 정근(精勤)을 행하는데, "나무(南無) 삼계도사(三界導師) 사생자부(四
生慈父) 시아본사(是我本師) 석가모니불(釋迦牟尼佛)"까지의 게(偈)를
부전이 창하고 나면 불자들은 부전의 목탁 소리에 맞춰 '석가모니불'을
마지가 단상에 놓일 때까지 외운다. 이후 불전에 마지가 놓이고 행자가
법당 금고(金鼓)를 치면(이때 금고를 치는 요령은 다음과 같다. ｡｡●●
●●●●……●●●●●●●……●●●●●●●
●●●●……｡｡●●●●●｡｡●) "천상천하무여불(天上天下無如佛)
시방세계역무비(十方世界亦無比) 세간소유아진견(世間所有我盡見) 일체
무유여불자(一切無有如佛子)"라는 게송을 창함과 함께 목탁을 내려침으
로서 이 부분을 마친다.

〈3. 도량청정(道場淸淨)〉 이렇듯 부처님을 자리에 모시고 정근(精勤)

을 통한 찬탄과 함께 공양을 준비한 다음, 헌공도량(獻供道場)에 만다라 (曼茶羅) 설립하기를 염원한 채〔欲建曼拏羅〕 법계(法界)를 청정케 하고 자 하는 진언〔⑭ 淨法界眞言〕을 외운다. 이에 부전은 목탁을 두드리며 ⑭ "정법계진언(淨法界眞言) 옴 남(唵 喃)"을 세 번 혹은 일곱 번 창한 다.

　〈4. 가지권공(加持勸供)〉 다음으로 공양에 앞서 먼저 부처님께 다(茶) 를 올린 다음〔⑮ 茶偈〕 불단에 올린 공양물에 대한 가지(加持)를 청(⑯ 眞言勸供)한 후, 사다라니(四陀羅尼)〔⑰ 變食眞言과 ⑱ 施甘露水眞言, ⑲ 一字水輪觀眞言, ⑳ 乳海眞言〕를 외움으로서 공양물에 대한 가지(加持)를 행한다. 그리고 공양물이 법계의 한량없는 부처님께 공양되기를 기원하 는 내용의 게송 및 진언〔㉑ 運心供養眞言〕, 이어 정례(頂禮)를 올리며 〔㉒ 供養七頂禮〕 공양을 드시기를 권한다.

　이에 부전은 "공양시방조어사(供養十方調御士) 연양청정미묘법(演揚 淸淨微妙法) 삼승사과해탈승(三乘四果解脫僧) 원수애납수(願垂哀納受) (拜) 원수애납수(願垂哀納受)(拜) 원수자비애납수(願垂慈悲哀納受)(拜)" 라는 내용의 ⑮ 다게(茶偈)를 창하게 되는데, 각 하나의 게송이 마칠 때 마다 목탁을 한번씩 치며, '원수애납수'를 외울 때에는 부전과 불자 모 두가 목탁을 내려침에 맞춰 각각 정례(頂禮)를 한다. 이후 노전은 요령 을 삼하(三下)한 후 ⑯ 진언권공(眞言勸供)을 행한다. 먼저 "향수나열 (香羞羅列)"이란 게송을 먼저 외운 후 요령을 마구 흔들며 빠른 템포로 "재자건성(齋者虔誠) 욕구공양지주원(欲求供養之周圓) 수장가지지변화 (須仗加持之變化) 앙유삼보(仰唯三寶) 특사가지(特賜加持) 나무시방불 (南無十方佛) 나무시방법(南無十方法) 나무시방승(南無十方僧)" 등의 내 용을 독송하게 되는데 이 가운데 '나무시방불 나무시방법 나무시방승' 부분은 세 번 되풀이해서 외운다.

　이후 노전이 "무량위덕(無量威德) 자재광명승묘력(自在光明勝妙力)" 이란 어구 독송 이후 계속 요령을 흔들며 ⑰ "변식진언(變食眞言) 나막

살바다타 아다 바로기제 옴 삼바라 삼바라 훔(那莫 薩婆多陀 我多 婆路
其帝 唵 三婆羅 三婆羅 吽)(세 번)" 및 ⑱ "시감로수진언(施甘露水眞言)
나무 소로바야 다타아다야 다냐타 옴 소로소로 바라소로 바라소로 사바
하(南無 素魯縛耶 怛他揭多耶 怛姪他 唵 素魯素魯 縛羅素魯 縛羅素魯
娑婆訶)(세 번)", ⑲ "일자수륜관진언(一字水輪觀眞言) 옴 밤밤 밤밤(세
번)", ⑳ "유해진언(乳海眞言) 나무 사만다 못다남 옴 밤(세 번)" 등의
사다라니(四陀羅尼)293) 및 ㉑ "운심공양진언(運心供養眞言) 원차향공변
법계(願此香供遍法界) 보공무진삼보해(普供無盡三寶海) 자비수공증선근
(慈悲受供增善根) 영법주세보불은(令法住世報佛恩) 나막 살바다타 아제
비약미 살바 몯계 비약 살바다캄 오나아제 바라혜마암 옴 아아나캄 사
바하(那莫 薩婆怛他 我帝毘藥尾 薩縛 慕契 毘藥 薩婆他坎 烏那我帝 頗
羅惠麻暗 唵 我我那釰 娑婆訶)(세 번)"을 외우게 되는 바, "무량위덕 자
재광명승묘력" 이후 ⑰ "변식진언(變食眞言)……"이란 어구가 시작됨으
로부터 부전과 불자들은 목탁을 치며 각 구절마다에 절을 하면서 ㉒
공양칠정례(供養七頂禮)294)를 행한다. 이 공양칠정례는 ㉑ 운심공양진
언(運心供養眞言)이 끝날 때쯤에 같이 마쳐지게 된다.

---

293) 四陀羅尼를 행할 때의 儀軌는 『作法龜鑑(韓佛全 10, p.563)』에 실려져 있다.
294) 供養七頂禮를 행함에 사용되는 文句는 禮佛文 문구와 유사하다. 다만 '至心歸命
    禮'란 문구를 '至心頂禮供養'으로, 그리고 (8)의 '受我頂禮'를 '受此供養'으로 바꿔
    놓았을 뿐이다. 절하며 목탁을 치는 행법 역시 예불 때의 경우와 같다.
    (1) 至心頂禮供養 三界導師 四生慈父   是我本師 ●釋迦牟尼佛
    (2) 至心頂禮供養 十方三世 帝網刹海 ●常住一切 ●佛陀耶衆
    (3) 至心頂禮供養 十方三世 帝網刹海 ●常住一切 ●達磨耶衆
    (4) 至心頂禮供養 大智文殊舍利菩薩   大行普賢菩薩 大悲觀世音菩薩 ●大願本尊
    ●地藏菩薩摩訶薩
    (5) 至心頂禮供養 靈山當時 受佛咐囑 十大弟者 十六聖 五百聖 獨修聖 乃至
    ●千二百諸大阿羅漢 ●無量慈悲聖衆
    (6) 至心頂禮供養 西乾東震 及我海東 歷代傳燈 諸大祖師 天下宗師 ●一切微塵
    數 ●諸大善知識
    (7) 至心頂禮供養 十方三世 帝網刹海 ●常住一切 ●僧伽耶衆
    (8) 唯願無盡三寶 大慈大悲 受此供養 冥熏加被力 ●願共法界諸衆生。。●自他一
    時成佛道

〈5. 공양(供養)〉위 부처님〔佛·法·僧 三寶〕께 공양 드시기를 권하는 내용 이후, 이제 부처님께서 공양을 드시는 순서에 이르게 된다. 이때 부전은 7번 목탁을 가볍게(○○○○○○○) 친 후 나머지 대중들과 함께 목탁 소리에 맞춰 ㉓ "보공양진언(普供養眞言) 옴 아아나 삼바바 바아라 훔(唵 我我那 三婆婆 婆我羅 吽)(세 번)"을 독송하게 된다.

〈6. 회향(回向)〉이후 공양을 마치신 부처님께 공양의 공덕이 회향되기를 기대하는 진언〔㉔ 普回向眞言〕 및 공양 올린 대중의 원(願)이 성취되기 바라는 진언〔㉕ 願成就眞言〕, 그리고 혹 공양 가운데 부족했던 점이 있으면 채워지기를 희망하는 내용의 진언〔㉖ 補闕眞言〕을 외우게 된다.

이에 부전의 목탁과 함께 ㉔ "보회향진언(普回向眞言) 옴 삼마라 삼마라 미만나 사라마하 자가라 바훔(唵 三摩羅 三摩羅 未摩那 娑羅摩訶 玆加羅 婆吽)(세 번)" 및 ㉕ "원성취진언(願成就眞言) 옴 아모카 살바다라 사다야 시베 훔(唵 阿暮伕 薩婆多羅 舍多野 始吠 吽)(세 번)", 그리고 ㉖ "보궐진언(補闕眞言) 옴 호로호로 사야목계 사바하(唵 呼魯呼魯 舍野謨契 娑婆訶)(세 번)"를 외우는 바, 각각 진언구의 경우 세 번씩 독송한다. 그리고 이어 "찰진심념가수지(刹塵心念可數知) 대해중수가음진(大海中水可飮盡) 허공가량풍가계(虛空可量風可繫) 무능진설불공덕(無能盡說佛功德)"이란 게송을 외우면서 반배를 행함으로서 이 부분이 마쳐진다.

〈7. 축원(祝願)〉이후, 그 옛날 부처님 재세시 공양을 마치고 난 다음 공양을 바친 사람에게 부처님께서 축원을 행하였듯이, 그러한 방식으로 노전에 의한 ㉗ 축원295)이 행해짐과 함께 부전의 목탁에 맞춰 반배를

295) 『誠初心學人文』에 "범패하고 祝願할 때에는 모름지기 글을 외우면서 뜻을 관할 지언정 다만 음성만 따르지 말고, 곡조를 고르지 않게 하지 말며, 성현을 공경히 우러러 뵙되 다른 경계에 반연하지 말지니라"(大正藏 48, p.1004中)라 하고 있다. 朝夕 禮佛時에는 行禪祝願(安震湖, 『釋門儀範(上)』, pp.71~73)을, 巳時 獻供時에는 上壇祝願(pp.74~75) 및 中壇祝願(pp.75~76)을, 살아 있는 자의 안녕을 위해

올림으로서 상단불공(上壇獻供)이 마쳐진다.

〈8. 중단헌공(中壇獻供)〉 이후 상단(上壇)에 놓였던 마지를 중단에 옮긴 후 중단헌공이 행해지는데, 중단헌공에 행해지던 종래의 의문(儀文)296) 및 행법 대신 현재에는 다만 목탁에 맞춰 신중단(神衆壇)을 향해 반배 한 다음 『반야심경』을 독송하며 마지막 반배로서 중단헌공을 대신하고 있다.

이상 상단 및 중단의 헌공의례를 모두 마친 후 대중들은 안행(雁行)으로 큰방 내지 재당(齋堂: 식당)에로 향한다. 그리고 이어 스님들의 공양의례297)며, 후원(後園)에서는 신자들의 공양, 즉 점심이 행해진다.

(2) 법회(法會)

위 공양의례가 불(佛)(및 法·僧)에 대한 반승(飯僧)의 의미를 담고

生祝(pp.76~77)을 하며, 이때 病者를 위해서는 또 다른 祝願(p.77)을 한다. 그리고 일반 亡者를 위한 亡祝(p.78) 및 승가에서 시행되는 僧伽亡祝(pp.78~79) 등이 있다. 巳時 獻供時의 上壇祝願은 다음과 같다.

"仰告 十方三世 帝綱重重 無盡三寶自尊 不捨慈悲 許垂朗鑑 上來所修佛功德 回向三處悉圓滿 乃至天下太平 佛日增輝法輪轉 法輪常轉 於無窮國界 恒安於萬歲

是以娑婆世界 南瞻部洲 海東 大韓民國 某道 某郡 某面 某洞 寺院 淸淨之道場 願我今此 至極至誠 獻供發願齋者 某人 住所 乾命 某生 某人 保體 坤命 某生 某氏 保體 長男 某生 某人 保體 仰蒙三寶大聖尊 加護之妙力 以此因緣功德 一切苦難 永爲消滅 四大强健 六根淸淨 子孫昌盛 壽命長壽 萬事如意 圓滿亨通之大願(半拜)

再告祝 今此至極至誠 獻供發願齋者 各各等保體 各其 東西四方 出入往還 常逢吉慶 不逢災害 官災口舌 三災八難 四百四病 一時消滅 四大强健 六根淸淨 福德具足 心中所求 如意圓滿 亨通之發願

三告祝 今此至極至誠 獻供發願齋者 各各等保體 各其子孫昌盛 富貴榮華 安過太平 壽命長壽 萬事如意 歡喜圓滿 成就之大願 然後願 恒沙法界 無量佛子 同遊華藏莊嚴海 同入菩提大道場 常逢華嚴佛菩薩 仰蒙諸佛大光明 消減無量衆罪障 獲得無量大智慧 頓成無上最正覺 廣度法界諸衆生 以報諸佛莫大恩 世世常行菩薩道 究竟圓成薩婆耶 摩訶般若波羅蜜"

296) 이에 대한 儀文, 즉 神衆請 및 中壇勸供의 儀文이 『釋門儀範(下)』(pp.28~33)에 소개되어 있다.
297) 본 책의 「供養儀禮」 항목 참조.

있다면, 법회(法會)란 부처님께서 중생들에게 우주진리의 법을 설파하셨음을 상징화한다. 이에 불멸 후 부처님 제자인 스님과 법사들이 부처님께서 남기신 진리의 가르침을 다시금 대중들 마음속에 일깨우게 되는 바, 법회란 재일(齋日) 등에 승려 내지 법사가 불자들에게 불교의 근본가르침을 설교 및 강연하는 것을 뜻한다고 하겠다.

법회의 기원은 부처님 재세시로부터 시작되고 있다. 『사분율』에 의할 것 같으면 육재일(六齋日)에 모인 장자(長者)들이 비구들에게 설법을 요청하니, 부처님께서 비구들에게 "지금부터 계경(契經)을 말하도록 허락한다"고 하여 비구들의 설법이 부처님 당시로부터 행해졌음을 알 수 있다.[298] 이에 비구들이 설법에 대해 걱정을 하니 "이치를 말할 때는 글과 구절을 갖추어 말하지 못해도 좋다"고 하신 채 '설법시 한 비구가 법상에 앉아 설법하되 서로를 공박하지 말며, 정도에 넘치는 소리로서 설법하지 말며, 정도에 지나치게 가타(gāthā: 偈, 孤起頌)로서 설법하지 말며'[299] 등 설법 위의에 대해 말씀하셨는 바, 그 날짜에 있어 '15일 · 14일 · 13일 · 10일이거나, 9일 · 8일이거나, 5일 · 3일 · 2일이거나 혹은 날마다 설법하라'고 하셨다. 한편 설법의 내용은 '가장 적으면 최하 한 게송이라도 말해야 하는 즉, 「제악막작(諸惡莫作) 제행봉행(諸行奉行)할 것이며, 그 스스로 마음을 맑힘이 제불(諸佛)의 가르침이다.」[300]는 말 등이라도 해야 할 것임을 말씀하고 계신다.

중국에서는 동진(東晉) 때부터 법회가 생겨나 불법 홍포에 기여[301]했는 바, 법회의 시원(始原)은 설창문학(說唱文學)의 한 유형인 속강(俗講)과의 관련 속에서 찾을 수 있다. 원인(圓仁)의 『입당구법순례행기』에 "당나라에는 화속법사(化俗法師)의 풍습이 있는데 이는 일본의 비교법

---

298) 大正藏 22, p.817中.
299) '우리들이 익히는 가타와 비구들의 說法은 같은 것이다'는 생각이 들지 않게끔. (大正藏 22, p.817上)
300) 大正藏 22, p.817中.
301) 홍윤식, 「불전상으로 본 불교음악」, (『불교학보』 vol. 9), p.154.

사(飛敎法師)와 같다. 세상살이에 있어서의 무상(無常)·고(苦)·공(空)과 같은 것의 이치를 설명함으로서 남녀 불제자를 교화하여 이끄는 사람을 화속법사라 부른다"302)고 하였는 바, 이들 화속법사는 어려운 경전 내용을 일반인들이 쉽게 이해할 수 있도록 경전을 설명조로 읽어주는 의식303) 등의 형태로서 속강을 행했던 것으로 사료될 수 있다.

이에 『입당구법순례행기』 1월 1일 및 9월 1일, 5월 5일(?) 기사 등에 속강이 행해겼던 예가 기술되기도 하는데, 화속법사는 마치 변사(辯士)가 그림을 보여 주며 그에 따른 산파조의 설명을 행하듯, 경전 그림으로서 변상(變相: 變相圖)을 보여 주며 경전 내용에 대한 해설식 설명인 변문(變文)을 읽어줌과 함께 변문과 변상 사이사이에 적당한 효과 및 몸동작 등을 추가한 채 불교 교리를 연희적 요소 속에 전파하였음을 우리는 추정할 수 있다.304)

---

302) 圓仁(申福龍 譯), 『入唐求法巡禮行記』, 정신세계사, 1991. p.52.

303) "俗講의 양태를 전하고 있는 대본으로서 講經文은 대략 다음과 같은 삼 단계로 이루어져 있다.
① 說 - 經文을 짧게 인용한다. ② 白 - 經文을 散文으로 설명한다. ③ 唱 - 經文을 韻文으로 다시 해석하며, 이 과정 속에 歌詞가 삽입되어 노래로도 부를 수 있게 된다. 이러한 講經文의 체계는 처음에 시작하는 引經한 원문을 제외하고는 나머지는 說唱을 구비한 전형적인 變文의 구성과 다르지 않음을 알 수 있다." 張椿錫, 「敦煌父母恩重經講經文研究」, (프랑스 東方學大學院(INALCO) 석사학위 논문, 1991), p.3.

304) 俗講에 사용된 글을 「變文」이라 하며, 俗講에 사용된 그림을 「變相」 내지 「變相圖」라 한다. 俗講에 사용된 經文으로는 주로 일반 민중을 대상으로 八相圖를 중심으로 한 佛의 생애 및 孝의 관념과 善惡의 관념을 소재로 한 『父母恩重經』, 『觀彌勒菩薩上生兜率天經』 등이 일반화되었고, 또한 大乘의 주요 敎義를 설파하기 위한 『金剛般若波羅密經』, 『阿彌陀經』, 『妙法蓮華經』 등이 사용되기도 하였다. 王重民은 1957년 『校印本 敦煌變文集(上, 下)』을 출간하였다. 그 가운데 78종의 變文이 실려 있어, 그 중 다음과 같은 8종 15개의 講經文이 수록되어 있기도 하다. 이를 내용별로 나눠 보면,
① 佛의 생애 중심 - 『長興四年中興殿應聖節講經文』 1본.
② 孝의 관념 - 『父母恩重經講經文』 2본.
③ 善惡의 관념 - 『觀彌勒菩薩上生兜率天經講經文』 1본.
④ 大乘의 敎義 - 『金剛般若波羅密經講經文』 1본. 『阿彌陀經講經文』 2본. 『妙法蓮華經講經文』 2본. 『維摩詰經講經文』 5본. 『無常經講經文』 1본 등.

우리나라에서도 이미 삼국기(三國期)로부터 법회가 행해졌음을 『삼국
유사』 등의 기록을 통해 알 수 있다. 한편 『조선불교통사』에 의할 것
같으면 "고려 충숙왕(忠肅王) 당시 몽고인을 본떠[倣倣] 매 일요일에
설법·포교하였으며, 그날은 공사(公私)의 모든 사람이 다 휴식하는 까
닭이다"[305]라 하여 일요일에 법회가 행해졌음을 알 수 있기도 하다. 그
리고 1912년(明治 45년) 조선총독부에서 제정·공포한 〈사법시행당망중
흥(寺法施行倘望中興)〉의 '본말사법' 제9장 〈포교〉 항목에 의하면 포교
의 목적은 '종지(宗旨)를 거량(擧揚)하며 중생을 선도하고 신념을 수양
케 하여 사은(四恩: 『心地觀經』에 父母恩과 君王恩, 衆生恩, 三寶恩)을 무
보(務報)케 함에 있다'[306]고 하는 바, '포교 방법은 매월 1회의 사내(寺
內)설교 및 매주 1회의 사외(寺外)설교 등으로 구분한 채 중덕(中德) 이
상의 법계(法階) 수지자(受持者)나 본사 주지에 의해 임명된 포교사에
의해 거행'되게끔 규정[307]하고도 있다.

법회가 어떤 양식에 의해 행해졌는가 하는 것은 몇몇 문헌을 통해
그 대강을 엿볼 수 있다. 이에 앞서 언급한 『천지명양수륙재의범음산보
집』의 「영산작법절차(靈山作法節次)」 가운데 설법의식이 소개되고 있는
바, ① 개경게(開經偈)와 ② 개법장진언(開法藏眞言)을 외운 후 ③ 설주

張椿錫, 「敦煌父母恩重經講經文硏究」, (프랑스 東方學大學院(INALCO) 석사학위
논문, 1991), p.3.
이상 中國 성립의 變文은 우리나라에 와서 또 다른 형태의 變文을 성립시킨다.
즉 불교적 孝와 因果의 내용을 담은 「장화홍련전」 및 「심청전」 등이 만들어지는
바, 『東文選』 소재의 '중국 원나라로 시집가는 공주 이야기' 내지 '安樂國太子變
文' 등은 變文의 또 다른 형태 성립의 예로서 보여진다. 이러한 등은 俗講의 演
戱的 요소 및 梵唄 내지 辭說의 활성화와 관련을 맺는 즉, 불교 소재 연극의 기
원설과도 관련을 맺는다고 할 수 있다. 사재동, 「고려조의 강창문학」(충남대 박
사학위 논문, 1996) 참조.
305) 李能和, 『朝鮮佛敎通史(下)』, p.432.
306) 李能和, 『朝鮮佛敎通史(上)』, p.996.
또한 조선총독부에서 明治 45년(1912년) 제정·공포한 〔寺法施行倘望中興〕의 '布
敎' 항목(李能和, 『朝鮮佛敎通史(下)』, p.1152 참조).
307) 李能和, 『朝鮮佛敎通史(下)』, p.1153.

224 II. 불교 제 의례의 설행절차와 방법

(說主) 거량(擧揚), 그리고 ④ 석제(釋題)에 이어 ⑤ 청법게(請法偈: 此
經甚深意 大衆心渴仰 惟願大法王 廣爲衆生說)와 ⑥ 설법게(說法偈: 一光東
照八千土 大地山河如昨日 卽是如來微妙法 不須向外謾尋覓) 등을 외운 다음
⑦ 설법이 이어지는 것으로 되어 있다.

한편 설법이 끝난 후 ⑧ 어산(魚山)이 '묘법연화경(妙法蓮華經)'을 창
하면 대중이 북을 치며 '연화경'을 동송(同誦)한다. 그리고 ⑨ 보궐진언
(補闕眞言)에 이어 ⑩ 수경게(收經偈: 聞經開悟意超然 演處分明衆口宣 取
捨由來元不動 方知月落不離天)를 외우고 난 후 ⑪ 사무량게(四無量偈: 大
慈大悲愍衆生 大喜大捨濟含識 相好光明以自嚴 衆等至心歸命禮)나 사무량게
를 대신한 "시방진귀명(十方盡歸命) 멸죄생정신(滅罪生淨身) 원생화장계
(願生華藏界) 극락정토중(極樂淨土中)" 등의 게(偈)를 외움[308]으로서 설
교의식이 마쳐지게끔 되어 있다.

도판 29. 법회

법회란 부처님께서 중생들에게 우주진리의 법을 널리 설파하셨음을 상징·재현하는 의례로,
설법·포교와 같은 의미로 이해될 수 있다. 불멸 후 그 제자인 스님과 법사들에 의해 진리의
가르침이 재차 설해지는 바, 그 설법의 내용으로는 "諸惡莫作 諸行奉行할 것이며 그 스스로
마음을 맑힘이 諸佛의 가르침이다"는 등의 가르침을 전해야 할 것이라 하셨다.
『조선불교통사』에 의하면 "고려 충숙왕 당시 몽고인을 본떠 매 일요일에 설법·포교 하였는
바, 그날은 공사(公私)의 모든 사람이 휴식하는 까닭이다"라 하고 있다. 1912년 조선총독부
제정의 「본말사법」에 의하면 '포교의 방법은 매월 1회의 사내(寺內) 설교 및 매주 1회의 사
외(寺外) 설교 등으로 구분한 채 중덕(中德) 이상의 법계(法階) 수지자(受持者)나 본사 주지
에 의해 임명된 포교사에 의해 거행'되게끔 규정하고 있다.

308) 『天地冥陽水陸齋儀梵音刪補集』(韓佛全 11, p.468)

한편 『석문의범』은 다음과 같이 설교의식 절차를 소개하고 있기도 하다. ① 삼정례(三頂禮) 아금지차(我今持此) 일주향(一炷香)(云云), ② 찬불게(讚佛偈) 천상천하(天上天下)(云云), ③ 송주(誦呪) 신묘장구(神妙章句)(云云), ④ 십이불(十二佛) 참제업장보승장불(懺除業障寶勝藏佛)(云云), ⑤ 십악참회(十惡懺悔) 살생중죄(殺生重罪)(云云), ⑥ 개경게(開經偈) 무상심심(無上甚深)(云云), ⑦ 거량(擧揚), ⑧ 입정(立定), ⑨ 설교(說敎), ⑩ 십념정근(十念精勤), ⑪ 폐식(閉式) 등.[309]

또한 『석문의범』은 다음과 같이 설법・설교의 또다른 형태로서 강연의식의 순서를 소개하고 있기도 하다. ① 귀의삼보, ② 심경, ③ 찬불게(혹 찬불가), ④ 입정(시간 삼분 내지 오분간), ⑤ 강화(講話), ⑥ 사홍서원 중생무변(衆生無邊)(云云), ⑦ 산회가 등.[310]

그리고 최근 대한불교조계종 교육원에서 발행한 『행해예경집(行解禮敬集)』에서는 천도재(薦度齋) 가운데 행해지는 「거량(擧揚)」 부분을 독립・변형시킨 채 「법회의식」의 새로운 안을 제시하고 있는 즉,[311] 이를 옮겨 보면 다음과 같다.

　① 삼정례(三頂禮)
　　아금지차일주향(我今持此一炷香) 변성무진향운개(邊成無盡香雲盖)
　　봉헌삼보대성전(奉獻三寶大聖前) 원수자비애납수(願垂慈悲哀納受)
　　지심귀명례(至心歸命禮)　　十方常住一切　　불타야중(佛陀耶衆)
　　지심귀명례　　　　　　　시방상주일체　　달마야중(達磨耶衆)
　　지심귀명례　　　　　　　시방상주일체　　승가야중(僧伽耶衆)

309) 安震湖, 『釋門儀範(下)』, pp.211~212.
310) 安震湖, 『釋門儀範(下)』, p.214.
　　다음과 같은 散會歌 歌詞를 소개하고 있다.
　　"佛陀의 주신 恩惠로 / 우리 함께 모여서 / 身口意 三業 맑히고 / 三寶歸依하였네 / 일로부터 헤치는 / 우리 兄弟姉妹야 / 다시 만날 때까지 / 身體健康 지키세 / 大慈悲하신 부처님은 / 우리를 항상 도우시네"
311) 대한불교조계종 교육원 편, 『行解禮敬集』, 불지사, 1996. pp.56~61.

② 찬불게(讚佛偈)　　천상천하(天上天下)(云云)

③ 송주(誦呪)　　신묘장구(神妙章句)(云云)

④ 십이불(十二佛)　　참제업장보승장불(懺除業障寶勝藏佛)(云云)

⑤ 십악참회(十惡懺悔) 살생중죄(殺生重罪)(云云)

⑥ 개경게(開經偈)　　무상심심(無上甚深)(云云)

⑦ 거량(擧揚) (49재시 법문할 때는 삼귀의 하고 바로 거량, '거사바세계 云云 수위안좌진언 옴마니 군다니 훔 훔 사바하'까지 하고 나서, 재자(齋者)가 법사를 모시는 절을 삼배하면 법사는 등단하고, 대중이 함께 청법게를 한 후 법문함. 법문을 마치고, 정근을 약간 하고 나서 탄백, 회향게, 사홍서원을 하여 마침)

據娑婆世界 此四天下 南瞻部洲 大韓民國 某道 某郡 某面 某里 某寺 水月道場 願我今此 至極精誠 請魂請法齋者 (齋當死後 四十九齋 某伏爲 某靈駕 또는) 時會合願大衆 各各等伏爲 各 上世先亡 師尊父母 祖考祖上 弟兄叔伯 遠近親戚 各列位靈駕 此寺最初 創建以來 至於重建重修 化主施主 都監別座 佛前內外 種種一用 汎諸集物 大小結緣 隨喜同參 各列位靈駕 乃至 普如法界 有情無情 受苦含靈 諸佛子等 各列名靈駕

我有一卷經 不因紙墨成 展開無一字 常放大光明

上來召請 諸佛子等 各列位靈駕 還會得 此一卷經 常放光明底一句磨 (良久) 此一着子 釋迦未出世 人人鼻孔撩天 達磨未到時 個個脚跟點地 今日山僧 以一柄金鎚 打破佛祖 新熏窠臼 現出靈駕本來面目 如未會得 譬如暗中寶 無燈不可見 佛法無人說 誰慧莫能了 爲汝宣揚 大乘經典 至心諦聽 至心諦受

上來召請 諸佛子等 各列名 靈駕

각수위안좌진언(各受位安座眞言)

옴 마니 군다니 훔훔 사바하(세번)

⑧ 청법게(請法偈)　차경심심의(此經甚深意)　대중심갈앙(大衆心渴仰)
　　　　　　　　유원대법사(惟願大法師)　광위중생설(廣爲衆生說)

⑨ 법사설법(法師說法)

⑩ 정근십념(精勤十念) 일반 법문시는 나무영산불멸학수쌍존시아본사

석가모니불
    정근(탄백)
        천상천하무여불 시방세계역무비 세간소유아진견 일체무유여불자
        천도법문시는 나무서방정토극락세계 무량수여래불 나무아미타불
        정근 후 아미타불본심미묘진언 다냐타 옴 아리다라 사바하(탄백)
        계수서방안락찰 접인중생대도사 아금발원원왕생 유원자비애섭수)
    회향게(回向偈)
        설법공덕수승행(說法功德殊勝行) 무변승복개회향(無邊勝福皆回向)
        보원침익제유정(普願沈溺諸有情) 속왕무량광불찰(速往無量光佛刹)
        시방삼세일체불(十方三世一切佛) 제존보살마하살(諸尊菩薩摩訶薩)
        마하반야바라밀(摩訶般若波羅密)
    ⑪ 사홍서원(四弘誓願)   중생무변(衆生無邊)(云云)

한편 『행해예경집』은 「보통설교의식」의 안을 제시하고도 있는데, 이는 '귀의불양족존 귀의법이욕존 귀의승중중존'의 ① 삼귀의례에 이은 ② 법사 등단, ③ 청법게, ④ 입정, ⑤ 설교, ⑥ 법사 하단, ⑦ 정근, ⑧ 십념에 이어 ⑨ 사홍서원으로서 마무리되는 것으로 되어 있다.

그럼에도 현행의 법회의식은 총림 등에서 행해지는 승가 고유의 법회 양식과 일반법회를 구분할 수 있어, 총림 등에서 행해지는 법회는 다음과 같은 양식에 의해 행해진다.

① 운집(雲集): 법회 10분 전, 부전의 운집목탁에 대중이 설법당에 모인다. 법사(法師)가 중앙에 자리하고 나머지 대중은 양옆에 나누어 앉는다.

② 삼귀의(三歸依): 이어 부전의 목탁을 신호로 대중이 자리에서 일어나면, 창불(唱佛)이 삼귀의(歸依佛兩足尊 歸依法離欲尊 歸依僧衆重尊)를 한 구절씩 선창, 대중이 후창하며 각각 부전의 목탁에 맞춰 선 채로 반배 한다.

③ 법사(法師) 등단 및 청법게(請法偈): 이어 대중 가운데 2명이 법사께 나아가 삼배를 올린 후, 법사를 법상(法床)에 인도해 모신다. 법사가 법상에 좌정하면, 창불은 부전의 목탁에 맞추어 청법게(請法偈: 此經甚深意. 大衆心渴仰 唯願大法師 廣爲衆生說)를 3번 외운다. 다음으로 부전의 목탁과 함께 전 대중이 법사께 삼배를 올리는 바, 이는 '3번 청이 있을 때만이 법을 설하라'는 경전의 의미를 상징화한 것이다.

④ 입정(入定): 이어 입승 내지 찰중의 죽비 삼성에 의해 대중은 입정(入定)에 든다. 잠시의 선정 가운데 또다시 죽비 삼성에 의해 입정에서 깨어난다.

⑤ 설법(說法): 다음으로 법사의 설법이 이어진다. 법사는 먼저 경전 구절의 일부나 특정 선구(禪句)를 창한 다음 잠시의 침묵 후 주장자(拄杖子)를 한번 법상에 내려친다. 다음으로 온갖 비유 및 예증을 통해 이를 풀이한다. 이러한 과정이 몇 차례 반복되기도 한다.

이에 『계초심학인문』에 의할 것 같으면 "만약 종사(宗師)가 법좌에 올라 설법하는 때를 만나면 반드시 법을 대함에 낭떠러지에 매달린 것 같은 생각을 지어서 물러나는 마음을 내거나, 혹은 늘 듣는 것이라는 생각을 지어 쉽게 여기는 마음을 내지도 말고, 마땅히 모름지기 빈 마음으로 들으면 반드시 기(機)가 발(發)할 때가 있으리라"312)고 하여 법을 들을 때의 마음가짐을 이야기하고 있기도 하다. 이는 법에 대한 경만한 마음 일으킴을 경계하는 것으로, 법을 염오(厭惡)하여 무간지옥(無間地獄)에 떨어짐을 염려하는 처사라 여겨진다.

한편 『대비구삼천위의』에서는 '사람들이 ㉠ 사(師)를 공경하지 않거나, ㉡ 계(戒)를 범하였을 때, ㉢ 불도(佛道)를 비방할 때, ㉣ 비구에게 경(經)을 물어봄이 법답지 않을 때, ㉤ 속인을 위해 비구의 계경(契經: 波羅提木叉를 의미)을 설하면 안 된다'313)라 말하고 있기도 하다.

312) 大正藏 48, p.1004下.
313) 大正藏 24, p.917上.

이어 마지막 언설 후 법사가 법상에 주장자를 세 번 내려침을 신호로 설법이 마쳐진다.

⑥ 정근(精勤:歎白) 및 법사(法師) 하단: 주장자 내려침을 신호로 대중은 자리에서 일어나 부전의 목탁에 맞춰 정근(精勤)을 행한다. "나무(南無) 영산불멸(靈山不滅) 학수쌍존(鶴樹双存) 시아본사(是我本師)"까지의 게를 읊은 뒤 "석가모니불"을 (21번) 계속 부르는 사이 법사는 단(壇)에서 내려와 애초의 자리에 서서 대중과 함께 정근에 동참한다. (21번의) "석가모니불" 창이 마치면 이어 대중은 "천상천하무여불(天上天下無如佛) 시방세계역무비(十方世界亦無比) 세간소유아진견(世間所有我盡見) 일체무유여불자(一切無有如佛者)"의 게송을 창한다.

⑧ 회향게(回向偈): 이어 목탁 소리에 맞춰 창불이 회향게〔설법공덕수승행說法功德殊勝行 무변승복개회향無邊勝福皆回向 보원침익제유정普願沈溺諸有情 속왕무량광불찰速往無量光佛刹 시방삼세일체불十方三世一切佛 제존보살마하살諸尊菩薩摩訶薩 마하반야바라밀摩訶般若波羅密〕를 외움으로서 법회 의식이 마쳐지고, 대중들은 각기 방으로 향한다.

이상 총림 등에서 행해지는 고유의 법회 의식과 달리, 일반법회의 경우〔어린이법회314)까지를 포함〕 대중이 모인 후 법회선언〔"지금으로부터 ○월 ○일 ○○법회를 시작하겠습니다"〕이 있은 다음 피아노 반주와 목탁 소리에 맞춰 다음의 순서에 따라 법회를 진행한다. ① 찬불가, ② 삼귀의, ③ 반야심경, ④ 청법가, ⑤ 입정, ⑥ 설법, ⑦ 정근, ⑧ 사홍서원, ⑨ 산회가 등.

---

314) 『석문의범』에는 甲子·甲申·乙丑·乙酉·丁未·己巳·癸未日 등 童子上寺日을 기록하고 있는 바, 이때의 上寺는 大吉이라 하고 있다. 『釋門儀範(下)』, p.302.

(3) 각종 재일(齋日)

제(祭)가 신(神)에게 음식을 올리는 것인 데 비해, 재(齋)는 재공(齋供) 즉 반승(飯僧)을 의미315)한다. 그럼에도 일반에 있어서는 '부정한 일을 멀리함'이거나 '명복을 빌기 위하여 드리는 불공'316)을, 그리고 승가에서는 '사자(死者)에 대한 시식(施食)' 내지 '우란분일(盂蘭盆日)의 반승(飯僧)' 및 '불공(佛供)'317) 등의 뜻으로 재(齋)의 의미를 받아들이고 있다.〔한편 祭는 귀신을 모시고 齋는 마음을 닦는 절차를 의미하기도 한다.〕 이는 팔재계(八齋戒) 가운데 중요 항목으로서 (정오 이후의) 절식(絶食), 즉 단식(斷食)의 의미가 와전된 것으로 이해된다.

재(齋)는 '단식' 내지 '부정(不淨)을 피한다'는 의미의 uposaṇa 혹은 poṣadha의 역어(譯語)로 포살(布薩)이라 음역(音譯: 淨住 · 長養 · 說戒 등으로 번역)되기도 하는 바, 고대 인도에서 매월 6번의 성스러운 날〔六齋日: 음력 8일 · 14일 · 15일 · 23일 · 29일 · 30일〕 사람들이 그 전날 밤부터 종교의식의 장소에 모여 (정오 이후의) 단식을 하며 하루를 경건히 보냈던 관습에서 유래된 행사이다.318) 재일(齋日) 동안 재가불자들은 팔재계[八關齋]를 지켜야 했으며, 14일과 15일, 29일과 30일에는 출가 승단과 함께 밤을 새우며 보름 단위의 포살 의식을 거행하기도 하였다.

이에 『중아함경』 「포리다품(晡利多品)」 가운데 "만약 선남자 선여인으로서 성팔지재(聖八支齋)를 지키면 육신이 무너져 목숨이 다할 때 타화락천(他化樂天) 가운데 태어나게 되리라. (그러자) 녹자모(鹿子母) 비사구(毘舍佉)가 차수한 채 부처님을 향해 말하기를, '세존이시여, 성팔지재는 매우 기이하고 독특한 것입니다. 큰 이익과 과보가 있으며, 대 공

---

315) 『楞嚴經』(大正藏 19, p.106中)

316) 뉴에이스 國語辭典, 금성교과서(주), 1991.

317) 『佛敎學大辭典』 도서출판 홍법원, 1993.

318) 正覺, 『천수경 연구』, 운주사, 1996, p.246.

덕이 있으니 ……(후략)……"319)라 하여, 이는 재(齋)의 공덕을 설명한
것이라 하겠다.

① 재일(齋日)과 재가포살(在家布薩)

원래 재일(齋日)이란 고대 인도에서 불교 이전 바라문들의 풍습으로
행해진 것이었다. 즉 왕사성에 머물던 외도범지(外道梵志)들은 매달 8
일과 14일, 15일에 모여 서로 왔다갔다하면서 음식을 나누어 먹었으며,
그 다정한 모습을 보고 성안의 많은 사람들이 범지(梵志: 바라문)들이
모이는 곳을 종종 방문·공양하였던 것이다. 이 모습을 본 빈비사라왕
은 비구들 역시 매달 8일과 14일, 15일에 모여 왕래하며 음식 나누어
먹기를 청하였고, 부처님께서 이날의 모임을 제정하게 되는 것이다.320)

그런데 인도에서는 한 달을 달의 차고 기움에 따라 15일씩으로 나누
고 만월(滿月) 이후 달이 기울어 가는 흑월(黑月)과 달이 차 가는 백월
(白月)이란 구분을 행하였던 즉, 여기서 매달 8일과 14일·15일이라 함
은 백월의 8일·14일·15일과 흑월의 8일·14일·15일을 동시에 뜻하
여, 흑월의 8일·14일·15일은 음력 23일·29일·30일에 해당한다고 할
수 있다. 결국 한 달에 6번, 음력 8·14·15·23·29·30일에 걸쳐 서로
의 왕래가 행해졌고, 이후 이를 육재일(六齋日)이라 이름한 채 재일 하
루 동안 재가불자에게는 경건한 생활을 할 것이 요구되었다.321)

319) 大正藏 1, p.772.
320) 『四分律』(大正藏 22, p.816下)
321) 『雜阿含經』의 권40 「四天王經」 내지 『佛本行集經』 권37, 『十誦律』 권57 등의 기
   록에 의하면, 인도의 옛 전승에 귀신들이 매월 六齋日에 사람들을 해치기 위해
   엿본다고 한다. 그러므로 이날 목욕하고 단식하며 청정한 생활을 하는 풍습이
   있었는데, 불교에서 이 풍습을 받아들인 것이다. 또 이날 사천왕이 내려와 인간
   의 善惡을 찾아 심사하는 날이라고도 한다.
   한편 『幻住淸規』(卍續藏經 111, p.0973)에 의하면 "1년 중 12월이 있어 1일과 15
   일 등 朔望에는 아침 공양[就粥] 전에 大悲呪를 諷誦한다. 또한 1년 내에 6일의
   好日이 있어 이 6일에 역시 朔望 때와 마찬가지로 아침 공양 전에 大悲呪를 諷
   誦한다"고 하는 바, 여기서 6일의 好日이란 三長六齋日을 말한다. 즉 1년 중 陽

도판 30. 재일(齋日)

재(齋)는 '단식' 내지 '부정을 피한다'는 의미의 uposaṇa 혹은 poṣadha의 역어(譯語)로 포
살이라 음역된다. 고대 인도에서 매달 6번의 성스러운 날[六齋日: 음력 8일·14일·15일·
23일·29일·30일], 사람들이 그 전날 밤부터 종교의식의 장소에 모여 (정오 이후의) 단식
을 하며 하루를 경건히 보냈던 관습에서 유래된 행사이다. 재일 동안 재가불자들은 팔재계[八
關齋]를 지켜야 했다. 그리고 14일과 15일, 29일과 30일에는 출가 승단과 함께 밤을 새우
며 보름 단위의 포살 의식을 거행하기도 하였다. 현대에 있어 재일은 일일출가(一日出家)의
의미를 띄는 바, 선(禪) 수련회 등의 행사를 통해 정오 이후의 단식과 함께 경건한 마음으로
서 내면 세계에 침잠하는 기회를 갖는다. 한편 원광(圓光)은 '육재일(六齋日)과 춘하월(春夏
月)에 생명을 죽이지 않음'을 살생유택 중 택시(擇時)라 말하기도 했다.

　그 가운데 14일과 15일, 29일과 30일 등 연이어진 날에는 계목(戒目)
을 읽으며 자기가 받은 계를 잘 지켜 가고 있는가를 스스로 점검하는
포살이 행해지기도 하였다. 포살은 보름마다 동일 지역 내에 거주하는
출가자들이 한 곳에 모여 지난 보름간의 자기 행위를 반성하고 죄가 있
으면 참회하는 의식으로, 보름 단위의 포살의식에는 재가자 역시 동참
하였다. 이 날 동참하는 재가자(在家者)는 팔재계(八齋戒)를 받아야 하
는데, 이는 불살생(不殺生)·불투도(不偸盜)·불사음(不邪淫)·불망어(不

――――――――――
　의 기운이 제일 강한 음력 1월 1일과 15일, 5월 1일과 15일, 9월 1일과 15일 등
　을 말하며, 僧伽에서는 전통적으로 이날 잠을 자지 않고 身·口·意 三業에 따
　른 齋戒를 행하였다. 그리고 그날 먹지 않고 쓰지 않은 돈으로 이웃을 보살피는
　등 대사회적 구제활동을 행하기도 하였다.

妄語)·불음주(不飮酒) 등 불자의 윤리적 덕목으로서 오계(五戒) 외에
재일날 자발적으로 참석하는 사람들에게 특별히 다음 3가지를 더 지키
게 한 것으로, 이는 재일이 끝나면 자동적으로 버려지는 한시적인 계
(戒)이다. 그 세 가지는 ① 높고 넓은 침상을 쓰지 않고[不坐廣大床], ②
노래하고 춤추지 않고 일부러 그것을 구경하지도 않으며 향수 등을 바
르지 않고[不作唱伎樂 故住觀聽 不着香勳衣], ③ 정오가 지나서 음식을
먹지 않는 것[不過中食]을 말한다.

② 육재일(六齋日)과 팔재계(八齋戒) - 『지재경(持齋經)』을 중심으로

『대비구삼천위의』에 "재가자는 오계(五戒) 받음을 근본으로 하는데,
이로써 삼악취(三惡趣)의 나쁜 길을 막고 인천(人天)의 복을 구한다. 그
러나 집의 권속(眷屬)에 대한 연루(緣累)를 버리지 않기 때문에 다시
세 가지 계를 앞의 다섯 가지 계에 더하여 하루 낮 하루 밤 동안 지킴
으로서 미래세에 길이 벗어날 인연을 심는다"322)고 하는 바,『중아함경
』의 『지재경(持齋經)』323)에서는 다음과 같이 육재일(六齋日)의 유래 및
팔재계(八齋戒) 등에 대해 설명하고 있다.

즉 한때 부처님께서 코살라국의 사위성 동쪽 한 재상 집에 머물러
계셨을 때, 재상의 어머니 유야는 아침 일찍 목욕을 하고 새 옷을 갈아
입고 여러 며느리와 함께 재계를 받고자 하였다. 이에 부처님께서는 재
계(齋戒)에는 목우재(牧牛齋)324) 및 니건재(尼健齋)325)·불법재(佛法齋)

---

322) 大正藏 24, p.912.
　　　在家者는 가족을 부양하기 위해 직업을 가져야 하며, 재물을 축적하여 삼보와
　　　가난한 이웃에게 베푸는 보시의 삶이 권장되었다. 그렇지만 재가자라 할지라도
　　　불교교단의 구성원이었기 때문에 출가자들이 육체적으로나 정신적으로 어떠한
　　　삶을 살아가고 있는가를 경험할 필요가 있었다. 이에 재가불자들의 윤리의식을
　　　고양시키고, 출가자들에 대한 공경심과 신뢰감을 확충코자 하는데 六齋日이 생
　　　겨났다고 이해된다.
323) 『持齋經』(大正藏 1, pp.770~772)은 『중아함경』 제 55권 「晡利多品」에 대한 別生
　　　經을 말한다.
324) 牧牛齋, 즉 '소를 기르는 것과 같은 齋'란 무엇을 말하는가? 목동이 좋은 물과

등이 있음을 말하신 채, 불법재의 재계를 받아 지닐 때의 마음을 다음과 같이 설명하고 계신다. 이를 요약하면,

'불교의 재(齋)란 어떤 것인가? 나의 제자로서 매월 육재일이 되면 여덟 가지 계를 받는다. 여덟 가지 계란 어떤 것인가?

① 재일(齋日)이 되면 하루 스물 네 시간 동안 죽이려는 마음을 없애 아라한의 마음과 같이 한다.

② 재일이 되면 하루 스물 네 시간 동안 탐욕으로 취할 마음을 없애 아라한의 마음과 같이 한다.

③ 재일이 되면 하루 스물 네 시간 동안 음탕한 마음을 없게 하여 아라한의 마음과 같이 한다.

④ 재일이 되면 하루 스물 네 시간 동안 거짓말하려는 뜻을 없애고 아라한의 마음과 같이 한다.

⑤ 재일이 되면 하루 스물 네 시간 동안 술을 마시지 않고 아라한의 마음과 같이 한다.

⑥ 재일이 되면 하루 스물 네 시간 동안 편안함을 추구하려는 뜻을

풀을 찾아 소를 기르고, 저녁에 돌아갈 때는 그곳이 어딘가를 잘 기억해 둔다. 그리고 이튿날이 되면 다시 그곳으로 소를 몰고 간다. 良家의 아들·딸이 재계를 받았지만, 마음은 어떻게 하면 재산을 더 모을 수 있는가, 어떻게 하면 호의호식 할까를 생각한다면, 그것은 목동이 항상 좋은 풀밭을 생각하는 것과 다를 것이 없다. 몸은 齋戒를 받았지만 마음은 집에 와 있는 것을 牧牛齋라 한다. 그런 사람들은 齋戒를 받았지만 공덕이나 지혜를 얻을 수 없다. 大正藏 1, p.770 上~中.

325) 尼健齋란 어떤 것인가? 매월 보름 齋를 올리는 날이 되면 엎드려 齋戒를 받는다. 그들은 재계를 받을 때에 10 요자나 안에 있는 여러 神들에게 절하면서, "나는 오늘 齋戒하였으니 감히 악행하지 않고, 집이 있다고 교만하지 않을 것이며, 남들을 나처럼 생각하고, 처자식이나 노비들도 내 소유가 아니요, 나도 그들의 주인이 아닙니다"라고 이렇게 말한다. 그러나 그들은 말을 귀하게 여기면서도 말처럼 실천하지 않는다. 그래서 齋戒를 받은 다음날만 되면 전과 다름없이 행동한다. 이런 것을 尼健齋라 말한다. 그런 재계를 받는 사람들은 공덕도 얻지 못하고 지혜를 얻지도 못한다. 大正藏 1, p.770中.

없애 아라한의 마음과 같이 한다.〔꽃다발이나 향수를 쓰지 않고, 화장품을 쓰지 않으며, 노래하지 않고 춤추지 않는다.〕

⑦ 재일이 되면 하루 스물 네 시간 동안 편안함을 좇으려는 마음을 없애 아라한의 마음과 같이 한다.〔화려한 침구나 높은 침상을 쓰지 않고, 낮은 평상이나 허름한 침구를 쓰되, 일찍 잠자리에 들지 않고 늦게까지 수련을 한다. 그리하여 재일 하루 밤낮을 검소하게 지낸다.〕

⑧ 재일이 되면 하루 스물 네 시간 동안 오후에 음식을 들지 않아 아라한과 같은 마음을 갖는다. 법을 받들고 때에 맞추어 적게 먹되, 맛에 탐착하지 않는다. 그리하여 재일 하루 밤낮을 절식(絶食)으로 지낸다.

이것이 재일에 지키는 여덟 가지 계이니라.

그리고 재계(齋戒)를 받는 날에는 다섯 가지 생각을 익혀야 하는 바,

① 일심으로 여래십호(如來十號)를 염(念)해야 한다. 이렇듯 부처를 생각하는 사람은 어리석음과 악의(惡意)와 성내는 버릇이 모두 없어지고 착한 마음이 저절로 생겨 부처의 업(業)을 좋아하게 된다.

② 염법(念法)해야 한다. 37조도품(三十七助道品)326)을 완벽하게 수련

---

326) ① 4념처, ② 4의단, ③ 4신족, ④ 5근, ⑤ 5력, ⑥ 7각의, ⑦ 8정도 등의 수를 합한 37개 助道의 방법을 말한다.
　① 4념처는 '몸은 부정하고〔觀身不淨〕, 감정은 괴로우며〔觀受是苦〕, 마음은 무상하고〔觀心無常〕, 법은 실체가 없다〔觀法無我〕'고 관찰하는 것이다.
　② 4의단은 '아직 생기지 않은 惡을 일어나지 못하게 억제하고〔律儀斷〕, 이미 발생한 惡은 끊도록 노력하며〔斷斷〕, 아직 일어나지 않은 善은 일어나도록 권하고〔隨護斷〕, 이미 생긴 善은 더욱 증장코자 노력하는 것〔修斷〕이다.
　③ 4신족은 서원과 노력과 心念과 觀慧의 힘에 의해 얻게 되는 자제력으로, 欲如意足, 精進如意足, 心如意足, 思惟如意足을 말한다.
　④ 5근은 번뇌를 누르고 正覺에 나아가게 하는 信根, 精進根, 念根, 定根, 慧根 등을 의미한다.
　⑤ 5력은 악을 쳐부수는 힘을 가지고 있는 것으로서 信力, 또한 목표를 향해 노력하는 힘〔勤力〕, 정법을 항상 기억하는 힘〔念力〕, 삼매를 얻어 갖는 안정된 마음의 힘〔定力〕, 지혜의 힘〔慧力〕 등을 말한다.
　⑥ 7각의는 참과 거짓, 선과 악을 선별하는 방법으로 선악과 진위를 간택하는 擇法覺意, 용기로써 邪行을 버리고 정의롭게 나아가는 精進覺意, 마음에 善法을

하여 결코 소홀히 하거나 잊지 않고 명심하되, 이러한 법은 세상을 밝히는 지혜의 등불임을 알아야 한다. 법을 생각하는 사람은 어리석은 마음과 악의와 성내는 버릇이 모두 없어지고 착한 마음이 저절로 생겨 법업(法業)을 좋아하게 된다.

③ 염승(念僧)해야 한다. 출가자들을 마음으로 생각하되, '출가자들을 공경하고, 가까이하여 믿고 의지하며, 지혜의 가르침을 받자. 부처의 제자인 출가자들 가운데는 수다원(須陀洹)을 향해 나아가는 사람도 있고 이미 증득한 이도 있으며, 사다함(斯陀含)을 향해 나아가는 사람도 있고 이미 증득한 이도 있으며, 아나함(阿那含)을 향해 나아가는 사람도 있고 이미 증득한 이도 있으며, 아라한(阿羅漢)을 향해 나아가는 사람도 있고 이미 증득한 이도 있다. 이들은 네 쌍 여덟 부류의 장부라 한다. 이들은 모두 계율을 성취하였고, 선정(禪定)을 성취하였으며, 지혜를 성취하고 해탈을 성취하였으며, 해탈지견(解脫知見)을 성취하여 성스러운 덕과 행위를 갖춘 사람들이다. 이들이야말로 천상과 천하에 가장 거룩한 이들이니, 그 복전(福田)에 합장해야 한다'고 생각하라. 출가자를 생각하는 사람은 어리석음과 악의와 성내는 버릇이 모두 없어지고 기쁜 마음이 저절로 생겨 승업(僧業)을 좋아하게 된다.

④ 염계(念戒)해야 한다. 일심으로 계율을 생각하되, '몸으로 부처의 계를 받고 마음으로 받들어 지키리라. 계를 어기지 않고 망각하지 않아 계율을 바로 세우고 보호하여 지혜로운 이들로부터 칭찬을 들으리라.

얻어 기뻐하는 喜覺意, 그릇된 견해와 번뇌를 끊어버려 참되고 거짓됨을 알아서 올바른 선근을 일으키는 除覺意, 객관 대상에 집착하던 마음을 버려 거짓되고 참되지 못한 것에 집착하지 않는 捨覺意, 선정에 들어 번뇌 망상을 일으키지 않는 定覺意, 생각을 오롯이 하여 선정과 지혜가 한결같게 하는 念覺意를 말한다.
⑦ 8정도는 치우침 없이 正中하게 보는 正見, 번뇌에 얽힘 없이 진리를 꿰뚫어 볼 수 있는 正思惟, 곧고 올바른 진리에 맞지 않으면 말하지 않는 正語, 바른 것이 아니면 어려움에도 굴하지 않는 正業, 身·口·意 三業을 짓지 않고 떳떳한 생활을 하며 바르지 못한 일을 하지 않는 正命, 발생하지 않은 악을 나지 못하게 하며 나지 않은 선을 일어나게 하는 正精進, 욕심과 사념을 버리고 보살의 길을 수행하는 正念, 산란한 모든 것을 여의고 마음이 안정된 正定 등을 말한다.

계를 지켜 후회하는 일이 없게 하고, 대가를 바라지 않고 사람들을 가
르치리라.' 이렇듯 계율을 생각하는 사람은 어리석음과 악의와 성내는
버릇이 모두 없어지고 기쁜 마음이 저절로 생겨 계업(戒業)을 좋아하게
된다.

⑤ 염천(念天)해야 한다. 첫 번째는 사왕천이요, 두 번째는 도리천이
요, 나아가 야마천, 도솔천, 화락천, 타화자재천 등을 생각해야 한다. 또
한 스스로 생각하기를, '나는 믿음·계율·법을 들음·남에게 베풂·지
혜를 가짐으로 몸이 죽음에 이르러도 정신은 하늘나라에 올라가 역시
믿음·계율·법을 들음·남에게 베풂·지혜를 잃지 않으리라'고 생각하
라. 하늘나라를 생각하는 사람은 어리석음과 악의와 성내는 버릇이 없
어지고 기쁜 마음이 저절로 생겨 천업(天業)을 좋아하게 된다. 마치 보
배구슬을 항상 갈고 닦으면 맑고 밝아지는 것처럼, 재계(齋戒)를 받고
하늘나라를 생각하는 사람의 청정함도 그와 같다.

이처럼 여덟 가지 계를 받들어 지키고 다섯 가지 생각을 익히며, 불
법재(佛法齋)를 닦고, 하늘나라의 덕을 쌓으면 악은 사라지고 선이 발생
하게 된다. 그런 사람은 죽어서 하늘나라에 태어나게 되고 마침내는 열
반을 얻을 것이다. 그러므로 지혜로운 사람이라면 스스로 힘써 실천하
여 복을 지어야 할 것이다.'

이에 유야는 부처님 말씀을 듣고 "부처님이시여. 참으로 놀랍나이다.
재계(齋戒)의 복덕은 대단히 좋고 또한 한량없나이다. 저는 부처님께
계를 받겠나이다. 그리고 오늘 이후로 매월 육재일(六齋日)을 지켜 이
목숨 마칠 때까지 힘써 복을 짓겠나이다"라 말하고 있는 것이다.

③ 팔재계[八關齋], 정계(淨戒)와 참회(懺悔)의 정신

이에 율장(律藏)의 많은 부분 가운데 '팔관재(八關齋)'를 실천하지 않
으면 우바새가 될 수 없고 우바이도 될 수 없다'고 하는 바, 중국에서는

남북조 시대로부터 팔관재회(八關齋會)가 성행하였다. 우리나라에서도 팔관재는 신라 진흥왕 당시 혜량(惠亮)에 의해 처음 시행327)된 이래 고려·조선조에 걸쳐 폭넓게 시행되었던 의식328) 및 그 수행에 따른 계목(戒目)으로서, 이는 ① 불살생(不殺生), ② 불투도(不偸盜), ③ 불사음(不邪淫), ④ 불망어(不妄語), ⑤ 불음주(不飮酒), ⑥ 부좌고광대상(不坐高廣大床), ⑦ 불착화만영락(不着華慢瓔珞), ⑧ 불습가무희락(不習歌舞戲樂) 등 8가지 계율 항목에 대한 '정계(淨戒)'의 측면을 말하고 있다.

'정계(淨戒)'의 측면.『현행법회예참의식(現行法會禮懺儀式)』에서는 이에 따른 "① 정계(淨戒) 불살생 ② 정계 불투도 ……" 등 정계(淨戒)의 의미를 강조하고 있는 즉, 이것은 참회에 대한 또 다른 표기라 이해할 수 있다. 위 팔재계(八齋戒)는 신업(身業)과 구업(口業) 및 의업(意業)과 관련된 참회의 내용을 말하고 있다. 즉 ① 불살생 ② 불투도 ③ 불사음 ⑤ 불음주는 신업(身業)에 해당되며, ④ 불망어는 구업(口業)에, ⑥ ⑦ ⑧ 등의 내용은 의업(意業)에 해당한다고 할 수 있어, 이들 각각에 대한 정계(淨戒)의 뜻을 담고 있는 팔관재의 참된 정신은 참회란 의미와 자연스러이 연결될 수 있기 때문이다.

④ 십재일(十齋日)

한편 위 팔관재의 정계(淨戒) 정신은 매달 6일의 육재일로부터 매달 10일의 십재일(十齋日)로 발전되었는 바, 십재일의 의미성 및 각 재일을 특정 불·보살과 배대(配對)하여 그 의미를 강조하기도 하였다. 이에『지장보살본원경(地裝菩薩本願經)』「여래찬탄품」 가운데

---

327) 목정배,『삼국시대의 불교』, 동국대학교 출판부, 1991, p.134.
328) 고려의 '팔관재계' 시행에 관해서는 「고려시대 국가적 불교행사에 대한 연구(김형우, 동국대학교 대학원, 1992)」 참조.
한편 1709년 明眼에 의해 편집된 '현행하는 법회의 예참의식서'로서『현행법회예참의식』 가운데 '팔관재계' 항목이 소개되고 있다는 사실은 당시 '팔관재계' 시행의 보편성을 알려 주는 좋은 예가 된다고 할 수 있다.

"십재일은 모든 죄를 모아 그 죄의 무겁고 가벼움을 결정하는 날이다. 그러나 사바세계 중생들은 동작 하나 하나와 생각들이 죄업 아닌 것이 없다. 그런데 하물며 자의적으로 살도음망(煞盜婬妄)의 죄업을 지어 백천 가지 죄의 모습을 드러내서야 되겠는가. 만약 십재일에 불보살과 모든 성현의 상 앞에서 이 경(經)을 한편 독송하면 동서남북 사방 천리에 일체 재난이 없을 것이다. 이것을 따라 하는 집안의 어른·아이 할 것 없이 모두가 현재·미래 백천 세가 다하도록 영원히 삼악도(三惡道)를 벗어날 것이다."329)

라 말하고 있다. 그리고 『대명삼장법수(大明三藏法數)』에서는

"초1일에 하늘에서 사천왕 태자가 내려와 정광불(定光佛)의 명호(名號)를 염(念)한다. 8일에 하늘에서 마혜수라천왕이 내려와 약사유리광불(藥師琉璃光佛)의 명호를 염한다. 14일에 하늘에서 마혜수라천왕이 내려와 현겁천불(賢劫千佛)의 명호를 염한다. 15일에 하늘에서 사천왕 태자가 내려와 아미타불(阿彌陀佛)의 명호를 염한다. 18일에 하늘에서 사천왕 태자의 사자가 내려와 지장보살(地藏菩薩)의 명호를 염한다. 23일에 하늘에서 마혜수라천왕이 내려와 대세지보살(大勢至菩薩)의 명호를 염한다. 24일에 하늘에서 사천왕 태자가 내려와 관세음보살(觀世音菩薩)의 명호를 염한다. 28일에 하늘에서 사천왕 사자가 내려와 노사나불(盧舍那佛)의 명호를 염한다. 29일에 하늘에서 마혜수라천왕이 내려와 약왕보살(藥王菩薩)의 명호를 염한다. 30일에 하늘에서 사천왕 사자가 내려와 석가모니불(釋迦牟尼佛)의 명호를 염한다."330)

고 하는 바, 『불조통기(佛祖統紀)』 및 『법원주림(法苑珠林)』 등에 의하면 '중국에선 당나라 말부터 이 법을 시행하였으며, 재일(齋日)에 불보살의 명호를 가지고 복을 기원하여 죄를 멸하였다'라 하고 있다. '그

---

329) 大正藏 13, p.783中~下.
330) 『大明三藏法數』 卷第 四十二.

러나 근래 14일의 현겁천불 재일이 보현보살 재일로 바뀌었고, 18일 지장보살 재일이 관세음보살 재일로, 24일 관세음보살 재일이 지장보살 재일로 바뀌었다'라 말하고 있기도 하다.[331]

한편 『석문의범』에는 다음과 같이 십재일(十齋日)의 날짜를 명기한 「십재일송(十齋日頌)」이 기록되어 있는 바, 이를 옮기면 다음과 같다.

"일정팔약십사현(一定八藥十四賢) 십오미타팔지장(十五彌陀八地藏)
이십삼대사관음(二十三大四觀音) 팔노구왕회석가(八盧九王晦釋迦)"[332]

즉 '① 음력 1일 정광불(定光佛: 燃燈佛로서 석가모니 부처님의 前身인 善慧라는 구도자에게 수기를 주신 佛), ② 8일 약사불(藥師佛), ③ 14일 현겁천불(賢劫千佛), ④ 15일 아미타불(阿彌陀佛), ⑤ 18일 지장보살(地藏菩薩), ⑥ 23일 대세지보살(大勢至菩薩), ⑦ 24일 관음보살(觀音菩薩), ⑧ 28일 노사나불(盧舍那佛), ⑨ 29일 약왕보살(藥王菩薩), ⑩ 그믐(30일) 석가모니불(釋迦牟尼佛)'을 말하는 것으로, 이는 원래의 육재일에 약사불·현겁천불·아미타불·대세지보살·약왕보살·석가모니불 재일 등의 의미를 부여한 채, 1일의 정광불 및 18일의 지장보살, 24일의 관음보살, 28일의 노사나불 재일 등의 의미를 추가한 것이라 이해된다.

또한 『석문의범』에서는 "십재일에 각 불호(佛號)를 1000번 염한 즉 지옥에 떨어지지 않고, 시왕탄일(十王誕日)에는 사천왕이 인간계를 순찰하여 죄복(罪福)을 결집하니, 이날 공양을 올림으로서 항하사(恒河沙)와 같은 죄를 멸하고 무량한 공덕을 성취하리라"[333] 하는 바, 한국불교에서 시행되고 있는 십재일은 육재일에 기초한 채 『불설예수시왕생칠경(佛說預修十王生七經)』 내지 『불설지장보살발심인연시왕경(佛說地藏

331) 『釋門正統』, 『佛祖統紀』, 『法苑珠林』.
332) 安震湖, 『釋門儀範(下)』, p.301.
333) 安震湖, 『釋門儀範(下)』, p.301.

菩薩發心因緣十王經)』 등을 근거로 한 시왕신앙(十王信仰)과의 관련 속에 생겨난 것이라 이해된다.

이에 『석문의범』은 십재일 및 시왕(十王) 원불(願佛)·시왕명호·시왕탄일·관할지옥·소속 육갑(六甲) 등을 종합한 도표를 제시하고 있는 즉, 이를 인용하면 다음과 같다.[334](도표 23)

十齋日	十王願佛	十王名號	十王誕日	管轄(屬) 地獄	所屬(屬) 六甲
1일	定光佛	秦廣	2월 1일	刀山地獄	庚午, 辛未, 壬申, 癸酉, 甲戌, 乙亥
8일	藥師佛	初江	3월 1일	鑊湯地獄	戊子, 己丑, 庚寅, 辛卯, 壬辰, 癸巳
14일	賢劫千佛	宋帝	2월 28일	寒氷地獄	壬午, 癸未, 甲申, 乙酉, 丙戌, 丁亥
15일	阿彌陀佛	五官	1월 8일	劍樹地獄	甲子, 乙丑, 丙寅, 丁卯, 戊辰, 己巳
18일	地藏菩薩	閻羅	3월 8일	拔舌地獄	庚子, 辛丑, 壬寅, 癸卯, 甲辰, 乙巳
23일	大勢菩薩	變成	2월 27일	毒蛇地獄	丙子, 丁丑, 戊寅, 己卯, 庚辰, 辛巳
24일	觀音菩薩	泰山	3월 2일	碓磑地獄	甲午, 乙未, 丙申, 丁酉, 戊戌, 己亥
28일	盧舍那佛	平等	4월 1일	鉅解地獄	丙午, 丁未, 戊申, 己酉, 庚戌, 辛亥
29일	藥王菩薩	都市	4월 7일	鐵床地獄	壬子, 癸丑, 甲寅, 乙卯, 丙辰, 丁巳
30일	釋迦文佛	五道轉輪	4월 27일	黑暗地獄	戊午, 己未, 庚申, 辛酉, 壬戌, 癸亥

도표 23. 십재일의 시왕(十王) 원불(願佛) 및 관할지옥, 소속 육갑(六甲)

334) 安震湖, 『釋門儀範(下)』, pp.300~301.

한편 구한말의 이경협(李璟協) 스님은 위 내용에 따른 다음과 같은 「육갑시왕원불가(六甲十王願佛歌)」335)를 짓기도 하였다. 이는 십재일을 십악(十惡)과 관련시킨 채 그에 대한 정계(淨戒)의 측면을 강조, 염불을 통한 왕생극락을 발원하는 내용으로서 구성되어 있다.

육갑시왕원불가(六甲十王願佛歌)

시방삼세	부처님과	팔만사천	큰법보와	보살성문	스님네께
지성귀의	하옵나니	자비하신	원력으로	굽어살펴	주옵소서
어리석은	저희들이	참된성품	등지옵고	무명속에	뛰어들어
나고죽는	물결따라	빛과소리	물들었네	심술궂고	욕심내어
온갖번뇌	쌓았으며	보고듣고	맛봄으로	한량없는	죄를지어
잘못된길	갈팡질팡	생사고해	헤매면서	나와남을	집착하고
그른길만	찾아다녀	여러생애	지은업장	크고작은	많은허물
부처님의	원력으로	일심참회	하옵나니	부처님이	이끄시고
보살님이	살펴시와	고통바다	헤어나서	열반언덕	가사이다
이세상에	명과복은	길이길이	창성하고	오는세상	불법지혜
무럭무럭	자라나서	날적마다	좋은국토	좋은스승	만나오며
귀와눈이	총명하고	말과뜻이	진실하여	세상일에	물안들고
밝은지혜	닦고닦아	좋은행실	닦고닦아	서리같은	엄한계율
털끝인들	어기리까	보살마음	모두내어	윤회고를	벗어나서
三世如來	정광보살	聲聞緣覺	正觀하사	地藏菩薩	化主되고
정명모두	부처로다	崔參判이	定座하고	業鏡臺를	바라보며
마사판관	문채잡고	牛頭馬面	邏卒들이	엄숙하게	定座하사
前生에서	이승까지	業緣衆生	내보낼때	生前빛은	없사오며
經典인들	없으리까				

---

335) 「和請」, 문화재관리국 무형문화재 조사보고서, 제65호.
　　이 염불가의 전반부(*사체 부분*)는 현행 「이산연선사의 발원문」과 내용이 거의 일치하고 있다. ① ② 등은 필자가 구분을 행하였으며, 자구를 맞추기 위해 일부는 한문만을 표기하였다.

우리맡은	大王님은	어느대왕	매였는지		
① 第一前에	秦廣大王	진광대왕	매인생은	庚午甲이	上甲인데
庚午申未	壬申癸酉	甲戌乙亥	매였는데	定光如來	願佛이요
刀山地獄	찾으시라	사면팔방	칼산인데	쥐는것도	칼날이요
밟는것도	칼날이라	온몸전신	다부서져	피가되어	개천되니
처량하고	한심하다	이지옥에	드는이는	옛적에	사냥꾼이
다섯사슴	잡아다가	눈만빼어	먹은죄로	地獄苦를	갖춰받아
人間世의	사람되어	五百劫間	장님되어	모든苦를	받았으니
인과응보	분명하다	몸으로써	지은죄에	살생죄를	짓지마소
거룩하신	부처님께	살생죄를	참회하고	一心으로	염불모셔
극락으로	가옵시다				
② 第二前에	初江大王	초강대왕	매인생은	戊子甲이	上甲이라
戊子己丑	庚寅辛卯	壬辰癸巳	맡으시고	藥師如來	원불이요
火湯地獄	찾으시라	지옥전체	가마인데	끓는물이	솟구치네
죄진사람	들어가면	삶아죽여	내어놓네	이지옥에	드는이는
이는과거	이세상에	(……어구에 내용상 이상이 발견됨: 필자 註)			
도둑질을	부디마소				
남의재물	도적하여	非利行敢	하는것이	白晝大賤	이아닌가
옛날옛적	한노인이	딸자식이	艱難커늘	白米닷되	돌려내어
아들몰래	주었거늘	母子間에	같이죽어	큰말되고	새끼되어
그아들을	태울려니	모자간도	그렇거늘	남의것을	議論하리
거룩하신	부처님께	몸으로써	지은죄와	偸盜罪를	참회하고
일심으로	염불모셔	극락으로	가옵시다		
③ 제삼전에	宋帝大王	송제대왕	매인생은	壬午甲이	上甲인데
壬午癸未	甲申乙酉	丙戌丁亥	맡으시고	賢劫千佛	원불이요
寒冰地獄	찾으신데	얼어죽고	토막나네	이는과거	이세상에
남의살을	좋아할때	오장육부	빼어다가	구워먹고	삶아먹어
世上行樂	다받으며	거짓말로	일삼을때	兩土之間	헤살놓고

온갖사람	못사는것	좋아하는	이사람은	이地獄에	들어가네
仰告十方	부처님께	몸으로써	지은죄에	邪淫罪를	참회하고
일심으로	염불모셔	극락으로	가옵시다		
④ 제사전에	五官大王	오관대왕	매인생은	甲子甲이	上甲인데
甲子乙丑	丙寅丁卯	戊辰己巳	매였는데	阿彌陀佛	원불이요
劍樹地獄	맡으셨네	지옥전체	칼이로다	죄진사람	들어가면
찢어지고	베어져서	피가흘러	개천되니	불쌍하고	가련하다
이는과거	이세상에	아무리	욕심나도	邪淫일랑	하지마소
나의처로	족하거늘	남의처가	무엇일꼬	타인과	사음하랴
본남편께	죄졌으니	그때[垢]가	어찌될까	입으로써	지은죄에
綺語罪를	짓지마소	거룩하신	부처님께	기어죄를	참회하고
일심으로	염불모셔	극락세계	가옵시라		
⑤ 제오전에	閻羅大王	염라대왕	매인생은	庚子甲이	上甲인데
庚子辛丑	壬寅癸卯	甲辰乙巳	맡으시고	지장보살	원불이요
拔舌地獄	찾으시라	평원광야	넓은뜰을	혀를빼어	밭을갈때
피가흘러	개천되니	무섭기도	짝이없다	이는과거	이세상에
兩舌로써	싸움붙여	이간질로	일을삼아	좋을情을	쌈붙이니
좋은정이	원수되니	불쌍하고	가련하다	입으로써	지은죄에
妄語罪를	짓지말고	거룩하신	부처님께	망어죄를	참회하고
일심으로	염불모셔	극락세계	가옵시다		
⑥ 제육전에	變成大王	변성대왕	매인생은	丙子甲이	上甲인데
丙子丁丑	戊寅己卯	庚辰辛巳	매엇는데	대세지보살	원불이요
毒蛇地獄	찾으시라	평원광야	넓은뜰에	죄진사람	들어가면
독한뱀이	달려들어	이리감고	저리감아	눈도빼고	귀도먹어
팔과다리	잘라먹네	이는과거	이세상에	惡談으로	일삼은죄
모든것이	무섭구나	남의악담	하는것이	자기한테	돌아오네
하늘로	뱉은침이	내얼굴에	아니질까	입으로써	지은죄에
악담죄가	무섭구나	거룩하신	부처님께	악담죄를	참회하고

일심으로	염불모셔	아미타불	친견하세		
⑦ 제칠전에	泰山大王	태산대왕	매인생은	甲午甲이	上甲인데
甲午乙未	丙申丁酉	戊戌己亥	맡으셨네	관세음보살	원불이요
剉䃈地獄	찾으시라	죄진사람	확에넣고	큰공이로	내려찧네
살과뼈가	부서져서	피가흘러	내가되고	그살뛰어	산이되니
무섭기도	한량없다	이는과거	이세상에	입으로써	지은죄에
양설로써	싸움붙여	이지옥에	들어가네	거룩하신	부처님께
양설죄를	참회하고	일심으로	염불모셔	극락세계	가옵시다
⑧ 제팔전에	平等大王	평등대왕	매인생은	丙午甲이	上甲인데
丙午丁未	戊申己酉	庚戌辛亥	매였는데	노사나불	원불이요
鋸解地獄	찾으시라	이는과거	이세상에	입으로써	지은죄에
속으로는	칼을품고	겉으로는	좋아함에	모든일을	그르쳐서
백사만사	훼방치네	거룩하신	부처님께	마음으로	지은죄에
탐심죄를	참회하고	지성으로	염불모셔	극락세계	가옵시다
⑨ 제구전에	都市大王	도시대왕	매인생은	壬子甲이	上甲인데
壬子癸丑	甲寅乙卯	丙辰丁巳	맡으시고	藥王菩薩	원불이요
鐵床地獄	찾으시라	불과같은	鐵床에다	죄진사람	뉘여놓고
큰못으로	배를치니	피가뛰어	산이되어	산과나무	매달리네
이는과거	이세상에	술과알을	먹지마소	이에허물	무수하여
온갖죄를	다짓나니	술알허물	없을진데	聖賢들이	없을쏘냐
그옛날에	한사람이	술과알을	가리키고	五百生에	손이없고
하물며또	먹을소냐	一起嗔心	근본원인	술과알을	먹지마소
거룩하신	부처님께	마음으로	지은죄에	嗔心罪를	참회하고
깨끗한	마음으로	일심으로	염불모셔	극락세계	가옵시다
⑩ 第十王道	轉輪大王	전륜대왕	매인생은	戊午甲이	上甲인데
戊午己未	庚申辛酉	壬戌癸亥	맡으시고	석가여래	원불이요
黑暗地獄	맡으셨네	세상사가	어리석다	담높기가	萬丈인데
지옥속이	漆桶이라	서로서로	부딪쳐서	어찌된줄	모르고서

서로서로	밟혀죽네	그중에도	맹수들이	서로물고	당길적에
찢어가고	물어가니	산천초목	슬슬떤다	이는과거	이세상에
十惡業을	지은죄니	痴心으로	막을쏘냐	치심으로	모은재물
삼일修心	千載寶요	백년탐물	一朝盡也	못다먹고	죽게되면
그재물에	못떠나니	그도아니	무서운가	그재물이	분리되어
오장육부	모두타네	痴心일랑	두지마소	마음으로	지은죄에
치심죄를	참회하고	일심으로	염불모셔	극락으로	가옵시다

千經萬論	이른뜻과	百千論疏	새긴말씀	금한것이	탐욕이요
권한것이	염불이라	아미타불	한마디에	팔십억겁	생사죄가
봄눈녹듯	없어지고	극락세계	난다더니	獅子王의	經千길이
헛된말씀	있으리까	善心으로	마음닦아	不義行事	하지마소
선심공덕	아니하면	牛馬蛇身	못면하고	지옥고를	어찌하리
염불하고	수신하소	修身齊家	능히하면	治國安民	하오리다
아무쪼록	염불하고	마음으로	덕을닦소	이몸죽어	어찌될줄
누가능히	아오리까	바라노니	염불친구	자선사업	많이하고
鰥寡孤獨	구제하여	내생길을	많이닦아	극락으로	가옵시다
念日會席	모인손님	이내말씀	들어보소	악심으로	모은재물
탐심일랑	두지마소	부모형제	俱存하고	처자권속	삼대같고
天子되고	輪王되어	무량쾌락	받더라도	우리인생	無常하여
어찌될줄	누가아나	어젯날	去馬客이	오늘황천	웬말인가
오늘날에	多情타가	내일을	기약하랴	푸줏간에	가는소가
자국자국	死地로다	古往今來	살피건데	僧俗男女	귀천없이
乃至죄악	범부라도	多願發心	염불하면	극락세계	간다셨네
月藏經에	하신말씀	말세중생	億億人이	戒行修道	할지라도
得道할이	하나없고	多願發心	염불하면	극락으로	간댔으니
사자왕에	經千說	헛된말씀	하였으랴	연비연등	미물들도
부처님께	교화입어	극락간다	하였거든	萬物之中	사람되어

聖賢敎化	못입을까	西城東土	賢哲들이	古今往生	무수한데
누가능히	입을열어	정토법문	말씀하리	거룩하다	극락세계
시방제불	칭찬이요	恒沙菩薩	조생하네	화엄경과	법화경은
一代始敎	始終이라	無上大道	이언만은	극락세계	칭찬하랴
발원참회	깊이하여	육자염불	지성으로	彌陀聖相	친견하러
극락세계	가옵시다"				

　『조선불교통사』에 의하면 '(고려) 충숙왕(忠肅王) 원년(元年)에 불가
(佛家)에서 매월 십재일에 계를 지키고 오후불식하기를 하교'336)하기도
하였는 바, 우리나라의 경우 십재일의 실행이 고려로부터 본격화되었음
을 알 수 있다. 그리고 신라 말에 행해진 건봉만일미타법회337) 및 예념
미타도량참법338) 등 실행 예를 통해 각 재일과 관련된 의례 양태를 추
정해 볼 수도 있게 되는 즉, 구한말 이래 현재에 이르러서는 매달 음력
18일의 지장재일과 24일의 관음재일만이 널리 실행되고 있음을 볼 수
있다.339)
　이에 『사분율』에 의할 것 같으면 "재일에 모인 장자(長者)들에게 비
구들이 설법을 행하였다"340)고 하는 바, 이후 각 재일에 해당하는 불·
보살의 원력을 재조명341)함으로서 우리의 수행을 가다듬자는 것 등 십

336) 『朝鮮佛敎通史(下)』, p.432.
337) 『조선불교통사』(下), pp.915~924.
338) 홍윤식, 「한국불교의식에 나타난 정토신앙」, (『불교학보』, vol. 13), p.192.
339) 한편 『석문의범』은 1월 8일, 2월 7·16일, 3월 3·6·13일, 4월 2·12일, 5월 3·
17일, 6월 16·18·23일, 7월 13일, 8월 16일, 9월 23일, 10월 2일, 11월 19일, 12
월 24일 등 觀音示現日을 소개하고 있기도 하는 바, 이때의 관음재일의 시행 또
한 고려해 볼 수 있다. 『釋門儀範(下)』, p.300.
340) 大正藏 22, p.817中.
341) 예를 들면, ① 定光佛(燃燈佛) 齋日에는 석가모니의 전생 善慧童子의 求法精神을
생각한다. ② 藥師齋日에는 藥師如來의 十二大願을 마음에 되새긴다. ③ 賢劫 千
佛 재일에는 현재의 劫, 즉 賢劫 가운데 출현하실 1000분의 賢者, 부처님을 되새
긴다. ④ 阿彌陀 재일에는 『무량수경』 가운데 소개된 法藏比丘의 48願을 되새긴
다. ⑤ 地藏齋日에는 『지장경』 가운데 지장보살의 28공덕을 되새긴다. ⑥ 大勢至

재일과 관련된 의미성을 대중들에게 설하였음을 우리는 생각할 수 있다.

이와 같은 육재일(六齋日) 내지 십재일(十齋日)의 정계(淨戒) 정신을 실천하는 방법으로서, 현재는 철야정진(徹夜精進) 내지 수련회를 통한 일일출가(一日出家)의 양식이 확산되고 있다. 한편 매 보름마다 재가불자를 대상으로 한 포살이 행해지고 있기도 하여 재일의 참된 정신이 되살려지고도 있다. 또한 현행의 지장재일과 관음재일의 기도를 참회의 장(場)으로 탈바꿈한 채, 팔관재(八關齋)의 실행을 통해 각 재일에 동참하는 불자들이 그날만이라도 자신이 지장보살의 분신이 되고 관음보살의 분신이 되어, 이웃 속에 자비를 실천할 수 있는 정신을 기도 및 예참의 형식을 통해 일깨우고 있기도 하다.

4) 기도 및 예참(禮懺)의례

신앙의례 가운데 불공 및 법회·재일 등이 신앙의 외적 형식과 관련을 맺고 있다면, 기도 및 예참(禮懺)의례는 신앙의 내재적(內在的) 측면이 강조된 것이라 할 수 있다. 즉 불교 신앙의 궁극적 의미가 내면의 불성(佛性)을 일깨운 채 자성불(自性佛)의 인식을 공고히 하는 것이라면, 이에 이를 수 있는 내적 방법으로서 기도(祈禱: 誦呪) 및 예참의례를 들 수 있는 것이다.

菩薩 재일에는 대세지보살의 원력을, ⑦ 觀音菩薩 재일에는 『법화경』「관세음보살보문품」에 의거한 관세음 33응신의 원력에 귀의한다. ⑧ 盧舍那佛 재일에는 圓滿報身 盧舍那佛의 의미를, ⑨ 藥王菩薩 재일에는 『法華經』「藥王菩薩本事品」에 묘사된 一切衆生喜見菩薩의 燒身供養의 정신을 되새긴다. ⑩ 釋迦牟尼佛 재일에는 석가모니불 誕生 및 出家·成道·涅槃에로 이어진 전 생애를 회고하는 가운데 그 남아진 가르침을 되새긴다 등.

(1) 기도(祈禱: 誦呪)

기도란 그 용어 자체에 타력적(他力的) 요소가 깃들어 있다. 그럼에
도 자력신앙(自力信仰)적 측면이 강조되고 있는 불교에서, 특히 밀교적
(密敎的) 특색이 강하게 부각되어 있는 한국불교에서 기도의 의미는 차
라리 밀교적 수행 개념으로서 대치된다. 밀교(密敎)의 수행 행법은 신
밀(身密)·구밀(口密)·의밀(意密) 등 중생 삼밀(三密)에 대한 불(佛)의
삼밀가지(三密加持)를 통해, 중생과 불(佛)과의 일치 속에 수행의 궁극
적 경지인 해탈에 도달할 수 있는 방법을 제시하고 있다. 여기서 신밀
(身密)이란 무드라 수행을 말하며 구밀(口密)은 만트라 수행을, 그리고
의밀(意密)은 관법(觀法) 수행을 뜻하는 바, 이에 대해 『석문의범』은
'(신·구·의)밀의 (삼밀) 가지(加持)를 펼치시어 몸과 마음 윤택해진
채 업(業)의 불꽃 청량케 되리니, (이로서) 각각 해탈을 구족하여지이다
〔宣密加持 身田潤澤 業火淸凉 各具解脫〕'라는 어구를 적고 있는 것이다.

그러나 한국불교의 밀교적 행법은 위 신·구·의 삼밀 수행 가운데
구밀(口密) 수행에 비중을 두고 있는 것으로 보인다. 이에 "금생에 이
실지(悉地: '성취'의 뜻)를 이루려면 부처님으로부터 진언법(眞言法: 明
法)을 받아 관찰·상응(相應)하면 응당 성취할 수 있으리라"는 『대일경
』의 언급과, "오직 진언법 가운데 즉신성불할 수 있으리라"는 『보리심
론』 등의 어구는 진언법에 의한 해탈 가능성을 제시하는 가운데 구밀
수행의 행법을 강조하는 표현이기도 하다.[342]

구밀 수행이란 다름 아닌 만트라 수행, 즉 송주(誦呪)를 일컫는다. 그
리고 한국불교의 경우 아침과 저녁 하루 2회에 걸친 송주를 행함으로서
내적 해탈의 길을 지향하였는 바, 『석문의범』 「송주편(誦呪篇)」에서는
다음과 같은 조송주문(朝誦呪文) 및 석송주문(夕誦呪文)을 소개[343]하고

---

342) 이 부분은 本稿 I. 불교의례의 의미와 구분 가운데 1. 불교의례의 성격 중 「불교
    의례의 근원적 의미」(pp.21~25) 부분을 간략·정리한 것임.

있기도 하다. 이를 순서에 따라 나열하면 다음과 같다.

우선 조송주문과 석송주문 등 각 송주의 전반부는 앞서 언급한 독경의식(讀經儀式)의 앞부분, 즉 독경의 도입부에 해당하는 개계(開啓)[344]를 독송하는 것으로 되어 있다.

이어 송주의 본격적 내용이 등장하는 바, 조송주(朝誦呪)의 경우 ①「대불정여래밀인수증요의제보살만행수릉엄신주(大佛頂如來密因修證了義諸菩薩萬行首楞嚴神呪)」[345]와 ②「관자재보살여의륜주(觀自在菩薩如意輪呪)」[346] ③「불정심관세음보살모다라니(佛頂心觀世音菩薩姥陀羅尼)」[347], ④「불설소재길상다라니(佛說消災吉祥陀羅尼)」[348] 등 사대주(四大呪)를 차례로 독송하게 된다.

이와 달리 석송주(夕誦呪)는 ① 천수천안관자재보살광대원만무애대비심대다라니(千手千眼觀自在菩薩廣大圓滿無礙大悲心大陀羅尼) 계청(啓請: 이어서 稽首觀音大悲呪 云云, 南無大悲觀世音 云云, 我若向刀山 云云, 南無觀世音菩薩摩訶薩 云云 등)에 이어 ②「신묘장구대다라니(神妙章句大陀羅尼)」와 ③ 사방찬(四方讚: 一灑東方潔道場 二灑南方得淸凉 三灑西方俱淨

343) 安震湖, 『釋門儀範(上)』, 卍商會, 1935. pp.80~98.
344) ① 淨口業眞言 및 ② 五方內外安慰諸神眞言, ③ 開經偈, ④ 開法藏眞言 등. 註 242) 참조.
345) "南無 大佛頂如來 密因 修證了義 諸菩薩 萬行 首楞嚴 神呪 '다냐타 옴 아나례 비사제 비라 바아라 다리 반다 반다니 바아라 바니반 호움 다로옹박 사바하'" 『釋門儀範(上)』, pp.80~81.
346) "正本 觀自在菩薩 如意輪呪 '나무 못다야 나무 달마야 나무 승가야 나무 아리야 바로기제 사라야 모지사다야 마하사다야 사가라 마하 가로니가야 하리다야 만다라 다냐타 가가나 바라지잔다 마니 마하 무다례 루로루로 지따 하리다예 비사예 옴 부다나 부다니 야등'" ibid, p.81.
347) "佛頂心 觀世音菩薩 姥陀羅尼 '나모라 다나다라 야야 나막 아리야 바로기제 새바라야 모지 사다바야 마하 사다바야 마하 가로니가야 다냐타 아바다 아바다 바리 바제 인혜혜 다냐타 살바다라니 만다라야 인혜혜 바리 마수다 못다야 옴 살바 작수가야 다라니 인지리야 다냐타 바로기제 새바라야 살바도따 오하야미 사바하'" ibid, pp.81~82.
348) "佛說消災吉祥 陀羅尼 '나무 사만다 못다남 아바라지 하다사 사나남 다냐타 옴 카카 카혜 카혜 훔 훔 아바라 아바라 바라아바라 바라아바라 지따 지따 지리 지리 빠다 빠다 선지가 시리예 사바하'" ibid, p.82.

土 四灑北方永安康), ④ 도량찬(道場讚: 道場淸淨無瑕穢 三寶天龍降此地 我
今持誦妙眞言 願賜慈悲密加護), ⑤ 참회게(懺悔偈: 我昔所造諸惡業 皆由無
始貪瞋痴 從身口意之所生 一切我今皆懺悔), ⑥ 참회진언(懺悔眞言: 옴 살바
못자 모지 사다야 사바하) 등을 독송하는 바, 이는 「신묘장구대다라니」
독송 양태 및 참회의 행법이 동시에 아우러진 형태라 하겠다.

그리고 이어 조송주 및 석송주 모두는 다음의 어구 내지 진언 등을
독송함으로서 전체 송주의 행법을 마무리하고 있다.(後句가 이어지는
偈의 경우 '……(云云)'으로 표기하였다. 全文의 경우 그대로 옮겼으며,
독립된 句가 따르는 진언 및 어구 등은 「 」 표로 묶어 두었다.)

① 준제공덕취(准提功德聚)……(云云), ② 나무칠구지불모(南無七俱胝
佛母) 대준제보살(大准提菩薩), ③ 「정법계진언(淨法界眞言)」, ④ 「호신
진언(護身眞言)」, ⑤ 「관세음보살(觀世音菩薩) 본심미묘(本心微妙) 육자
대명왕진언(六字大明王眞言)」, ⑥ 「준제진언(准提眞言)」, ⑦ 아금지송대
준제(我今持誦大准提)……(云云), ⑧ 「여래십대발원문(如來十大發願文)」,
⑨ 「발사홍서원(發四弘誓願)」, ⑩ 「발원이귀명례삼보(發願已歸命禮三寶)
」, ⑪ 아미타불진금색(阿彌陀佛眞金色)……(云云), ⑫ 나무서방대교주(南
無西方大敎主)……(云云), ⑬ 「극락세계십종장엄(極樂世界十種莊嚴)」, ⑭
「미타인행사십팔원(彌陀因行四十八願)」, ⑮ 「제불보살십종대은(諸佛菩薩
十種大恩)」, ⑯ 「보현보살십종대원(普賢菩薩十種大願)」, ⑰ 「석가여래팔
상성도(釋迦如來八相成道)」, ⑱ 「다생부모십종대은(多生父母十種大恩)」,
⑲ 「오종대은명심불망(五種大恩銘心不忘)」, ⑳ 「고성염불십종공덕(高聲
念佛十種功德)」, ㉑ 청산첩첩미타굴(淸山疊疊彌陀窟)……(云云), ㉒ 나
무(南無) 서방정토(西方淨土) 극락세계(極樂世界)……(云云), ㉓ 나무무
견정상상(南無無見頂上相) 아미타불(阿彌陀佛)……(云云), ㉔ 시방삼세
불(十方三世佛) 아미타제일(阿彌陀第一)……(云云), ㉕ 원아임종명종시
(願我臨終命終時)……(云云), ㉖ 원이차공덕(願以此功德) 보급어일체(普
及於一切)……(云云), ㉗ 「획몽마정수기별(獲蒙摩頂授記莂)」, ㉘ 「수집

향화상공양(手執香華常供養)」, ㉙ 「무량수(無量壽) 불설왕생정토주(佛說往生淨土呪)」, ㉚ 「결정왕생정토진언(決定往生淨土眞言)」, ㉛ 「상품상생진언(上品上生眞言)」, ㉜ 「아미타불본심미묘진언(阿彌陀佛本心微妙眞言)」, ㉝ 「아미타불심중심주(阿彌陀佛心中心呪)」, ㉞ 「무량수여래심주(無量壽如來心呪)」, ㉟ 「무량수여래근본다라니(無量壽如來根本陀羅尼)」, ㊱ 「답살무죄진언(踏殺無罪眞言)」, ㊲ 「해원결진언(解冤結眞言)」, ㊳ 「발보리심진언(發菩提心眞言)」, ㊴ 「보시주은진언(報施主恩眞言)」, ㊵ 「보부모은중진언(報父母恩重眞言)」, ㊶ 「선망부모왕생정토진언(先亡父母往生淨土眞言)」, ㊷ 「문수보살법인능소정업주(文殊菩薩法印能消定業呪)」, ㊸ 「보현보살멸죄주(普賢菩薩滅罪呪)」, ㊹ 「관세음보살멸업장진언(觀世音菩薩滅業障眞言)」, ㊺ 「지장보살멸정업진언(地藏菩薩滅定業眞言)」, ㊻ 「대원성취진언(大願成就眞言)」, ㊼ 「보궐진언(補闕眞言)」, ㊽ 「보회향진언(普回向眞言)」, ㊾ 계수서방안락찰(稽首西方安樂刹)……(云云) 등.

위 전체 행법 가운데 조송주(朝誦呪)의 경우 ① 「대불정여래밀인수증요의제보살만행수릉엄신주」와 ② 「관자재보살여의륜주」·③ 「불정심관세음보살모다라니」·④ 「불설소재길상다라니」 등 사대주(四大呪)를 차례로 독송하는 데 비해, 석송주(夕誦呪)는 「신묘장구대다라니」의 독송양태 및 그에 따른 참회(懺悔) 의궤를 동시에 행하는 것으로 구성된다.

그러나 위 조송주 및 석송주의 양식이 존재해 있음에도 "현재 우리가 송주라 하면 〈천수경〉을 가리키는 말로 생각하는 이가 많다."[349] 물론 (송주로서) '때로는 「사대주」 중 능엄(楞嚴)만을 전상(專尙)했던 자취도 있고, 정토주(淨土呪)가 주로 외워진 자취가 있기도 하다.'[350]

그럼에도 1869년 정신(井辛)에 의해 편찬된 『불가일용작법』의 「모송절차(暮誦節次)」 및 「모팔송(暮八頌)」 가운데 〈천수경〉과 유사한 내용이 사용되고 있음[351]과 아울러, 1607년 편찬된 『운수단가가(雲水壇謌

---

349) 金月雲, 『日用儀式隨聞記』, 中央僧伽大學 出版局, 1991. p.13.
350) ibid, p.14.

訶)』352) 이후 대개의 의식집 가운데 송주로서 〈천수경〉이 사용되고 있음을 볼 수 있는 바, "자신의 수행을 위해서나 남을 위한 정진(精進)의 한 과정으로서, 그리고 부처님의 가피(加被)를 청하는 수단으로서, 도량(道場)을 엄정(嚴淨)하는 수단으로서, 선신(善神)의 옹호(擁護)를 청하는 수단으로서"353) 조송주로서 「사대주」354) 및 석송주로서 「신묘장구대다라니」 독송의례를 대신한, 조석(朝夕) 모두에 걸쳐 송주, 즉 〈천수경〉이 독송되고 있는 것이다.355)

조송주 및 석송주, 즉 〈천수경〉 독송으로서 송주에는 그 시작에 있어 목탁을 7번 가볍게(ㅇㅇㅇㅇㅇㅇㅇ) 친 후 이어 일자목탁(一字木鐸: 목탁을 두드림에 있어 ㅇㅇㅇㅇㅇㅇ 의 형태와 같이, 전혀 변화 없이 행해지는 목탁의 두드림을 '一字木鐸'이라 한다)이 사용된다. 한편 송주를 행함에 앞서 방 내지 특정 공간의 중앙에 향을 피우고 성상(聖像)에 삼배(三拜)한 후 무릎을 꿇고 송주를 행하는 바, 행자(行者) 개개인에 의해서거나 또는 법사의 목탁에 맞춰 일정 공간에 모인 대중이 한자 한자씩 〈천수경〉 독송을 행하게 된다. 전체 독송이 끝나면 목탁을 내려침(●●●●... ㅇㅇ ●)으로서 송주를 마무리하는 바, 간혹 송주는 또 다른 의궤(儀軌)의 전반부로서 행해진 채 불공의례(佛供儀禮) 등 특정 의례의 다음 단계에로 이어지는 가교 역할을 맡게도 된다. 여기 송주로서의 〈천수경〉 독송 전

---

351) 正覺, 『천수경 연구』, 운주사, 1996. p.105.
352) 1607년(宣祖 40년) 淸虛休靜에 의해 편찬된 것으로, 誦呪 및 施食 부분으로 구성되어 있다. 전체의 구성 가운데 전반부의 誦呪 부분 및 施食 부분의 「召請下位」 항목에서 「천수경」 '다라니'와, 그 독송 儀軌를 보이고 있다.(韓佛全 7, pp.743~749) 한편 「雲水壇謌詞」와 「釋門家禮抄」를 一書로 合編한 「雲水壇作法」이 1664년(顯宗 5년) 간행되기도 한다. 正覺, 『천수경 연구』, 운주사, 1996. p.103.
353) 金月雲, 『日用儀式隨聞記』, 中央僧伽大學出版局, 1991. p.14.
354) 四大呪의 전체 내용 구성 및 분석에 대해서는 『日用儀式隨聞記』(金月雲, 中央僧伽大學出版局, 1991. pp.18~21)를 참조할 것. 한편 『불교의식의 바른 이해』(한정섭, 삼원사, 1995. pp.40~53) 가운데 四大呪의 개별적 의미성이 약설되어 있다.
355) 千手經과 관련된 구성 및 내용, 의미성 등에 관해서는 본인의 책 『천수경 연구』(正覺, 운주사, 1996)를 참조할 것.

체 과정을 나열해 보면 다음과 같다.

먼저 향을 피우고 삼배 한 후, 성상(聖像) 앞에 무릎을 꿇는다. 이어 목탁을 7번 가볍게(○○○○○○○) 친 다음 일자목탁을 치며 다음을 독송한다. ①「정구업진언」〔수리수리 마하수리 수수리 사바하〕, ②「오방내외안위제신진언」〔나무 사만다 못다남 옴 도로도로 지미 사비하〕, ③「개경게」〔무상심심미묘법 백천만겁난조우 아금문견득수지 원해여래진실의〕, ④「개법장진언」〔옴 아라남 아라다(세 번)〕, ⑤ 천수천안관자재보살광대원만무애대비심대다라니 계청, ⑥「계수문」〔계수관음대비주 원력홍심상호신 천비장엄보호지 천안광명변관조 진실어중선밀어 무위심내기비심 속령만족제희구 영사멸제제죄업 천룡중성동자호 백천삼매돈훈수 수지신시광명당 수지심시신통장 세척진로원제해 초증보리방편문 아금칭송서귀의 소원종심실원만〕, ⑦「십원문」〔나무대비관세음 원아속지일체법 나무대비관세음 원아조득지혜안 나무대비관세음 원아속도일체중 나무대비관세음 원아조득선방편 나무대비관세음 원아속승반야선 나무대비관세음 원아조득월고해 나무대비관세음 원아속득계정도 나무대비관세음 원아조등원적산 나무대비관세음 원아속회무위사 나무대비관세음 원아조동법성신〕, ⑧「육향문」〔아약향도산 도산자최절 아약향화탕 화탕자소멸 아약향지옥 지옥자고갈 아약향아귀 아귀자포만 아약향수라 악심자조복 아약향축생 자득대지혜〕, ⑨「관세음보살과 아미타불 호칭」〔나무관세음보살마하살 나무대세지보살마하살 나무천수보살마하살 나무여의륜보살마하살 나무대륜보살마하살 나무관자재보살마하살 나무정취보살마하살 나무만월보살마하살 나무수월보살마하살 나무군다리보살마하살 나무십일면보살마하살 나무제대보살마하살 나무본사아미타불〕, ⑩「신묘장구대다라니」〔마지막 '나모라 다나다라 야야 나막알약 바로기제 새바라야 사바하'는 세 번〕, ⑪「사방찬」〔일쇄동방결도량 이쇄남방득청량 삼쇄서방구정토 사쇄북방영안강〕, ⑫「도량찬」〔도량청정무하예 삼보천룡강차지 아금지송묘진언 원사자비밀가호〕, ⑬「참회게」〔아석소조제악업 개유무시탐진치 종신구의지소생 일체아금개참회〕, ⑭「참회업장십이존불」〔나무 참제업장보승장불 보광왕화렴조불 일체향화자재력왕불 백억항하사결정불 진위덕불 금강견강소복괴산불 보광월전묘음존왕불 환희장마니보적불 무진향승왕불 사자월불 환희장엄주왕불 제보당마니승광불〕, ⑮ 「십악참회」〔살생중죄금일참회 투도중죄금일참회 사음중죄금일참회 망어중죄금일참회 기어중죄금일참회 양설중죄금일참회 악구중죄금일참회 탐애중죄금일참회 진에중죄금일참회 치암중죄금일참회〕, ⑯ 「참회후송」〔백겁적집죄 일념돈탕제 여화분고초 멸진무유여 죄무자성종심기 심약멸시죄역망 죄망심멸양구공 시즉명위진참회〕, ⑰ 「참회진언」〔옴 살바 못자모지 사다야 사바하(세 번)〕, ⑱ 「준제진언찬」〔준제공덕취 적정심상송 일체제대난 무능침시인 천상급인간 수복여불등 우차여의주 정획무등등〕, ⑲ 「귀의준제」〔나무칠구지불모 대준제보살(세 번)〕, ⑳ 「정법계진언」〔옴 남(세 번)〕, ㉑ 「호신진언」〔옴 치림(세 번)〕, ㉒ 「관세음보살본심미묘육자대명왕진언」〔옴 마니 받메 훔(세 번)〕, ㉓ 「준제진언」〔나무 사다남 삼먁 삼못다 구치남 다냐타 옴 자례주례 준제 사바하 부림(세 번)〕, ㉔ 「준제후송」〔아금지송대준제 즉발보리광대원 원아정혜속원명 원아공덕개성취 원아승복변장엄 원공중생성불도〕, ㉕ 「여래십대발원문」〔원아영리삼악도 원아속단탐진치 원아상문불법승 원아근수계정혜 원아항수제불학 원아불퇴보리심 원아결정생안양 원아속견아미타 원아분신변진찰 원아광도제중생〕, ㉖ 「발사홍서원」〔중생무변서원도 번뇌무진서원단 법문무량서원학 불도무량서원성 자성중생서원도 자성번뇌서원단 자성법문서원학 자성불도서원성〕, ㉗ 「원이발원이 귀명례 삼보」〔나무상주시방불 나무상주시방법 나무상주시방승(세 번)〕.

이상의 독송으로서 송주가 마무리되는 바, 마지막 어구를 독송함에 이르러 목탁을 내려쳐 가볍게 반배를 행함으로서 송주를 마친다. 그럼에도 〈천수경〉 송주가 불공의례 등 다른 의례에로 이어져 다른 전체 의례의 전반부를 구성할 경우에는 송주에 이어 ㉘ 「정삼업진언」〔옴 사바바바 수다살바 달바 사바바바 수도 함(세 번)〕, ㉙ 「개단진언」〔옴 바아라 놔아로 다가다야 삼마야 바라베 사야 훔(세 번)〕, ㉚ 「건단진언」〔옴 난다

난다 나지 나지 난다바리 사바하(세 번)〕, ㉛ 「정법계진언」〔라자색선백 공
점이엄지 여피계명주 치지어정상 진언동법계 무량중죄제 일체촉예처 당가차
자문 '나무 사만다 못다남 람'(진언 세 번)〕 등을 독송하게 된다.

위 송주 즉 〈천수경〉은 석송주로서 「신묘장구대다라니」 및 그 독송
행법을 좀더 의궤화(儀軌化)시킨 것으로 이해될 수 있는데, 그럼에도 전
체 송주(천수경) 가운데 송주의 사상적 핵심은 주(呪)로서의 신묘장구
대다라니 독송 가운데 내재해 있음을 말할 수 있다.

여기서 주(呪), 즉 만트라(mantra)의 대상으로서 다라니(dhāranī)라
함은 '과거의 기억〔神話〕 가운데 신들이 행한 위업을 기억·회상함'에
그 의미가 있다.[356] 그리고 그 기억은 신묘장구대다라니의 경우 과거
끄리따 유가(kritayuga)의 신화적(神話的) 기간 동안 행해진 초월적 자
재자(自在者)들의 구원적(救援的) 위업을 상기케 하며, 그 위업의 내용
이 담긴 총체적 어구로서의 주(呪), 다라니(陀羅尼)를 외움으로서 송주
를 통한 불(佛)의 가지(加持)를 요구한 채, '탐·진·치 삼독(三毒)을 소
멸케 하소서'라는 염원 속에, 그리하여 궁극적으로는 삼독의 소멸과 삼
학(三學)의 성취를 통한 일체지(一切智)의 획득, 즉 궁극적 열반(涅槃)
을 지향하고 있음을 말할 수 있다.[357]

(2) 예참(禮懺)

궁극적 열반의 성취에는 탐·진·치 삼독(三毒)으로부터 계·정·혜
삼학(三學)에로의 전환이 요구된다. 그럼에도 탐·진·치는 무명(無明)
으로부터 야기되는 한에 있어, 무명의 단절이라 함은 열반 성취의 기본
전제가 되어진다. 그리고 무명의 근원은 숙세(宿世)의 업(業)을 통한 혹

---

356) 정각, 「千手陀羅尼에 대한 印度 神話學的 一考察」, (미천 목정배박사 화갑기념논
총,『미래불교의 향방』, 도서출판 장경각, 1997), p.419.
357) 이에 대한 상세한 내용은 위의 책 pp.411~441을 참조할 것.

(惑)과의 상관관계로부터 생겨난다고 말할 때, 그 혹(惑)과 함께 업(業)의 청정(清淨)을 구하고자 하는 방편은 열반의 행로에 있어 불가분의 요소가 되기도 한다.

혹(惑)·무명(無明)과 더불어 상즉관계(相卽關係)를 갖는 것으로, 업(業)이란 신·구·의 삼업(三業)을 말한다. 그리고 업의 청정이란 신·구·의 삼업으로서 야기된 십악(十惡)의 지멸(止滅)을 말하며, 이를 지멸시킬 수 있는 방법으로 우리는 신·구·의 삼업에 대한 참죄(懺罪) 즉 참회(懺悔)를 생각해 볼 수 있다.[358]

이로서 볼 때 예참(禮懺)이란 '업의 청정'이란 측면과 연결되며 예경과 반승(飯僧)·재(齋)의 의미를 넘어선 채, 이는 또한 신·구·의 삼업에 대한 신·구·의 삼밀가지(三密加持)를 예기케 하는 것으로 현세해탈(現世解脫) 및 즉신성불(卽身成佛)에로의 가능성을 열어 주는 척도가 되기도 한다.

삼업(三業)의 청정에는 참회가 요구되며, 여기서 예참이란 '예경의 형태'와 '참회 행법'이 하나로 어우러진 내적 수행법이라 이해될 수 있다. 이에 천태종(天台宗)의 사명(四明) 지례(智禮)는 진종(眞宗) 함평(咸平) 2년(999년) 이후 오직 강경(講經)과 수참(修懺)을 일삼았다고 하는 바 『사명존자교행록(四明尊者敎行錄)』에 의할 것 같으면 그는 "30주야로 법화참(法華懺)을 닦았으며, 10일 한 차례의 금광명참법(金光明懺法)을 20번, 7일 한 차례의 미타참법(彌陀懺法)을 50번, 49일의 청관음참(請觀音懺)을 8번, 21일의 대비참법(大悲懺法)을 10번, 또한 10명의 승(僧)을 청해 대비참(大悲懺)을 3년간 닦았으며, 세 손가락을 태워 부처님께 공양하기도 하였다"[359]고 하여, 법화참 내지 금광명참법, 미타참법·청관음

---

358) 이렇듯 身·口·意 三業의 淸淨이란 측면이 懺悔라는 의미와 함께 어우러짐 속에서 우리는 대한불교조계종 宗憲에 쓰여진 "本宗의 儀式은 ……(중략)…… 「禮懺法」에 依尊한다(제13조)"는 말의 의미성을 새삼 생각해 볼 수 있게 된다.

359) 大正藏 46, p.856ff.

참 · 대비참법 · 대비참 등의 참법(懺法)과 함께 손가락의 연비(燃臂) 역시 참법(懺法)의 예로서 행하였음을 알 수 있다.

그럼에도 우리나라의 경우 『삼국유사』 「대산오만진신(臺山五萬眞身)」 조 가운데 관음예참(觀音禮懺) · 찰예참(察禮懺)360) · 미타예참(彌陀禮懺) · 열반복참(涅槃福懺) · 문수예참(文殊禮懺) · 화엄신중예참(華嚴神衆禮懺) 등이 소개되고 있으며, 삼국 말 신라에서의 점찰법회(占察法會) 및 통일신라기에 행해진 건봉만일미타법회(乾鳳萬日彌陀法會),361) 그리고 고려 말 이후 예념미타도량참법(禮念彌陀道場懺法)362) 등의 실행 예를 통해 각각의 예참법(禮懺法)에 대한 구성을 행할 수 있다.

한편 안진호의 『석문의범』 「예경편」에는 향수해례(香水海禮) 및 · 소예참례(小禮懺禮) · 오분향례(五分香禮) · 칠처구회례(七處九會禮) · 사성례(四聖禮) · 대예참례(大禮懺禮) · 관음예문례(觀音禮文禮) 및 강원상강례(講院上講禮) 등의 예경문이 나열363)되어 있는데, 이 가운데 관음예문례의 경우 전형적인 예참의 방식364)이 도입되어 있음을 볼 수 있다.

---

360) 占察禮懺으로 추정됨.(『三國遺事』, 李丙燾 譯, 명문당, 1992), p.367.
361) 『조선불교통사(下)』, pp.915~924.
362) 홍윤식, 「韓國 佛教儀式에 나타난 淨土信仰」(『佛教學報』, vol. 13), p.192.
363) 安震湖, 『釋門儀範(上)』, pp.1~54.
364) 앞서 필자는 '禮懺이란 禮敬의 형태와 懺悔의 行法이 하나로 어우러진 內的 修行法'이라 말한 바 있었다. 그럼에도 普照는 『誠初心學人文』 가운데 '須知自身罪障 猶如山海 須知理懺事懺 可以消除'(大正藏 48, p.1004)라 하여 罪障에 대한 懺悔의 行法을 理懺과 事懺으로 구분해 말하였던 바, 理懺이란 懺悔의 行法 중 心的 측면을, 그리고 事懺이란 身的 측면을 의미한다. 이에 普照의 경우 "深觀能禮 所禮 皆從眞性緣起 深信感應 不虛 影響相從"(ibid)이라 하여 事懺의 身的 측면 역시 깊은 信의 事懺에 의거한 것임을 기술하여 禮敬의 외적 형태 자체가 懺悔의 행법이 되어짐을 말하고 있다.
그럼에도 필자는 현재 일반에 통용되고 있는 '108참회문'을 통한 懺悔의 行法 내지 위 '大禮懺禮' 등은 단지 禮敬의 외적 형태만으로 구성되어진 한에 있어, 엄밀한 의미로서의 禮懺이 아닌 禮敬에 해당한다고 본다. 한편 근래 '慈悲道場懺法' 등의 禮懺法이 행해지고 있으나, 이 또한 특별한 儀式의 진행 없이 단지 儀文의 독송과 그에 따른 拜만을 행하고 있는 한에 있어 禮敬에 가까운 儀禮라 말할 수 있을 것이다.

관음예문례(觀音禮文禮: 觀音禮懺)

여기서 예참의 방식이란 예경과 참회의 행법이 어우러진 가운데 행해지는 정죄(淨罪)·멸죄(滅罪)의 방법을 말한다. 이에 관음예문례 가운데 행해지는 예참 형식을 간략히 정리해 보면,365) 이는 대략 다음과 같이 예경과 참회, 그리고 발원의 세 부분으로 나누어짐을 볼 수 있다.

〈1.예경(禮敬)〉 관음예문례(관음예참)에는 먼저 다음과 같은 예경의 행법이 실행된다. ① 예참(禮懺)의 주존(主尊)이 되는 관세음보살에 대한 「거불(擧佛)」〔나무 원통교주 관세음보살 나무 도량교주 관세음보살 나무 원통회상 불보살〕을 행한다. 이어 ② 관세음보살(및 法身·報身·化身 등 三身佛 및 관세음보살의 本尊 아미타불)을 청해 모시는 「보소청진언(普召請眞言)」〔나모 보보제리 가리다리 다타 아다야(세 번)〕을, 그리고 ③ 그 청해 모시는 이유를 설명하는 「유치(由致)」366)를 송(誦)한다. 다음으로 ④ 청해 모신 법신(法身)·보신(報身)·화신(化身) 등 삼신불(三身佛) 및 관세음보살의 본존(本尊) 아미타불(阿彌陀佛)께 대한 각각의 「예경」 및 「향화청(香花請)」, 그리고 「가영(歌詠)」을 송한 다음,367) ⑤ 관음예참의 주존(主尊) 관세음보살께 대한 「헌좌진언(獻座眞言)」〔묘보리좌승장엄 제불좌이성정각 아금헌좌역여시 자타일시성불도 '옴 바아라 미나야 사바하(세 번)'〕과 ⑥ 「다게(茶偈)」〔금장감로다 봉헌증명전 감찰건간심 원수애납수〕에 이어, ⑦ 관세음보살께 대한 「예경(獻供禮)」368)과 ⑧ 찬탄의 뜻을 담은 「가영」〔보타산상유리계 정법명왕관세음 영입삼도이유정 형분육도증무식〕을 송한다.

〈2. 참회(懺悔)〉 이상 예경의 행법에 이어 관음예문례는 다음과 같은 참회의 행법을 실행한다. 먼저 ⑨ '자비로써 몸을 화(化)하시어 총명비

---

365) 安震湖, 『釋門儀範(上)』, pp.39~54.
366) "切以 觀世音菩薩 云云……" 安震湖, 『釋門儀範(上)』, pp.39~40.
367) 安震湖, 『釋門儀範(上)』, pp.40~41.
368) 安震湖, 『釋門儀範(上)』, p.42.

밀(聰明秘密)의 말씀을 설하소서'라는 기원의 어구 "자비불사수형화(慈
悲不捨隨形化) 선설총명비밀언(宣說聰明秘密言)"을 송한 다음, ⑩ 「관세
음보살멸업장진언」〔옴 아로륵계 사바하〕을 송하는 가운데 구밀(口密)을
통한 가지(加持)를 청하게 되는 것이다. 그리고 이어 ⑩ 「참회게」〔백겁
적집죄 일념돈탕진 여화분고초 멸진무유여〕를 외우며 ⑪ 팔목 등에 향을
태운 채 연비(燃臂)를 행하는 바, 그럼에도 스스로가 관(觀)하지 못한
미세한 죄까지를 소멸키 원하는 가운데369) ⑫ 「참회진언」〔옴 살바 못자
모지 사다야 사바하〕을 외우기도 한다. 그리고 나서 참회의 예〔稽首禮〕
로서 말미암아 모든 죄의 장애 소멸되고 세세에 걸쳐 보살도(菩薩道)를
행하겠다는 ⑬ 서원〔원멸 사생육도 법계유정 다겁생래제업장 아금참회계
수례 원제죄장실소제 세세상행보살도〕을 송한다. 이후 위 ⑦에서 ⑬까지
와 유사한 행법을 10회 반복〔⑦ 禮敬文과 ⑧ 歌詠, ⑨ 祈願句에는 약간의
상이점이 있다〕하게 되는 바, 마지막 10번째의 연비 후 참회진언에 앞서
「십악참회」〔살생중죄금일참회 투도중죄금일참회 사행중죄금일참회 망어중
죄금일참회 기어중죄금일참회 양설중죄금일참회 악구중죄금일참회 탐애중죄
금일참회 진에중죄금일참회 치암중죄금일참회〕의 구(句)를 송하기도 한다.
  이어 ⑭ 대비대원의 본존 지장보살께 대한 예경370)과, 찬탄의 가영
(歌詠)〔무상계언휴방일 유정창기전란당 금소원자제혼백 내예보리해탈향〕을
송한 후 ⑮ 「지장보살멸정업진언」〔옴 바라 마니다니 사바하〕과 함께 ⑬
의 서원을 반복한다. 이후 ⑯ 각각 대세지보살(大勢至菩薩)과 일체청정
(一切淸淨) 대해중보살마하살(大海衆菩薩摩訶薩) 및 대복전(大福田) 연
각성문(緣覺聲聞) 일체현성승(一切賢聖僧)에 대한 예경〔獻供〕과 가영371)

---

369) "만약 凡夫의 지위에 머물러 능히 모든 미세한 죄를 관찰하지 못하는 허물이 있
    게 되며, 죄를 불러 물리치지 못함을 두려워하는 즉, 마땅히 지극하고 오롯한 주
    의를 기울여 일심으로 懺悔眞言을 외우라." 一切如來大秘密王未曾有最上微妙大
    曼拏羅經(大正藏 18, p.559)
370) 安震湖, 『釋門儀範(上)』, p.50.
371) 安震湖, 『釋門儀範(上)』, pp.50~51.

을 되풀이한 다음, ⑰ 널리 사은삼유(四恩三有)와 법계(法界)의 중생 모
두가 모든 업장(業障)을 끊어 없애기 위해 삼보께 귀명례(歸命禮)와 함
께 ⑱ 지심참회(志心懺悔)의 게372)를 송한 후, 또다시 귀명례삼보(歸命
禮三寶)를 행한다.

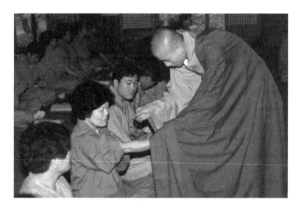

도판 31. 연비(燃臂)

삼[麻] 또는 무명 실로서 연비에 사용할 심지를 만든다. 심지 밑을 좁쌀 크기로 동그랗게 말
은 후 약 1Cm 정도 길이로 만든다. 혹 좁쌀만한 약쑥으로 심지를 대용하기도 하며, 팔목이
나 머리의 특정 부분에 연비를 한다. 법사가 심지에 불을 붙이면 그 타오르는 심지의 불꽃과
함께 행한 죄에 대한 참회의 마음속에 "오랜 세월 쌓아온 죄 한 생각에 문득 소멸되어지이다.
마치 불이 마른 풀 태워 버리듯, (죄 모두) 없어져 남음이 없이 되어지이다"라는 의미의 게송
"百劫積集罪 一念頓蕩盡 如火焚枯草 滅盡無有餘"를 외운다. 이어 참회진언 '옴 살바 못자 모지
사다야 사바하'를 동시에 외운다.(사진 제공・「현대불교신문」)

〈3. 발원(發願)〉 이상 참회 행법에 이어 ⑲ 지심발원(至心發願)의 원
을 행한다. 이어 ⑳ 귀명례삼보를 행한 다음, ㉑ '삼가 대중은 무상게
(無常偈) 설하기를 청한다'는 내용의 "근백(謹白) 대중등(大衆等) 청설차
시무상게(請說此時無常偈)" 게송을 송한 후, 무상게(無常偈: 刹那生滅無
常法 聚散循環有漏因 金烏出沒促年光 玉兎昇沈催老像 忍受井枯魚少水 勤念
彌陀生極樂)를 송한다. 이어 ㉒ "삼단등시(三壇等施) 육도재수(六度齋修)
무루과원(無漏果圓) 공성불도(共成佛道)"의 게송 이후 ㉓ 제(諸) 여래와

---

372) 安震湖, 『釋門儀範(上)』, pp.51~52.

오지불(五智佛)·십신불(十身佛) 및 최상승의 유가비밀문(瑜伽秘密文), 불퇴전보살(不退轉菩薩) 및 승(僧) 등 삼보의 경계(境界)에 귀의〔歸依諸 如來 五智十身佛 願共諸衆生 同入金剛界 歸依最上乘 瑜伽秘密文 願共諸衆生 同入金剛界 歸依不退轉 大悲菩薩衆 願共諸衆生 同入金剛界 歸依三寶境〕를 행한 다음 ㉔ 예참의 공덕으로 일체 유정(有情)이 모두 성불하기 바라는 내용〔所作諸功德 施一切有情 皆共成佛道〕의 발원으로서 전체 예참 의식을 마치는 것으로 되어 있다.

그리고 ㉕ 만약 각단(各殿) 예식에 다기물〔茶水〕을 올리지 않은 경우, 「보례게(普禮偈)」〔我今一身中 卽現無盡身 遍在三寶前 一一無數禮〕 및 「보례진언(普禮眞言)」〔옴 바아라 믹(세 번)〕을 송함으로서 예참(禮懺)을 마무리한다.

2. 불교 세시의례(歲時儀禮)

앞서 필자는 불교의 상용의례를 ① 일상 신앙의례 및 ② 불교 세시의례 등으로 구분한 바 있었다. 그리고 그 가운데 ② 불교 세시의례에 속하는 것으로서 ㉠ '불교력(佛敎曆)에 따른 의례' 및 ㉡ 일상 세시풍속과 관련된 '세시의례(歲時儀禮)'를 들었던 즉, 이 구분에 따라 각각 항목과 관련된 제반 의례의 의미성 및 그 설행(設行) 등에 관한 총체적 기술을 행하기로 한다.

1) 불교력(佛敎曆)에 따른 의례

'불교력에 따른 의례'라 함은 불교의 행사력(行事曆)과 관련을 맺는 의례의 총칭을 의미한다. 이에 『유행경(遊行經)』에 의할 것 같으면 '부처님은 2월 8일[印度曆의 춘분에 해당]에 나서 2월 8일에 출가했으며, 2월 8일에 성도(成道)해 2월 8일에 열반에 들었다[1]고 하는데, 그럼에도 이후 불교력에서는 음력 2월 8일을 출가일(出家日)로, 2월 15일을 열반일(涅槃日)로, 4월 8일을 불탄일(佛誕日)로, 12월 8일을 성도일(成道日)로서 상정한 채 불타(佛陀)의 탄생과 출가 · 성도 · 열반일 등을 불교의

---

1) 大正藏 1, p.30上.
   "八日如來生 八日佛出家 八日成菩提 八日取滅度 八日生二足尊 八日出叢林苦 八日成最上道 八日入泥洹城 二月如來生 二月佛出家 二月成菩提 二月取涅槃 二月生二足尊 二月出叢林苦 二月得最上道 二月入涅槃城"

4대명절로서 지정, 각각 불탄일·출가일·성도일·열반일 등에 따른 의
례를 시행하고 있다.

한편 대한불교 조계종의 경우 여기에 우란분일(盂蘭盆日)을 합해 불
교의 5대 명절을 말하고 있기도 하는 바,2) 이 항목에서는 불탄일·출가
일 및 열반일·성도일·우란분일 등과 관련된 각각 의례에 대해 설명키
로 한다.

(1) 불탄일(佛誕日)

서기 2000년은 석가모니(釋迦牟尼, Sākyamuni) 부처님께서 탄생하
신 지 2624년이 되는 해이다. 부처님 탄생연대에 대해서는 많은 경전들
을 근거로 그 입멸(入滅)을 80세로 잡고 거기서부터 역산(逆算)하여 추
정하게 되는데, 그에 따른 여러 견해가 있어3) 이를 간략하면 다음과 같
다.

① 남방불교의 전승: 붇다의 입멸을 B.C. 544년, 탄생을 B.C. 624년으
로 추정한다.

② 북방불교의 전승: 高楠順次郎(다까구수 노기준지로)은 중국에 전
해지고 있는 '중성점기(衆聖點記) 설(說)'에 의거, 붇다의 탄생을 B.C.
566년으로 추정하는데, '중성점기'란 붇다 입멸 후 율장(律藏)을 전한 비
구들이 매년 1회씩 하안거가 끝날 때마다 점을 한 개씩 새겨 경과된 햇
수를 표시한 것으로, 상가바드라라는 승려가 인도로부터 중국 남부의
광주 지방에 전한 것이다. 그러나 이 설에는 점을 찍기 시작한 시기와
점의 수효가 명확치 않아 문제점을 내포하고 있다고 한다.

③ 中村元은 아쇼카 왕의 즉위연대를 기준으로 북방의 여러 전승들
을 비교·연구한 결과 탄생을 B.C. 463년, 입멸을 B.C. 383년으로 추정

2) 조계종 포교원 편, 『불교입문』, 조계종출판사, 1996. pp.120~122.
3) 中村元(金知見 譯), 『佛陀의 世界』, 김영사, 1984. pp.181~182.

하고 있다.

그러나 1956년, '세계 불교도대회'에 참석한 각국의 불교학자들은 남방불교의 전승에 따라 부처님 입멸 및 탄생연대를 산정키로 합의하였으며, 우리나라에서도 이 기준을 따라 불교력을 정하고 있다. 이에 의하면 2000년은 부처님께서 탄생하신 지 2624년, 열반하신 지 2544년에 해당되어, 현재(2000년) 우리가 상용하고 있는 '불기 2544년'이란 부처님 열반으로부터의 연도에 해당됨을 알 수 있다.

이에 대부분 사람들은 불교의 기원이 2600여 년 전 석가모니 부처님의 탄생 및 그 깨달음으로부터 시작된 것으로 알기 쉬우나, 그럼에도 불교는 그 시작의 기원을 수학적으로 계산하지 못한다. 이 우주의 물질계가 생겨나기 이전부터 진여본체(眞如本體: 우주의식)인 공왕여래(空王如來, Adi-Buddha) 부처님께서 계셨으며, 그로부터 매 2만 년마다 부처님께서는 중생들을 교화키 위해 인간의 육신을 받아 나오신다고 믿어지는 때문이다. 우리가 알고 있는 석가모니 부처님 역시 그 중 한 분이시다. 그는 현재의 네팔 테라이(Terai) 지방에 위치한 카필라바스투(Kapilavastu)라 불리는 옛 왕국의 왕자로 세상에 태어났으며, 그의 아버지는 정반왕(淨飯王, Śuddhodana)이며 그의 어머니는 마야(摩耶, Māyādevī)부인이라 불리웠다.

그 어머니 마야부인은 여섯 개의 이[齒]를 가진, 눈이 부시도록 흰 코끼리가 몸 옆구리로 들어오는 꿈을 꾸고 태기가 있었는데, 당시 그 지역의 풍습에 따라 해산에 임박한 마야부인은 친정 집이 있는 구리성(拘利城, Devadaha: 天臂城)으로 가는 도중 바이샤카월(Vaiśākha月: 印度曆의 둘째 달) 보름날4) 룸비니(Lumbini)에 이르게 되었다.

---

4) 부처님 탄생일에 대해, 북방불교에서는 (『修業本起經』, 『佛所行讚』에 의거) 음력 4월 8일을 기준으로 灌佛會를 개최하지만, 남방불교의 전승에서는 (『자타카』, 『大唐西域記』에 의거) 바이샤카월 보름날이거나, (『붇다차리타』, 『佛本行集經』에 의거) 인도력의 春分에 해당되는 2월 8일을 탄생일로 여기고 있다.(ibid. p.182)

멀리 히말라야의 산봉우리들이 흰눈을 이고 우뚝 서 있는 그 아래의 평화로운 땅 룸비니. 이름 모를 꽃들이 주변에 다투어 피어 있었고, 온갖 새들이 아름다운 노래로 그들 일행을 축복하는 듯한 절경에 도취되어 그들은 그곳에서 잠시 쉬어 가기로 하였다. 마침 주변에 무우수(無憂樹) 나무의 꽃이 활짝 피어 아름다운 향기를 뿜고 있음을 본 마야부인이 그 꽃가지를 만지려고 오른손을 드는 순간 그 옆구리에서 한 아이가 탄생하였다.5)

그때 창조신 브라흐마는 그의 손으로 아이를 받아 주었고, 다른 신(神)들과 천녀(天女)들은 마야부인을 시중들었으며, 또한 땅에서는 아홉 마리의 용(龍)이 허공에 솟아올라 더운물과 차가운 물 두 줄기의 물을 뿌려 아이를 씻어 주었다.

아이는 태어나자마자 동·서·남·북, 상·하 허공 등 시방(十方)을 차례로 둘러본 후 북쪽을 향해 일곱 걸음을 걸었으며, 그가 밟았던 걸음마다에 땅에서는 연꽃이 피어올랐다. 이윽고 아이는 걸음을 멈춰 한 손으로는 하늘을 가리키고 한 손으로는 땅을 가리킨 채 다음과 같이 말하였다. "하늘 위 땅 아래 오직 나만이 존귀하도다. 일체의 모든 괴로움 내 중생들을 위해 기필코 그치게 하리라. 이는 나의 마지막 탄생으로 이제 더 이상의 태어남이 없을 것이다." 그 말을 마치자마자 땅에는 잇달아 일곱 개의 기적이 생겨났다. 천지는 진동하고 바람은 흐름을 멈췄으며, 새들은 은신처를 찾고 모든 나무는 꽃피고 열매를 맺었다. 고요와 평화가 온 땅을 지배했던 것이다.

---

5) 四姓階級의 기원을 전하고 있는 고대 인도의 성전 『리그 베다(Ṛg-veda)』에 의하면, 브라흐만(승려) 계급은 神人(原人) 푸르샤(Puruṣa)의 입에서, 크샤트리아(왕족: 라자냐) 계급은 神人 푸르샤의 두 팔(몸체) 부분에서, 바이샤(평민) 계급은 神人의 허벅지에서, 수드라(노예) 계급은 神人의 발에서 탄생되었다고 한다.(Ṛg-veda, X. 90, 12)
   이 說에 기인한다면, 이때 두 팔 밑 옆구리에서 태어난 아이는 크샤트리아(왕족) 출신에 해당될 것이다.

도판 32. 부처님 탄생 장면
아이는 태어나자마자 동·서·남·
북, 상·하 허공 등 시방을 차례로
둘러본 후 북쪽을 향해 일곱 걸음을
걸었으며, 그가 밟았던 걸음마다에
땅에서는 연꽃이 피어올랐다. 이윽
고 아이는 걸음을 멈춰 한 손으로는
하늘을 가리키고 한 손으로는 땅을
가리킨 채 다음과 같이 말하였다.
"하늘 위 땅 아래 오직 나만이 존귀
하도다. 일체의 모든 괴로움 내 중
생들을 위해 기필코 그치게 하리라.
이는 나의 마지막 탄생으로 이제 더
이상의 태어남이 없을 것이다." 그
말을 마치자 땅에는 잇달아 일곱 개
의 기적이 생겨났다.(네팔 룸비니, 마야데비 사원, 부조. 1230년)

태어난 아이의 성은 고타마(Gautama), 이름은 싯타르타(Siddhartha)
라 불리웠다. 즉 '가장 훌륭한(tam)' '소(gau: 牛)'를 토템으로 하는 씨족
고타마(Gautama) 족의 아들로서 Siddhartha라 함은 ārtha('목표' 내지
'목적')의 sidd(성취)를 의미하는 말로, 이 아이의 탄생으로 말미암아 '씨
족(氏族)의 원하는 목적이 성취되기 바란다는 염원'이 그 이름 가운데
숨어 있다고 하겠다. 그리고 이날 태어난 아이는 이후 태자로서의 지위
를 버리고 출가하여 온 우주의 위대한 스승 석가모니 부처님이 될 분이
었다.

① 불탄일(佛誕日) 법요식(法要式)

이렇게 태어난 부처님 탄생을 기념하는 법회의식(法會儀式)을 불탄일
법요식이라 말한다. 현존 기록에 의거해 볼 때 불탄일 법요식은 최초
중국 남북조시대로부터 유래한 것으로, 그 내용으로는 관불(灌佛)과 행
상(行像), 불아회(佛牙會) 및 기타 재회(齋會) 등의 의식으로 구성되어
있었다.6) 즉 탄생불(誕生佛)의 상(像)에 물을 붓는 욕불의식(浴佛儀式)
으로서 관불(灌佛)과, 불(佛)의 상(像)을 만들어 행렬하는 행상의식(行像

儀式) 및 불아(佛牙), 즉 부처님 치사리(齒舍利)에 예배하는 불아회(佛
牙會) 등과 함께 기타 재공(齋供) 등이 행해졌던 것이다.
　　한편 『칙수백장청규(勅修百丈淸規)』의 「불강탄(佛降誕)」 조에 의할
것 같으면,

　　　‘불탄일 전에 당사(堂司)에서는 재물을 고사(庫司)에로 옮겨 공양을 준
　　비하고 소(疏)를 청해 마련하며, 화단(花壇: 花亭)을 장엄하고 그 중앙에
　　불강생상(佛降生像)을 모신 후 향탕분(香湯盆) 안 불전(佛前)에 2개의 작
　　은 표주박을 놓아둔다. 공양이 마치고 난 뒤 주지(住持)는 당(堂)에 올라
　　축향(祝香)하며, 좌구(坐具)를 편 후 ……(중략)…… 사월팔일(四月八日)
　　공과본사석가여래대화상(恭過本師釋迦如來大和尙)　중생염염제불출현우세
　　(衆生念念諸佛出現于世)　엄비(嚴備)　향(香)·화(花)·등촉(燈燭)·다(茶)·
　　과(果)·진수(珍羞) 이신공양(以伸供養) ……(중략)……의 게송을 외운 뒤
　　설법을 마치고 난 다음 자리에서 내려온다. 그리고 대중과 함께 전(殿)에
　　이르러 배립(拜立), 향을 올리고 삼배를 한다. 주지는 좌구를 거두지 않은
　　채 불전 위에 나아가 탕(湯)과 식(食)을 올리며 객(客)을 청해 시자(侍者)
　　로 하여금 모시게 한다. 시자가 향을 살라 자리(安席: 几)에 받들어 올리
　　면 다시금 삼배를 올리고 재차 상향(上香)한다. 그리고 재물을 나누어주
　　고[下臘] 다(茶)를 끓여 올린다[點茶]. 또다시 삼배 한 후 좌구를 거두면
　　유나(維那)는 읍(揖)을 한 채 번갈아 상향(上香)한다. 대중이 전(殿)에 절
　　을 하며, 주지는 향로 앞에 꿇어앉는다. 이때 유나가 불(佛)께 소(疏)를
　　고(告)해 마치면 이어 욕불게(浴佛偈: 我今灌沐諸如來 淨智莊嚴功德聚 五
　　濁衆生令離垢 同證如來淨法身)를 창(唱)한다. 욕불(浴佛)이 끝나면 능엄주
　　(楞嚴呪)를 외운 후 회향(回向: 回向偈)을 외움으로서 마친다.’7)

라 하여 불탄일에 반승(飯僧) 및 욕불(浴佛)·상향(上香)과, 향·화·

　　──────────
　　6) 洪潤植, 「佛典上으로 본 佛敎音樂」(佛敎學報, vol. 9), 1972. p.153.
　　7) 大正藏 48, pp.1115~1116.
　　　　이와 유사한 내용이 『叢林校定淸規總要』(卍續藏經 111, pp.0047~0048) 및 『禪林
　　　備用淸規』(卍續藏經 111, pp.0063下~0064上) 가운데 실려 있기도 하다.

등촉·다·과·진수 등을 통한 육법공양(六法供養), 그리고 설법과 함께 하친(下儭)과 점다(點茶)의 행법이 행해졌음을 알 수 있다. 이에 『석문의범』 역시 불탄일에 향·등·화·과·다·미 등을 해탈향(解脫香)·반야등(般若燈)·만행화(萬行花)·보리과(菩提果)·감로다(甘露茶)·선열미(禪悅米) 등으로 이름한 채 육법공양의 재공(齋供) 올림을 기록하고 있는 즉,[8) "제성탄일(諸聖誕日)에 공양을 올리면 생자(生者)와 사자(死者) 모두에게 이익이 있다"[9)고 한 채 4월 8일의 석가모니불 탄일과 더불어 불공대통일(佛供大通日)을 들고 있기도 하다.[10)

불탄일은 전래로 석존재(釋尊齋) 내지 연등절(燃燈節)·욕불절(浴佛節) 등으로 불리웠다. 우리나라의 경우 1975년부터 이 날을 '부처님 오신날'이라 하여 법정 공휴일로 정한 채 각 사찰마다에서 봉축법요식(奉祝法要式)을 거행하는 바, 『석문의범』은 다음과 같은 강탄절(降誕節) 기념식순을 소개[11)하고 있다. ① 개식, ② 삼귀의, ③ 독경〔心經〕, ④ 찬불가, ⑤ 입정, ⑥ 설교〔太子瑞應經 等〕, ⑦ 권공(勸供), ⑧ 예참(禮懺: 八相禮文),[12) ⑨ 축원, ⑩ 퇴공(退供), ⑪ 폐식 등.

---

8) 『釋門儀範(上)』, pp.126~128.
9) 『釋門儀範(下)』, p.301.
10) 『釋門儀範(下)』, p.301.
    한편 甲子·甲戌·甲午·甲寅·乙丑·乙酉·丙寅·丙申·丙辰·丁未·戊寅·戊子·己丑·庚午·辛酉日 등 佛供大通日을 들고 있기도 하다.
11) 『釋門儀範(下)』, pp.214~215.
12) 八相禮文 全句는 『釋門儀範(下)』의 p.216에서 인용.
    "南無三界大師 四生慈父 兜率來儀相 是我本師 釋迦牟尼佛
    南無三界大師 四生慈父 毘藍降生相 是我本師 釋迦牟尼佛
    南無三界大師 四生慈父 四門遊觀相 是我本師 釋迦牟尼佛
    南無三界大師 四生慈父 踰城出家相 是我本師 釋迦牟尼佛
    南無三界大師 四生慈父 雪山修道相 是我本師 釋迦牟尼佛
    南無三界大師 四生慈父 樹下降魔相 是我本師 釋迦牟尼佛
    南無三界大師 四生慈父 鹿苑轉法相 是我本師 釋迦牟尼佛
    南無三界大師 四生慈父 雙林涅槃相 是我本師 釋迦牟尼佛
    南無靈山會上 經藏律藏論藏 甚深法寶
    南無靈山會上 菩薩緣覺聲聞 清淨僧寶"

위 강탄절 기념식순 가운데 ⑦의 권공(勸供) 부분은 향·등·화·과·다·미 등 육법공양으로서 행해진다.13)

---

13) 필자는 거주 사찰 정각사에서 행해진 六法供養時 그 사이사이에 다음과 같은 설명을 행하였다.

(시작때) 먼저 六法供養을 올리도록 하겠습니다. 육법공양이란 부처님을 믿고 그 공덕을 찬양하며 자비에 의지하여 더욱 기쁜 마음으로 정진하고 바르게 살 것을 다짐하는 구체적인 믿음의 표현으로, 香·燈·花·果·茶·米, 즉 향과 등, 꽃과 과일, 차와 백미(쌀) 등 여섯 가지 공양물을 봉헌하는 것을 말합니다. 육법공양의 순서는 향, 등, 꽃, 과일, 차, 백미의 봉헌 순으로 진행됩니다. 공양을 올리실 분들께서는 순서대로 나오셔서, 대웅전의 부처님께 청정하고 경건한 마음으로 공양을 올리시기 바랍니다.(많은 대중이 모인 관계로 각각 한 분씩이 나오셔서 공양물을 봉헌키로 합니다.)

(공양시)

● 먼저 香 공양이 있겠습니다. 향 공양은 ○○동에 거주하는 ○○○, ○○○ 부부께서 해 주시겠습니다.

香이란 解脫香을 말합니다. 즉 戒를 지키겠다는 마음의 持戒의 香, 참된 마음의 安定을 성취코자 하는 禪定의 香, 내 마음 내면의 참된 智慧를 성취코자 하는 智慧의 香 등, 戒·定·慧의 香을 부처님께 올림으로서 궁극적 解脫을 성취하겠다는 마음가짐으로 우리는 부처님께 解脫香을 올립니다. 아니 내 마음의 香을 공양 올립니다.

● 燈 공양이 이어지겠습니다. 등 공양은 ○○마을에 거주하는 ○○○ 불자와 ○○○가 해 주시겠습니다.

燈이란 般若燈을 말합니다. 解脫을 성취한 마음은 곧 般若를 의미합니다. 그리고 등불은 나뿐만이 아닌 주변을 밝게 비춥니다. 그리하여 解脫을 성취한 자의 참된 般若의 등불은 無明의 어둠 속에서 길 잃은 중생들을 위해 智慧의 길을 밝혀 줍니다. 그리고 오늘 부처님 오신날, 眞理의 빛 자체이신 부처님께 眞理의 근원을 다시금 되돌리고자 하는 마음에 우리는 般若의 등을 부처님께 올립니다.

● 꽃 공양이 이어집니다. 꽃 공양은 ○○동에 거주하는 ○○○, ○○○ 부부께서 해 주시겠습니다.

꽃이란 萬行花를 뜻합니다. 萬行이란 慈悲를 기반으로 한 萬가지 行을 말합니다. 우리 불교인들은 불교의 이념인 자비의 실천을 위해 무수한 善行을 행하며, 그 善行이 꽃피어 萬行의 꽃, 萬行花를 피워냅니다. 불교인들의 발걸음마다 慈悲의 꽃이 피워지기를 다짐하는 가운데 우리는 萬行의 꽃을 부처님께 바칩니다.

● 다음으로 과일 공양이 이어집니다. 과일 공양은 ○○마을에 거주하는 ○○○ 불자와 ○○○가 해 주시겠습니다.

과일은 菩提果를 말합니다. 萬行의 꽃, 慈悲의 꽃이 무르익으면 그곳에서는 慈悲의 열매가 생겨납니다. 慈悲의 열매는 菩提, 즉 깨달음이며 그 깨달음의 과일이야말로 불교인이 피워내야 할 행위의 궁극이 됩니다. 초여름 과일이 탐스러이 열매맺듯, 우리의 마음 깨달음의 열매 맺기를 기원하는 가운데 우리는 菩提의 과일을 부처님께 바칩니다.

도판 33. 육법공양(六法供養)

육법공양이란 향·등·화·과·다·미 등 6가지 공양물을 부처님께 바치는 의식을 말한다. 『칙수백장청규』에 육법공양의 양태가 설명되고 있는 점을 미루어 고래로부터 이미 육법공양 의식이 중국 등지에서 시행되었음을 알 수 있다. 향·등·화·과·다·미 등 6가지 공양물을 각각 해탈향·반야등·만행화·보리과·감로다·선열미로 이름한 채 육법공양의 재공을 올리는 바, 『석문의범』에 의하면 "제성탄일(諸聖誕日)에 공양을 올리면 생자(生者)와 사자(死者) 모두에게 이익이 있다"고 말하고 있다.(사진 제공·「현대불교신문」)

● 茶 공양이 이어집니다. 차 공양은 ○○동에 거주하는 ○○○, ○○○ 부부께서 해 주시겠습니다.
　茶는 甘露茶를 말합니다. 甘露의 茶는 우리에게 영원한 생명을 안겨 줍니다. 중생들 마음속의 탐·진·치 三毒은 우리를 끝없는 輪廻, 죽음의 세계로 인도하나 甘露의 淸淨한 물은 輪廻를 벗어난 解脫의 세계로 우리를 인도합니다. 解脫의 끝없는 추구 속에 우리는 甘露의 물을 마시며, 그 甘露의 근원인 부처님께 그 한 잔을 바칩니다.
● 쌀 공양이 이어집니다. 쌀 공양은 ○○동에 거주하는 ○○○, ○○○ 부부께서 해 주시겠습니다.
　米는 禪悅米를 말합니다. 우리가 아무리 解脫의 길을 향한다 할지라도, 또한 神秀大師가 말했듯, 우리의 몸이 菩提樹 즉 깨달음의 몸이라 할지라도 우리 몸의 굳건함이 유지되지 않는 한 그 길은 遙遠하다 할 수 있습니다.
　이에 우리 佛子들은 음식을 먹으며 말합니다. "若受食時 當願衆生 禪悅爲食 法喜充滿", '이 음식 받으며 오직 원컨대, 모든 중생들 禪의 悅樂으로서 음식 삼아, 法의 기쁨 충만케 되어지이다.' 이러한 뜻에서 우리는 쌀을 禪悅米라 말한 채, 그 禪의 悅樂의 기쁨을 부처님과 부처가 되고자 하는 모든 이에게 바칩니다. (마친 후) 이렇듯 우리는 향과 등, 꽃과 과일, 차와 쌀을 解脫香·般若燈·萬行花·菩提果·甘露茶·禪悅米 등으로 이름한 채 부처님께 齋供 올립니다. 『석문의범』에 "모든 성인들의 탄일[諸聖誕日]에 공양을 올리면 살아서도 또한 죽어서도 이익이 있다"고 말하고 있습니다.

그리고 육법공양에 이어 ⑧의 예참문(禮懺文)에서 "나무(南無)" 부분의 어구를 "지심정례(至心頂禮) 공양(供養)"으로 바꾼 채 예참과 어우러진 일반 재공(齋供)의 행법을 동시에 행하기도 하는 바, 이 경우에는 일반 재공때와 마찬가지로 보공양진언(普供養眞言) 및 보회향진언(普回向眞言)·원성취진언(願成就眞言)·보궐진언(補闕眞言)을 이어 독송한 후 ⑨의 축원을 행하게 된다.

이상의 절차에 이어 사찰에 따라서는 다음 등의 욕불의식(浴佛儀式) 및 저녁 무렵의 연등회(燃燈會), 그리고 탑(塔)돌이를 동시에 거행하기도 한다.

② 욕불의식(浴佛儀式)

위 법요식이 끝난 후, 곧바로 욕불의식이 행해진다. 이는 욕불회(浴佛會)·관불회(灌佛會)·불생회(佛生會)·용화회(龍華會)·석존강탄회(釋尊降誕會) 등으로 불리우며, 붇다 탄생시 '9마리의 용이 향수(香水)로 태어난 아이를 목욕시켰다'는 『보요경(普曜經)』의 기록14)을 근거하여, 고대 인도로부터 유래15)된 행사이다. 이에 의정(義淨: 653~713)의 『남해기귀내법전(南海寄歸內法傳)』에 의하면 "서국(西國) 모든 절의 관목존의(灌沐尊儀)로는, 건치(健稚)를 울리고 절 마당에 보개(寶蓋)를 덮은 뒤 건물 옆에 향병(香瓶)을 준비한 후 금·은·동·석(石)의 상(像)을 동(銅)과 금(金)·목(木)·석(石)의 받침에 올려놓은 다음 기녀(妓女)들로 하여금 음악을 연주케 하고서 향을 바르고 향수로서 씻어낸다. 그런 후 흰 천으로 문질러 닦는다. 그런 다음 전(殿)에 안치하며 꽃과 비단[花綵]으로 치장한다. 이것이 사중(寺衆)의 위의이다"16)라 말하고 있어

---

14) 『佛說普曜經』(大正藏 3, p.494中)
　　 "九龍在上而下香水 洗浴聖尊"
15) 印度 사르나트(sarnath)의 유적 중 誕生佛의 머리에 龍王이 香水를 붓고 있는 浮彫가 남아 전하는 것으로 미루어, 고대 인도에서 浴佛儀式의 양태가 행해졌음을 추정할 수 있다.

당시 서역 및 인도에서의 욕불 형식을 알려 주고 있다.

한편 우리는 『욕불공덕경(浴佛功德經)』 내지 『불설마하찰두경(佛說摩訶刹頭經)』 내용을 통해 관불의식의 의미성 등을 알 수 있게 되는데, 『불설마하찰두경』에 의하면 '사람들이 부처님 형상을 씻으면 온갖 죄업과 번뇌를 씻고 정복(淨福)을 누릴 것이며, 마침내 불과(佛果)를 이룰 것'[17])이라고 욕불의 공덕을 찬양하고 있기도 하다.

현재 욕불의식을 행함에는 먼저 온갖 꽃들이 만발한 룸비니 동산을 상징하듯 꽃바구니로 단(壇)을 장식한 다음, 9마리 용의 머리로서 장식한 욕불구(浴佛具) 안에 탄생불의 상을 안치한 후 향탕(香湯: 감로수)을 준비,[18]) 작은 표주박으로 향탕을 떠서 탄생불의 정수리에 붓게 되는 바, 이에 대한 구체적 행법들이 『불설마하찰두경』 내지 『불설욕불공덕경』 가운데 소개되고 있다.[19])

이에 『불설욕불공덕경』에서는 '관불반(灌佛盤) 속에 방형(方形)의 좌대를 마련하고 그 위에 불상을 안치한 다음 길상수(吉祥水)의 향수로서 관불(灌佛)을 하게 되는 바, 관불에 앞서 관불게(灌佛偈: 我今灌沐諸如來 淨智功德莊嚴聚 五濁衆生令離垢 速證如來淨法身)를 외우게끔 하고 있으며, 이후 깨끗한 수건으로 불상을 닦은 뒤 소향게(燒香偈: 戒定慧解知見香 遍十方刹常芬馥 願此香烟亦如是 廻作自他五種身)와 함께 향을 피워 공양한다'는 등의 행법[20])을 말하고 있다. 한편 혜림(慧琳)의 『신집욕불의궤(新集浴佛儀軌)』에서는 위 경전들을 근거로 보다 구체적인 방법으로 관불의(灌佛儀)를 소개하고 있기도 하다.[21])

---

16) 大正藏 54, p.226中~下.
17) 大正藏 16, p.798.
18) 욕불의식에 사용하는 香湯, 감로수는 일본의 경우 훤초(萱草: 오이과의 식물)의 뿌리를 달인 甘茶 내지 물에 香을 섞어서 사용한다.
19) 『佛說摩訶刹頭經』(大正藏 16, p.798中)에 의하면 '갖가지 향료로서 靑·黃·赤·白·黑의 五色水를 만들어 탄생불의 머리로부터 아래로 붓고 깨끗하고 흰 면수건[白綿]으로 닦는다'고 한다.
20) 大正藏 16, p.799上~中.

도판 34. 욕불의식(浴佛儀式)
룸비니 동산, 마야부인의 옆구리에서 아이가 탄생하자 땅에서는 아홉 마리의 용이 솟아올라 그들 입으로부터 더운물과 차가운 물 두 줄기의 물을 뿌려 아이를 씻어 주었다고 한다. 이에 욕불의식의 욕불구(浴佛具)에는 아홉 용이 새겨진다. 그리고 그 주위를 온갖 꽃들로 장식하는데, 이는 탄생지 룸비니 꽃동산을 상징한 것이다.
『환주청규』에 의하면 "향탕분(香湯盆) 안에 탄생불의 상을 안립시키고 배례한 다음 욕불게를 외우며, 작은 표주박을 사용하여 암주로부터 대중이 차례로 욕불의식을 거행한다고 하였다. 욕불의식에 사용하는 향탕은 일본의 경우 훤초(萱草:오이과의 식물)의 뿌리를 달인 감차(甘茶) 내지 물에 향을 섞어 사용하는 바, 참석한 사람이 돌려 마시며 혹 집으로 가져가 병자에게 먹이기도 한다.(사진·「동학」편집실)

또한 『환주청규(幻住淸規)』에 의하면 "향탕분(香湯盆) 안에 탄생불의 상을 안립(安立)시키고 배례(拜禮)한 다음, 유나(維那)가 '아금관목제여래(我今灌沐諸如來) 정지장엄공덕취(淨智莊嚴功德聚) 오탁중생영리고(五濁衆生令離苦) 동증여래정법신(同證如來淨法身)'[22]이란 욕불게(浴佛偈)를 외우면 대중이 이를 따라 외운 채 작은 표주박을 사용하여 암주(菴主)로부터 수좌(首座) 및 대중이 차례로 욕불을 마치면, 능엄주를 외운 후 소문(疏文)을 읊는다. 능엄 후 회향의 절차는 열반일의 것과 같다"[23]라 기록하고 있다.

---

21) 여기서는 『佛說浴佛功德經』의 行法에 더하여 ① '五色水를 각기 병에 담아 머리로부터 붓게 한다'든가, ② '灌佛偈와 燒香偈를 阿闍梨가 선창하고 대중이 和唱한다'는 방법 내지 ③ '灌佛을 마친 후 외우는 焚香眞言 등에 대해 소개'하고 있기도 하다. 또한 ④ '灌佛이 마친 후 吉祥水를 阿闍梨 자신의 머리에 뿌린 다음 동참 대중의 머리에 뿌려 일체 번뇌를 씻어내고 五分法身 성취하기를 기원'하며, ⑤ '吉祥水를 받은 대중은 引禮의 인도를 받아 灌佛臺를 중심으로 왼쪽으로 3번 혹은 7번을 돌며 부처님께 禮拜를 올리는' 등 보다 구체적인 행법을 소개하고 있다. 大正藏 21, pp.488下~489上.

22) 卍續藏經 111, p.987下.

23) 卍續藏經 111, p.974上~下.

그리고 『석문의범』은 '오방사해구룡왕(五方四海九龍王) 증회비람토수앙(曾會毘藍吐水昻) 범정이익임하측(凡情利益臨河側) 영관도생만난당(令灌度生滿蘭堂)'이란 어구로서 아홉 용을 찬탄하는 구룡찬(九龍讚)을 독송한 후 '아금관목성현중(我今灌沐聖賢衆) 정지공덕장엄취(淨智功德莊嚴聚) 원제오탁중생류(願諸五濁衆生類) 당증여래정법신(當證如來淨法身)'이란 관욕게(灌浴偈)와 함께 관욕진언(灌浴眞言) '옴 제사제사 승가 사바하'를, 그리고 관욕이 마친 후 '이본청정수(以本淸淨水) 관욕무구신(灌浴無垢身) 불사본서원(不捨本誓願) 증명아불사(證明我佛事)'란 헐욕게(歇浴偈)를 외우게끔 하고 있다.24)

한편 『석문의범』은 다음과 같은 강탄절(降誕節) 욕불식순을 소개25)하는 바, 대부분 사찰에서는 이 양식에 따른 욕불의식을 거행하고 있다. ① 개식, ② 주악〔讚佛歌曲〕, ③ 삼귀의, ④ 독경〔心經〕, ⑤ 팔상예문〔禮式法師〕, ⑥ 경축가, ⑦ 욕불, ⑧ 회향, 회향문〔願以此功德 普及於一切 我等與衆生 當生極樂國 同見無量壽 皆共成佛道〕 낭독, ⑨ 폐식 등.

③ 연등회(燃燈會)

인도(印度), Indus란 명칭은 달〔月〕과 관련을 맺는다. 산스끄리뜨어에서 Indu는 '달〔月〕'을 뜻하며, 그 복수형 Indus는 '달이 환연히 비추이는 모습'을 의미한다. 이에 현장(玄奘)의 『대당서역기』에 "태양〔白日〕이 숨어버리면 밤의 등불이 빛을 잇는 것처럼 ……(중략)…… 성현(聖賢)이 유법(遺法)을 이어 사람들을 이끌고 사물을 다스리는 법은 달이 천하를 비추는 것과 같아서, 이러한 의미에서 이곳을 인도(달, 혹은 달의 비추임)라 부른다"26)고 하였다.

즉 끝없는 윤회전생(輪廻轉生)의 세계, 무명장야(無明長夜)가 지배하

---

24) 『釋門儀範(上)』, p.174.
25) 『釋門儀範(下)』, pp.215~216.
26) 玄奘(권덕주 譯), 『대당서역기』, 우리출판사, 1983. p.51.

는 사바세계의 어둠 속에서 우리를 비추는 빛, 우리를 인도하는 달[月]로서의 인도. 그 달[月]의 비추임은 성현의 법, 즉 붇다의 진리를 뜻한다. 그것은 한편 밤하늘 무명의 어둔 길에서 우리를 진리에로 이끄는 등불에 비유할 수 있다. 그리고 그 진리의 등불로서 출현하신 붇다의 탄생을 상징하여 우리는 등(燈)을 밝힌다. 그 진리의 빛 법계(法界)에 널리 퍼지기를 기원하여 등불을, 그리고 진리의 함성 허공에 퍼져가기를 염원하여 건물 난간에 풍경(風磬)을 매달기도 한다.

등불이란 '무명의 어둠으로부터 우리를 진리에로 이끄는 법의 등'이란 뜻에서 법등(法燈)이라 불리운다. 그 법등은 내 자신 무명의 어둠을 밝힌다는 뜻을 갖는다. 이에 자신 지혜의 등불 밝힘을 연등(燃燈) 또는 연등회(燃燈會)라 하며, 그 연등을 보며 마음 밝힘을 간등(看燈)·관등(觀燈)이라 말하기도 한다.

내면의 등, 법등(法燈)을 켠다는 의미에서 우리나라 최초의 연등회는 신라 진흥왕 12년(551년)의 팔관회(八關會: 八關會法) 및 백고좌법회(百高座法會: 百座講會)와 같은 법의 설파와 함께 시행되었다.27) 그리고 『조선불교통사』에 의할 것 같으면 "고려 문종(文宗) 21년에는 홍왕사(興王寺)를 세우고 승려 1,000명을 초청해 5일간에 걸쳐 연등대회를 베풀었다28)고 하며, 충선왕(忠宣王)은 108만 승(僧)을 공양하고 108만 등(燈)을 밝히고자 서원한 채 하루에 2,000명의 승려에 공양하고 2,000개의 등을 밝혔다"29)고 하는 바, 법의 설파와 함께 반승(飯僧)의 의미가 어우러진 가운데 법등(法燈) 즉 연등회가 행해졌음을 알 수 있다.

이에 『삼국사기』에 '관등(觀燈) 행사는 매년 정월 15일에 있었음'30)을 말하며, 한편 고려조의 경우 태조의 「훈요십조(訓要十條)」 제6조 가운데

---

27) 『三國史記』 卷第44, 「居柒夫」 條.
28) 李能和, 『朝鮮佛教通史(下)』, p.431.
29) 李能和, 『朝鮮佛教通史(下)』, p.430.
30) 『三國遺事』 卷第5, 「感通」 篇.

'지극히 원하는 바는 연등(燃燈)과 팔관(八關)에 있다. 연등은 불교를 섬기는 것이다'[31]라 하여 매년 반드시 개최할 것을 당부하였는 바, 고려조에서 연등행사는 끊임없이 행하여졌다. 그럼에도 『고려사』에 의하면 '연등행사는 원래 정월 대보름 14~15일에 행해지던 풍속으로 최이(崔怡)가 그 날짜를 4월 8일로 옮긴 것이다. 신라의 팔관회가 연등놀이로 변형된 것이다'[32]라 하여 위에서 말한 법등(法燈)의 의미가 4월 8일의 연등회로 전이되었음을 말하고 있기도 하다.

도판 35. 연등회

등불(Dipa)이란 무명의 어둠으로부터 우리를 진리에로 이끄는 법의 등불이란 뜻에서 법등이라 불린다. 법등은 내 자신 무명의 어둠을 밝힌다는 뜻을 가지며, 그 법등을 보며 마음 밝힘을 간등·관등이라 한다. 고려 공민왕 13년이래 4월 8일의 불탄일 연등회는 국가행사로서 자리매김하게 되었으며, 조선 태조 이래 연등회는 수륙재와의 관련 속에 유등재라는 특유의 형식을 낳기도 하였다. 이날 불 밝힘은 자신 불성의 심지에 불 밝힘을 의미한다. 이렇듯 탐·진·치 여의고서 빛나는 마음의 등불. 이 등불이 나만의 빛이 아닌 온 누리 중생들의 빛이 되기를 염원하는 가운데 불자들은 연등행렬을 행한다.(사진 제공·「불교신문」)

또한 고려 의종 때 백선연(白善淵)이 4월 8일에 연등을 하였다는 기록[33]이 있으며 이후 궁중에서도 4월 8일 연등을 하였는 바, 공민왕대에 이르러 불탄일의 연등회가 유래,[34] 고려 공민왕 13년[4월 辛丑日]에 시작된 4월 8일의 연등은 이후 국가행사로서 자리 매김 하기에 이르렀

---

31) 『高麗史』 卷2, 世家 2, 「태조 26년 4월」 條.
32) 『高麗史』 卷129, 列傳 42, 「崔忠獻 附 怡」 條.
　　"고종 32년(1245년) 몽고 침입 때 강화로 피난 중 당시 집권자였던 崔怡는 불탄일을 경축하기 위해 綵棚하고 百戲를 하며 요란하게 등불을 밝혔다."
33) 『高麗史』 卷第122, 列傳 第35, 「白善淵」 條.
　　"白善淵은 임금 나이대로 銅佛 40구를 만들고 觀音菩薩 畵像 40장을 그려서 佛誕日인 4월 8일에 別院에서 등불을 켜 놓고 왕의 복을 빌었다."
34) 李能和, 『朝鮮佛敎通史(下)』, pp.433~434.

다.35)

조선조에 이르러서도 4월 8일의 연등은 꾸준히 행해졌던 바, 궁중에서는 각색의 등을 만들어 사원에 보내 연등제를 축복하였다36)고 한다. 또한 불탄일 연등행사에 대해 『용재총화(慵齋叢話)』는 '아이들은 등을 만들기 위해 기(旗)를 앞세우고 호기(呼旗)의 예로서 연등의 도구를 구걸하였으며, 가가호호 등을 매달고 모든 사람이 밤을 세워 유관(遊觀)하였으며 종루대도(鍾樓大道)에는 큰 종등(鍾燈)을 제작하였다'37)고 전한다.

한편 『동국세시기』는 "저자의 등 파는 집에서 팔고 있는 등은 천태만상으로 5색이 찬란하고 값이 비싸며 기이함을 자랑한다. 종로 거리에서는 등불을 구경하려고 사람들이 몰려서고 있다. 또 난조·학·사자·호랑이·거북·사슴·잉어·자라 모양의 등과 선관(仙官)·선녀(仙女)들이 말을 탄 형태의 등을 만들어 팔면 아이들이 다투어 사 가지고 장난을 한다. 연등회 날 저녁에는 통례에 따라 야간 통행금지가 해제된다. 온 장안의 남녀들은 초저녁에 남북의 산기슭에 올라 등 달아 놓은 광경을 구경한다. 그리하여 서울 장안은 사람의 바다를 이루고, 불의 성을 이룬다"38)라 하여 연등회 날의 번화함을 전해 주고 있다.

한편 연등회의 관등놀이 때 불려지던 한편의 민요 「등타령(燈打令)」이 전해 오는 바, 이를 소개하면 다음과 같다.

"얼중덜중 호랑등은 만첩청산 어따두고 저리공중 걸렸느냐

---

35) 『高麗史』卷第40, 世家 第40, 恭愍王3, 「4월 신축일」條
   "燃燈을 하고 궁전 뜰에서 왕이 呼旗 놀이를 구경하고 포를 주었다. 나라 풍습에 4월 8일을 석가여래의 생신이라 하고, 집집마다 燃燈을 하고 수십 일 앞서부터 뭇 아이들이 종이를 오려 막대기에 붙이어 旗를 만들어 가지고 ……"
36) 『朝鮮佛教通史(下)』, p.434.
37) 李能和, 『朝鮮佛教通史(下)』, pp.434~435.
   慵齋叢話, 卷二.
38) 『東國歲時記』, 四月, 「八日」條.

물색좋다	초록등은	황애장사	어따두고	저리높이	걸렸느냐
꼬부랑꿉장	새오등은	얼머니구녕	왜마다고	저리공중	걸렸느냐
목질-다	황새등은	논틀밭을	왜마다고	저리높이	걸렸느냐
목짧다	자라등은	백사지를	어따두고	저리공중	걸렸느냐
팔팔뛰는	숭어등은	서해바다	어따두고	저리높이	걸렸느냐
넓적하다	붕어등은	둠벙갓을	어따두고	저리공중	걸렸느냐"[39]

이후 조선 태조 14년(1414년) 이래 연등회는 수륙재(水陸齋)로서 대치되기도 하였으며, 수륙재와의 관계 속에 연등회는 강물에 등을 띄워 보내는 유등재(流燈齋)라는 특유의 형식으로 발전, '88년 9월 13일 30만 명의 인파가 모인 가운데 뚝섬 한강변에서는 '올림픽의 성공과 국가의 평안을 기원'하는 유등재가 행해졌으며, 당시 성철(性徹) 종정(宗正)께서는 "등을 밝혀 오대양 육대주로 평화와 광명을 영원히 띄워 보내자"고 역설한 바 있다.

그럼에도 현재에 있어 연등회에 대해서는 전래의 특정 의식절차가 문헌상 존재치 않는 까닭에, 각 사찰마다에서 임의의 규식에 따른 의식을 행하고 있는 실정이다. 이에 필자는 거주 사찰에서 촛불이운(移運)과 발원문, 점등(點燈), 관등(觀燈)의 순서로서 연등회 의식을 진행하였는 바, 이를 상술하면 다음과 같다.

먼저 초파일 저녁예불 및 기도가 끝난 후, 불단(佛壇)의 촛불을 제외한 모든 불을 끈 다음 연등회의 취지를 설명한다.

이어 촛불이운 의식을 행한다. ① 불단의 촛불을 주지로부터 각 대중의 초에 옮겨 붙인다.〔빛이란 萬有本體의 근원인 法身 毘盧遮那佛을 의미합니다. 각각의 초에 불을 붙임은 자신 마음의 촛불에 불 비춤을 뜻하며, 이는 法身 毘盧遮那의 光明을 이어받게 됨을 뜻합니다라는 설명을 행한다.〕그리고 ② 촛불을 의식의 장소로 옮겨가는 행보게(行步偈: 頂戴琅函入

---

39) 임동권, 『한국민요집(1)』, 집문당, 1974, pp.233~234.

寶輦 仙童前引梵倫隨 樂音讚唄喧山壑 花雨從天滿點垂) 게송을 선창에 맞춰 한 구절씩 외운다. 이어 ③ '산화락(散花落)'을 3설(說)한 다음 ④ '나무(南無) 대성인로왕보살(大聖引露王菩薩)'을 3설 후, ⑤ 대중은 초를 켜든 채 석가모니불 정근을 하며 스님을 따라 마당에 만들어 놓은 대형의 만(卍)자 받침 주위를 돈다. ⑥ 촛불을 대형의 만(卍)자에 차례로 꽂은 다음 정근을 멈추고 자리에 선다.〔우리는 이 사회를 비추는 등불, 촛불이 되어야 함을 강조하는 序說과 함께 다음 설명을 행한다. 卍자는 인도 산스끄리뜨어로 슈리밧사(śrivatsa)라 합니다. śrivatsa는 吉祥이라 하며, 행복·축복·부유함과 지혜를 상징합니다. 이 吉祥의 卍字 문양은 나만의 촛불에 의해 만들어지지 않습니다. 개개의 촛불이 모여 비로소 卍자 형상이 만들어진 채 행복과 축복, 부유함과 지혜를 우리 모두에게 가져다 줄 것입니다. 그럼에도 오늘 우리는 나만의 이득을 찾아 끝없는 대립과 혼돈 속에 삶을 살고 있습니다. 그리고 우리를 둘러싼 어두운 사회와 경제 현실은 우리를 암울의 어둠에 빠져들게 하고 있습니다. 이러한 삶의 질곡 속에서, 그 질곡의 소용돌이를 헤쳐 나가고자 하는 우리의 마음은 간절한 발원이 되어 나타납니다. 어둠 속에서 외치는 실낱같은 우리의 희망, 우리의 願을 담은 發願文 낭독이 있겠습니다.〕

이어 발원문 낭독이 이어진다. 그리고 점등이 행해지는 바, 먼저 ① "어둠 속에서 외치는 실낱같은 우리의 희망, 우리의 원을 담은 발원문에 응하여 빛이 생겨납니다. 우리 모두 우주의 빛 광명이신 비로자나 부처님의 진언 광명진언(光明眞言)을 독송하는 가운데 모든 등불에 불이 켜질 것입니다"라는 설명과 함께 ② 광명진언 '옴 아모카 바이로 차나 마하 무드라 마니 파드마 즈바라 프라 바를타야 훔'을 3번 외운 후 연등에 불을 켠다. ③ 불을 켜는 과정에, 혹은 모든 불을 켠 후 "이 빛은 시·공을 초월한 중생들 삶의 지표가 되어지고 무시이래(無始以來) 무명의 어둠 돌이켜 진리를 향하고자 하는 우리의 작은 마음이 됩니다. 중생계(衆生界)가 다하고 허공계(虛空界)가 다하도록 불법 수행의 원력

과 보현보살의 행원으로 자리이타(自利利他)의 보살도(菩薩道)를 닦으
리라는 우리의 마음, 그 마음은 청정한 동체대비심(同體大悲心) 되어 대
립과 갈등을 극복하고, 우주와 나〔我〕 하나이며 만물과 나〔我〕 한 몸
되며, 너〔他〕와 나〔我〕가 둘이 아닌 커다란 생명실상(生命實相)의 빛,
부처님 자비의 빛이 되어 비출 것입니다"는 내용의 설명을 행한다.

이상 점등을 마친 다음 관등(觀燈)이 이어진다. 관등이란 말 그대로
'등을 관한다'는 뜻이다. 그럼에도 등이란 자신의 마음의 등을 의미하는
한에 있어 관등이란 스스로의 마음을 관조(觀照)함을 뜻하게 된다. 그
리고 홀로 자유로운 관상(觀想)의 시간을 갖도록 말함으로서 연등회의
모든 공식적 행사를 마무리한다.

이날 불 밝힘은 자신 불성(佛性)의 심지에 불 밝힘을 의미한다. 또한
등의 불이 자신을 태움으로서 세상을 밝히는 공덕에 빗대어 『묘법연화
경(妙法蓮華經)』「약왕보살본사품(藥王菩薩本事品)」 등에서는 등 공양
의 공덕이 한량없음40)을 또한 기록하고 있다. 이렇듯 탐·진·치 여의
고서 빛나는 마음의 등불.

이 등불이 나만의 빛이 아닌 온 누리 중생들의 빛이 되기를 염원하
는 가운데 불자(佛子)들은 연등행렬(燃燈行列)을 한다. 이는 중국 남북
조시대이래 행상(行像) 및 행향(行香)의 풍습이 이어지는 것으로, 조선
조에는 왕이 봉은사 행향에 참석키도 하였는데, 이날을 공휴일로 정하
고 고려 중엽 이래 국가에서는 연등도감(燃燈都監)을 설치하여 이를 관

---

40) 大正藏 9, p.54.
"種種之燈酥燈油燈諸香油燈 瞻蔔油燈 須曼那油燈 波羅羅油燈 婆利師迦油燈 那婆
摩利油燈供養 所得功德亦復無量"
한편 『增壹阿含經』(大正藏 2, p.757中~下)에는 '燈光如來가 寶藏如來께 매일 연
등 공양을 하였기 때문에 그 공덕으로 成佛의 受記를 받았다'는 내용이 기록되
어 있으며, 『賢愚經』(大正藏 4, pp.370下~371下) 가운데 「貧者一燈」의 설화는 부
자의 萬燈 공양보다 가난한 자의 정성어린 一燈의 공덕이 큰 것임을 말하고 있
다. 이외에도 『佛說施燈功德經』 역시 "불탑과 불묘에 등을 밝혀 올리면 그로서
지은 업은 항상 안락한 경지만을 만들어 준다"고 기록하고 있다.

할하기도 하였다. 이 행향 의례는 오늘날에 이르기까지 이어져 여의도 광장 내지 동대문운동장으로부터 조계사에 이르는 긴 행렬, 제등행렬로 발전되었다.

④ 탑(塔)돌이

불교의례의 외적 시원(始原)은 예경에 있다고 할 수 있다. 이에 현장의 『대당서역기』에 의하면 고대 인도에서의 일반에 대한 예경 방법으로 ① 발언위문(發言慰問)·② 부수시경(俯首示敬)·③ 거수고읍(擧手高揖) ·④ 합장평공(合掌平拱)·⑤ 굴슬(屈膝)·⑥ 장궤(長跪)·⑦ 수슬거지(手膝踞地)·⑧ 오륜구굴(五輪俱屈)·⑨ 오체투지(五體投地) 등 '천축구의(天竺九儀)'가 있음을 말하고 있는 바, 그럼에도 깨달음에 이른 자 붇다에 대한 존경의 염(念)은 깨달은 자의 '발등에 자신 이마를 맞댄다[接足作禮(또는 頂禮)]'거나, 혹 '(그를) 오른쪽으로 세 바퀴 돈다[右繞三匝]'거나 하는 등의 형태로 표출되기도 하였다.41)

도판 36. 탑돌이

부처님 재세시의 예경 형식으로서 우요삼잡의 형태는 부처님 입멸 후 진신사리를 모신 탑돌이에로 그 형태가 전이되었다. 우리나라의 경우 『삼국유사』에 "신라 풍속은 2월 초파일부터 보름까지 탑돌이를 했다"고 기록되어, 그 오랜 연원을 짐작할 수 있다.(사진 제공·현호스님)

41) Ⅰ. 불교의례의 의미와 구분 항목의 1. 불교의례의 성격 註 1) 참조.

불(佛)에 대한 예경 방법 중 '(부처님을) 오른쪽으로 세 바퀴 도는 우요삼잡(右繞三匝)'은, 불멸 후 부처님 진신사리(眞身舍利)를 모신 탑돌이에로 그 형태가 전이되었다. 이에 『사분율』에서 "그들이 탑을 왼쪽으로 돌아 지나가므로 탑을 지키는 신이 성을 내니, 부처님께서 '왼쪽으로 돌아가지 말고 오른쪽으로 돌아가라'"[42]고 하였으며, 『대비구삼천위의』에서는 '(탑 앞에 이르러) ① 머리를 숙이고 땅을 봐야 한다. ② 벌레를 밟으면 안 된다. ③ 좌우를 두리번거리면 안 된다. ④ 탑 앞에 침을 뱉으면 안 된다. ⑤ 중간에 서서 사람들과 이야기하면 안 된다'[43]는 등 탑돌이 때의 위의를 전하고 있다.

한편 우리나라의 경우 『삼국유사』에 "신라 풍속은 2월 초파일부터 보름까지 탑돌이를 했다"[44]고 기록되어 있는 바, 신라이래 탑돌이가 행해졌음을 알 수 있다. 그리고 조선조이래 근세에 있어 원각사지, 즉 파고다공원에서의 탑돌이가 성행하였으며, 현재에는 통도사 금강계단에서의 탑돌이 및 법주사 팔상전의 탑돌이와 불국사 석가탑과 다보탑의 탑돌이 등 모든 사찰마다에서 탑돌이를 행하고 있는 즉, 이는 초파일의 욕불의식 내지 연등회 등 특정의례의 후반부에 이어 행함이 통례로 되어 있다.

한편 탑돌이 때에는 대중의 후렴과 선창의 창(唱)이 어우러진 가운데 다음과 같은 전래 불가(佛歌)를 부르거나, 혹 '석가모니불' 정근(精勤)을 하는 가운데 탑돌이를 행한다.

"(후렴) 나무아미타불 관세음보살 도세도세 백팔번을 도세
　　① 사월이라 초파일은 관등가절 이아니냐

---

42) 大正藏 22, pp.930下~931上.
　　"時彼於塔邊左行過 護塔神瞋 佛言不應左行過應右遶塔而過"
43) 大正藏 24, p.915中.
44) 『三國遺事』卷第5, 「金現感虎」 條.
　　"新羅俗 每當仲春 初八至十五日 都人士女 競遶興輪寺之展塔爲福會"

② 경축하세　석가세존　명을빌고　복을빌고

③ 대자대비　넓으신덕　만세경축　하오리다

④ 일천사에　대주복토　바른보시　인과응보

⑤ 선남선녀　인수공덕　삼계육도　정진해득

⑥ 충효하여　입신하고　염불하여　극락가세

⑦ 명산대찰　불공하여　후세발원　하여보세

⑧ 이내몸이　나기전에　그무엇이　내몸일까

⑨ 오호상해　높은손님　불교도량　이내환보"

(2) 출가일에서 열반일 - 서원(誓願)과 나눔의 축제 -

　원인(圓仁)의 『입당구법순례행기』 가운데 "남전현(藍田縣)에서는 (2월) 8일부터 15일까지 무애다반(無礙茶飯)이 있어 사방의 승려와 속인들이 모두 와서 먹는데"[45]라는 기록이 발견된다. 또한 "이때 여러 절이 초대를 받는데 온갖 진기한 공양을 차린다. 백 가지의 약식(藥食), 진기한 과일과 꽃, 그리고 온갖 향을 엄숙히 갖추어 불아(佛牙)에 공양하는데, 그 차린 것이 공양루(供養樓)의 복도까지 놓여져 얼마나 되는지를 헤아릴 수 없다"[46]고 하였다.

　여기서 음력 2월 8일은 붇다 출가일이며 2월 15일은 열반일에 해당하여, 당(唐)의 승가에서는 불(佛) 출가일로부터 열반일에 이르는 기간 동안 무애다반, 즉 무차대회(無差大會) 및 불아회(佛牙會)를 베풀었음을 알 수 있다. 여기서 무차대회란 '서원(誓願)과 나눔의 축제', 그 기간을 의미한다. 즉 모든 중생을 생·노·병·사의 고통으로부터 건지겠다는 싯달타 태자의 출가 서원[47]과, 그 깨달음을 널리 펴고 열반에 이르신

---

45) 圓仁(申福龍 譯), 『入唐求法巡禮行記』, 정신세계사, 1991. p.229.

46) 圓仁(申福龍 譯), 『入唐求法巡禮行記』, 정신세계사, 1991. pp.229~230.

47) 『羅摩經』(大正藏 1, p.776中)

붇다의 정신, 상구보리(上求菩提) 하화중생(下化衆生)의 원력(願力)을 중생들 가슴에 널리 나누어 줄 것을 다짐하며 그것을 실행에 옮기는 기간이라 하겠다.

출가란 자신 가아(假我)의 죽음을 의미한다. 열반이란 자신 본유(本有)의 죽음을 의미한다. 그럼에도 참된 죽음은 법신(法身)의 영원한 삶을 예기한다. 그리고 그 영원한 삶은 열반을 말한 채, 열반의 참된 이념인 반열반(般涅槃)의 정신은 회향(廻向)의 돌이킴 가운데 현현(顯現)된다. 그리고 그 회향의 정신을 가슴에 안은 채, 중국의 청(淸) 세종(世宗: 順治皇帝, 1644년~1661년간 在位)은 황제의 자리를 떠나 다음의 출가시(出家詩)[48]를 남기고 사문(沙門)의 길에 입문(入門)한다.

순치황제(順治皇帝: 淸 世宗) 출가시(出家詩)
"도처에   총림이요 흡족한   밥이거늘,
발우들고 가는곳에 밥세그릇 걱정하리〔天下叢林飯似山 鉢盂到處任君餐〕
황금과   백옥만이 귀한줄   알지마소,
가사장삼 얻어입기 더욱더   어려웁네〔黃金白璧非爲貴 惟有袈裟被最難〕
내자신   이국토의 주인노릇 하느라고,
나라와   백성걱정 마음더욱 시끄럽네〔朕乃大地山河主 憂國愚民事轉煩〕
백년을   산다해도 사는날   삼만육천,
풍진밖   이산속의 하루삶에 비교하리〔百年三萬六千日 不及僧家半日閑〕
당초에   부질없는 한생각   잘못으로,
가사벗고 곤룡포를 입게   되었네 〔悔恨當初一念差 黃袍換却紫袈裟〕
이몸은   그옛적에 서천축   僧일러니,
그어떤   인연으로 제왕가에 떨어졌나〔我本西方一衲子 緣何流落帝王家〕

"欲求無病無上安隱涅槃無老無死 無愁憂感 無穢汚無上安隱涅槃"
48) 대구사원주지연합회 편, 『발원문선집』, 中文出版社, 1986. pp.403~406.
『釋門儀範(下)』, p.291.

이몸을　받기전엔　무엇이　　내몸이며,

세상에　태어난뒤　내가과연　누구런가〔未生之前誰是我　我生之後我爲誰〕

자라서　성인됨에　잠깐동안　나라더니,

눈한번　감은뒤엔　내가또한　누구런가〔長大成人纔是我　合眼朦朧又是誰〕

세상의　일백년간　하루밤　　꿈과같고,

수만리　산과들은　한판의　　바둑이네〔百年世事三更夢　萬里江山一局碁〕

대우씨는　구주긋고　탕임금　　걸을치며,

진시황이　육국먹자　한태조　　새터닦네〔禹疏九州湯伐桀　秦呑六國漢登基〕

자손은　제스스로　살아갈복　제받으니,

후손을　위한다고　소와말　　되지마소〔兒孫自有兒孫福　莫爲兒孫作馬牛〕

유구한　역사속에　하많은　　영웅들이,

푸른산　언덕위에　한줌흙　　되었다네〔古來多少英雄漢　南北東西臥土泥〕

날적엔　기뻐하고　줄을땐　　슬퍼하나,

덧없는　인간세상　한바퀴　　도는걸세〔來時歡喜去時悲　空在人間走一回〕

애당초　안왔으면　갈길도　　없는건데,

기쁜일　어디있고　슬픔인들　있을손가〔不如不來亦不去　也無歡喜也無悲〕

나날이　한가로움　스스로　　알것이니,

풍진속　세상길의　온갖고통　여의었네〔每日淸閑自家知　紅塵世界苦相離〕

입으로　맛들임은　시원한　　선열경계,

몸위에　입고픈옷　괴색의　　가사일세〔口中吃的淸和味　身上願被白衲衣〕

오호와　사해안에　가장높은　손님되어,

부처님　도량에서　마음껏　　노닐적에〔五湖四海爲上客　逍遙佛殿任君棲〕

세속을　떠나는일　쉽다고　　하지마소,

숙세에　쌓아놓은　선근없인　아니되네〔莫道出家容易得　昔年累代重根基〕

18년간　지나간일　자유라곤　없었는데,

땅뺏는　큰싸움을　어느때　　그치려나〔十八年來不自由　山河大戰幾時休〕

내이제　손을털고　산속으로　돌아가니,

천만가지 근심걱정 아랑곳할 것없네 〔我今撒手歸山去 那管千愁與萬愁〕"

음력 2월 8일로부터 15일에 이르는 기간. 출가로부터 열반에 이르기까지, 깨달음을 향한 한 수행자의 전체 삶을 몽상하는 가운데 불자들은 그 삶의 규준을 마음에 담는다. 즉 출가의 의지와 함께 열반의 참된 정신을 되돌이키는 가운데 나눔과 서원을 되새기는 기간을 보내는 것이다. 그리고 자신 가아(假我)의 소멸 즉 세속으로부터의 출가와, 자신 본유의 소멸 즉 영원한 해탈의 이념을 구현키 위해 이 기간 동안 각 사찰에서는 '깨달음의 사회화'라는 정신을 안은 채 깨달음을 외부에 회향코자 노력을 기울이게도 된다.

이에 대한불교 조계종의 경우 '96년부터 이 기간을 '불교도 경건주간'으로 설정한 채 '자비의 탁발행사' 등을 통한 대 사회적 실천행에 힘쓰고 있으며, 잠실 불광사에서는 '96년부터 출가재일을 '스님의 날'로 정한 채 신자들이 스님들께 재발심을 독려하는 가운데 헌화식(獻花式)을 시행하기도 하는 등 경건주간과 관련된 의미성 정립 및 의례화가 현재 진행 중에 있다.

한편 『환주청규』는 불 열반일의 열반재와 관련된 다음 의례를 소개하고 있다.

'(2월) 15일은 불열반일(佛涅槃日)로, 향·촉·다·과·진수를 공양'함으로 재를 올린다. 먼저 소문(疏文)을 준비하고 판(板)이 울리면 대중 모두는 위의를 갖춘 채 불전에 나아간다. 암주(庵主)가 나아가 향과 화, 다를 올리고 삼배 한 후, 다시 향 1개를 꼽고 난 다음 물러나 대중과 함께 삼배 한다. 그리고 소문(疏文)을 읽은 다음 능엄주를 읽고, "풍송수훈회향진여(諷誦殊勳回向眞如) 실제장엄무상불과(實際莊嚴無上佛果) 보제리은총보삼유(菩提四恩總報三有) 균자법계유정동원종지(均資法界有情同圓種智) 시방삼세일체제불(十方三世一切諸佛) 제존보살마하살(諸尊菩薩摩訶薩) 마하반야바라밀(摩訶般若波羅密)"을 외우므로서 회향한다.[49]

또한『석문의범』은 다음과 같은 열반절 법회식순을 소개하고 있기도
하다. ① 개식, ② 삼귀의, ③ 독경, ④ 입정, ⑤ 설교〔『열반경』혹『유교
경』에 관하여〕, ⑥ 권공, ⑦ 예참〔「涅槃禮文」혹 「八相禮文」〕, ⑧ 축원, ⑨
퇴공, ⑩ 폐식 등.50)

(3) 성도일(成道日)

성도일은 부처님 성도(成道)의 의미를 돌이켜 보는 가운데, 행자(行
者) 스스로가 성도에의 의지를 재 다짐하는 날이라 말할 수 있다. 이렇
듯 성도 즉 깨달음의 의미를 강조하는 까닭에 성도일은 성도재일(成道
齋日)이라고도 불리우며, 이날의 행사를 달리 '성도재산림(成道齋山林)'
이라 칭하기도 하는데, 여기서 재(齋)라 함은 지계(持戒)를 통해 자신
몸과 마음을 닦아나감을 의미한다.

현행 조계종의 경우, 성도일 7일 전부터 성도에의 의지를 다지는 가
운데 선원 및 강원에서는 가행정진(加行精進)을 행하며, 이는 또한 용맹
정진(勇猛精進)이라 불리기도 한다. 이에 해인총림의 경우 성도일 전
일주일 동안 선원 및 강원 대중 모두가 일주일간 철야 참선에 임하고
있으며, 개인 및 각 사찰에서도 이 기간 내지 성도재일 전날 저녁부터
다음날 아침까지에 걸쳐 평소의 수행에 더한 나름대로의 가행정진을 행
하고 있다.

---

49) 幻住清規(卍續藏經 111, pp.973下~974上)
  『勅修百丈清規』(大正藏 48, p.1116)에 의하면 佛殿에 향을 꽂고 祝聖·諷經 후
  上堂·祝香·趺坐·說法·下座 후 維那가 疏를 외움으로서 의식이 마쳐지는 것
  으로 되어 있다. 이때도 육법공양이 행해진다.
  한편 『叢林校定清規總要』(卍續藏經 111, p.0049~0050)에서는 '維那가 대중과 함
  께 공양을 준비하고 疏를 준비한다. 이어 方丈께 예를 갖춤. 주지를 청하여 설법
  을 들음. 주지가 자리에 올라 祝香, 자리를 편 후 설법, 下座, 點茶湯, 維那가 呪
  와 회향게 등을 외움' 등으로 이 날의 의식이 행해지는 것으로 되어 있다.
50) 『釋門儀範(下)』, pp.218~219.

한국불교 전래의 성도재일과 관련된 의례는『석문의범』'성도재산림식(成道齋山林式)' 항목51)에 비교적 상세히 묘사되어 있어, 이를 순서에 따라 정리해 보면 다음과 같다.

먼저 성도재일 전날, 해가 저물 무렵쯤에 의식이 시작된다. 우선 선가(禪家)의 게송으로서 ① 모게송(暮偈頌)과 ② 송자(頌子)의 게(偈)를 외운 후 ③ 참회게, ④ 참회진언을 외운다. 그리고 ⑤ 영산회상(靈山會上)·화엄회상(華嚴會上)·연지미타회상(蓮池彌陀會上)의 불보살에 대한 귀의를 행한다.〔이어 참선이 행해졌던 것 같다.〕

그리고 성도재일 당일 새벽이 찾아올 무렵, ⑥ 조게송(朝偈頌)과 ⑦ 송자(頌子)의 게를 외운 후, 수행 성도의 의지를 다지는 ⑧ 입지게(立志偈)를, 그리고 ⑨ 삼보에 대한 귀명(歸命)을 행한 다음 ⑩ 참회진언과 ⑪ 영산회상(靈山會上)의 불보살에 대한 귀의를 행하고 나서, 벽을 바라본 채〔向壁〕 ⑫ 입산게(入山偈)와 송자의 게를 외운다. 또한 ⑬ 염불게(念佛偈)와 아미타불 십념(十念)을 행한 다음 ⑭ 출산게(出山偈) 및 송자의 게를 외우는 바, 이는 염불과 참선에 의지한 채 성불에의 원력을 세우고자 하는 참선·염불 수행의 의미를 상징화한 것이라 할 수 있다. 이어 ⑮ 십바라밀정진도(十波羅密精進圖)에 따른 십바라밀의 정진도(精進圖)를 돌며, ⑯ 법성게(法性偈)를 외우며 법성도(法性圖)를 돎으로서 성도재일 의례를 마무리하게 된다.

여기『석문의범』에 소개된 성도재일과 관련된 의식 순서에 따른 게송은 다음과 같다.

모게송(暮偈頌)
산당정야좌무언(山堂淨夜坐無言) 적적요요본자연(寂寂寥寥本自然)
하사서풍동림야(何事西風動林野) 일성한안려장천(一聲寒鴈唳長天)

　　　송자(頌子)
　원각산중생일수(圓覺山中生一樹) 개화천지미분전(開花天地未分前)
　비청비백역비흑(非靑非白亦非黑) 부재춘풍부재천(不在春風不在天)
　　　참회게(懺悔偈)
　아석소조제악업(我昔所造諸惡業) 개유무시탐진치(皆由無始貪瞋痴)
　종신구의지소생(從身口意之所生) 일체아금개참회(一切我今皆懺悔)
　　　참회대발원이(懺悔大發願已) 귀명례삼보(歸命禮三寶)
　　　참회진언(懺悔眞言)
　옴 살바못자 모지사다야 사바하
　나무영산회상불보살(南無靈山會上佛菩薩)
　나무화엄회상불보살(南無華嚴會上佛菩薩)
　나무연지미타회상불보살(南無蓮池彌陀會上佛菩薩)
　　　조게송(朝偈頌)
　삼계유여급정륜(三界猶如汲井輪) 백천만겁역미진(百千萬劫歷微塵)
　차신불향금생도(此身不向今生度) 갱대하생도차신(更待何生度此身)
　　　송자(頌子)
　천척사륜직하수(千尺絲綸直下垂) 일파재동만파수(一波纔動萬波隨)
　야정수한어불식(夜靜水寒魚不食) 만선공재월명귀(滿船空載月明歸)
　　　입지게(立志偈)
　자종금신지불신(自從今身至佛身) 견지금계불훼범(堅持禁戒不毁犯)
　유원제불작증명(唯願諸佛作證明) 영사신명종불퇴(寧捨身命終不退)
　　　입지대발원이(立志大發願已) 귀명례삼보(歸命禮三寶)
　참회진언(懺悔眞言) (云云)　나무영산회상(南無靈山會上) (云云)

　　　향벽(向壁) 입산게(入山偈) 송자(頌子)
　세존당입설산중(世尊當入雪山中) 일좌부지경육년(一坐不知經六年)
　인견명성운오도(因見明星云悟道) 언전소식변삼천(言詮消息遍三千)

염불게(念佛偈) 송자(頌子)

아미타불재하방(阿彌陀佛在何方) 착득심두절막망(着得心頭切莫忘)

염도염궁무염처(念到念窮無念處) 육문상방자금광(六門常放紫金光)

십념(十念) 나무아미타불(南無阿彌陀佛) (고성십편〈高聲十遍〉)

출산게(出山偈) 송자(頌子)

외외낙낙정나나(嵬嵬落落淨裸裸) 독보건곤수반아(獨步乾坤誰伴我)

약야산중봉자기(若也山中逢子期) 기장황엽하산하(豈將黃葉下山下)

이상의 게송 이후 『석문의범』은 '부(附) 십바라밀정진(十波羅密精進)'
이라 하여 ① 보시(布施: 滿月), ② 지계(持戒: 半月), ③ 인욕(忍辱: 鞋
經, 신날), ④ 정진(精進: 剪子, 가위), ⑤ 선정(禪定: 靉靆, 구름〈긴 모습〉),
⑥ 지혜(智慧: 金剛杵), ⑦ 방편(方便: 左右雙井, 좌우우물), ⑧ 원(願: 前
後雙井, 전후우물), ⑨ 력(力: 卓環二周, 고리두퇴), ⑩ 지(智: 星中圓月, 별
가운데 달) 등의 문양과 함께 정진도 도는 방법을 소개52)하면서 그 뒤

---

52) 『釋門儀範(下)』(pp.157~158)은 十波羅密圖 文樣에 대한 다음 설명을 행하고 있
다. ① 滿月은 布施를 표함이니, 광대한 財·法·無畏 등 3종의 布施로서 중생심
을 따라 모두 만족케 함이 마치 淸淨虛空에 光明月輪이 無邪圓照함과 같음을 표
현한 것이다. ② 半月은 持戒를 표함이니, 防非止惡하여 淨戒를 점차 修成하는
것이 마치 初生半月이 暗謝明生함과 같음을 표현한 것이다. ③ 鞋經(신날)은 忍
辱을 표한 것이니, 外辱을 堪忍하고 法性을 內明하는 것이 마치 신날이 外刺를
防禦하고 足心을 安全케 함과 같음을 표현한 것이다. ④ 剪子(가위)는 精進을 표
함이니, 一切智에 趣向하여 退轉치 않는 것이 마치 剪刀로써 物을 剪함에 有進
無退함과 같음을 표현한 것이다. ⑤ 靉靆(구름〈긴 모습〉)은 禪定을 표한 것이니,
心을 일경에 부합하여 일체의 번뇌를 소멸하는 것이 마치 靉雲이 垂布하여 대지
의 熱炎을 止息淸凉케 함과 같음을 표현한 것이다. ⑥ 金剛杵는 智慧를 표함이
니, 智慧工匠으로서 我人山을 鑿破하여 煩惱鑛을 發見하고 以覺悟火로서 亨鍊하
여 자기 佛性 金寶를 了然 明顯케 함이 마치 金剛杵의 堅·利·明 3義가 具足하
여 進行無碍함과 같음을 표현한 것이다. ⑦ 左右雙井(좌우우물)은 方便을 표하는
것이니, 方便으로 衆生을 成熟케 하여 生死海를 渡하는 것이 마치 하나의 源泉
으로 雙井을 分作하여 東西에 俱便함과 같음을 표현한 것이다. ⑧ 前後雙井(전후
우물)은 大願을 표한 것이니, 일체 佛刹과 일체 衆生海에 大願으로 遍入하여 菩
薩行을 受하는 것이 마치 前後雙井에 貴賤이 飮料를 各得함과 같음을 표현한 것
이다. ⑨ 卓環二周(고리두퇴)는 正力을 표한 것이니, 일체 불국토에 正力으로 隨

에 의상조사(義湘祖師)의 법성도(法性圖)에 따른 법성게(法性偈)를 동시에 기술(도판 38)하고 있는 바, 십바라밀정진도와 함께 법성게를 외우며 법성도를 도는 가운데 성도재일 의식을 거행하였음을 알 수 있다.

도판 37. 의상(義湘)과 법성게(法性偈: 華嚴一乘法界圖)
의상(義湘)은 중국 종남산 지상사(至相寺)에서 중국 화엄종의 대가 지엄화상(智儼和尙)으로부터 화엄학을 전수 받았다. 8여 년의 세월 가운데 의상은 부처님의 불가사의한 해탈경지를 깨닫게 되었으며, 이내 의심이 사라지고 모든 인연의 이치인 중중무진법계연기(重重無盡法界緣起)를 거울의 그림자처럼 확실히 깨달았다. 의상이 그 깨달음의 경지를 7언 30구로서 읊었으니, 그 210자 가운데에는 화엄경의 이치와 함께 그의 깨달음의 세계가 함포되어 있다고 하겠다. 한편 의상은 210자의 게송을 만다라(曼茶羅) 식의 그림으로 표현하였으니, 이것이 바로 법성도 내지 해인도(海印圖)라 일컬어지는 화엄일승법계도(華嚴一乘法界圖)이다.
의상은 스스로 지은 210자의 게송이 화엄경의 진리에 들어맞는가 확인코자 섶에 불을 지피며 다음과 같이 발원하였다. "이제 화엄의 깊은 뜻을 30구 210자의 게송으로 표현했습니다. 이것이 노사나불과 문수보살, 보현보살의 뜻과 합치하면 타는 불 속에서도 온전할 것입니다." 화엄일승법계도는 불 속에서도 타지 않았다. 의상이 법계도를 지엄화상에게 내 보였으니, 지엄은 "이 30구의 게송 안에 화엄경의 큰 뜻이 모두 담겼도다. 이 게송만 외워도 화엄경을 읽는 공덕과 같으니, 널리 세상에 알려 전하라" 하였다. 의상은 이후 낙산사를 거쳐 태백산 부석사에 머물며 화엄경을 강설, 해동화엄종(海東華嚴宗)의 초조(初祖)가 되었다.

이에 『석문의범』의 편자 안진호 스님은 "나[余]는 정진(精進)을 돌

入하여 等正覺을 成하는 것이 마치 人家에 堂垣을 修築하고 晝夜 巡環하여 外侵을 방지함과 같음을 표현한 것이다. ⑩ 星中圓月(별 가운데 달)은 大智를 표한 것이니, 三世 一切法을 如來智로 遍智하되 無障無碍한 것이 마치 星中滿月이 遠近을 비춤과 같음을 표현한 것이다.
한편 『三門直指』(韓佛全 10, p.162)는 精進偈를 도는 순서에 대해 '비록 書에는 次第가 있으나 行時에는 前三(보시·지계·인욕)에서 願·精進·力·禪定·智·般若·(方便) 등의 순으로 돎이 편리하다'고 말하고 있다.

적에 큰방 네 모퉁이〔隅〕에다 소형의 성체(星體)를, 중앙에다는 대형의
월체(月體)를 작(作)하였으나 재래 원형(圓形)은 아마도 월중(月中)에
조명(照明)되는 소성(小星)만 권내(圈內)에 사(寫)하고 월변(月邊)으로
삼열(森烈)한 중성(衆星)은 월광(月光)에 은폐됨으로 권외(圈外)는 사
(寫)하지 않은 듯 하노라"라는 말과 함께 "정진(精進)에나 송자순회(頌
子巡廻)는 모다 체용(體用)을 표하야 조(朝)에는 종체기용(從體起用)이
라 해서 좌변으로 선향(先向)하고, 석(夕)에는 섭용귀체(攝用歸體)라 하
야 우변으로 선향함"53)이라 하고 있는 즉, 특정 공간 등에 십바라밀정
진도를 그려 놓은 채 성도재일 조석으로 좌변 혹은 우변을 따라 정진도
와 법성도를 돌았음을 알 수 있다.

⑨力(고리두퇴)	⑩智(별 가운데 달)	①布施(만월)
⑧願(전후우물)		②持戒(반월)
	法 性 圖	
⑦方便(좌우우물)		③忍辱(신날)
⑥智慧(금강저)	⑤禪定(구름낀 모습) ④精進(가위)	

도판 38. 십바라밀(十波羅蜜) 정진도(精進圖) 및 법성도(法性圖)

53) 『釋門儀範(下)』, p.158.

한편 『석문의범』은 위 내용에 이어 다음과 같은 조식순(朝食巡)·석식순(夕食巡) 등의 게송을 소개54)하고 있기도 하다.

조식순(朝食巡)
남대정좌일로향(南臺靜坐一爐香) 종일응연만려망(終日凝然萬慮忘)
불시식심제망상(不是息心除妄想) 도연무사가사량(徒然無事可思量)
　공양대발원이(供養大發願已) 귀명례삼보(歸命禮三寶)
나무동방해탈주(南無東方解脫主)(云云)
나무영산회상불보살(南無靈山會上佛菩薩)(云云)

석식순(夕食巡)
반사이흘색력충(飯食已訖色力充) 위진시방삼세웅(威振十方三世雄)
회인전과부재념(回因轉果不在念) 일체중생획신통(一切衆生獲神通)
　공양대발원이(供養大發願已)(云云)
나무동방해탈주(南無東方解脫主)(云云)　나무영산회상(南無靈山會上)
(云云)

위 내용에 의거해 볼 때 정진도(법성도)를 돎은 조석시(朝夕時)나, (혹 조석시 외에) 조식(朝食)을 마친 후 내지 석식(夕食)을 마친 후에 또한 행하였음을 알 수 있다. 위 조식순(朝食巡) 내지 석식순(夕食巡)의 말미에 소개된 공양대발원이(供養大發願已) 다음의 "나무동방해탈주(南無東方解脫主)(云云)"의 내용은 공양시 행하는 「반야심경」 내지 「소심경」 가운데 절수게(絶水偈) 이후 외우는 해탈주(解脫呪)의 첫 게송에 해당됨55)을 알 수 있기 때문이다.

---

54) 『釋門儀範(下)』, p.159.
55) 『釋門儀範(下)』, p.103, 107 참조.
　"南無東方解脫主世界 虛空功德淸淨微塵……"

그럼에도 『불가일용작법』의 「고래삼시정진출입송(古來三時精進出入頌)」을 참조해 볼 것 같으면 위 의식은 성도재일의 조석 (또는 조석공양 후) 때만이 아닌, 일상의 삼시(三時) 정진 가운데 행했던 수행 의식 중 하나였음을 알게 된다.[56)]

여하튼 이렇듯 '성도재산림식'의 행법에 따라 철야의 정진을 행한 후, 불(佛) 성도일 당일에는 깨달음을 성취하여 생사고해를 벗어난 열반의 세계로 향하기를 기원하는 가운데 성도재일 법회가 진행된다.

이에 『칙수백장청규』 및 『총림교정청규총요(叢林校定淸規總要)』, 『환주청규』 등에서는 육법공양을 준비한 채 대략 다음과 같은 성도일 법회식순을 소개하고 있다.

'당사(堂司)는 재물을 고사(庫司)에로 옮겨 공양을 준비하고 소(疏)를 청해 마련하며, 주지는 당(堂)에 올라 축향(祝香)하고, 좌구(坐具)를 편 후 설법을 마치고 난 다음 자리에서 내려온다. 그리고 대중과 함께 전(殿)에 이르러 불전(佛前) 위에 나아가 절을 한 다음 향로 앞에 꿇어앉는다. 이어 유나(維那)가 불(佛)께 소(疏)를 고해 마치면 풍경(諷經: 楞嚴呪), 회향(回向: 回向偈)한다.'[57)]

한편 『석문의범』은 다음과 같은 성도절 법회식순을 소개[58)]하고 있는 바, 대부분 사찰에서는 이에 따른 의식을 행하고 있다.

① 개식, ② 삼귀의, ③ 독경, ④ 찬불가, ⑤ 입정, ⑥ 설교, ⑦ 강연, ⑧ 헌공, ⑨ 예참[팔상예문], ⑩ 축원, ⑪ 퇴공, ⑫ 폐식 등.

---

56) 『佛家日用作法』의 「古來三時精進出入頌」에는 成道齋日의 朝夕(또는 朝夕供養 後) 때만이 아닌, 일상의 三時 精進 행법으로서 精進圖說을 소개하고 있기도 하다.
  井辛 編, 『佛家日用作法』(月雲 編著, 『日用儀式隨聞記』, 중앙승가대학출판국, 1991), pp.257~267.
57) 『勅修百丈淸規』(大正藏 48, p.1116上)
  『叢林校定淸規總要』(卍續藏經 111, p.0049)
  『幻住淸規』(卍續藏經 111, pp.0973~0974)
58) 『釋門儀範(下)』, p.217.

(4) 우란분일(盂蘭盆日)

음력 7월 15일은 백중일(百衆日)이다. 가정에서는 이날 콩을 볶아 먹으며, 밤에는 채소와 과일·술·밥 등을 차려 놓고 죽은 어버이의 혼(魂)을 부르게 된다. 그래서 이 날을 망혼일(亡魂日)이라고도 하는데,『동국세시기(東國歲時記)』에 의하면 "백중(百衆)은『우란분경(盂蘭盆經)』에 목련비구(目蓮比丘)가 오미(五味)·백과(百果)를 갖추어 분(盆) 안에 넣어 갖고 시방대덕(十方大德)을 공양한 일에서 연유"59)한다 하였다. 비가 한 차례 흩뿌리고 간 늦여름, 지금도 백중일이 되면 승가에서는 음식을 올리고 선조 영혼의 명복을 비는 재(齋)가 행해진다.

백중은 절기상 중원(中元)이라 부르고도 있다. 음력 1월 1일을 원단(元旦)이라 하고, 이어 상원(上元)·중원(中元)·하원(下元)이 있게 되는데, '상원'은 정월 보름, '중원'은 7월 보름, '하원'은 10월 보름에 해당되며, 도교(道敎)에서는 이렇듯 세 차례의 원일(元日)에 천상선관(天上仙官)이 인간 세상에 숨어들어 개개인의 선악(善惡)을 기록해 간다는 이야기가 전해 오고 있다. 이런 점에서 "『형초세시기(荊楚歲時記)』에 이르기를 중원일은 승니(僧尼)·도사(道士)·속인(俗人)들이 모두 분(盆)을 만들어 이것을 절에 바친다고 했다"60)고 하는 바, 백중일에 분(盆) 및 음식을 차림은 그 선관을 대접하는 예가 되겠고, 선망부모에 효(孝)를 표하는 정성을 보임으로서 선관에게 자신의 선행을 나타내 보이고자 하는 뜻이 복합되어 있다고도 할 수 있다.

이렇듯 일반에서 뿐만이 아닌 불교와 도교의 종교적 기원에 그 근거를 두고 있는 백중(百衆)은 달리 白衆·백종(百終)·百種, 그리고 우란분절(盂蘭盆節)이라 각각 이름 불리기도 한다. 그렇다면 이렇듯 많은 명칭들은 어떻게 생겨나게 된 것일까?

---

59)『東國歲時記』, 七月「中元」條.
60)『東國歲時記』, 七月「中元」條.

『열양세시기(洌陽歲時記)』에 의하면, "우란분(盂蘭盆)의 공양을 모방하는 풍속을 따라 중원일에는 백 가지 종류〔百種〕의 꽃과 과일 등을 부처님께 공양하고 복을 빌었다. 이 까닭에 이 날의 이름이 곧 백종(百種)이라는 것이다"[61]고 하였다. 이에 『경도잡지(京都雜志)』 역시 "이 날의 풍속은 백 가지의 씨를 진열하였으므로 이것을 백종(百種)이라고 했다"라 하며, "『우란분경』에 이르기를 목련비구가 7월 15일 백 가지의 맛있는 음식이며 오과(五果) 등을 갖추어 시방대덕을 공양했다 한다"[62]라 하여, '백종(百種)'이란 100가지의 과일 또는 음식에서 유래된 것임을 말하고 있다.

그렇다면 여기에 白衆, 百衆, 百終이란 또 다른 이름이 붙여진 것은 어떤 까닭인가?

음력 7월 15일은 백중일(白衆日)이며, 동시에 승가의 하안거가 끝나는 해제일이기도 하다. 90일 동안의 순숙한 공부를 마음에 안은 채 발걸음 가벼이 걸망을 싸는 날, 이날 승가에서는 자자(自恣)가 행해진다. 여기저기 흩어져 수행하던 많은 스님들이 한 곳에 모여, 의심이 있은 즉 스승께 사뢰고, 얻음이 있은 즉 대중에게 토로하는 절차가 행해지며, 이렇듯 대중〔衆〕 앞에서 자신의 견처(見處)를 토로(吐露)·고백〔白〕한다는 의미에서 백중(白衆)이란 말이 생겼고, 그 자자일에 '많은〔百〕' '대중〔衆〕'이 모인다는 의미에서 백중(百衆)이란 말이 생겨져 나오기도 하였다. 그리고 백종(百終)이라 함은 90일(100일)[63] 안거의 끝, 마지막날을 의미하기도 하여 여기에서 용어의 순수 불교적 기원을 찾아볼 수 있다.

또한 우란분절이란 명칭은 『불설우란분경』의 모범에 따라 선망부모

---

61) 洌陽歲時記, 七月 「中元」 條.
62) 『京都雜志』 卷之二, 歲時, 「中元」 條.
63) 일반적으로 安居 3달 기간의 90일을 100일이라 통칭하기도 하는 바, 이는 숫자 자체의 완성의 의미를 지향함에 그 뜻이 있다고 하겠다.

의 아귀고(餓鬼苦)를 면케 하고자 우란분(盂蘭盆)에 오미·백과를 담아 중승(衆僧)에 공양 올리는 백중일(白衆日)의 제식(制式) 자체에 중점을 두어 불리게 된 말로,『불설우란분경』은 대략 다음과 같은 내용을 전하고 있다.

"한때 부처님께서 사위국 기수급고독원에 머물러 계셨을 때, 대목건련 (大目乾蓮)이 비로소 육신통(六神通)을 얻고 그의 부모를 제도코자 도안 (道眼)으로서 세간을 보니 망모(亡母)가 아귀(餓鬼) 중에 태어나 있음을 알았다. 먹지 못하여 피골이 상접한 모습을 본 목련은 슬피 울면서 그의 발우에 음식을 담아 모친에게 전해 주었으나, 게걸스럽게 왼손으로 밥그릇을 가리우고 오른손으로 밥을 주워 먹던 모친에게 그 음식은 입에 넘어가기도 전에 불로 변해버려 먹을 수 없었다. 목련이 크게 비탄하고 울면서 부처님께 돌아와 그 일을 여쭈었다.

이에 부처님께서 '너의 모친은 죄가 깊어 너 혼자만의 힘으로는 어찌할 수 없다. 너의 효순이 비록 천지를 진동하나, 온갖 신들 역시 어찌할 수 없는 것이다. 모름지기 시방 중승(衆僧)의 위신력에 의해서만이 해탈을 얻을 수 있으리라' 하셨다. 그리고 '내 너에게 구제(救濟)의 법을 설하리니, 7월 15일 시방 중승이 자자를 행할 때 7세 부모와 액난 중의 현재부모를 위하여 반(飯)과 백미·오과·물 담을 그릇·향유와 침구 등을 갖추며, 감미로운 것을 분(盆)에 담아 시방의 대덕중승(大德衆僧)께 공양하라. 그 날은 일체 성중(聖衆)이 혹 산간(山間)에서 선정(禪定) 중에 있거나 혹 4도과(四道果)를 얻거나 할 것이니, 이러한 등의 자자하는 중승께 공양하는 자는 현세부모와 7세 부모, 6종의 친속이 3도(途)의 고통을 벗어나고 해탈하여 의식 자연하리라.' ……(중략)……

이에 목련이 부처님께 묻기를, '만약 미래세 일체 불제자가 효순을 행하고자 할 때 역시 이 우란분을 봉헌하면 되겠습니까?' 이에 부처님께서 '비구·비구니·국왕·태자·대신·재상·삼공(三公)·백관(百官)·만민으로서 만일 효행을 행하고자 하는 사람은 모두 마땅히 현재의 부모·과거 7세의 부모를 위해 (음력) 7월 15일 부처님이 환희하는 날, 승단이 자자를 행하는 날에 백미의 음식으로서 우란분(鉢盤, bana, 盆)에 담아 시방의 자자하는 승단에 보시하라. 능히 이같이 하면 현재의 부모로 하여금 수명 100년에 무병하게 될 것이며, 7세 부모로 하여금 아귀도의 고통을 벗어나 인천(人天)에 태어나게 할 수 있을 것이다.'"64)

이렇듯 『불설우란분경』의 모범에 따라 선망부모 및 현세의 부모를 위해 중승께 우란분을 공양하는 날, 목련존자의 효순에 의해 유래된 우란분절의 공양은 달리 효순공양(孝順供養)이라 불리운다. 또한 우란분절에는 효순공양과 함께 선망부모를 아귀의 고통에서 천도(薦度)하기 위한 천도재(薦度齋) 즉 우란분재(盂蘭盆齋)를 행하기도 하는 바, 우란분일에 행하는 전체 의식 행법을 한 점의 탱화(幀畵)를 통해 엿볼 수 있게 된다. 즉 우란분경변상도(盂蘭盆經變相圖)라 일컬어지는 감로왕탱화(甘露王幀畵)는 백중, 우란분절에 얽힌 총체적 서술을 화면을 통해 담아내고 있는 바, 통도사 사명암(泗溟庵)에 소장된 감로왕탱화를 예로 우란분일 관련의 의식에 대해 알아보기로 한다. 여기서 감로왕(甘露王)이란 서방 극락세계의 주불(主佛) 아미타불(阿彌陀佛)을 말한다.

도판 39. 감로왕탱화(甘露王幀畵: 우란분경변상도) (사진 제공·범하 스님)

---

64) 大正藏 16, p.779中~下.

편의상, 전체 탱화를 몇몇 구획으로 나누어 설명하면 다음과 같다.

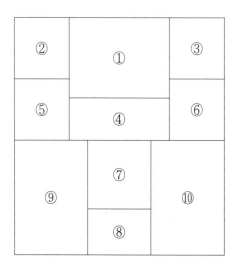

감로왕탱화의 구성

①의 부분은 극락세계의 아미타불과 불보살 일행이 지옥에서 천도되는 중생을 맞이하는 장면이 그려지고 있다.

②의 부분에는 지옥·아귀도의 중생을 맞이하여 극락세계로 인도해 가는 인로왕보살(引露王菩薩)의 모습과, 극락세계로 중생들을 실어 나르는 반야용선(般若龍船)이 그려지고 있다.

③에는 지장보살·관세음보살·보현보살이 서 있어 천도되는 중생을 외호하고 있다.

④에는 식탁에 많은 음식들[聖飯]이 놓여 있는데, 내용물로는 백미·오과의 감미로운 음식들과 함께, 향·등·화·과·다·미 등 육법공양의 공양물이 이에 해당된다.

⑤에는 우란분재를 행하는 모습이 그려져 있다. 공양을 받는 중승(衆僧)과 그 앞에 우란분[鉾盤, bana, 盆]이 그려져 있으며, 그 사이에 바라[銅盤]를 손에 든 범패승(梵唄僧)들이 지옥·아귀도의 중생을 천도하고자 우란분재, 영산재(靈山齋) 작법(作法)을 행하는 모습이 묘사된다.

⑥의 부분에는 국왕·태자·대신·재상·삼공·백관·만민 등 많은 군중들이 그려져 있어, 이는 백중일에 우란분재를 지내야 할 사람들 모두를 묘사한 것이다.

⑦에는 천도될 대상으로서 아귀(餓鬼)가 등장해 공양[聖飯]을 받들어 먹는 장면이 그려져 있다.

나머지 ⑧, ⑨, ⑩에는 각각 아귀뿐만이 아닌 여러 지옥세계가, 그리고 각각의 지옥에서 받게 되는 고통들이 묘사되고 있다.

이상 살펴본 바, 감로왕탱화[우란분경변상도]가 우리에게 던져주는 의미는 아주 도식적이다. 곧 지옥·아귀도에서 고통받는 중생들을 묘사하고 있는 바(⑧, ⑨, ⑩), 그 가운데 천도될 대상들로서 우리의 선망부모, 조상들이 아귀·지옥도에서 음식을 받아먹음으로서 안락함과 포만감을 얻고(⑦), 결국 인로왕보살을 따라 반야용선을 타고(②) 여러 불보살들의 외호 속에(③) 아미타불께서 머물고 계신 서방 극락세계(①)에 도달하기 위해서는, 백중일에 공양[聖飯]을 준비하고(④), 또한 중승께 공양함으로서 지옥·아귀도의 중생을 천도하는 우란분재를 행해야 한다는 것(⑤)이다. 그런데 이렇듯 우란분재를 행하고 중승들께 공양해야 할 사람들(⑥), 그들은 누구인가?

원인의 『입당구법순례행기』 840년 7월 15일 기사에 "재(齋)를 마친 뒤 도탈사(度脫寺)에 들어가 우란분회에 참례하였다"고 하며, 또한 7월 17일 기사에 "각 절의 우란분회는 15일에 시작하여 17일에 마쳤다"[65]고 하여, 우란분절 행사는 우란분일 당일뿐만이 아닌 며칠간에 걸쳐 행해졌음을 알 수 있다.[66] 그리고 『고려사(高麗史)』에 "예종 원년(1106년)

---

65) 圓仁(申福龍 譯), 『入唐求法巡禮行記』, 정신세계사, 1991. pp.205~206. 또한 『幻住清規』(卍續藏經 111, p.0975) 참조.

66) 『佛說盂蘭盆經』 내용에 의하면, 盂蘭盆日에 衆僧께 盂蘭盆을 공양함은 盂蘭盆日이 곧 衆僧이 自恣를 행하는 날이기 때문이다. 그럼에도 自恣는 90일 安居가 끝나는 마지막날 저녁, 음력 7월 15일 밤에 행해지는 까닭에(『四分律』, 大正藏 22,

우란분재를 장령전(長齡殿)에서 베풀어 숙종의 명복을 빌었고, 또 명승 (名僧)을 불러 『목련경』을 강의하게 하였다"67)고 하여, 우란분일에 『목 련경』의 강설 또한 행해졌음도 알 수 있다.

그러나 『형초세시기』에 의하면 우란분회는 중국 남북조시대로부터 행해진 의식으로 매년 7월 15일 불승(佛僧)께 보시(布施)하여 7생 부모 의 고(苦)를 구하고 장양(長養)에 보은(報恩)하는 것이 주지(主旨)로 되 어 있으나, 이와 같은 종교적 의미 이외에 연중행사의 하나로서 일반민 중의 오락의 기회가 되기도 하였다68)고 하는 바, 조선 후기에 형성된 『 경도잡지』에 "오늘의 풍속에는 다만 취하고 포식하는 것뿐이다"69)라 하여 우란분일의 의미가 세속화 되어 갔음을 알 수 있기도 하다.70)

그럼에도 비교적 조선 초기에 형성된 『용재총화』에서는

'7월 15일을 일반에서는 백종(百種)이라 하며, 승가(僧家)에서는 백종 (百種)의 화과(花果)를 준비하여 우란분회를 설행한다. 서울의 비구니 사 찰에는 부녀들이 운집하여 망친(亡親)의 영(靈)에 제사를 지내며, 이 날은 통금이 누그러진다'고 하였으며, '(속가의 제사와 같이 전날 밤이 아닌) 7

---

p.817中) 盂蘭盆日의 공양은 당연히 7월 16일에 행해져야 할 것이다. 이러한 예 에 따라 16일을 중심으로 한 전야제 및 그 후의 하루를 잡아 7월 15일부터 17일 간에 걸쳐 盂蘭盆會를 행했던 것으로 이해된다.

67) 『高麗史』 卷12, 世家12, 예종 원년 7월 「계묘·갑진」 條.

68) 『太平廣記』 卷122, 「李尉」 條.
洪潤植, 「佛典上으로 본 佛教 音樂」(佛教學報, vol. 9), 1972. p.153에서 재인용.

69) 『京都雜志』 卷之二, 歲時, 「中元」 條.

70) "백중일을 전후해서 씨름판이 벌어지거나 흥행단이 모여들며", "농촌에서는 이 무렵 장이 섰는데 이를 百種場이라고 했다. 즉 백종시장이라는 뜻이니, 머슴을 둔 가정에서는 이 날 하루를 쉬게 하여 물건을 사거나 취흥에 젖게 한다"(任東 權, 『韓國民俗綜合調査報告書(충남편)』, 1976. p.655)고 하는 바, 논밭을 다 맨 '어 정 7월, 건들 8월'의 계절 농한기에는 머슴들과 하층민들의 축제가 펼쳐진다. 그 하층민들 축제의 시발점이 백중일이며, 그로부터 '호미씻기'며 '두레삼' 등의 행 사가 벌어진다. 그 가운데 하나의 형태로서 중요무형문화재 68호인 「밀양백중놀 이」가 생겨나기도 하였는 바, 이러한 世俗化의 양태 모두는 '百中놀이'라는 명칭 으로서 전개된다.(장수근, 『한국의 세시풍속』, 형설출판사, 1984, pp.266~270.)

월 15일 (달밤에)71) 서울의 부녀자들은 불사(佛寺)에 머물러 영패(靈牌)를 설치하고 향을 올려 공양한 뒤 제사가 마치면 패(牌)를 태우는 바, 농부와 목자(牧者) 등도 휴식한 채 이 날을 즐긴다72)

라 하여 조선 초기까지 명맥을 유지해 왔던 우란분일의 의례적 요소를 짐작할 수 있게 한다.

여하튼 신도들은 이날 절을 찾아 현세와 과거 7세 부모들을 위한 천도재로서 우란분재를 올린다.73) 그리고 근래 1985년 민중불교연합이 주최한 '생명해방의 대축제'74)로서 우란분일은 효순(孝順)의 의미를 강조한 채 이후 잠실 불광사 및 1987년 이래 부천 석왕사에서 행해지고 있는 '백중맞이 경로대잔치'에로 그 전통을 이어가고 있는 바,75) 그럼에도 불구하고 「불교신문」은 "'97년 한국불교문화원에서 행한 조사에 의하면 80여 곳의 전국 소재의 절 가운데 74곳의 절이 우란분일에 오직 천도재만을 행하고 있어 생명 해방의 참 의미를 부각시키지 못해 아쉽다'는 기사76)를 싣고 있기도 하다.

우란분일은 백중일이며, 우리 민족의 축제일이다. 밥〔供養; 盆, 飯〕이란 상징적 매체를 통하여 공간적으로는 공양 받는 승려〔僧〕와 공양하는 세속 사람들〔俗〕이 만나는 무형적 만남의 장소이며, 밥〔飯〕이란 매체를 통하여 시간적 과거의 조상과 현재의 후손들이 만나는 끈끈한 민족적 정서가 새겨든 마당이며, 밥이란 현세의 보시〔供養〕를 통하여 내세의 영혼을 천도하는, 영혼을 위한 해방의 질서가 되기도 한다.

---

71) 강무학, 『한국세시풍속기』, 집문당, 1987, p.103.
72) 李能和, 『朝鮮佛教通史(下)』, pp.435~436.
73) 盂蘭盆齋에 대해서는 『한국의 불교의례』 II권 〔非常用儀禮〕 가운데 2. 死者儀禮 부분의 5) 「盂蘭盆齋」 항목 참조할 것.
74) 대한불교 조계종 개혁회의 포교부 편, 『우란분재의 참뜻 참실천』, 불지사, p.26.
75) 「불교신문」, '97년 8월 26일 기사.
   '부천 석왕사에서 제10회 석왕사 백중맞이 경로대잔치를 베풀었으며, 효부상 시상식이 이어졌다.'
76) 「불교신문」, '97년 8월 13일 기사.

우란분일은 백중일이며, 승가에서는 자자와 더불은 해제일이다. 해제란 무엇인가? 여름 한철 닦은 수려한 마음을, 풍족한 내면의 작용을 걸망〔鉢囊〕가득 짊어진 채 초가을 싼타크로스(?)가 되어 중생들에게 행복을, 윤회의 질서 벗어나고자 하는 진리의 함성을 하나 하나 나누어 주는 행사, 그 행사의 시발점이다.

옴〔來〕이 있으면 감〔去〕이 있다. 오고 감에 조건적 질서가 있으랴마는 하나의 감〔去〕이 있으므로 해서 보이지 않는 열 개의 복의 덩어리가 되돌아 전해진다.

감〔去〕이 있으면 옴〔來〕이 있다는 것. 이것은 끝없는 인과적 질서의 순리이며, 승가의 역사성(歷史性)을 설명하는 기반이 되기도 한다.

승가의 공양. 우리는 밥 앞에 마주앉으며 그 밥의 연기적(緣起的) 근원을 생각한다. 그것이 우리의 발우〔盆〕에 담겨져 오기까지의 연기적 순환, 그리고 그 안에 섞여진 피와 땀. 그 피땀을 생각하며 승려들은 묻는다.

"이 음식이 어디서 왔는가? 내 공덕으로 받기 합당한가?"

우란분일과 공양. 해제일의 공양은 이렇듯 크나큰 상징을 안고 있으며, 그 상징적 의미를 생각하는 속에 승려들은 또 다른 기간, 석달 해제의 길을 떠난다.

2) 세시의례(歲時儀禮)

여기서 '세시의례'라 함은 세시풍속 가운데 불교적 행법과 관련을 맺는 의례의 총칭을 말한다. 이에 우리나라의 경우 "신라 법흥왕 재위 15

년(528년) '불법(佛法)을 국가 세시행사의 하나로 시행한다'는 불법공행령(佛法公行令)이 왕명(王命)으로 반포"[77]되기도 하였던 즉, 고래로부터 형성된 세시풍속의 많은 부분 속에서 불교와 관련된 의례의 양태를 발견할 수 있다.

한편 『환주청규』에 "'고청규(古淸規: 百丈淸規를 말함)에서는 4절(四節)로서 1년을 성치(盛致)하였다'고 하는데, 여기서 '4절이란 결제(結制)와 해제(解制), 동지(冬至) 및 세조(歲朝)를 말한다'"[78]고 하여 그 각각에 따른 의례가 시행되었음을 알 수 있으며, "1년 중 12월이 있어 1일과 15일 등 삭망(朔望)에는 아침 공양[就粥] 전에 대비주(大悲呪)를 풍축(諷祝)한다"는 기록 내지 "1년 내에 6일의 호일(好日)[79]이 있어 이 6일에 역시 삭망 때와 마찬가지로 아침 공양 전에 대비주를 풍축한다"[80]는 기록 등을 통해 연중 상행(常行)되었던 의례적 요소를 추정할 수 있게도 된다.

또한 서긍(徐兢)의 『고려도경(高麗圖經)』 가운데 "원단(元旦) 및 매월 초하루, 춘추(春秋)와 단오(端午)에 다 조상의 신주(神主)에 제향을 드리는데 부중(府中)에 그 화상을 그려 놓고 승려들을 거느리고 범패를 노래하며 밤낮을 계속한다"[81]는 기록 등은 일반 세시의례 가운데 불교적 요소가 다소 가미되었음을 시사하는 말이라 하겠다.

이제 필자는 '세시의례' 항목을 기술하는 데 있어 불교 자체의 세시의례는 물론, 일반 세시의례 가운데 가미된 불교적 요소 모두를 밝혀

---

77) 姜舞鶴, 『韓國歲時風俗記』, 집문당, 1987. p.46.
78) 卍續藏經 111, p.0976下.
79) 여기서 6일의 好日이란 「三長六齋日」을 말한다. 즉 1년 중 陽의 기운이 제일 강한 음력 1월 1일과 15일, 5월 1일과 15일, 9월 1일과 15일 등을 말하며, 僧伽에서는 전통적으로 이날 잠을 자지 않고 身·口·意 三業에 따른 齋戒를 행하였다. 그리고 그날 먹지 않고 쓰지 않은 돈으로 이웃을 보살피는 등 대사회적 구제활동을 행하기도 하였다.
80) 『幻住淸規』(卍續藏經 111, p.0973)
81) 『高麗圖經』 卷17, 「祠宇」 條.

보고자 하며, 이를 각 음력에 따른 월별로 모아 서술하고자 한다.

(1) 1월

고래로 1월 정초에 일반에서는 중국 간지(干支) 관념의 영향하에 일진(日辰)에 따른 행사[82] 및 그 외의 많은 민속의례가 행해졌었다. 이에 대한 불교의례로는 『입당구법순례행기』당 회창 2년(842년) 정월 1일 기사에 "여러 절에서 속강(俗講)을 시작했다"[83]고 하며, 『환주청규』에 "정월 초1일 세단(歲旦)에는 오경(五更)에 종(鐘)과 판(板)을 울려 대중

---

82) 먼저 음력 1월 첫 龍의 날인 上辰日에는 용이 아침 일찍 하늘에서 내려와 우물에 알을 낳는다고 하는데, 이 때 제일 먼저 샘물을 길어 밥을 지으면 그 해 농사가 대풍이 든다고 한다. 첫 뱀의 날, 上巳日에는 이발을 하지 않는다. 집에 뱀이 들어오는 것을 꺼려 빨래도 널지 않고 땔감을 부엌에 들이지도 않으며, 바느질도 이 날만은 삼가게 된다.(실은 뱀의 형상을 지을 수 있으므로.) 말[馬]의 날 上午日에는 메주로 장 담그기 좋은 날이라 하고, 上未日은 걸음걸이 방정맞은 양의 날로서 모든 일을 삼가, 배도 이 날은 출항치 않으며, 이 날 약을 먹으면 1년 내내 약효가 안 난다 하여 약 먹는 일도 삼가게 된다.
上申日은 원숭이의 날로서 부엌에 귀신이 나올 우려가 있으니 이 날은 남자가 먼저 부엌에 들어가야 한다. 닭의 날인 上酉日에 바느질을 하면 손이 닭발처럼 된다 하여 바느질을 금하고, 사람이 많이 모이면 싸움이 생긴다 하여 좀처럼 모임을 가지지 않는다. 개의 날[上戌日]에는 풀을 쑤지 않으며(이 날 풀을 쑤면 평소 개가 잘 토한다 함), 돼지날[上亥日]에는 팥을 갈아 가루로 세수하면 얼굴이 회어진다 하고, 이 날 머리를 빗으면 風氣가 생긴다 하여 그것을 삼가고 있다. 또한 이 날 주머니를 만들어 차면 1년 내내 재수가 있다고 하는 바, 비구니 사찰을 중심으로 이 날 복주머니를 만들어 그 안에 10원 동전을 넣어 知人들에게 선물하기도 한다. 한편 上子日은 쥐의 날로 이 날 「쥐불놀이」를 하는데, 이 때의 불을 「달맞이불」이라 부르기도 해 그것은 논밭의 병충해 제거 및 거름을 만드는 이중의 효과가 있기도 하다.
上丑日은 소의 날이다. 이 날은 소를 일시키지 않는다. 집안의 곡식을 퍼내면 소에게 재앙이 온다 하여 금하기도 한다. 上寅日은 호랑이 날이다. 발음상의 유사성 때문에 사람의 날[上人日]이라 부르기도 하며, 이 날 일하면 호랑이가 나타난다 해서 사람들은 아무 일도 하지 않는다. 上卯日(토끼의 날)에는 여자가 대문을 열면 불길하다. 또한 이 날 실을 짜거나 옷을 지어 입으면 장수한다 하며, 이 날 짠 실을 흔히 免絲(톳실)라 부르게 된다.
83) 圓仁(申福龍 譯), 『入唐求法巡禮行記』, 정신세계사, 1991. p.239.
俗講에 대해서는 註 303) 및 304) 참조할 것.

이 운집한 가운데 대비주로서 축(祝)하였으며 재(齋)를 운영하였고, 반재시(半齋時)에 능엄(楞嚴)을 풍(諷)하고 회향하였다"[84])는 등의 행법이 기록되어 있기도 하다.

그럼에도 이에 비해 현재 행해지고 있는 음력 1월의 제(諸) 불교의례적 양태로는 다음 등을 들 수 있다. 우선 ① '새해 첫날의 의례적 형태'로서는, ㉠ 새해인사로서 「통알(通謁)·축상작법(祝上作法)」 및 ㉡ 절의 개산조(開山祖) 내지 중흥조(重興祖)와 선사(禪師) 각령(覺靈)들에 대한, 그리고 조상을 위한 제사로서 「다례(茶禮)」의 행법을 들 수 있다. 그리고 ㉢ 다례를 마친 후 일년 내내 집안에 액운이 끼지 않게끔 문설주에 「세화(歲畵)」를 붙이는 풍습 내지, ㉣ 새해 첫날 승려들이 일반에 떡을 바꿔 주었던 풍속으로서 「승병(僧餠)」, ㉤ 일반 명절에 사대부가(士大夫家)에서 행해진 '승경도 놀이'와 비슷한 형태의 놀이로서 「성불도(成佛圖) 놀이」의 실행과 함께 ㉥ 「야광귀(夜光鬼)」와 관련된 전승(傳承) 등을 들 수 있다.

한편 ② '음력 1월의 기타 의례'로서 ㉦ 정월 7일의 「칠성불공(七星佛供)」 및 ㉧ 「신구간(新舊間)」과 관련된 풍속과 함께 ㉨ 「입춘(立春)」의례, 그리고 ㉩ '초파일 연등(燃燈)'의 기원이 될 수 있는 「상원(上元) 연등(燃燈)」을 들 수 있는 즉, 이들 각각의 의례적 요소 및 그 형태와 설행 방법 등에 대해 소개하기로 한다.

① 통알(通謁)·축상작법(祝上作法)
새해 첫날, 아침예불을 마친 후 법당에 전 대중이 모인 가운데 불·법·승 삼보 및 제불보살(諸佛菩薩)과 신중(神衆), 그리고 고혼(孤魂)들과 단월(檀越)·친척·대중에 대한 새해 인사를 하게 되는데 이를 일컬어 축상작법(祝上作法) 내지 통알(通謁)이라 한다.

---

84) 『幻住淸規』(卍續藏經 111, p.973上)

이에 『석문의범』에는 다음 순서에 따른 축상작법의 예가 기록되어 있다.

　　"① 아침에 일어나 금고(金鼓)를 삼종(三宗) 친 다음 종 108번을 친다. 다음으로 법당(法堂)과 선당(禪堂)·종각(鐘閣)·승당(僧堂)의 뜰 가운데 종 오퇴(五槌)를 치면 승당으로부터 선당, 법당 순으로 향수해례(香水海禮)를 행한다. ② 삽향게(揷香偈), ③ 갈향게(喝香偈), ④ 연향게(燃香偈), ⑤ 상주시방불법승(常住十方佛法僧) 및 금강회상불보살(金剛會上佛菩薩)께 귀의, ⑥ 불설대승성금강무량수불결정광명왕다라니(佛說大乘聖金剛無量壽佛決定光明王陀羅尼), ⑦ 표백(表白), ⑧ 요잡(遶匝) 및 능엄주(楞嚴呪) 독송, ⑨ 축원" 등.85)

　그럼에도 현재에는 축상작법은 행해지지 않은 채 통알(通謁)을 행함이 일반화되어 있는데, 통알에 사용되는 문구 및 그 의식을 소개해 보면 다음과 같다.
　새해 첫날에 행하는 통알은 새로움의 의미를 갖는 까닭에, 대중 가운데 제일 나이 어린 사미(沙彌)가 다음의 게송을 창하면 대중은 이에 맞춰 절[拜]을 한다.〔● 표기가 있는 부분에서 목탁을 내려치며 절[拜]을 시작한다. 한편 ◎ 표기가 있는 부분에서 목탁소리 1번에 맞춰 자리에서 일어난다. 그리고 ◇ 표시가 있는 부분에서는 목탁소리 3번에 맞춰 고두례를 한다. 목탁에 맞춰 절하는 부분은 〈拜〉로 표기하였다.〕

　"복청대중(伏請大衆)　일대교주석가(一代敎主釋迦)　세존전(世尊前) ●
　세알삼배(歲謁三拜)〈三拜〉
　복청대중(伏請大衆)　시방삼세일체(十方三世一切) ◎ 불보전(佛寶前) ●
　세알삼배(歲謁三拜)〈三拜〉
　복청대중(伏請大衆)　교리행과일체(敎理行果一切) ◎ 법보전(法寶前) ●

---

85) 『釋門儀範(下)』, pp.161~162.

세알삼배(歲謁三拜)〈三拜〉
복청대중(伏請大衆) 대소선교일체(大小禪敎一切) ◎ 승보전(僧寶前) ●
세알삼배(歲謁三拜)〈三拜〉
복청대중(伏請大衆) 천선지지명부(天仙地祇冥府) ◎ 시왕전(十王前) ●
세알삼배(歲謁三拜)〈三拜〉
복청대중(伏請大衆) 금강명왕주집(金剛冥王主執) ◎ 신지전(神祇前) ●
세알삼배(歲謁三拜)〈三拜〉
복청대중(伏請大衆) 조왕산신토지(竈王山神土地) ◎ 제위전(諸位前) ●
세알삼배(歲謁三拜)〈三拜〉
복청대중(伏請大衆) 통령각하보권(統領閣下寶眷) ◎ 각위전(各位前) ●
세알삼배(歲謁三拜)〈三拜〉
복청대중(伏請大衆) 장관문무만조(長官文武滿朝) ◎ 백관전(百官前) ●
세알삼배(歲謁三拜)〈三拜〉
복청대중(伏請大衆) 사사시주백무(四事施主百務) ◎ 단월전(檀越前) ●
세알삼배(歲謁三拜)〈三拜〉
복청대중(伏請大衆) 존망사친원근(存亡師親遠近) ◎ 친척전(親戚前) ●
세알삼배(歲謁三拜)〈三拜〉
복청대중(伏請大衆) 십류삼도일체(十類三途一切) ◎ 고혼전(孤魂前) ●
세알삼배(歲謁三拜)〈三拜〉
복청대중(伏請大衆) 동주도반합원(同住道伴合院) ◎ 대중전(大衆前) ●
세알삼배(歲謁三拜)◇"86) 〈三拜〉

이렇듯 통알이 끝난 후 법당에 모인 모든 대중이 노소에 따라 절을 하게 되는데, 먼저 전체 대중이 목탁에 맞춰 방장 혹은 조실께 삼배를 올린다. 방장·조실에 대한 삼배가 끝나면 각 장로들이 자리에 앉고, 나머지 대중 모두가 또다시 장로께 삼배를 올린다. 다음으로 회상(會上) 가운데 비구가 자리에 앉으면 나머지 사미, 비구니·사미니가 자리에

86) 『釋門儀範(下)』, pp.162~163.

앉은 비구에게 삼배를 하며, 다음에 사미가 자리에 앉아 절을 받는다. 다음으로 비구니가 자리에 앉고, 이어 사미니가 자리에 앉아 나머지 단월(檀越)들의 삼배를 받는다.

이렇게 통알 및 축상작법을 통한 새해 인사가 끝나면 이어 각단(各壇)의 불보살께 대한 예가 행해지며, 다음으로 사찰의 조사각(祖師閣) 내지 영각(影閣: 靈閣) 등을 찾아 그 절의 개산조(開山祖) 및 중흥조(重興祖), 그리고 역대의 종조(宗祖) 및 조사(祖師) 각령(覺靈)들을 위한, 그리고 선망 조상들을 위한 제(祭)로서 다례(茶禮)를 행하게 된다.

② 다례(茶禮)

『송사(宋史)』의 「외국열전(外國列傳)」 '고려(高麗)'조에 "매년 정월 초하룻날에 …… 조상의 사당에 제사지냅니다"87)는 기록이 발견되고 있음을 미루어 원단(元旦)에 조상께 제사 올리던 풍속의 연원을 짐작할 수 있다. 한편 『고려도경(高麗圖經)』 가운데 "원단에 ……(중략)…… 조상의 신주(神主)에 제향을 드리는데 부중(府中)에 그 화상을 그려 놓고 승려들을 거느리고 범패(梵唄)를 노래하며 밤낮을 계속한다"88)고 기록되기도 하는 바, 조상신에 대한 제사를 행하는 가운데 스님들에 의해 범패가 불리워졌음을 알 수 있기도 하다.

이후 고려말 이래 조선조에는 주자(朱子)의 『주문공가례(朱文公家禮)』에 따른 관혼상제(冠婚喪祭)가 행해졌던 바, 고려 말 조준(趙浚)·정몽주(鄭夢周)·이숭인(李崇仁) 등의 주청에 의해 『주문공가례』에 의한 관혼상제 가운데 다례(茶禮)가 채택되기도 하였다.89) 그러나 17세기 후반 이재(李縡)는 『사례편람(四禮便覽)』을 저술하는 가운데 "차는 본래

87) 宋史, 「外國列傳」, '高麗' 條, 淳化8年의 記事.
88) 『高麗圖經』 卷17, 「祠宇」 條.
89) 오출세, 「한국민속과 불교의례」(홍윤식 외 편, 『불교 민속학의 세계』, 집문당, 1996), p.32.

중국에서 사용되던 것으로 우리나라에서는 사용되지 않기에 『가례』의 절차에 나와 있는 설다(設茶)·점다(點茶: 차를 끓여 올리는 것)와 같은 글 귀는 모두 빼버렸다"고 말하고 있으며, 『열양세시기』에 "『사민월령(四民月令)』에 술잔을 올리는 순서는 ……"90)이란 기록이 남아 있음을 미루어 18세기를 전후로 제사(祭祀)를 행함에 있어 술이 사용되었음을 알 수 있다.

그럼에도 불구하고 『동국세시기』에 의하면 "서울 풍속에 이 날 사당이나 집마다 제사 지내는 행사를 차례(茶禮)라고 한다"91)라 하여 차례란 용어가 등장하는 바, 차(茶)로 제사 지내는 것을 존다(尊茶)라 말하고도 있다. 한편 『경도잡지』의 「채연(菜烟)」 조에 "차는 연경에서 사오거나 혹은 작설(雀舌)·생강·꿀을 이에 대신한다"92)는 표현 중 '작설'이란 차의 이름이 등장하는 점을 미루어 일부에서는 차가 사용되었음을 알 수 있기도 하다.

이에 제사가 아닌 차례의 경우 술을 올림이 아닌 차(茶)를 공양하였음을 추정할 수 있으며, 그럼에도 불구하고 조선조 후기에 형성된 『열양세시기』 가운데 "승려들은 제석(除夕)날 밤 자정이 되면 마을의 인가에 내려와서 '제(祭)를 올릴 쌀을 주시오' 하고 시주를 구한다"93)라는 기록 외에, 승가에서 행하던 제사 및 차례의 행법 등에 대한 문헌이 전해지지 않는 관계로 이에 대한 확정을 행할 수는 없다.

다만 근래에 들어 '97년 천중사에서는 일반 차례를 모시는 데 사용될 차례의식의 양태를 시험 복원해서 선보였던 바,94) 이는 다음의 행법으로 구성되어 있다.

① 먼저 (절에서 차례를 행할 경우) 법당의 상단(上壇)에 꽃(모란·

---

90) 『洌陽歲時記』, 正月, 「元日」條.
91) 『東國歲時記』, 正月, 「元日」條.
92) 『京都雜志』, 卷一 風俗, 「菜烟」條.
93) 『洌陽歲時記』, 正月, 「元日」條.
94) 주간불교신문, 1997년 9월 9일자 기사 참조.

작약·연꽃)과 중단(中壇)에는 과일과 떡·과자류를, 하단(下壇)에는 밥과 차·향료 등을 (감로왕탱화의 예에 따라) 진열하고, ② '현고학생부군신위' 등의 위패 명목 대신 '선엄부(先嚴父) ○○○ 영가(靈駕)'거나 '선자모(先慈母) ○○○ 영가(靈駕)' 및 스님의 경우 '○○당(堂) 대종사(大宗師) ○○화상(和尙) 각령(覺靈)'으로서 위패의 목(目)을 작성한 다음, ③ 「불교차례상 차림표」(도표 24)와 같이 상을 차리고 위패를 모심으로서 차례 준비를 마친다.

위 패							
고조부	고조모	증조부	증조모	조부	조모	부	모
메⃝갱⃝ ○○	○○	○○	○○	○○	○○	○○	○○
시접	전	차	전	차	송편		
		탕		탕	탕		
나물		나물		간장	식혜		김치
대추	밤	감		배	사과	과자	과자

도표 24. 불교 차례상 차림표
위는 '97년 천중사에서 일반 차례를 모시는 데 사용될 차례의식 중 추석 차례의 예에 따라 시설된 것으로, 원단(설)에는 송편 대신 그에 상응하는 시절 음식을 올리면 될 것이다.

이어 ④ 차례의 순서로서, ㉠ 아미타불과 관세음보살 및 대세지보살을 모시는 「거불(擧佛)」을 행한 다음, ㉡ 「다게(茶偈)」를 독송함과 함께 조상의 영가(靈駕)를 모시는 「청혼(請魂)」 의식을 행한다. 다음으로 ㉢ 찻잔을 올리고 절 2번과 함께 「차(茶)와 반(飯)」의 공양을 올린 후 ㉣ 「공양게(供養偈)」와 ㉤ 「보공양진언(普供養眞言)」을 독송함으로서 영가에게 공양을 올린다. 다음으로 ㉥ 공양의 공덕이 널리 법계의 중생들에게 회향되기를 원하는 내용의 「보회향진언(普回向眞言)」 및 ㉦ 「발원」

을 행함으로서 제사를 마무리하며, 제사가 끝난 다음 ◎ 영단(靈壇)에 큰절을 두 번 올린 후 ⊗ 「헌식(獻食)」과 함께 ⊗ 위패(位牌)를 사르는 순서로서 전체 차례의식을 마무리하는 바, 이에는 천도(薦度)의 기원을 담은 재(齋)의 의미까지가 담겨 있다고 하겠다.

차례를 행함에는 일반적으로 불천위(不遷位: 나라에 공훈이 많아 4대가 지나도 제사를 받들도록 허락된 위패)의 조상과 함께 4대 조상의 위패가 모셔진다. 한편 『동국세시기』에 의하면 남녀 어린이들이 새 옷으로 갈아입는 것을 세장(歲粧)이라 하고, 문중의 친척·어른·노인을 찾아가서 문안하고 절하는 것을 세배(歲拜)라 한다"고 하며, "새해인사의 말은 나이 어린 친구들을 보면 '금년에는 꼭 과거에 장원하시오', '벼슬이 올라가시오', '생남(生男)을 하거나 돈을 많이 버시오' 하고 인사말을 한다. 이 말을 덕담(德談)이라 하며 상호간에 축하하는 풍속이다"[95]라 기록되어 있기도 하다.

이와 같이 차례를 필두로 새해 첫날은 시작된다. 그리고 차례가 끝난 후 축원의 말로서 행해지는 미래 단정형의 덕담. 이것은 인간 언어에 깃든 영적(靈的) 힘에 대한 신뢰를 바탕으로 생겨난 것으로서 이해된다.[96]

③ 세화(歲畵)

이렇듯 차례와 함께 세배를 마친 아이들은 바람 센 언덕에 올라 가슴 뿌듯이 연을 날린다. 방패연이며 가오리연 등 수많은 종류의 연들을 날리며 한해의 액운(厄運)을 연에 실어 날려보내는 바, 이때 연에는 '액(厄)'자가 쓰여진다.

---

95) 『東國歲時記』, 正月, 「元日」 條.
96) 佛家에서 쓰는 「정구업진언」은 그 진언 다음의 말이 모두 그대로 실현된다는 것에 촛점이 맞춰져 있으며, 구약성서 『창세기』 가운데 "이 세상이 생기기 전 그 캄캄한 속에 빛이 있으란 '말씀'에 빛이 생기었네" 등의 예는 모두 말[言]의 靈的 힘을 강조하는 표현들이다.

도판 40. 세화(歲畵)

세화로는 닭의 형상이나 호랑이, 처용 내지 김장군과 갑장군의 형상을 그린 그림 등이 사용된
다. 『동국세시기』에 의하면 여기서 '김장군과 갑장군은 사천왕의 신상'이라 말하고 있으며, 세
화를 준비함에 있어 일부에서는 12지 신상을 그린다거나, 혹 문 대들보에 닭 뼈나 호랑이 뼈
를 매달아 두기도 하였다.(사진 제공·범하스님)

한편 어른들은 새해 벽두에 일년 내내 집안에 액운이 끼지 않게끔
채비를 갖춘다. 이때 준비하는 것이 세화(歲畵)로서 닭의 형상이나 호
랑이, 처용 내지 김(金)장군과 갑(甲)장군의 형상을 그린 그림97)을 대문
에 붙인다. 이러한 것들은 구약「출애굽기」에서 모세가 자기 집 대문에
양의 피를 칠해 재난을 면하게 하고 있는 것과 같은 벽사(辟邪)의 양상
으로, 『동국세시기』에 의하면 '김장군과 갑장군은 사천왕(四天王)의 신
상'98)이라 말하고 있기도 하다.

한편 세화를 준비함에 있어 일부에서는 김장군과 갑장군을 대신해
12지(支) 신상(神像)을 그린다거나, 문 대들보에 닭 뼈나 호랑이 뼈를
매달아 두기도 했던 바,99) 지금은 단지 입춘 때 대문 및 문설주 등에「
입춘의 방」정도를 붙여 두는 것이 일반화되어 있다.

④ 승병(僧餠)

옛부터 '절에서 만든 떡은 마마를 곱게 한다'는 속설이 있다. 이에『
동국세시기』기록에 의하면 "승려들은 절에서 만든 떡 한 개와 속세의
떡 두 개와 바꾼다. 속담 말에 절 떡(僧餠)을 얻어서 아이들에게 먹이
면 마마를 곱게 한다는 것이다. 그러나 후세에 이르러 나라에서 승려들
에게 도성(都城) 문 출입을 엄금한 까닭에 성 밖에서나 이와 같은 풍속
이 남아 있을 뿐이다"100)고 말하고 있다.

한편 "승려들이 북을 등에 걸머지고 저자 거리에 내려와서 치는 것
을 법고(法鼓)라고 한다. 또 모연문(募緣文)을 펴놓고 방울을 울리고 염
불을 하면 사람마다 다투어 돈을 던져 준다"101)고 하여 이는 화청(和

---

97) 조선의 세시풍속으로 圖畵署에서는 '설날에 金·甲 두 장군의 형상을 그리는데
　　한 장군은 도끼를 들고 또 한 장군은 부월을 들었다'고 하고 있다. 姜舞鶴,『韓
　　國歲時風俗記』, 집문당, 1987. p.48.
98)『東國歲時記』, 正月,「元日」條.
99) 10여년 전 전남 벌교의 桐華寺를 방문했던 바, 그곳 절에 四天王門이 없는 대신
　　절의 초입 대들보에 호랑이 뼈를 매달아 辟邪를 행하고 있음을 볼 수 있었다.
100)『東國歲時記』, 正月,「元日」條.

請)이라 불리웠으며, 위의 절 떡을 나눠주는 행사 역시 화청과의 연관
선상에서 행해졌던 것으로 보인다. 그럼에도 『조선불교통사』에 의하면
본말사법 제7장 〈법식〉 조에 '종래 거행의 청규 가운데 화청과 고무(鼓
舞), 나무(鐃舞)·작법무(作法舞) 등이 일체 폐지'102)되었다고 하는 바,
이 기록을 바탕으로 생각할 때 화청과 함께 행해진 승병(僧餠)을 나눠
주었던 풍속 역시 조선조 말에 이르기까지 행해졌음을 알 수 있다.

⑤ 성불도(成佛圖) 놀이

'성불도 놀이'는 사대부 집안 아이들의 주사위놀음, 즉 '승경도(陞卿
圖) 놀이'와 비슷한 체계로 구성된 불가 고유의 놀이를 말한다. '승경도
놀이'103)가 놀이를 통해 각종 관직과 학업의 진행 속에 국가 관직의 상
하를 인식시키고 아이들의 공명심을 유발케 하는 데 그 목적이 있다면,
'성불도 놀이'는 불교식 수행차제(修行次第)와 함께 육도(六途)의 윤회
전생을 통한 불교의 윤회관을 제시하면서, 염불(念佛)과 참선(參禪)·교
학(敎學) 등의 수행을 통해 윤회의 길에서 벗어나 깨달음의 경지에 이
르게 됨을 일깨우는 데 그 목표가 있다. 한편 불교적 우주관(宇宙觀)
및 법계관(法界觀)에 대한 이해와 함께, 놀이의 진행 속에 염불정진(念
佛精進)을 권장하여 신심(信心)을 고양시키기 위해 만들어진 정토교적
(淨土敎的) 색채가 짙은 놀이라 말할 수 있기도 하다.

---

101) ibid.
102) 李能和,『朝鮮佛敎通史(下)』, p.1014.
103) 陞卿圖는 陞政圖 또는 從卿圖·從政圖 등으로 불리운다. 길이 1.5m, 넓이 1m 쯤
    크기의 판에 가로 10행, 세로 14행 칸의 구획을 그은 다음, 300여 개의 관직명을
    그려 놓고 외직과 중앙직을 구분, 중앙직의 경우 문과는 영의정까지, 무과는 도
    원수를 거쳐 퇴직하는 것으로 되어 있다.
    6~7Cm 정도 길이의 나무로 오각형 輪木의 주사위를 만들어 1에서 5까지의 숫
    자를 새겨 만든다. 계속 1의 숫자가 나오는 경우 사약을 받거나 파직하는 등의
    규칙이 있다. 『慵齋叢話』 기록에 의하면 조선 초 河崙(충목왕~태종 16년)에 의
    해 만들어진 것이 「승경도」의 초기 형태로서, 이후 『필원잡기』 등에 승경도에
    관한 언급이 보여지고도 있다.

성불도 놀이와 관련된 총체적 서술은 서산대사(西山大師)의 「고기(古記)」 및 이능화(李能和)의 「서산성불도중간서(西山成佛圖重刊序)」 등을 통해 다음과 같이 그 대략을 엿볼 수 있다.

성불도 놀이의 기원(起源)

서산대사의 「고기(古記)」 가운데 "결(訣)에 이르길, 고도(古圖)에 여러 양태가 있으나 ……(후략)……"104)라 기록되어 있는 점으로 미루어 서산대사 이전에 여러 종류의 「성불도 놀이」 도판(圖版)이 존재했음을 알 수 있다. 한편 이능화의 「서산성불도중간서」에서는 "승가에는 고려시대로부터 내려온 성불도 놀이가 있는데 이를 『용재총화(慵齋叢話)』(卷10)에 '하(河) 정승 륜〔崙: 고려 충목왕(1344~1348년)~조선 태종 16년(1416년)〕이 정무(政務) 가운데에 틈틈이 도판에 따라서 한결같은 규칙을 만들었다'고 전하고 있다"105)고 하는 바, 여기서 하륜은 '도판에 따른 한결같은 규칙을 만든 사람'이란 점을 생각할 때 이미 고려 충목왕 이전에 성불도 놀이가 시행되었음을 생각할 수 있다.

한편 청도 운문사(雲門寺) 전래 성불도 도판의 「성불도(成佛圖) 연기(緣起)」 설명에 의할 것 같으면, 성불도 놀이는 "고려시대 거조암(居祖庵)의 유래 경전인 『현행경(現行經)』(고려 충렬왕 24년, 1298년 居祖寺 道人 元旵 錄)에 나오는 정토(淨土) 발원기도를 변형하여 고안된 것"106)이라 하는 바, 이로서 생각한다면 성불도 놀이의 성격은 『현행경』에 의한 정토참법(淨土懺法)과 관련 맺고 있음을 말할 수 있다.

---

104) 편집부, 『성불합시다』, 불일출판사, 1987. p.16, 243.
105) ibid. p.19, 244.
　　한편 河崙은 陞卿圖 놀이를 창시한 인물로, 이에 陞卿圖 놀이와 成佛圖 놀이와의 관련성을 살펴 볼 수 있다. 『筆苑雜記』 등에 陞卿圖에 관한 언급이 보여지고도 있다.
106) 근래 '도서출판 초롱'에서 운문사 소장 成佛圖를 중간(1998년)하였는 바, 그 圖版의 우측 상단에 「성불도 연기」가 실려져 있다.

서산대사의 성불도(成佛圖)와 이본(異本)들

서산대사(西山大師)의 「고기」 가운데 "고도(古圖)에 여러 양태가 있으나, 권(權)과 실(實), 돈(頓)과 점(漸), 그리고 수도(修道)하여 번뇌를 끊어 가는 것이 앞뒤가 맞지 않는 까닭에 내〔西山〕가 거기에 더할 것은 더하고 뺄 것은 뺏다"[107]고 기록되어 있으며, 이능화의 「서산성불도중간서」에 "서산대사께서 옛부터 전해 내려온 도판이 서로 다름을 개탄하고 더할 것은 더하고 뺄 것은 빼서 그것을 새겨 묘향산(妙香山)에 두었다.(1566년 정월 開刊의 妙香山 禪定庵 本으로 추정) 그렇지만 지금 우리 나라의 여러 절에 전해지고 있는 것은 서로 같지 않아 내〔李能和〕가 묘향산 본을 구해서 다시 새겨 널리 유포하여 일치되도록 했다"[108]라 기록되어 있는 점을 미루어, 현존 성불도 놀이의 체계는 서산대사에 의해 만들어진 것이라 여겨진다.

한편 성불도는 1971년 상인(常仁) 스님에 의해 재차 중간되기도 하였는 바, 그 중간기(重刊記)에 "다시 서산(西山) 성불도를 등사하려고 향산(香山) 소장(所藏)이었다는 상현거사〔李能和〕 중간본과 안진호 강사의 편집본과 최근 유포된 부산 대각사본을 모아 놓고 보니 역시 각일부동(各一不同)이다. 안진호본과 대각사본은 거의 동일하나 향산본은 차이가 많았다. 관견(管見)으로 볼 때 향산본이 정본인 듯해서 그것을 근본으로 하여 약간 취사를 가하였으며 ……(후략)……"[109]라 기록되어 있다.

이러한 기록에 의거해 볼 때 성불도 놀이의 근래 유통본으로는 ㉠ 묘향산 소장의 상현 이능화 거사 중간본, ㉡ 안진호의 편집본, ㉢ 부산 대각사본, ㉣ 상인 스님 수정본 등 4본을 들 수 있다. 그리고 성불도 놀

107) 편집부, 『성불합시다』, 불일출판사, 1987. p.16, 243.
108) 1915년 3월 이능화의 重刊記.
　　『성불합시다』, 불일출판사, 1987. p.19, 244.
109) ibid. p.21.(1982년 『觀音』 제9호에 실린 상인스님의 기록.)

이에 관한 1982년 『관음(觀音)』 제9호에 실린 상인스님의 기록과, 1987년 불일출판사에서 간행한 『성불합시다』라는 책 및 근래 제작된 운문사판 성불도 놀이 도판110) 등을 통해 성불도 놀이에 대한 다음과 같은 개관을 행할 수 있다.

성불도 놀이의 구조

『성불합시다』에 실려진 서산대사의 「고기」 및 운문사판 성불도를 바탕으로 성불도 놀이와 관련된 총체적 구조를 설명하면 다음과 같다.111)

우선 성불도는 내부의 수행문(修行門: 1에서 49에 이르는 49位)과 외부의 육도윤회문(六途輪廻門: 50에서 107에 이르는 58位)으로 구분된다. 내부의 수행문을 ① 경절문(徑截門)과 ② 원돈문(圓頓門) · ③ 염불문(念佛門) 등 셋으로 나눈 채, ① '참선수행을 통해 곧바로 자성 청정을 밝혀 부처가 되는 가장 빠른 길을 지시하는' 경절문에서는 기량이 월등한 근기의 수행자가 과량기(過量機)로부터 법안종(法眼宗) · 위앙종(僞仰宗) · 운문종(雲門宗) · 조동종(曹洞宗) · 임제종(臨濟宗) 등 선문(禪門) 5종의 수행을 통해 깨달음에 이르는 길을 제시하고 있다. 한편 ② '부처님 45년간 설법을 교학(敎學) 수행함'을 말하는 원돈문(圓頓門)에서는 원교(圓敎)와 돈교(頓敎)의 가르침을 전하는 화엄 교법(敎法)의 바탕 위에 해오(解悟) 등 건혜(乾慧)로부터 십신(十信) · 십주(十住) · 십행(十行) · 십회향(十回向) 등의 점차적 수행을 통한 깨달음에 이르는 길을, 그리고 ③ 염불문(念佛門)에서는 염불 구품(九品)의 수행을 통한 정토 왕생의 길과 함께 대원(大願)으로서 중생을 교화, 32상(三十二相)과 80종호(八十種好)를 구족한 채 깨달음에 이르는 길을 제시하고 있다.

그리고 외부의 육도윤회문(六途輪廻門)에는 지옥 · 아귀 · 축생 · 아수라 · 천상 · 인간 등이 각각 놓여져 있어, 그럼에도 인간 즉 인취(人聚)의

110) 도판 41) 참조.
111) 편집부, 『성불합시다』, 불일출판사, 1987. p.16, 243.

발심(發心)으로부터 시작하여 안으로 자신을 구제하는 길을 말하는 입
산(入山) 단계며, 밖으로 중생을 구제하는 길인 수복(修福) 단계를 거쳐
깨달음에 이르는 가능성이 제시되고 있기도 하다. 그러나 그 여정 가운
데 자칫 육도(六途)에 탐닉한 중생들의 병(病)을 위해 하늘의 즐거움
가운데 참괴문(慚愧門)을 두었으며 삼악도(三惡道)의 고통 가운데 참죄
문(懺罪門)을 두어 즐거움과 괴로움을 동시에 여의도록 하였으며, 단견
(斷見)과 상견(常見)의 그릇된 견해 속에 단상갱(斷常坑)에 빠져들 위험
을 경계하면서, 공무적(空無的) 견해 역시 육도(六途) 윤회의 길임을 밝
히고 있다.

한편 위 수행 삼문(三門) 중 회광(回光)함은 성불의 터전〔回光殿〕이
며, 게으름은 생사의 근본〔懈怠窟〕이 됨을 말하고 있기도 하다. 또한 화
성(化城)은 소승(小乘)의 병(病)임을, 의성(疑城)은 염불의 병임을 말한
채, 육범(六凡: 地獄・餓鬼・畜生・阿修羅・天上・人間)의 범부로 하여금
사성(四聖: 聲聞・緣覺・菩薩・佛)의 인과(因果)를 보여 성불(成佛)로서
인도함을 지시하는 구조로 전체 성불도(成佛圖)는 짜여 있다. 그리고
각각의 삼문(三門) 중 최상위에 법신과 보신・화신의 삼신(三身)을 배
대해 두었으나 이는 단지 방편으로서, 삼문 수행의 차별에 의한 삼신을
의미하는 것은 아니며, 이 모두는 궁극의 깨달음 즉 대각(大覺)을 지향
하는 것으로 되어 있다.

성불도 놀이의 방법

한편 서산대사의 「고기(古記)」에는 대략 다음과 같은 성불도 놀이의
규칙 및 방법이 소개되고 있기도 하다.[112]

㉠ 인취(人趣)에서 시작하되, 공경한 마음으로 '南無阿彌陀佛'을 생각
하고, 부드러운 목소리로 함께 부르며 (3개의) 주사위를 던진다.

---

112) 편집부, 『성불합시다』, 불일출판사, 1987. p.16, 243.

ⓛ 염불하지 않는 자는 그 자체[주사위의 점수]가 높다 할지라도 곧바로 무골충(無骨虫)으로 가야 한다.

ⓒ '나·무·아·미·타·불' 6자를 다 부르지 않고 단지 '불·불' 혹은 '3불(三佛)·3불' 하고 부르는 자는 무엇이 나오든 그 공덕이 없다. [던지지 않은 것과 같다.]

ⓔ 3불이 나온 자는 (육도의) 어느 곳에 있든지 곧바로 회광전(回光殿)으로 가며, 3남(三南)을 얻은 자는 곧바로 해태굴(懈怠窟)로 간다.

ⓜ 3불(三佛)과 3타(三陀)가 나온 자는 다시 한번 주사위를 던지며, 붉은 색의 '불' 자는 '2불'에 준하고 3미(三彌), 3아(三阿)는 '2타'에 준한다. 그밖의 것[자신 위치에 표시되지 않은 것]은 한 칸씩 간다.

이 외에 『성불합시다』에서는 다음 등의 규칙을 부가하고 있다.113)

ⓗ 화내거나 잡담 내지 희롱을 하면 전타라(旃陀羅)로 간다.

ⓢ 속임수를 쓰면 맹롱아(盲聾啞)로 떨어진다. 단, 경절문(徑截門) 전부와 원돈문(圓頓門) 중의 십주(十住) 이상 및 염불문의 하품하생(下品下生) 이상은 본 위치에서 움직이지 않고, 한번 결행(缺行)하는 것으로 벌칙을 삼는다.

ⓞ 먼저 대각(大覺)에 오른 사람은 그 판의 가장 나쁜 윤회도에 있는 사람 편이 되어 놀아 준다.[모든 이가 대각에 이르러서야 놀이가 끝난다.]

이상의 방법으로 놀이를 하게 되는 바, 「고기」 가운데 "『원각경(圓覺經)』에 이르기를 '가지가지의 헛것이 모두 각심(覺心)에서 생겼다' 하니 헛된 생각으로서 이 도(圖)를 가벼이 여기지 말 것이며, 또 『법화경』에 이르기를 '어린아이들의 모래장난도 불도(佛道)를 이룬다'고 했으니 실 없는 농짓거리로 이 도(圖)를 가벼이 하지 말 것이다. '어지러운 마음으

---

113) ibid. pp.23~24.

로 한 번 〈나무불〉이라 불러도 모두 불도를 이룸이다' 했으니 이것이
어찌 사람을 속이는 말이겠는가?"114)라 하여 성불도 놀이에 대한 그 의
미성을 강조하고 있다.

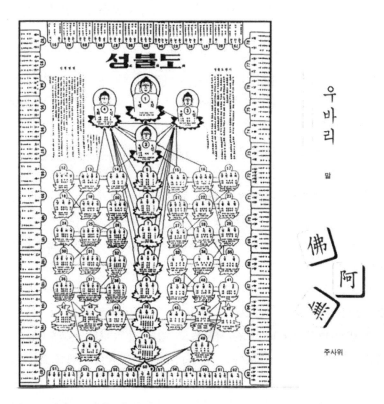

도판 41. 성불도 도판과 주사위, 말

주사위: 성불도 놀이에는 세 개의 주사위가 사용된다. 주사위 6면에 각각 〈나·무·아·미·
타·불〉 여섯 글자를 새기고, 한 주사위의 '불'자에는 빨간 표시를 해 두어, 이는 '2불'을 뜻하
게 된다. 주사위를 던질 적에는 양손으로 들어 던진다.
말: 성불도 놀이는 2사람 이상 10명의 사람이 한 도(圖)를 가지고서 행한다. 한 사람에 하나
의 말이 쓰이며, 종이 등에 각각 자신의 이름을 적어서 말(馬)을 만든다. 혹 부처님 십대제자
의 이름이거나 석가모니불·연등불·미륵불·문수·보현·관음·대세지·제장애·지장·준제
보살 등 10위의 대성(大聖) 명호를 써 두어 그 가운데 하나를 택할 수도 있다.

---

114) 편집부, 『성불합시다』, 불일출판사, 1987. p.18, 243.

⑥ 야광귀(夜光鬼)

정초로부터 시작해 이제 초하루의 밤은 자꾸만 깊어간다. 하루 종일 차례를 지내며, 세배와 연날리기며 성불도 놀이에 정신이 없던 아이들은 이제 소록소록 잠에 빠져든다. 엄마의 무릎을 베개 삼고 할머니의 정겨운 옛이야기 어렴풋 들으며 …… 이에 할머니는 말한다.

"아가, 아주 오랜 옛날부터 야광(夜光)이란 귀신이 있었단다. 그런데 그 귀신은 설날 밤만 되면 마을에 내려와 집집마다 돌며 토방에 널려진 아이들 신발을 하나씩 신어 본다지 뭐니. 그러다가 신발이 자기 발에 맞으면 얼른 그것을 신고 가버린단다. 그러면 그 신발을 잃어버린 아이는 곧 어디가 아파 병이 난다거나, 안 좋은 일이 찾아 온단다? …… 그러니 아가, 어서 밖의 신발을 안에 들여놓고 자거라. ……"

그러나 깊이 잠든 아이는 깨어날 줄을 모른다. 아이는 잠 속에서 꿈을 꾼다. 꿈에는 어젯녁의 일들이 현실로 와 있다. 새 신을 사온 엄마, 그리고 새 신을 신고 좋아라 불렀던 노래들 …… "새 신을 신고 뛰어보자 팔짝, 머리가 하늘까지 닿겠네 ……"

여기서 야광귀신(夜光鬼神)이 토방의 신발을 하나씩 신어 보아 자기 발에 맞으면 신고 간다는 이야기며, 새로 산 신발을 방안에 들여놓고 자는 일들은 궁핍했던 시대의 소산이라 할 수 있다. 그리고 신발을 잃은 아이가 아파 병든다거나 등의 이야기 속에는 이러한 풍습에 대한 불교적 기원이 담겨 있기도 하다. 이에 『동국세시기』 및 『경도잡지』 가운데 '야광(夜光)은 약왕(藥王)의 음(音)이 와전된 것이다. 약왕의 형상이 추하므로 아이들이 두려워하기 때문에 일찍 재우고자 만들어낸 이야기이다'[115]라 말하고 있는 바, 여기서 '어디가 아파 병이 든다'는 것은 '병을 낫게 해주는' 약왕보살(藥王菩薩)의 기능이 반전되어진 것이라 이해될 수 있는 것이기 때문이다.

---

115) 『東國歲時記』, 正月, 「元日」 條.
　　『京都雜志』, 卷二, 「元日」 條.

그러므로 생각건대 야광귀(夜光鬼)는 중생의 병을 치유하는 약왕보
살, 즉 약사여래(藥師如來)의 변형으로, 우리들 몸의 건강을 보살펴 주
신다는 약사여래의 원(願)이 정월 초하루의 풍속 가운데 녹아진 것이라
이해된다.

⑦ 칠성불공(七星佛供)

이상 새해 첫날과 관련된 불교 의례적 양태 외에, 정월 7일이 되면
절에서는 칠성불공(七星佛供)을 행하게 된다. 『송사(宋史)』의 「외국열전
」 '고려'조 기록 가운데 "정월 7일에는 서왕모(西王母)의 초상을 그려
받들고 ……"116)라는 표현이 등장하고 있는데, 여기서 서왕모란 다름
아닌 하늘의 북두칠성(北斗七星) 내지 북극성(北極星)을 상징하고 있다.
이렇듯 북극성으로서 치성광여래 및 하늘의 해와 달로서 일광보살(日光
普薩)·월광보살(月光普薩)과 함께 칠성각(七星閣)에는 28수(宿)의 별들
의 무리가 탱화로서 모셔지는 바, 그들 별들의 무리가 인간 수명을 관
장하고 있다는 믿음 속에 사람들은 칠성각에서 '금륜보계(金輪寶界)의
치성광여래(熾盛光如來: 북극성)' 및 그 '좌우 보처(補處)로서 일광보살
〔해〕과 월광보살〔달〕', 그리고 '북두대성(北斗大星)의 칠원성군(七元星
君: 북두칠성)'과 함께 하늘을 에워싸고 있는 28수 별들의 무리 등에게
자손 창성(昌盛) 및 수명장수를 기원하게 되는 것이다.

이에 현재 칠성각에서 행해지는 칠성불공 소청의식(所請儀式)의 예를
『석문의범』에 의거한 채 간략117)해 보면 다음과 같다.

먼저 ① 법주(法主)는 목탁을 치며 "나무(南無) 금륜보계치성광여래
불(金輪寶界熾盛光如來佛)(拜) 나무(南無) 좌우보처양대보살(左右補處兩
大菩薩)(拜) 나무(南無) 북두대성칠원성군(北斗大聖七元星君)(拜)"의 거
불(擧佛)에 이어, ② 요령을 흔들며 "보소청진언〔나무 보보제리 가리다리

---

116) 宋史, 「外國列傳」, '高麗' 條, 淳化8年의 記事.
117) 『釋門儀範(下)』, pp.21~28.

다타 아다야)"을 3설(說)한 후 ③ 유치(由致)의 게[118]에 이어 ④ 목탁을
치며 '향화청'을 3번 독송, "위광변조시방중(威光遍照十方中) 월인천강일
체동(月印千江一切同) 사지원명제성사(四智圓明諸聖士) 분림법회이군생
(賁臨法會利群生) 고아일심귀명정례(故我一心歸命頂禮)(半拜)"를 가영
(歌詠)한다. 그리고 ⑤ 헌좌진언(묘보리좌승장엄 제불좌이성정각 아금헌
좌역여시 자타일시성불도 '옴 바아라 미나야 사바하(3說)' 및 ⑥ 다게
[今將甘露茶 奉獻證明前 …… '願垂哀納受(3說)']와 함께 ⑦ 북두칠성 및
좌우 보처인 일광・월광보살과 28수 외 제성군중(諸星群衆)에 대한 청
사(請詞)[119]를 행한다.

다음으로 ⑧ 목탁 소리에 맞춰 "나무 북두대성 '칠원성군 ……'의 정
근이 이어지는 바, '영통광대혜감명(靈通廣大慧鑑明) 주재공중영무방(住
在空中映無方) 나열벽천임찰토(羅列碧天臨刹土) 주천인세수산장(周天人
世壽算長) 고아일심귀명정례(故我一心歸命頂禮)(半拜)'"의 게송과 함께
이후 권공(勸供) 절차에로 연결된다.

권공의 예법으로는 먼저 ⑨ 목탁을 치며 "정법계진언 '옴 남(3說)'"
이후 ⑩ 다게[금장감로다 봉헌칠성전 감찰건간심 (원수애납수〈3번〉)]를 독
송하며, 다음으로 ⑪ 법주가 요령을 흔들며 "향수나열 재자건성 욕구공
양지주원 수장가지지변화 앙유삼보 특사가지"란 게송에 이은 '나무시방

---

118) "仰唯 熾盛光如來 與 北斗七星尊 智慧神通不思議 悉知一切衆生心 能以種種方便
　　力 滅彼群生無量苦 照 長時于天上 應壽福於人間 是以 (주소⋯⋯) 以 今月今日
　　謹備珍羞虔誠禮請 熾盛光如來 與 左右補處 兩大菩薩爲首 北斗七星 二十八宿? 諸
　　星群衆 勤懃作法 仰祈妙援者 右伏以 蓺 茗香以禮請 呈 玉粒而修齋 齋體雖微 虔
　　誠可愍 暫辭天宮 願降香筵 謹運一心 恭陳三請
　　南無一心奉請 金輪寶界熾盛光如來佛 左補處 日光遍照消災菩薩 右補處 月光遍照
　　息災菩薩 最勝世界 運意通證如來佛 妙寶世界 光音自在如來佛 圓滿世界 金色成就
　　如來佛 無憂世界 最勝吉祥如來佛 淨住世界 廣達智辯如來佛 法意世界 法海遊戱如
　　來佛 琉璃世界 藥師琉璃光如來佛 唯願慈悲 降臨道場 證明功德(半拜)"
119) "南無一心奉請 北斗第一 子孫萬德 貪狼星君 北斗第二 障難遠離 巨門星君 北斗第
　　三 業障消除 祿存星君 北斗第四 所求皆得 文曲星君 北斗第五 百障殄滅 廉貞星君
　　北斗第六 福德具足 武曲星君 北斗第七 壽命長遠 破軍星君 在補弼星 右補弼星 三
　　台六星 二十八宿 周天列曜 諸星君衆 唯願慈悲 降臨道場 受此供養"

불 나무시방법 나무시방승(3說)'에 이어 "무량위덕 자재광명승묘력 「변
식진언」(3說)과 「시감로수진언」(3說), 「일자수륜관진언」(3說), 「유해진언
」(3說) 및 「운심공양진언」〔원차정정묘공찬 보공치성제여래 급여일월제성수
불사자비수차공 '나막 살바다타 아제뱍미 새바 모계배약 살바다캄 오나아제
바라혜맘 옴 아아나캄 사바하(3번)'〕에 의한 진언가지(眞言加持)를 행하게
되는 바, 「변식진언」의 주(呪)를 독송하는 도중 ⑫ 대중은 목탁 소리에
맞춰 "지심정례공양 능멸천재 성취만덕 금륜보계 치성광여래불(拜), 지
심정례공양 좌우보처 일광월광 양대보살(拜), 지심정례공양 북두대성
칠원성군 주천열요 제성군중(拜), 유원자비 강림도량 수차공양 실개수
공발보리 시작불사도중생"의 게송에 따른 공양례(供養禮)를 행한다.

그리고 이어 ⑬ 보공양진언(3說) 및 ⑭ 보회향진언(3說)과 함께 ⑮
원성취진언(3說), 그리고 ⑯ 보궐진언(3說)과 ⑰ 자미대제통성군 십이궁
중태을신 칠정제림위성주 삼태공조작현신 고아일심 귀명정례(半拜)란
게송에 이어 ⑱ 축원120)을 함으로서 전체 행법을 마무리하게 된다.

이상 칠성불공의 의식과 함께 『석문의범』은 칠성하강일(七星下降
日)121) 및 칠성예배일(七星禮拜日)122)을 들고 있어, 이 날들에 칠성각을
찾아 예배할 것을 말하고 있다. 또한 『석문의범』은 칠성각 예배를 통해
다음 등의 복을 얻을 수 있음을 말하고 있기도 하다. 즉 '1월 10일의 예

---

120) "앙고 북두대성 칠원성군전 첨수연민지지정 각방시통 지묘력 원아금차 헌공발원
　　재자 대한민국 모도 모군 모동 거주 모인 보체 이차 인연공덕 소신정원즉 일일
　　유천상지경 시시무백해지재 사대강건 육근청정 자손창성 부귀영화 안과태평 수
　　명장원 심중 소구소원 만사여의 원만형통지대원 원제유정등 삼업개청정 봉지제
　　불교 화남대성존 구호길상 마하반야바라밀"
121) 『釋門儀範』은 다음 등의 七星 下降日을 들고 있다. 1월의 3·7·15·22·26·27
　　일, 2월·3월·4월·5월·6월·7월의 3·7·8·15·22·26·27일, 8월의 3·7·
　　8·11·15·19·22·27일, 9월의 3·7·8·15·19·22·27일, 10월의 3·7·8·
　　15·23·27·28일, 11월·12월의 3·7·8·15·25·27일 등. 『釋門儀範(下)』,
　　p.302.
122) 『釋門儀範』에서는 七星禮拜日로서 다음 등의 날짜를 들고 있다. 1월 10일, 2월 6
　　일, 3월 8일, 4월 7일, 5월 2일, 6월 27일, 7월 5일, 8월 5일, 9월 9일, 10월 20일,
　　11월 3일, 12월 27일 등. 『釋門儀範(下)』, p.302.

배를 통해 연발환생(緣髮還生: 작은 선행으로 인해 환생함)을, 2월 6일에
는 면재득복(免災得福: 재앙을 면하고 복을 얻음)을, 3월 8일에는 면피광
란(免避狂亂: 광란치 않음)을, 4월 7일에는 소구개득(所求皆得: 구하는 바
모두 얻게 됨)을, 5월 2일에는 무병장수(無病長壽: 병 없이 장수함)를, 6
월 27일에는 소구여의(所求如意: 구하는 바 뜻과 같이 됨)를, 7월 5일에
는 장명부귀(長命富貴: 수명이 길고 부귀하게 됨)를, 8월 5일에는 원무비
환(元無悲患: 슬픔과 우환이 생겨나지 않음)을, 9월 9일에는 자무관송(自
無官訟: 관에 송사되는 일이 없음)을, 10월 20일에는 득금옥백(得金玉帛:
금과 옥, 비단을 얻음)을, 11월 3일에는 득기재보(得其財寶: 재보를 얻게
됨)를, 12월 27일에는 노마자지(奴馬自至: 말과 노비가 스스로 찾아옴)를
얻게 된다'[123])는 등.

도판 42. 칠성탱화

칠성각에는 북극성 및 북두칠성과 함께 해와 달, 그리고 28수의 별들의 무리가 탱화에 모셔
진다. 먼저 북극성은 '金輪寶界의 熾盛光如來'라 표기된 채 탱화 중앙에 모셔지며, 해와 달은
'좌우 보처로서 日光菩薩과 月光菩薩'이라 이름한 채 그 양옆에 모셔진다. 그리고 북두칠성은
'北斗大星의 七元星君'이라 불리운 채 탱화 상단에 하늘을 에워싸고 있는 모습으로 묘사되며,
28宿 별들의 무리는 그 하단에 28명의 인물로서 모셔지게 된다. 그리고 음력 1월 7일이나
7월 7일에 사람들은 칠성각을 찾아 인간 수명을 관장한다고 믿어지는 이들 각 별들의 무리에
게 자손 창성 및 수명장수를 기원하게 된다.(사진 제공 · 범하스님)

---

123) 『釋門儀範(下)』, p.300.

그럼에도 현재에는 이들 각각의 날들이 아닌 정월 7일 내지 7월 칠
석에만 칠성불공을 행하게 되는 바, 그 의례의 형태가 다소 축소되어진
느낌이다. 여하튼 칠성불공이 끝난 후 절에서는 사람들에게 「북두칠성
부(北斗七星符)」의 부적(符籍)을 나누어주기도 하는 바, 사람들은 이를
몸에 지니거나 또는 먹거나 한다.

여기 북두칠성부(北斗七星符)를 그려 보이면 다음과 같다.

도판 43. 북두칠성부(北斗七星符)

한편 『석문의범』 「부서각종(符書各種)」 조에는 "정월 1일, 2월 3일, 5
월 9일 등 3일은 서쪽을 향해 '나무아미타불' 1000염(念)을 한 후에 다
시 '옴 마다리 훔 바탁' 주문 108편을 외우고 정토부(淨土符)를 살라서
다기(茶器)물에 타먹은 즉, 현세에 부귀하고 내생에는 극락세계 상품(上
品) 연화대(蓮華臺)에 수생(受生)한다"고 하며 '왕생정토부(도판 44) 먹
는 법'이 소개되고 있기도 하다.124)

도판 44.
왕생정토부(往生淨土符)

---

124) 『釋門儀範(下)』, pp.298~299.

또한 부적을 먹음에 있어 「삼장육재일(三長六齋日)」을 설정, "정월 1일과 15일 묘시(卯時)에 (정토부?) 한번 먹음은 13000년 지계공덕(持戒功德)에 준하는 것으로 7만석의 양식이 쌓이고, 8만 선신(善神)이 옹호하게 된다. 5월 1일과 15일 진시(辰時)에 한번 먹는 것은 1500년 지계공덕에 준하는 것으로 1만석의 양식이 쌓이고, 5천 선신이 옹호하게 된다. 9월 1일과 15일 사시(巳時)에 한번 먹는 것은 1만년 지계공덕에 준하는 것으로 1만석의 양식이 쌓이고 5천 선신이 옹호한다"[125]고 말하고 있기도 하다.

⑧ 신구간(新舊間), 조왕제(竈王祭)

신구간이란 대한(大寒) 후 5일부터 입춘 전 3일까지의 기간을 말한다. 우리 주변에는 조왕신(竈王神)을 비롯한 집안의 여러 신들이 있게 되는데 그 신들 모두가 (특히 그 신들 가운데 조왕신은) 이 기간이 되면 하늘의 옥황상제 전에 올라가 새로운 임무를 부여받고 돌아오게 된다는 것이다. 곧 신구간이란 신들의 부재기간(不在期間)을 의미한다고 하겠다.[126] 이에 민간 전승에 의하면 음력 12월 23일 조왕신이 승천해 옥황상제 앞에서 각 가정의 1년간 선악을 보고하며 이에 따른 상벌을 내린다 하여, 아부하는 뜻에서 또 입에 달라붙어 집안의 나쁜 일 등을 말하지 못하게끔 조왕단(竈王壇)에 엿을 바치는 풍습이 있기도 하다.

이렇듯 신들의 부재기간 - 이 기간이 지나면 각 가정에는 새로 발령된 신들이 찾아온다고 하는 바 - 벽에 못 하나 치는 것조차 삼갔던 가정에서는 이 기간 동안 집을 고치거나 다른 집으로 이사를 가거나 하며, 묘(墓)를 수축하는 등 평소 꺼렸던 일들을 맘놓고 해도 동티가 나지

---

125) 『釋門儀範(下)』, p.298.
126) 옛 기록을 보면 죄를 지은 사람이 蘇塗라 불리는 신성구역에 숨어든 이상 그를 벌할 수 없었다고 하나, 神들의 不在期間에는 그를 심판할 神마저도 없다는 생각에 그들은 蘇塗에서 떠나 자유롭게 방랑할 수 있었다고 한다.

않는다고 한다.

이에 『석문의범』은 조왕하강일(竈王下降日)로서 갑자·갑오·갑진·
을축·을해·을묘·을유·병신·병술·정묘·무자·경진·임인·임
신·계유·계축·계해일 등을 들고 있는데, 이때 '조왕제(竈王祭)를 올리
면 길하다'고 말하고 있다. 한편 갑술·갑신·갑진·을유·을묘·병오·
정묘·정해·정유·기묘·기축·기유·경진·신해·신유·계묘·계해
일 등을 들어 조왕제(竈王祭) 길일(吉日)이라 말하고 있기도 하다.127)

도판 45. 조왕

조왕신은 불(火)로 상징된다. 이사할 때 연탄불과 화로를 제일 먼저 옮긴다던가 성냥, 초를
사가는 풍습 등이 그 예이다. 한편 조왕신은 물(水)로서 상징되기도 하는 바, 〈조왕중발〉에
물을 담아 모시는 일 등은 모두 이러한 관념이 작용한 것으로, 『동국세시기』에 의하면 이러한
일련의 행위들은 「경신(庚申) 신앙」의 유풍이라 말하고 있기도 하다.
불교에서 조왕대신은 호법신중 가운데 하나로 신중탱화 하단에 배치되며, 왼쪽에 담시역사(擔
紫力士) 및 오른쪽에 조식취모(造食炊母) 등 권속을 거느린다. 조왕단을 따로 모시지 않을 경
우 "南無竈王大神"이란 글자로서 조왕(竈王)의 봉안을 대신하기도 한다.(사진 제공·범하스
님)

127) 『釋門儀範(下)』, p.301.

한편 『석문의범』은 매월 6일과 13일, 14일은 (조왕단의) 인등대길일 (引燈大吉日)로 백사(百事) 형통(亨通)하는 날이라 하고 있으며, 조왕단 수리일로는 갑자·갑진·갑인·기유·기미일이 좋고, 을축·을미·기유·기묘일은 조왕상천일(竈王上天日)로 수조(修竈: 조왕제 행하기) 대길 (大吉)이라 말하고도 있다.128)

'수조(修竈)', 즉 조왕제(竈王祭)는 현행의 경우 조왕단(竈王壇)이 마련된 공양간에서 행해진다. 그것도 신구간(新舊間) 내지 특정 조왕제 길일(吉日) 뿐만이 아닌 매일의 사시공양 시간에 행해지는 바, 헌공의례를 행하고 있는 각 전각에 올릴 마지 준비를 마친 후 공양주는 10시 35분 경 법당에서 마지종이 울림을 신호로 조왕단에 공양을 올리고 죽비를 치며 조왕단 예경129)을 올리게 되는 것이다.

조왕단 예경에는 그 예경 대상으로서 팔만사천(八萬四千)의 조왕대신 (竈王大神)과 함께 좌보처(左補處)로서 담시역사(擔柴力士)와 우보처(右補處) 조식취모(造食炊母)가 상정되는 바〔至心歸命禮 八萬四千竈王大神 / 至心歸命禮 左補處 擔柴力士 / 至心歸命禮 右補處 造食炊母〕, '향나무 쌓여진 부엌에서 언제나 출납을 맡고 불법을 호지하며 마(魔)를 저지하는 신중(神衆)들께, 인간의 원하는 바 성취케 해 주시고 병과 재앙을 제거한 채 많은 복 내려 주시기를 기원〔香積廚中常出納 護持佛法亦摧魔 / 人間有願來誠祝 除病消災降福多 / 故我一心 歸命頂禮〕'하는 내용으로 조왕단 예경문은 이루어져 있다.

한편 예경 대상으로 등장하는 우보처 조식취모의 성격을 통해 우리는 조왕이 부엌 신으로 자리 매김 하고 있음을 볼 수 있는데, 이로서 생각할 때 신구간(新舊間)이란 집안의 가장 중심이 되는 곳으로서 부엌,

---

128) 『釋門儀範(下)』, p.302.
129) "至心歸命禮 八萬四千竈王大神 / 至心歸命禮 左補處 擔柴力士 / 至心歸命禮 右補處 造食炊母 / 香積廚中常出納 護持佛法亦摧魔 / 人間有願來誠祝 除病消災降福多 / 故我一心 歸命頂禮" 『釋門儀範(上)』, pp.69~70.

즉 정지간(淨地間)을 관할하는 조왕에 대한 존경의 염을 되새기는 기간
이라 이해할 수 있다.

또한 신구간의 조왕제가 새해 시작의 의미를 갖는 입춘을 앞둔 시점
에 설정되어 있음은 태양력을 기준으로 할 때 새로운 태양, 즉 불[火]
의 신으로 상징되는 조왕130)에 대한 예배를 통해 집안 한 해의 복을
기원한다는 의식이 그 안에 포함되어 있음을 알 수 있다.

⑨ 입춘(立春)

입춘이란 태양력을 기준으로 한 24절기 중 첫번째 절기에 해당된다.
우리는 흔히 "철이 들었다"거나 "철을 안다"라는 표현을 쓰곤 하는데,
그것은 이 24절기의 각 철에 맞춰 모든 사리판단을 할 줄 안다는 것을
뜻하는 말이다. 그러면 24절기의 첫 철에 해당하는 입춘에 이르러는 과
연 어떤 일을 행해야 하는 것일까?

입춘에 제일 먼저 해야 할 일은 집의 양 기둥이나 문설주에 「춘련(春
聯)」 또는 「입춘첩(立春帖)」을 써 붙이는 일이다. 새봄을 맞이한다는 의
미에서 「입춘첩」은 이제 막 철든 아이의 글씨로 쓰여지게 된다.

일반적으로 "입춘대길(立春大吉) 만사형통(萬事亨通)" 등의 글귀를
대구(對句)로 기둥 내지 문의 양변에 써 붙이며, 또는 "조선 정조 때 부
모의 은혜가 중하다는 은중경(恩重經)의 진언을 인쇄해 나누어주었고
문에 붙여 액을 막게 하였던 바",131) 여기에서 유래한 '나무 사만다 못
다남 옴 아아나 사바하'란 『부모은중경』 중 진언을 써 붙임으로서 재앙
의 소멸 내지 만복의 도래를 기원하기도 한다.

---

130) 조왕신은 불[火]로서 상징된다. 이사할 때 연탄불과 화로를 제일 먼저 옮긴다던
    가 성냥, 초를 사가는 풍습 등은 모두 가택의 중심인 부엌, 淨地間의 주인 竈王
    을 모시는 한 형태로서 이해된다. 한편 조왕신은 물[水]로서 상징되기도 하는
    바, 부엌의 「조왕중발」에 물을 담아 모시는 일 등은 모두 이러한 관념이 작용한
    것으로, 『동국세시기』에 의하면 이러한 일련의 행위들은 「庚申 신앙」의 유풍이
    라 말하고 있기도 하다.
131) 『東國歲時記』, 正月, 「立春」 條.

도판 46. 입춘첩(立春帖)

가족 중 제일 나이 어린 사람이 '나무 사만다 못다남
옴 아아나 사바하'라는 『부모은중경』의 진언을 써 붙
인다. 또한 "歲在 ○○年 ○○月 ○○日 ○○時 立春
大吉"이라 하고, 그 좌우에 "父母千年壽 子孫萬世榮"
및 "千災春雪消 萬福雲集起(천가지 재앙 봄에 눈 녹듯
녹고, 만복이 구름처럼 모여 일어나 지이다)" 등의 어
구를 써 놓거나, "太歲 ○○年 ○○月 ○○日 ○○時
立春大吉"이라 하고 그 좌우에 "千災雪消 萬福成就(천
가지 재앙이 눈같이 녹고 만복이 성취되어지이다)" 등
의 기원구를 문설주나 대문에, 또는 집의 양 기둥에
붙인다. 절에서 사용하는 입춘첩(立春帖)에는 위 문구
밑에 붉은 색으로 법성도를 그려 놓기도 하는데, 이는
法性의 이치를 요달한다는 뜻보다는 오히려 성도재일
에 행하는 십바라밀 정진도와 법성도 요잡의 의미를
일깨움으로서 재앙의 소멸 내지 만복이 성취되기를
바란다는 측면이 내재해 있다.

한편 입춘날 또는 정월 대보름날 절에서는 「삼재(三災)풀이」가 행해
진다. 가족들 중 삼재가 든 사람이 있을 경우에 행하는 행사로, 여기서
삼재란 한 겁(劫)이 바뀔 때마다 생겨나는 수재·화재·풍재를 말하며,
간혹 병난(刀兵災)·질역(疾疫災)·기근(饑饉災)[132]을 말하기도 한다.
뱀·닭·소띠는 돼지·쥐·소해에 3재가 들고, 원숭이·쥐·용띠는
범·토끼·용해에, 돼지·토끼·염소띠는 뱀·말·염소해에, 범·말·개
띠는 원숭이·닭·개해에 삼재가 든다고 한다. 한편 사람은 누구나가 9
년마다 주기적으로 삼재년(三災年)을 맞이하는 바, 삼재가 든 첫해를

---

132) 『大樓炭經』「災變品」(大正藏 1, p.302下)에 "천지에는 세 가지 재변이 있다. 세
가지 재변이란 첫째가 불의 재변이고, 둘째가 물의 재변이며, 셋째가 바람의 재
변이다"라 하는 바, 삼재에는 大三災로서 水災·火災·風災 및 小三災로서 兵
難·病疫·饑饉 등이 있다. 『俱舍論』(大正藏 29, pp.64~65)

'들삼재', 둘째 해를 '누울삼재', 셋째 해를 '날삼재'라 하며, 들·누울·
날 삼재 순으로 불길함이 찾아온다고 한다.

이날 사시불공이 끝난 후 삼재가 든 사람들은 각각 ① 백미(白米) 한
말과 ② 밥 세 그릇, ③ 내의 한 벌과 ④ 백지 한 권, 그리고 "○○생,
성명 ○○○, ○○ 삼재팔난(三災八亂) 소멸(消滅)"이라 쓴 ⑤ 삼재부적
(三災符籍) 3장 및, ⑥ 온갖 부적이 그려진 큰 부적 1장, ⑦ "○○생, 성
명 ○○○, 삼재팔난 즉시소멸 발원"이라 쓴 또 다른 부적 1장, 그리고
⑧ 「아미타불심중심주(阿彌陀佛心中心呪)」와 「무량수여래심주(無量壽如
來心呪)」, 「무량수여래근본다라니(無量壽如來根本陀羅尼)」, 「불공대관정
광진언(不空大灌頂光眞言)」과 함께 온갖 부적이 그려진 또 다른 부적 1
장, ⑨ 「류모적살경 다라니주(呪)」 인쇄본 1장을 중단(中壇) 위에 올려
놓는다. 그리고 법주(法主)는 중단을 향한 채 「류모적살경 다라니주」를
읽고 『불설삼재경』을 외우므로서 삼재 든 자를 축원한다. 이후 헌식(獻
食)과 소지(燒紙)를 행함으로 삼재풀이가 끝나게 되는데, 신자들은 ⑤의
삼재부적 3장을 집에 가져가 방의 문설주에 붙인다.[133]

여기 쓰이는 「류모적살경 다라니주」 및 『불설삼재경』이란 원래 무경
(巫經) 가운데 쓰여지던 경문(經文)으로,[134] 불가에서 이를 시왕신앙(十
王信仰)과의 관련 속에 변형시켜 만든 위경(僞經)으로 이해된다. 『불설
삼재경』은 천관조신·지관조신·수관조신·화관조신·년관조신·월관
조신·일관조신·시관조신 등 천(天)·지(地)·수(水)·화(火)·년(年)·
월(月)·일(日)·시(時) 등을 관할하는 각 8명의 조관신(曹官神: 曹神)들
께 귀의하오니 재앙이 일시에 소멸케 되기를 바란다는 내용으로 구성된
짧은 경(經)으로, 경의 말미에는 '빨리 율령(律令)과 같이 시행되기를 바

---

133) 사람은 누구나 9년마다 주기적으로 三災年을 맞는다. 『동국세시기』에는 그 액을
처방하기 위하여 매 세 마리를 방문 위에 붙인다고 하는 바, 현재에는 머리가
셋이고 몸뚱이 하나인 매 3마리를 붉게 그려 방문 위에 붙인다.
134) 赤松智城, 秋葉隆 共編(沈雨晟 譯), 『朝鮮巫俗의 硏究(上)』, 동문선, 1991. p.050.

라는' 내용의 "옴 급급여율령 사바하"라는 문구가 적혀 있다.[135]

도판 47. 삼재부적(三災符籍) 및 삼재풀이

사람은 누구나 9년마다 주기적으로 삼재년을 맞이한다. 삼재운이 든 첫해를 '들삼재' 둘째 해를 '누울삼재', 셋째 해를 '날삼재'라 하며, 들·누울·날 삼재 순으로 불길함이 찾아온다고 한다. 『동국세시기』에는 그 액(厄)을 처방하기 위하여 매 세 마리를 방문 위에 붙인다고 하는데, 현재에는 머리가 셋이고 몸뚱이가 하나인 매 석 장을 붉게 그려 방문 위에 붙인다.

한편 민가에서는 삼재가 든 사람의 옷을 세 갈래 길에 나가 태우고, 설날 후 첫 호랑이날[寅日]과 첫 말날[午日] 세 갈래 길에 나아가 밥 세 그릇과 과일을 차리고 촛불을 켜고 빌거나, 정월 보름 삼재가 낀 사람의 버선본을 종이로 오려 대나무에 끼워 지붕 용마루에 꽂아두고 동쪽을 향해 일곱 번 절을 하거나 한다.

---

135) 十王信仰과의 연관 속에 8명의 曹官神[曹神]을 들고 있는 『불설삼재경』과는 달리, 전래의 무속 및 민속에서는 十二支 信仰과의 연관 속에 十二支를 등장시킨 채 立春日의 辟邪文을 시행하고 있다.
    이에 『동국세시기』에 의하면 "관상감에서는 辟邪文을 朱砂로 써서 대전에 올리고, 대전에서는 그것을 문설주에 붙이는 풍속이 있는데, 그 내용은 다음과 같다"라 하면서 "甲作(天神天)은 요란스럽고 흉한 놈을 먹고, 胇胃(星神名)는 호랑이를 먹고, 雄白(山神名)은 산이나 못에 있는 귀신을 먹고, 騰簡(馬神名)은 상서롭지 못한 것을 먹고, 攬諸(鬼神名)는 재앙을 먹고, 伯寄(鬼神名)는 꿈을 먹고, 强梁과 組名은 다 같이 책살한 귀신과 寄生하는 귀신을 먹고, 委隨는 觀이란 귀신을 먹고, 錯斷은 큰 것만 골라서 먹으며, 窮寄와 騰根이란 귀신은 다 같이 벌레를 먹는다. 무릇 이상의 12신을 부려서 흉악한 귀신을 쫓아내게 하고, 너의 몸을 부지르고, 사지를 떼어내며, 너의 살을 오려내고, 폐장을 도려내게 하리라. 만일 네가 곧 가지 않으면 이 귀신들의 약식을 만들리라. 어서 빨리 율령에 의하여 시행하라!" 하고 있다. (『東國歲時記』, 正月, 「立春」條).
    한편 『京都雜志』는 "『後漢書』「禮儀志」에 말하기를, 12월 1일 大儺禮를 하면서 행하여 액질 잡귀를 쫓아낼 때 侲子가 회답하는 말이다"고 하였다. (『京都雜志』, 卷二 歲時, 「端午」條.)

여기『불설삼재경』전문을 옮겨 보면 다음과 같다.

"나무천관조신 ○○생, 성명 ○○○, ○○ 삼재일시소멸
나무천관조신 ○○생, 성명 ○○○, ○○ 삼재일시소멸
나무천관조신 ○○생, 성명 ○○○, ○○ 삼재일시소멸
나무천관조신 ○○생, 성명 ○○○, ○○ 삼재일시소멸
나무천관조신 ○○생, 성명 ○○○, ○○ 삼재일시소멸
나무천관조신 ○○생, 성명 ○○○, ○○ 삼재일시소멸
나무천관조신 ○○생, 성명 ○○○, ○○ 삼재일시소멸
나무천관조신 ○○생, 성명 ○○○, ○○ 삼재일시소멸
나무 천지 수화 연월일시 관 조신 ○○생, 성명 ○○○, ○○재 일시소멸 옴 급급여율령 사바하"

위 삼재풀이가 끝나면 절에서는「자연원리삼재부(自然遠離三災符)」를 나누어주며, 삼재 든 사람은 이를 몸에 간직한다. 한편「소망성취부(所望成就符)」를 받은 신자들은 이를 방 문설주나 사업장의 출입문 안쪽에 붙이며, 차량 운전자들이 어둔 길에서 액을 만나지 않게끔「야행부(夜行符)」등을 나눠주면 이를 자동차 안에 간직하게 된다.

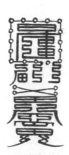

자연원리삼재부   소망성취부   야행부

도판 48. 입춘일의 부적

⑩ 상원(上元) 연등(燃燈: 초파일 연등의 기원)

부처님 오신날 등을 밝히는 연등회(燃燈會)의 기원은 정월 15일의 상원연등(上元燃燈)에 있다고 할 수 있다. 한편 상원연등은 음력 1월 첫번째 상자일(上子日)의 쥐불놀이 즉 달맞이 불[136]과 관련을 맺기도 하는 바, 원인의 『입당구법순례행기』 '당 개성 4년(839년) 정월 15일'의 다음 기사를 통해 볼 때 상원연등은 이미 당나라 당시 중국에서 행해졌던 것임을 알 수 있다.

> "밤이 되니 동쪽 거리와 서쪽 거리에서 사람들이 연등을 밝히는데, 이는 일본 사람들이 섣달 그믐날 밤에 하는 풍습과 다름없다. 절에서는 연등을 밝히고 부처님께 공양하며 아울러 고승들의 영정에 예배를 드리는데, 여염에서도 마찬가지였다. ……(중략)…… 거리에 나온 남녀들은 밤이 깊어 가는 것을 꺼리지 않고 절에 들어와 행사를 살펴보았다. 사람들은 연등 앞에서 형편에 따라 돈을 내었다. ……(중략)…… 행사는 이날로부터 17일 밤까지 사흘 동안 계속된다."[137]

이에 『환주청규』는 "15일 상원(上元)에는 저녁에 등을 공양하며, 의례 망축(望祝)을 행한다. 특히 1년 12월 중 1월 15일을 삭망(朔望)이라 하는 바, 아침공양[粥] 전에 대비주를 외운다"[138]라 하여 상원연등 및 그와 관련된 의례를 전하고 있기도 하다.

한편 『고려사』의 「예(禮)」조 '상원연등회의(上元燃燈會儀)' 항목에는 상원연등회와 관련된 궁중의 의식이 소개[139]되고 있으며, 고려 목종 12

---

136) 정월 대보름이 찾아오면 논밭의 병충해 제거 및 거름을 위한 목적으로 쥐불놀이가 행해진다. 한편 그 전날부터 아이들은 「망울이」라 하여 깡통에 불을 담아 빙빙 돌리는 바, '망울이'란 '望月' 즉 '대보름 달을 기다림'을 의미한다.

137) 圓仁(申福龍 譯), 『入唐求法巡禮行記』, 정신세계사, 1991. p.62.

138) 卍續藏經 111, p.973上

139) 『高麗史』 第69卷, 誌 第23, 「禮11」條.
이와 함께 李奎報의 『東國李相國集』(卷 19, 雜著 · 上樑文 · 口號 · 頌讚銘丁巳年上元燈夕教坊致語口號 條) 가운데 上元 燈夕행사에 대해 다음과 같이 소개되어 있

년(1009년) 상원연등을 베풀었으며,[140] 『조선불교통사』에 "고려 현종 원
년 정월망연등〔상원연등〕을 베풀었다"[141]는 기사가 발견되기도 한다. 이
후 상원연등은 2월 연등으로 그 날짜가 바뀌게 되었는 바, 이후 충렬왕
3년(1277) 교지를 내려 다음 해부터 정월 15일에 연등회를 열도록 하기
도 하였다.

또한 『고려사』 가운데 "연등행사는 원래 정월 대보름 14~15일에 행
해지던 풍속으로 최이(崔怡)가 그 날짜를 4월 8일로 옮긴 것이다"라 하
며, 이는 "신라의 팔관회(捌關會)가 연등놀이로 변형된 것이다"[142]라고
말하고 있음을 미루어 연등회와 팔관회와의 관련성을 생각해 볼 수 있
기도 하다. 한편 "공민왕 대에 이르러 불탄일에 연등회가 유래된다"[143]
고 기록되어 있음을 볼 때, 「달맞이 불」 내지 「팔관회」・「정월 연등」의
풍속은 고려 말기에 이르러 4월 초파일 연등에로 전이되었음을 알 수
있다.

이외에도 1월 15일에는 소경 무당을 불러 『안택경(安宅經)』[144]을 읽

기도 하다.
"마침 上元의 저녁을 당한지라 성대한 풍악의 의식을 베푸시니, 8政 6合의 생황
〔笙〕은 그 소리가 천상의 풍악보다 우렁차고, 9光 4照의 등불은 그 그림자가 별
빛처럼 찬란하도다. ……"
140) 『高麗史』 卷3, 世家 3, 「목종 12년」 條.
이후 顯宗 원년(1010)에 상원도량을 폐지했으며, 다시 2월로 연등회를 옮긴(『高
麗史』 卷4, 世家4, 현종 원년 정월 을축, 2월 2일 기미 條) 이후 2월 연등이 계속
되었다.
141) 李能和, 『朝鮮佛敎通史(下)』, p.433.
142) 『高麗史』 卷129, 列傳 42, 「崔忠獻 附 怡」 條.
143) 『高麗史』 卷第40, 世家 第40, 恭愍王3, 「4월 신축일」 條.
144) 『東國歲時記』, 正月, 「上元」 條.
여기서 『安宅經』이란 불교 경전에 있어서는 『佛說安宅神呪經』(大正藏 21, pp.91
1~912)을 말한다. 後漢 시대의 失譯으로, 그 내용에 있어서는 諸 長者들의 요청
에 의해 부처님께서 安宅의 呪를 말씀하시는 것으로, "南無佛陀四野 南無達摩四
野 南無僧伽四野"의 呪와 함께 "一足衆生莫惱我 二足衆生莫惱我 三足衆生莫惱我
四足衆生莫惱我"란 神呪를 말씀하시고 난 후 "내 일체의 대자대비가 있어 일체

게 한다거나, 날밤과 호두·은행·무 등을 깨물어 1년의 무사태평과 종
기 부스럼이 나지 않기를 바라는 부럼, 12개의 다리를 밟는 다리 밟기,
청주 한잔의 귀밝이술, 까마귀에 제사지내는 날로서 약밥을 만들어 먹
음, 그리고 직성을 풀기 위한 제웅치기145)와 함께 지신밟기·마당밟
기·걸립(乞粒)·더위팔기·개 보름 쇠기·모깃불 넘기 등의 의식이 행
해지기도 한다. 이러한 예에서 볼 때 보름달은 풍요의 상징인 동시에

중생을 연민히 생각하노니, 너희 등 악마들이여! 각각 속한 곳으로 돌아가라"란
말씀과 더불어 다시금 "白黑龍王 善子龍王 漚鉢羅龍王 阿耨大龍王"이란 呪와 이
후 結界呪文을 설하시는 것으로 되어 있다.
한편 巫經 가운데『안택경』이 두 편 현존(赤松智城,『朝鮮巫俗의 硏究(上)』, 동문
선, 1991. pp.064~066)하기도 하는 즉, 이는 동·서·남·북 및 중앙의 太極天王
및 土府·水府伏龍地神, 靑龍白虎主龍地神, 田樹木城隍之神, 貪狼星神 등 무수한
神들을 청해 家宅 安寧을 구하는 내용으로 전체가 이루어져 있다. 제일 뒤에는
巫經 특유의 표현인 "急及 如律令 娑婆訶"라는 내용이 등장한다.
이와 더불어『朝鮮巫俗의 硏究(下)』(pp.166~167)에서는 盲覡에 의한 安宅經 독
송의 실례를 현장조사 보고를 통해 실어 놓고 있기도 하다.
145) 사람은 누구나 나이에 따라 그 운명을 맡는 9종류 별, 즉 제웅直星(또는 羅睺直
星: 남 10세, 여 11세에)과 土直星(남 11세, 여 12세에), 水直星(남 12세, 여 13세
에), 金直星, 火直星, 木直星, 日直星, 月直星, 計都直星 등의 厄에 걸리는 등 그
로부터 각각 9년마다에 직성의 액이 찾아오게 되는데, 일정한 의식을 통해 그
'직성의 액을 풀어야'만 한 해 운수가 형통케 된다는 것이다.
우리말에 "직성(直星)이 풀린다"는 표현이 있는데,『동국세시기』에 의하면 "일직
성 및 월직성을 만난 사람은 종이로 해와 달 모양을 오려 나무에 끼워 지붕 용
마루에 꽂거나, 달이 뜰 때 횃불을 붙여 들고 달을 맞는다"고 하며, "수직성을
만난 사람은 종이에 밥을 싸서 밤중에 우물 속에 던져 액을 막는다"고 적고 있
다. 이 가운데 "제웅직성을 만난 것을 가장 꺼리어" 제웅치기 의식을 행하게 된
다.
즉 제웅직성을 만난 사람이 짚으로 인형, 즉 제웅을 만들어 그 안에 쌀과 나이
수만큼의 동전을 집어넣은 다음 종이 옷에 직성이 든 사람 출생 년의 干支를 적
어 대보름 전날 초저녁 길가에 버리면, 아이들이 제웅을 줏어 그 가운데 돈만
꺼내고 제웅은 길바닥에 내동댕이친다. 이를 '제웅치기'라 하는 바, 그것을 줍는
이에게 厄이 옮아간다는 일종의 주술적 성격이 이에 바탕해 있다. 여자의 경우
제웅 대신에 본인의 얼굴을 그린 종이에 동전을 싸서 버린다. 이것은 어렸을 적
다래끼에 걸리면 눈썹 하나를 뽑아 돌멩이 밑에 놓고 그 돌멩이를 걷어차는 사
람에게 다래끼가 옮아간다고 생각했던 轉移呪術적 방법과 동일하다.
9년마다 만나게 되는 직성의 종류와, 만나게 되는 나이를 남녀에 따라 각각 도
표화하면 다음과 같다.(도표.25)

모든 부정과 사악함을 일소해 버리는 정화(淨化)의 의미를 함께 가진다고 할 수 있는 바, 이날 승가에서는 해제 의식이 행해지기도 한다.

(2) 2월

2월의 세시의례 가운데 불교적 내용을 담고 있는 것으로는, ① '연등회와 영등제(靈登祭)' 및 ② '관음보살 탄일'과 관련된 의례를 들 수 있다.

① 연등회와 영등제(靈登祭)

『조선불교통사』에 '고려 현종 원년 정월 망연등(望燃燈: 上元燃燈) 후 다시금 2월 갑자일에 연등회를 베풀었는데, 이에 따라 2월 연등의 예가 시작되었다'[146]고 전하고 있다. 이후 고려의 왕들은 2월 1일 연등회를

구분	직성이름	만나는 나이
남자	나후직성	10·19·28·37·46·55·64·73·82
	토직성	11·20·29·38·47·56·65·74·83
	수직성	12·21·30·39·48·57·66·75·84
	금직성	13·22·31·40·49·58·67·76·85
	일직성	14·23·32·41·50·59·68·77·86
	화직성	15·24·33·42·51·60·69·78·87
	계도직성	16·25·34·43·52·61·70·79·88
	월직성	17·26·35·44·53·62·71·80·89
	목직성	18·27·36·45·54·63·72·81·90
여자	나후직성	11·20·29·38·47·56·65·74·83
	토직성	12·21·30·39·48·57·66·75·84
	수직성	13·22·31·40·49·58·67·76·85
	금직성	14·23·32·41·50·59·68·77·86
	일직성	15·24·33·42·51·60·69·78·87
	화직성	16·25·34·43·52·61·70·79·88
	계도직성	17·26·35·44·53·62·71·80·89
	월직성	18·27·36·45·54·63·72·81·90
	목직성	19·28·37·46·55·64·73·82·91

도표 25.
직성(直星) 조우표

146) 『朝鮮佛敎通史(下)』, p.433.

행하였다[147]고 하며, 『고려사』 문종 24년 2월 조에 "임신일에 연등회를 열고 왕이 봉은사에 갔다"[148]는 기록이 또한 발견되기도 한다.

　이로서 우리는 음력 2월에 행해진 연등회의 역사적 시원을 살펴볼 수 있게 되는데, 『송사』의 「외국열전」 '고려' 조에 의할 것 같으면 "2월 보름날에는 유려(儒侶)의 풍속으로서 연등하는 것이 중국의 상원절과 같습니다"[149]는 기록과 함께, 고려 속요 「동동」 가운데

　　　"二月入 보로매 / 아으 노피현 燈入불 다호라 / 萬人 비취실 즈이샷다 / 아으 動動다리"

라는 표현 등을 통해 상원연등과 관련 속에서 행해진 2월 연등의 외적 형태를 다소 추정해 볼 수 있게 된다.[150]

　한편 2월 보름의 연등회는 그 발음상의 유사점으로 인해 영등제(靈登祭)와 동일하게 인식되기도 하였는 바, 『동국세시기』에 "제주도의 풍속에 2월 초하룻날은 긴 장대 12개를 세워 놓고 신을 맞이하는 제사를 지낸다. ……(중략)…… 이와 같은 놀이도 보름이 되면 그만 둔다. 이것을 연등(燃燈)놀이라 한다"[151]고 말하고 있음은 음력 2월의 영등제(靈登祭: 迎燈)와 2월 연등과의 관련성을 시사해 주는 것이라 하겠다.[152]

　　이후 顯宗 원년에 상원도량을 폐지했으며, 다시 2월로 연등회를 옮겼다.(『高麗史』 卷4, 世家4, 현종 원년 정월 을축, 2월 2일 기미 條)

147) 이능화, 『朝鮮佛教通史(下)』, pp.433~434.
148) 『高麗史』 卷第8, 世家 第8, 文宗 2, 「경술 24년 2월」 條.
149) 宋史, 「外國列傳」, '高麗' 條, 淳化8年의 記事.
150) 2월 연등은 조선 成宗대에 이르러 폐지되었다. 이후 顯宗이 閏二月의 연등제를 복원키도 하였으나, 점차 그 풍습이 소멸되었다.
151) 『東國歲時記』, 二月, 「朔日」 條.
152) 靈登祭의 靈登은 迎燈 또는 燃燈이라 표기되기도 하는 바, '迎燈'이란 표기로서 생각한다면 靈登은 달맞이불 내지 上元 燃燈과 관련이 있다 하겠다. 한편 '燃燈'이란 관점에서 본다면 이는 의미상 2월 燃燈과 관련을 맺고 있다고 할 것이다.

② 관음보살 탄일

『환주청규』에 '2월 19일은 관음보살 생일로, 이날 공양 및 소(疏)[153]를 행하는 위의는 불열반일(佛涅槃日)의 것과 같다. 다만 대중 모두가 강(講)과 예배(禮拜)를 행하지는 않는데, 사람에 따라서는 이를 행하기도 한다'[154]는 기록이 전한다.

(3) 3월

양(陽)의 기수(基數)가 합치는 3월 3일과 5월 5일, 7월 7일, 9월 9일을 중양절(重陽節)이라 하는데, 그 중에 3월 3일은 중삼절(重三節) 또는 삼짇날이라 불리운다. 이날 민가에서는 '여인들이 무당을 초빙하여 우담(牛潭)의 동서 용왕당(龍王堂)과 삼신당(三神堂)을 찾아 아들을 낳게 해달라는 추복(追福)의 정성을 올리며',[155] 또한 장승제〔長生祭〕를 올린다. 천하대장군과 지하여장군 등 장승은 환인(桓仁)과 환웅(桓雄)·단군(檀君) 등 삼신(三神)의 수호신으로 3월에 내려와 10월에 올라간다고 믿어지며, 이때 쓰이는 장승의 재료 나무〔木〕는 환목(桓木)을 의미한다.[156] 즉 생명의 나무를 뜻한다고 할 것인 즉, 천하대장군과 지하여장군 자체가 생명의 수호라는 점과 관련을 맺으며 이는 또한 남근숭배와도 관련을 맺는다.

장승〔長生〕 즉 환목(桓木), 생명의 나무. 그리고 남근숭배(男根崇拜). 이러한 바탕 위에 음력 3월에는 생명의 탄생과 관련된 의례가 행해진다.[157] 양의 기운 무르익은 진달래꽃 붉은 이파리 따다 화전(花煎) 만

---

153) 『禪林疏語考證』(卍續藏經 111, p.798~799) 가운데 觀音大師 誕日과 관련한 疏가 소개되어 있다.
154) 卍續藏經 111, p.974上.
155) 『東國歲時記』, 三月, 「三日」條.
156) 桓은 생명의 나무이다. 桓은 亘으로 쓰이기도 하는 바, 亘은 且의 변형으로서 『설문해자』에 의하면 且는 男根의 상징으로 쓰여지고 있다.
157) 모든 생명이 그 빛을 발하는 때, 죽음의 겨울을 넘어 또다시 삶을 찾게 되는 순

들어 육체의 생명을 살찌우고, 오곡을 살찌우게 한다 하여 '오곡풍등이'라 불리는 강남 간 제비 돌아오는 날. 이 날이 되면 민간에서는 새로운 생명을 기원하는 삼신제(三神祭) 및 장승제〔長生祭〕, 용왕불공(龍王佛供)이 행해진다. 한편 불가(佛家)에서는 타의 생명을 놓아주는 방생(放生)이 행해지고, 그와 함께 감로(甘露)의 물·불사(不死)의 상징을 그 근원에로 되돌리고자 하는 의미로서 다공양(茶供養)이, 그리고 생명의 안녕을 희구하는 산신제(山神祭)가 행해지기도 한다.

① 다공양(茶供養)

매년 중삼절 삼월 삼짇날, 일반에서는 산천(山川)에 다(茶)를 공양한다. 한편 승가에서는 삼짇날 부처님께 다(茶)를 공양하는데, 이는 헌다(獻茶)라 불리운다. 『삼국유사』에 의하면 헌다의 풍속은 경주 남산의 삼화령(三花嶺) 미륵세존(彌勒世尊)께 올렸던 충담사(忠談師)의 차공양으로부터 유래하는 것으로, 『삼국유사』에는 다음과 같은 기사가 실려져 있다.

"〔왕이 어국(御國)한 지 24년(765년)에〕 ……(중략)…… 3월 3일 왕(景德王)이 귀정문(歸正門)의 루(樓) 위에 납시어 좌우에 묻되 누가 능히 도중(途中)에서 한 영복승(榮服僧: 威儀있는 僧)을 데려올 수 있느냐 하였다. ……(중략)…… 다시 한 승(僧)이 납의(衲衣)를 입고 앵통(櫻筒: 스님들이 經冊 및 茶具, 日用品 등을 지니고 다닐 때 쓰던 앵두나무로 만든 지게의 일종)을 지고 남쪽에서 오는지라, 왕이 기뻐하여 루(樓) 위로 영접하고 그의 통 속을 보니 다구(茶具)가 담겨 있었다. 네가 누구냐고 물으니 충담(忠談)이라 대답하였다. 어디서 오느냐고 물으니 가로되, 내가 매양 중삼(重三)과 중구일(重九日)에는 차(茶)를 다려서 남산 삼화령(三花嶺)의 미륵세존(彌勒世尊)께 드리는데, 오늘도 드리고 오는 길입니다 하

간 樹木의 되살아남과 같이 생명의 번성을 기원하는 이러한 일련의 의식은 아도니스(adonis) 신앙의 또 다른 형태로 이해될 수 있다.

였다. 왕이 나에게도 차 한 그릇 주겠느냐 하니 승(僧)이 차를 다려 드리었다. 차의 맛이 이상하고 그릇 속에서 이향(異香)이 풍기었다."158)

이렇듯 충담사(忠談師)는 중삼일 즉 3월 3일과 중구일 9월 9일에 삼화령(三花嶺) 미륵부처님께 다(茶)를 공양했던 바, 이러한 전통을 이어 승가에서는 이 날들에 부처님께 다공양(茶供養)의 의례를 행한다. 한편 다공양 의례는 이 날들에 한정된 것이 아닌 승가의 일상 행법으로 시행되기도 하는 즉, 매일 아침 예불시 다음과 같은 다게(茶偈)와 함께 언제나 부처님께 차 한잔을 올린다.

"아금지차일완다(我今持此一椀茶) 변성무진감로다(變成無盡甘露茶)
봉헌시방삼보존(奉獻十方三寶尊) 원수자비애납수(願垂慈悲哀納受)

내 이제 한 주발의 다(茶)를 다함없는 감로(甘露)의 다(茶)로 바꾸어,
시방(十方)의 삼보님께 봉헌하옵나니 원컨대 자비로이 받아 주옵소서."

또는

"아금청정수(我今清淨水) 변위감로다(變爲甘露茶)
봉헌삼보전(奉獻三寶前) 일일무수례(日日無數禮)

내 이제 깨끗한 물을 감로(甘露)의 다(茶)로 바꾸어,
삼보님 앞에 봉헌하오며 하루하루 무수한 예(禮)를 올립니다."

---

158) 『三國遺事』卷第2,「景德王 忠談師 表訓大德」條.
이외에도 『삼국유사』에는 700년 경 '寶川과 孝明 등 두 태자가 오대산에 머물러 수행하던 중 매양 골짜기의 물을 길어 5만 眞身에 茶를 공양'한 일이며, 이후 '寶川이 오대산 神聖窟에서 50년 동안 수행하였는데 忉利天神이 三時로 법을 듣고 淨居天의 무리가 茶를 바친 일'(卷3,「臺山五萬眞身」條) 내지, 경덕왕 19년(760년) 왕이 月明師에게 品茶 한봉과 水晶念珠 108개를 하사한 내용(卷5,「月明師兜率歌」條) 등이 소개되어 있기도 하다.

'깨끗한 물을 감로의 다(茶)로 변화시킴'에는 차가 필요하다. 그리고 그 감로의 다를 마심으로서 우리 마음의 번뇌 또한 사라지게 되는 바, 다(茶)란 글자는 10(十)에 10(十)을 더한 숫자 20(卄)에, 80(八十)을 더하고, 또 8(八)을 더해 만든 숫자로, 108이란 숫자의 의미를 지닌다.(茶= 十+十〈卄〉+八十〈八十〉+八〈八〉=108) 즉 차 한 잔 마심으로서 108번뇌 사라져, 차를 무심(無心)의 차 또는 번뇌 없는 반야(般若)의 차라 말하기도 한다.

탐·진·치 삼독의 번뇌를 벗어난 채 탐욕〔貪〕의 마음에 대한 지계〔戒〕의 마음을, 성냄〔瞋〕의 마음에 대한 안정〔定〕을, 어리석음〔癡〕에 대한 지혜〔慧〕의 마음 등, 계·정·혜 삼학의 수행을 통해 우리는 번뇌를 떨구어낸 채 해탈·열반의 세계, 윤회를 벗어난 영원한 불사(不死)의 세계에 들어갈 수 있는 것으로, 여기서 감로(甘露)라 함은 '불사(不死)의 물'로서 우리를 해탈·열반의 세계에로 인도해 주는 역할을 한다 하겠다.

이런 뜻에서 우리는 영단(靈壇)을 향해 다음의 다게(茶偈)를 행하기도 한다.

"백초임중일미신(百草林中一味新) 조주상권기천인(趙州常勸幾千人)
팽장석정강심수(烹將石鼎江心水) 원사망령헐고륜(願使亡靈歇苦輪)

백가지 풀잎 중 새로운 한 맛이여,
조주(趙州)스님께서는 그 몇 천의 사람들에게 이를 항상 권하였던가.
돌 솥에 강(江) 깊은 물 길어 끓였으니,
원컨대 망령(亡靈)들로 하여금 고(苦)의 윤회(輪廻) 쉬게 하여지이다."

다(茶)를 드리운다 함은 마음의 번뇌 씻음을, 고(苦)의 윤회(輪廻)에서 벗어나게 함을 의미한다. 즉 궁극적 열반(涅槃)을 지향함에 그 뜻이

있게 되는 것이다. 그리고 이는 선(禪)을 통한 수행의 궁극으로서 해탈
과 동일시되며 이러한 까닭에 다선일미(茶禪一味)나 다선일여(茶禪一如)
란 말이 생겨 나오기도 하였다. 한편 선(禪)과 다(茶)와의 관련 속에 달
마대사의 눈썹이 차나무로 화하였다는 이야기며, 선가(禪家)에서는 '①
좌선시(坐禪時) 제야(除夜)해도 잠이 오지 않고, ② 만복시(滿腹時)에는
소화가 잘 되어 신기(神氣)를 가볍게 하며, ③ 성욕(性慾)을 억제하는
약' 등 다의 삼덕(三德)을 말하기도 하는 바,159) 적암(寂庵) 종택(宗澤)
의 『선다록(禪茶錄)』에는 '끽다(喫茶)는 선도(禪道)를 종(宗)으로 한다.'
'점다(點茶)는 선법(禪法)에 의해서 자성(自性)을 해(解)하는 공부다.'
'다사(茶事)는 방편지견(方便知見)을 점다(點茶)하는 일에 의거해 본분
을 증득하는 관법(觀法)이다'160)라 하여 선(禪)과 다(茶)와의 밀접한 관
계를 설명하고 있기도 하다.

한편 다성(茶聖)이라 불리우는 육우(陸羽) 시대의 『다경(茶經)』에는
소위 다(茶)의 구난(九難)이라 하여 다음과 같은 내용이 전하고 있다.
"다유구난(茶有九難) 일왈조(一曰造) 이왈별(二曰別) 삼왈기(三曰器) 사
왈화(四曰火) 오왈수(五曰水) 육왈자(六曰炙) 칠왈말(七曰末) 팔왈전(八
曰煎) 구왈음(九曰飮)." 즉 "제조하기 어렵고, 좋고 나쁨을 감별하기 어
려우며, 다기(茶器)의 좋은 것을 얻기 어렵고, 다를 끓일 때 화(火)의 가
감(加減)이 어렵고, 좋은 물 얻기 어렵고, 다엽(茶葉)을 볶는 일 어렵고,
분미(紛末)해서 보존하기 힘들고, 끓이기 힘들고, 마시기 까다롭다"는
것이다. 이렇듯 하나 하나의 동작과 분별에 제한과 주의를 받게 된 것
은 그곳에 선적(禪的) 사상이 깃들어 있기 때문161)이며, 이러한 분별과
제한·주의가 있음으로 해서 제다(製茶) 및 다공양(茶供養)에 있어서의
의식이 또한 생겨나기도 한다.

---

159) 金雲學, 「韓國 禪茶의 硏究」(佛敎學報, vol. 12), p.154.
160) ibid. p.159.
161) ibid. pp.159~160.

도판 49. 다도(茶道)
『동다송(東茶頌)』 가운데 초의선사는
"따는 데 그 묘(妙)를 다하고, 만드는
데 그 정(精)을 다하고, 물은 진수(眞
水)를 얻고, 끓임에 있어 중정(中正)
을 얻으면 체(體)와 신(神)이 서로
어울려 건실함과 신령함이 어우러진
다. 이에 이르면 다도(茶道)는 다 했
다고 할 것이다"라 하고 있다.(사진·
「동학」편집실)

『고려사』 기록에 의하면 고려에서는 팔관회·연등회, 왕자 및 왕녀의
책봉의식, 공주의 혼례 등에 진다례(進茶禮)를 거행하였으며,162) 왕이
상원일(上元日)·연등일(燃燈日)에 봉은사에 행차할 때 도중에 차를 달
여 대접하기 위한 행로(行爐)·다담(茶擔) 등 군사 4인을 정하기도163)
하였는 바, 『고려도경』에서는

"무릇 연회 때면 궁중 뜰 안에서 차를 끓여 가지고 은제 연꽃 모양의
작은 쟁반으로 덮어 천천히 걸어와 바친다. ……(중략)…… 건물 안에서
는 한복판에다 홍조(紅俎)를 펴 두어 그 가운데 다구(茶具)를 늘어놓고
붉은 비단보자기로 다구를 덮는다."164)

라 하여 궁중에서 행해지던 다례(茶禮)의 일면을 소개하고 있기도 하
다. 한편 "고려 의종 13년(1159년) 왕이 현화사(玄化寺)에 행차하였을
때 동·서 양원(兩院)의 승려들이 각각 다정(茶亭)을 차려놓고 왕의 행

---

162) 『高麗史』 卷33, 世家33, 「충렬왕 34년 9월 甲申」條.
163) 『高麗史』 卷72, 志26, 「上元·燃燈」條.
164) 『高麗圖經』 卷32, 器皿 3, 「茶俎」條.

차를 영접하였는데, 호사를 다투었다"[165]고 하는 바, 그럼에도 우리나라 승가에서 시행되었던 전통 다공양 의례는 발견되지 않는다. 단지 『백장청규』에 의거해 형성된 제(諸) 청규(淸規)들 가운데 다와 관련된 다소의 격식이 소개되고 있는 즉[166] 이는 현재 대만 및 일본 등지에서만 시행되고 있는 채, 『동다송(東茶頌)』 가운데 초의선사(草衣禪師)는 "(차 잎을) 따는 데 그 묘(妙)를 다하고, 만드는 데 그 정(精)을 다하고, 물은 진수(眞水)를 얻고, 끓임에 있어 중정(中正)을 얻으면 체(體)와 신(神)이 서로 어울려 건실함과 신령(神靈)함이 어우러진다. 이에 이르면 다도(茶道)는 다 했다고 할 것이다"라 말하고 있을 뿐이다.

② 방생(放生)

방생이란 죽어가는 산 짐승을 놓아주는 의식으로, 불교적 계율로서 살생의 작악(作惡)에 대한 적극적 작선(作善)의 행위를 말한다. 방생을 하면 원통하고 억울한 업을 말끔히 씻어 주므로 금생에 복을 받고, 또한 방생은 방생을 행하는 자의 보리심(菩提心)으로부터 발로(發露)된 것이므로 이는 세간의 복뿐만이 아닌 출세간의 공덕이 한량없어 도업(道業)을 위한 바탕이 된다고 믿어진다.

방생은 매년 음력 3월 3일, 삼짇날에 행해진다. 자비의 공(功)이 쌓이

---

165) 『高麗史』 卷18, 世家18, 「의종 13년 3월 을해」 條.
166) 諸 淸規들 가운데 소개되는 내용들은 일반 茶供養과 관련된 것이라기보다는, 일상의 접대 行法 중 茶와 관련된 격식을 모아둔 것이라 할 수 있다.
  『勅修百丈淸規』의 「堂司特爲新舊侍者茶湯」 항목 및 「方丈特爲新首座茶」, 「新首座特爲後堂大衆茶」, 「住持垂訪頭首點茶」, 「兩序交代茶」, 「入寮出寮茶」, 「頭首就僧堂點茶」(大正藏 48, pp.1155~1156) 등 항목에서는 각각 堂司가 新舊 侍者를 맞을 때 茶를 내는 법 내지 方丈이 새로 온 首座를 맞을 때 茶를 내는 법 등등에 관한 격식의 세부 내용을 전하고 있다.
  한편 『叢林校定淸規總要』(卍續藏經 111)에는 「夏前特爲新挂搭茶」, 「頭首衆寮點江湖茶」, 「住持頭首行堂點茶」 등의 항목 가운데 茶와 관련된 격식을 전하고 있다. 이외에도 『禪林備用淸規』(卍續藏經 111) 및 卍續藏經 112에 실려진 淸規 등에 유사한 내용들이 실려 있기도 하다.

면 덕(德)이 세상에 퍼질 것이요, 사람의 마음이 흐뭇해지면 하늘도 함께 기뻐할 것인 즉, 삼월 삼짇날의 방생으로부터 한달 여 기간 사월 초파일까지 아낙네들은 몸가짐을 정숙히 한 채 득남(得男)을 위한 정성을 올린다.

이에 『석문의범』에서는 '한 사람이 자식을 많이 두어 어떤 자식이 옥에 갇히고 수화(水火) 중에 빠져 있거늘 이웃이 그 고통을 모른 채 진수성찬을 그 아버지에게 바친다면 아버지 된 자가 그 밥맛이 있다 하겠는가'라 하면서, '옥에 갇힌 자식 놓아주고 수화(水火)에 든 자식 건져 주면 그 아버지는 밥을 아니 먹어도 배가 부를 것'이라는 말과 함께 '부처님은 태(胎)·란(卵)·습(濕)·화(化) 등 사생(四生)을 적자(適者)같이 생각하는지라. 한 중생이라도 고통을 받는다면 대자대비로 뼈가 녹아난 듯 불쌍히 여기실지라. 그 고통받는 중생 건져 주는 자에 대해 복을 주심이 공양 받드는 자에게보다 천만 억 배나 수승할 것은 정한 이치 아니겠느냐'는 말로서 방생을 권하고 있다.[167]

한편 『석문의범』의 「방생편」은 "예수(豫修)코자(豫修齋를 행하고자) 하거든 방생부터 먼저 하라. 세상 사람이 매양 중[僧]을 청해서 불사(佛事)를 작(作)하야 미리 닦는 것은, 진실로 죽은 뒤에는 육도(六途)에 윤회함에 업식(業識)이 망망할지라. 미리 불보살의 불쌍히 생각하여 줌을 구함이 아닌가. 대저 세간자선(世間慈善)은 방생보다 더 좋음이 없으니 내가 자비지심(慈悲之心)으로 방생하여 불보살의 자비지덕(慈悲之德)에 감동되면 반드시 불보살의 복을 입을 것이니라"[168]고 말하고 있기도 하다.

이에 『석문의범』은 '① 생일, ② 자식을 낳을 때, ③ 제사지낼 때, ④ 혼인 때, ⑤ 연회(宴會)할 때, ⑥ 기도할 때, ⑦ 직업을 경영함' 등에 살생하지 말 것을 권하는 연지대사(蓮池大師)의 일곱 가지 불살생(不殺生)

167) 安震湖, 『釋門儀範(下)』, pp.193~194.
168) 安震湖, 『釋門儀範(下)』, p.192.

과 함께 적석도인(赤石道人)의 말을 인용, 다음과 같은 일곱 경우에 방생할 것을 권하고 있다. ① 자식이 없는 자가 자식을 두고자 할 때, ② 아이를 배어 생산(生産)의 안녕을 바랄 때, ③ 기도를 행할 때, ④ 예수(豫修)(齋를 行)코자 할 때, ⑤ 재계(齋戒)를 가질 때, ⑥ 복록(福綠)을 구하고자 할 때, ⑦ 염불을 하고자 할 때 등.169)

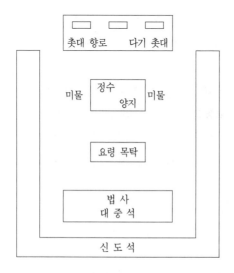

도표 26. 방생의식단(放生儀式壇)

그리고 방생은 불타(佛陀)의 마음인 한에 있어, 불타에 공양 올림을 게을리 할지라도 방생부터 부지런히 할 것을 권하는170) 가운데 방생의 궤(放生儀軌)를 싣고 있는 즉, 이를 정리하면 다음과 같다.171)

---

169) 安震湖, 『釋門儀範(下)』, pp.187~193.
170) 安震湖, 『釋門儀範(下)』, p.193.
171) 본 放生儀軌는 중국 사천성의 蒙山 스님이 지은 것을, 우리나라 東雲居士 朴銑默이 補輯하고 安震湖 스님이 교정하여 토를 단 것이다. 『釋門儀範(下)』, pp.177~184.
도표. 26(放生儀式壇)은 운허용하, 『방생의식』, 보련각, 1983, p.29에서 인용하였다. 한편 운허스님은 위 『석문의범』에 기초한 채 이를 간략하여 이를 한글로 의식화, 위 책 p.13~27에 실어 두었다.

먼저 ① 법사(法師)가 '방생의 이익으로서 죽음의 불이 삶의 홍련화(紅蓮華)로 화(化)함'을 찬탄한 글, 거찬(擧讚)의 게〔楊枝淨水 遍灑三千 性空八德利人天 福壽廣增延 滅除罪愆 火焰化紅蓮〕를 송한다. 이어 ② '나무청량지보살마하살(南無淸涼地菩薩摩訶薩)'을 3번 외운다.

방생물을 방생 장소에 도착하는 대로 방생하되, 시간을 끌어 괜한 생명을 죽여서는 안 된다.[172] 이에 ③ 법사는 작은 책상을 펼친 다음 양지(楊枝)가지에 정수(淨水)를 적셔 각각의 방생물 그릇에 한 번씩 뿌린다. 그런 다음 ④ 법사와 시주(施主)는 작례(作禮)하며, 대중은 자비스런 눈으로 모든 방생물(放生物)을 바라보되, (그들이) 미혹에 빠져 애민중생(哀愍衆生)으로 태어났음을 생각한 채 삼보께서는 큰 위신력이 있으니 능히 그들 중생을 구제하실 것임을 생각한다.

이어 ⑤ 법사는 향로를 들고 게〔南無 一心奉請 盡虛空遍法界 十方常住佛法僧(3번) 南無 四生慈母 廣大靈感 聖白衣觀世音菩薩 惟願加持此水 具大功勳 灑霑群品 令彼身心淸淨 堪聞妙法 '南無甘露王菩薩摩訶薩(3번)'〕를 외운다. 다음으로 ⑥ 대중이 신묘장구대다라니를 3설한 후, ⑦ 법사는 "석가모니불과 약사여래불·아미타불·관세음보살·지장보살께 아뢰옵나니, '(이) 모든 중생 등이 그물에 사로잡혀 장차 죽음에 이르렀음에 다행히 시주 (○○)를 만나게 되었습니다. (○○는) 보살행을 닦고 보리심을 발하야 장수(長壽)의 인연을 짓고자 방생의 업을 행하여 그 신명(身命)을 구해 놓아주어 소요(逍遙)케 하온 바, 삼보제자 (○○법사)는 대승 방등경전을 받들어 (방생물들을) 대신해 참회케 하고 삼귀의를 행하게 하며, 또한 칠불여래(七佛如來)의 명호(名號)를 칭하고 재차 12인연을 설할진

---

172) 이에 대해 운허스님은 "더운 여름철에는 처음에 生類가 오게 되면 이 의식대로 誦經하여 놓아주고, 그 뒤에는 오는 대로 놓아주되 大悲呪 한번과 往生呪 3번만 念하고 나서 阿彌陀佛을 염불하면서 놓아주고, 다 모이기를 기다릴 필요가 없다. 너무 오래되면 生類들의 목숨이 손상되기 쉽기 때문이다. 뒤로 계속하여 오는 일이 있더라도 그대로 해야 한다"고 말하고 있다. 운허용하, 『방생의식』, 보련각, 1983, p.13.

대, 이 중생들 죄의 장애가 심중하고 신식(神識)이 혼미하여 방등경의
깊은 법을 능히 요지(了知)치 못함일새, 바라옵건대 삼보께서는 위신력
과 덕의 그윽한 가피력으로 이 중생들을 개오(開悟)케 하여 속히 해탈
에 이를 수 있도록 자비로이 거두어 주소서"라는 내용의 발원문173)을
송한다.

다음으로 ⑧ 대중이 고성(高聲)으로 삼귀의를 창하고 법사가 죽비를
일하(一下)한 다음, 방생물들에게 '다생의 업이 무거워 축생에 떨어졌음
이니 이제 삼보전에 죄를 드러내고 나를 따라 참회하라'는 내용의 게
〔現前異類諸佛子等아 我念汝等이 多生業重하야 墮在畜生일새 今爲汝等하야
對三寶前하야 發露罪愆하노니 汝當志誠으로 隨我懺悔하라〕를 말한 다음,
⑨ 참회게〔我昔所造諸惡業 云云 罪無自性從心起 云云〕를 외운 후, ⑩ 칠
불여래멸죄진언(七佛如來滅罪眞言: 이바이바제 구하구하제 다라니제 니하
라제 비리니제 마하갈제 진영갈제 사바하) 및 ⑪ '나무구참회보살마하살
(南無求懺悔菩薩摩訶薩)'에 이은 '참회진언〔옴 살바못자 모지사다야 사바
하〕'을 외운다.

이어 ⑫ 이류중생(異類衆生) 제(諸) 불자(방생물) 등에게 '너희들이
삼보를 뵙지 못하고 귀의치 않은 까닭에 삼유(三有)에 윤회하여 이제
축생에 떨어졌음일새, 내 지금 너희 등에게 삼귀의를 행하게 함이니 너
희는 자세히 들어라.' '눈앞의 이류중생(異類衆生)이여, 불법승 삼보께
귀의하며 불법승의 경계에 귀의하라'는 어구의 게와 함께 '이제 이후로
불법승 삼보를 스승 삼고 사마외도(邪魔外道)에 귀의치 말 것을 권하는

---

173) "仰告 我本師 釋迦牟尼佛 三界醫王藥師如來佛 極樂導師阿彌陀佛 道場敎主觀世音
菩薩 幽冥敎主地藏菩薩하사옵노니 唯願慈悲로 證知護念하소서
今有水族 毛群羽類 諸衆生等이 爲他網捕하야 將入死門일새 幸値施主(某⋯)하야
修菩薩行하고 發菩提心하야 作長壽因하고 行放生業하야 救其身命하고 放使消遙
케 하온바 三寶弟子(某⋯) 仰順大乘方等經典하야 代爲懺悔하고 授與三歸依하며
並稱七佛如來名號하고 復爲宣說十二因緣호대 但以此類衆生의 罪障이 深重하고
神識이 昏迷하야 不能了知方等深法일새 仰乞三寶는 威德冥加로 令其開悟하야 早
得解脫토록 哀愍攝受하소서"(ibid. p.178)

게송'174)을, 그리고 '이미 삼보께 귀의하였으니 이제 보승여래의 십호공
덕(十號功德)을 불러 드높여〔稱揚〕 너로 하여금 듣게끔 하여 즉시에 생
천(生天)함과 같게 하리라'는 말과 함께 과거 보승여래의 십호(十號)가
담긴 내용의 게175)를 송한다.

이어 ⑬ 법사가 죽비를 일하(一下)한 다음, '제(諸) 불자들이여, 내 너
희들을 위해 십이인연의 생상(生相)과 멸상(滅相)을 설하여, 생멸의 상
(相)을 요지(了知)케 하고 불생멸(不生滅)의 법을 깨닫게 하여, 당처(當
處)가 구경(究竟)이며 청정·자재하여 필경 대열반을 증득케 하리라'176)
는 말과 함께 '십이연기의 생상과 멸상을 담은 게송'177)을 외운 후 ⑭
또다시 죽비를 일하(一下)하고, '무명무성(無明無性)은 제불(諸佛)의 지
(智) 가운데 생겨나지 않음이어늘 너희 등이 집착으로 말미암아 망령스
러이 무명(無明)을 일으켰음이니, 마치 눈으로 허공 중의 꽃을 봄과 같
음이어라. 이미 이러한 사실을 알게 되면 무명이 없어지리라. 이류(異
類)의 제(諸) 불자들이여, 다시 너희 등을 위하여 사홍서원(四弘誓願)을
칭(稱)하여 듣게 하고 부처님에 의거해 발원하며 그 원에 의거해 수행

---

174) "異類諸佛子等아 汝等이 不聞三寶하고 不解歸依하니 所以輪回三有하고 今墮畜生
일새 我今授汝等三歸依하노니 汝今諦聽하라 現前異類諸衆生等아 歸依佛 歸依法
歸依僧하라 現前異類諸衆生等아 歸依佛兩足尊 法離欲尊 僧衆中尊하라 現前異類
諸衆生等아 歸依佛竟法竟僧竟하라 現前異類諸衆生等아 從今以往으로 稱佛爲師하
고 更不歸依邪魔外道하며 從今以往으로 稱法爲師하고 更不歸依邪魔外道하며 從
今以往으로 稱僧爲師하고 更不歸依外道邪衆하라(三說)"(ibid. p.179.)

175) "諸佛子等아 歸依三寶已竟하니 今爲汝等하야 稱揚寶勝如來十號功德하야 令汝得
聞하고 如彼十千遊魚卽得生天과 等無有異하리라 南無 過去寶勝如來 應供 正遍知
明行足 善逝 世間解 無上士 調御丈夫 天人師 佛 世尊(三說)"(ibid. p.179.)

176) "諸佛子等아 我今更爲汝等하야 說十二因緣生相滅相하야 令汝等으로 了知生滅之
相하고 悟不生滅之法하야 當處究竟이며 當處淸淨이며 當處自在하야 一究竟이 一
切究竟이오 一淸淨이 一切淸淨이오 一自在가 一切自在라 同於諸佛하야 證大涅槃
하리라"(ibid. p.180)

177) "所謂無明이 緣行하고 行緣識하며 識緣名色하고 名色緣六入하며 六入緣觸하고
觸緣受하며 受緣愛하고 愛緣取하며 取緣有하며 有緣生하며 生緣生老死憂悲苦惱
하니라 無名滅則行滅하고 行滅則識滅하며 識滅則名色滅하고 名色滅則六入滅하며
六入滅則觸滅하고 觸滅則受滅하며 受滅則愛滅하고 愛滅則取滅하며 取滅則有滅하
고 有滅則生滅하며 生滅則老死憂悲苦惱滅하나니라"(ibid. p.180)

케 하리니, 너희는 이제 지극한 마음으로 자세히 들으라'178)는 말과 함께 ⑮ 사홍서원〔衆生無邊誓願度 云云 乃至 自性佛道誓願成〕을 외운다.

그런 다음 ⑯ '다시 너희 이류(異類) 제 불자 등을 위하여 여래의 길상명호(吉祥名號)를 칭찬하여 너희로 하여금 영원히 삼도팔난(三途八難)의 고통을 여의게 하고 여래의 진정한 불자가 되게 하리라'179)는 말에 이어 ⑰ "나무다보여래(南無多寶如來) 나무보승여래(南無寶勝如來) 나무묘색신여래(南無妙色身如來) 나무광박신여래(南無廣博身如來) 나무이포외여래(南無離怖畏如來) 나무감로왕여래(南無甘露王如來) 나무아미타여래(南無阿彌陀如來)" 등 7여래를 창한다.

이어서 ⑱ '이 7여래는 서원력(誓願力)으로서 모든 중생들을 구제하나니, 그 이름을 3번 칭하면 무상도(無上道)를 증득하리라〔異類諸佛子等아 此七如來는 以誓願力으로 拔諸衆生하시나니 三稱其名이면 千生離苦하고 證無上道하리라〕'는 말과 함께 "나무청량지보살마하살(南無淸凉地菩薩摩訶薩)"을 3설(說)하며, ⑲ 다음으로 회중(會衆)은 향불작례(向佛作禮)하고 법사는 (淨水를 담은) 수기(水器)를 잡고 제(諸) 생물 위에 뿌리며, '원컨대 너희들은 방생 이후로 영원히 악마의 그물에 사로잡힘을 만나지 말 것이며, 유유자재히 주어진 수명을 다하고 삼보의 힘과 보승여래(寶勝如來)의 본원자비력(本願慈悲力)을 계승하여 목숨이 마친 이후 혹 도리천이나 인간에 태어나 지계수행(持戒修行)하며 다시금 악을 짓지 말고 신심염불(信心念佛)하여 원(願)에 따라 왕생하되, 재차 시주 ○○의 현생여의(現生如意)와 그에 보답하는 마음을 가지고 보리행원(菩提行願)을 염념(念念)에 더해 밝혀 마땅히 고통받는 중생 구하겠다는 생

---

178) "無明無性이 本是諸佛에 不動智體어늘 汝等이 執着하야 妄起無明이니 譬如病目에 見空中花니라 旣知是已하면 無明이 卽滅하리라 異類諸佛子等아 再爲汝等하야 更稱四弘誓願하야 令汝等으로 得聞하고 依佛發願하며 依願修行케하리니 汝今至心으로 諦聽諦聽하라"(ibid. p.180)

179) "異類諸佛子等아 我今更爲汝等하야 稱讚如來吉詳名號하야 能令汝等으로 永離三途八難之苦하고 當爲如來眞淨佛子하리라"(ibid. pp.180~181)

각을 할 것이며, 이 인연으로 안양국(安養國: 극락국)에 득생(得生)하여 아미타불과 모든 성중(聖衆)을 뵈옵고 무생법인(無生法忍)을 증득하여 티끌세상 몸을 나눠 널리 유정(有情)을 제도하여 함께 정각(正覺)을 이룰지어다'180)라는 내용의 게를 창한다.

이어 ⑳ "현전대중(現前大衆)은 일심으로 제송(齊誦: 질서있게 외움) 불설왕생정토신주(佛說往生淨土神呪)하라"는 말에 이은 불설왕생정토진언[나무아미다바야 다타야다야 다지야타 아미리 도바비아미리다 싯담바비 아미리다 비가란제 아미리다 비가란다 가미니 가가나 깃다가례 사바하]을 송해 마친 뒤, ㉑ 대중은 작은 목어(木魚)를 울리며 소리를 맞춰 대승 경전을 외운다.

㉒ 이에 법사는 "『대방광불화엄경』「십회향품(十回向品)」 '수순견고 (隨順堅固) 일체선근회향(一切善根回向)'편에 이르되"라는 말과 함께 경전 내용181)을 외운 후, '이류(異類)의 중생들이 다겁에 걸쳐 태·란·

---

180) "惟願汝等은 放生以後로 永不遭惡魔에 呑噉網捕하며 優遊自在하야 獲盡天年하며 承三寶力과 寶勝如來本願慈力하야 命終之後에 或生利커나 或生人間하야 持戒修行하며 不復造惡하고 信心念佛하야 隨願往生하며 更祈施主某의 現生如意와 他報隨心하야 菩提行願을 念念增明하며 救苦衆生을 當如己想하며 以是因緣으로 得生安養하야 見阿彌陀佛과 及諸聖衆하고 證無生忍하며 分身塵刹하야 廣度有情하고 俱成正覺할지어다"(ibid. p.181)

181) "佛子야 菩薩摩訶薩이 作大國王하야 於法에 自在하며 普行敎令하야 令除殺業호대 閻浮提內와 城邑聚落에 一切屠殺을 皆令禁斷하며 無足二足四足多足種種生類를 普施無畏하며 無欲奪心하고 廣修一切菩薩善行하며 仁慈祐物하야 不行侵勞하며 發妙寶心하야 安穩衆生하며 於諸佛所에 立深志樂하야 常自安住淨戒하고 亦令衆生으로 如是安住하며 菩薩摩訶薩이 令諸衆生으로 住於五戒하야 永斷殺業하며 以此善根으로 如是回向호되 所謂 願一切衆生으로 發菩提心하야 具足智慧하며 永保壽命하야 無有終盡하며 願一切衆生으로 住無量劫하야 供一切佛하며 恭敬勤修하야 更增壽命하며 願一切衆生으로 具足修行하야 離勞死法하고 一切災毒이 不害其命하며 願一切衆生으로 具足成就 無病惱身하야 壽命自在하고 能隨意住하며 願一切衆生으로 得無盡命하야 窮未來劫토록 住菩薩行하야 敎化調伏一切衆生하며 願一切衆生으로 爲壽命門하야 十力善根으로 於中增長하며 願一切衆生으로 善根具足하며 得無盡命하야 成滿大願하며 願一切衆生으로 悉見諸佛하야 供養承事하며 住無盡壽하야 修習善根하며 願一切衆生으로 於如來處에 善學所學하며 得聖法會하야 無盡壽命하며 願一切衆生으로 得不老不病하고 常住命根하야 勇猛精進하며 入佛智慧케호리라 하나니 是爲 菩薩摩訶薩이 住三聚淨戒하야 永斷殺業하고

습·화 가운데 빠져 미혹하였으나 이제 귀의삼보하고 발보리심(發菩提
心) 하였은 즉, 그물과 삼태기를 벗어나 하늘과 바다로 나아가 부처님
따라 도리천에 태어나라'[182]는 말과 함께 "나무승천계보살마하살(南無
昇天界菩薩摩訶薩)"을 3설, 이어서 ㉓ 회향게[放生功德殊勝行 無邊勝福皆
回向 普願沈溺諸衆生 速往無量光佛刹]를 설함과 함께, ㉔ "나무사바교주
본사석가모니불(南無娑婆敎主本師釋迦牟尼佛) 나무동방만월세계 약사유
리광불(南無東方滿月世界藥師琉璃光佛) 나무서방정토극락세계 아미타불
(南無西方淨土極樂世界阿彌陀佛) 나무도량교주 관세음보살(南無道場敎
主觀世音菩薩) 나무유명교주 지장왕보살(南無幽冥敎主地藏王菩薩) 나무
일체청정대해중보살(南無一切淸淨大海衆菩薩)"을 칭명(稱名)한 다음 ㉕
"원이차공덕(願以此功德) 장엄불정토(莊嚴佛淨土) 상보사중은(上報四重
恩) 하제삼도고(下濟三途苦) 약유견문자(若有見聞者) 실발보리심(悉發菩
提心) 진차일보신(盡此一報身) 동생극락국(同生極樂國)"의 게를 외운다.
   ㉖ 다음으로 왕생주(往生呪) 삼편을 엇갈려 송한 다음, ㉗ 작은 목어
(木魚)를 치면서 염불로서 방생코자 하는 중생을 떠나 보내며 법사가
㉘ 축원[183]을 행함으로서 전체 방생의식을 마친다.

   한편 운허스님의 『방생의식』에는 4절로 구성된, 「방생의 노래」가 실
려 있기도 하다.[184]

   1. 방생합시다 방생합시다 우리모두 우리모두 방생합시다

       善根回向하며 爲令衆生으로 得佛十力하야 圓滿智故로 同得解脫하야 共證眞常케
       하나니라"(ibid. pp.182~183)
182) "異類諸佛子等아 胎卵濕化로 多劫沈迷라가 歸依三寶하고 發菩提心하야 得免網籠
       하고 海闊天飛하야 隨佛生忉利하라"(ibid. p.183)
183) "上來放生功德으로 四恩普報하고 三有均資하며 法界衆生으로 同願種智하야지이
       다. 念十方三世一切諸佛諸尊菩薩摩訶薩 摩訶般若波羅蜜"(ibid. p.184)
184) 운허용하, 『방생의식』, 보련각, 1983. p.28.

자유와 자재를 바라거든(방생합시다) 모름직 살생을 않는법(방생합시다)
길 잃은 중생을 살려주면(방생합시다) 참다운 인연이 맺어지네(방생합시다)

방생합시다 방생합시다 우리모두 우리모두 방생합시다
(2절 이하 생략)

도판 50. 방생
(사진 제공·「현대불교
신문」)

　이상의 방생의식은 흔히 수륙천도재(水陸薦度齋)와 함께 봉행되는 경
우가 있다. 또한 '용궁맞이'라는 전래의 풍속과 어우러진 속에185) 용왕
제(龍王祭)와의 연계선상에서 베풀어지기도 한다.186)

③ 산신제(山神祭)

　산신(山神)은 산왕(山王), 산령(山靈), 산제(山祭) 등의 이름을 가지며
이를 모신 곳은 산왕단(山王壇), 산령각(山靈閣), 산신각(山神閣), 산제
단(山祭壇) 등으로 불리운다.187) 이에 『삼국사기』에 의하면 '제후(諸侯)
는 사직(社稷)과 명산대천이 있는 그곳에서 제사 지내는 것'이라 하면
서, "1년에 6번 오묘(五廟)에 제사하는데 정월 2일·5일과 5월 5일, 7월

185) 장수근, 『한국의 세시풍속』, 형설출판사, 1984. p.157.
186) 홍윤식, 『불교와 민속』(현대불교 신서, vol. 33), p.127.
187) 『釋門儀範(上)』, p.69.

상순, 8월 1일・15일과 12월 인일(寅日)에 제사지내고 ……(중략)……
입춘 후 해일(亥日)에는 명활성(明活城)의 남쪽 웅살곡(熊殺谷)에서 선
농제(先農祭)를 지냈다"188)는 기록을 전하고 있으며, 또한 "고구려는 항
상 3월 3일 낙랑(樂浪)의 구원(丘原)에 모여 수렵을 하여 잡은 저녹(猪
鹿)으로 하늘과 산천에 제사를 지냈다"189)고 기록되어 있기도 하다.

이러한 고래의 전승에 이어 고려조에서도 산신에 대한 제사를 지내
곤 하였는데, 이는 고려 태조의 「훈요십조」 중 '고려의 창업은 산천의
음조(陰助)에 의한 것(제5조)'이라 말하고 있는 점이나, '천령(天靈) 및
오악(五岳)・명산(名山)・대천(大川)・용신(龍神) 등을 섬기는 팔관회(八
關會)를 중시한 점(제6조)' 등을 통해 그 정황을 엿볼 수 있다.

그러나 고려적 관념 속에서 산신은 '전쟁의 신'190)이나 비를 조절하
는 신191) 내지 치병(治病)의 신으로 인식192)되었는 즉, 그럼에도 불구
하고 또한 산신은 불교 신앙의 일부로서 인식되기도 하였다. 이에 인종
9년(1131년) 묘청(妙淸)이 나라를 이롭게 하고 국기(國基)를 연장하기
위해 필요한 것이라 말하여 서경(西京) 임원궁(林源宮) 내에 팔성당(八
聖堂)을 설치하였는데, 그 안에는 ① 호국백두악태백선인(護國白頭嶽太
白仙人) 실덕문수사리보살(實德文殊師利菩薩), ② 용위악육통존자(龍圍
嶽六通尊者) 실덕석가불(實德釋迦佛), ③ 월성악천선(月城嶽天仙) 실덕

---

188) 『三國史記』 卷第32, 雜誌 第一, 「祭祀」 條.
189) ibid.
190) 이에 대한 예로는, 여진과의 싸움이 계속되는 중 예종 4년(1109년) 왕이 근신을
파견하여 進奉山과 九龍山에 戰勝을 빌고 있으며(『高麗史』 권13, 世家 13, 「예종
4년 6월 무자」 條), 신종 5년(1202년) 민란을 진압하기 위해 출정한 官軍이 公山
大王 및 경주 北兄山 및 東岳과 西岳의 산신에게 전승들 기원했던 일(李奎報, 『
東國李相國集』, 卷38, 「祭公山大王文」 및 「北兄山祭文」, 「慶州東西兩岳祭文」 등
참조) 외 다수의 기록이 보인다.
191) 『高麗史』, 「五行志 2」 條.
192) 민간에서 병이 나면 松岳神祠를 찾아 옷이나 말을 바치고 기도했으며(『高麗圖經
』 권17, 「祠宇 松山廟」 條), 전염병이 들자 松岳과 諸神祠에 사람을 보내 祈禳했
던 일(『高麗史』 권13, 世家13, 「예종 4년 12월 을유」 條) 등.

대변천신(實德大辨天神), ④ 구려평양선인(駒麗平壤仙人) 실덕연등불(實德燃燈佛), ⑤ 구려목멱선인(駒麗木覓仙人) 실덕비바시불(實德毗婆尸佛), ⑥ 송악진주거사(松嶽震主居士) 실덕금강색보살(實德金剛索菩薩), ⑦ 증성악신인(甑城嶽神人) 실덕륵차보살(實德勒叉菩薩), ⑧ 두악천녀(頭嶽天女) 실덕부동우바이(實德不動優婆夷) 등의 신상을 모셔 두었던 것이다.193)

이렇듯 산신의 본신(本身) 내지 진신(眞身)을 불보살로서 설정하는 가운데 이후 산신신앙은 불교에 혼합되어짐을 볼 수 있게 되는데, 또한 역사적 인물이 산신으로 인식되는 경우도 있었다. 즉 단군이 이후 아사달(阿斯達) 산신으로서 인식194)되었다거나, 구룡산천왕(九龍山天王)이 태조의 6대조에 해당하는 호경(虎景)이라든지195) 감악산신이 당나라 장수 설인귀(薛仁貴)라든지196) 순천 해룡산신이 견훤의 사위 박영규로 규정197)되어진 예가 그것이라 할 수 있다.

이러한 예는 산신신앙의 전개와 함께 현재에까지 그 모습이 남아 있기도 하다. 즉 현재 '고창 선운사(禪雲寺)'의 경우 절의 산신은 창건주 검단(黔丹) 및 의운(義雲) 등 두 대사가 선운사를 수호하기 위해 도솔산 산신으로 화한 것이라 하여, 이들 두 대사의 영정을 산신각에 모시고 신앙'198)하고 있기도 하는 것이다. 또한 범어사의 경우 400년 전 밀양 박씨가 죽어 꿈에 나타나 말하기를, "본인을 화장시킨 채 금정산 고당봉에 산신각을 지어 유골을 모시고 「고당제」를 지내 주면 이후 범어

193) 『高麗史』 卷127, 列傳40, 叛逆1, 「妙淸」 條.
194) 『三國遺事』 卷1, 「古朝鮮」 條.
　　 "周의 虎王 즉위 己卯에 箕子를 朝鮮에 봉하매, 檀君은 藏唐京으로 옮기었다가 후에 阿斯達에 돌아와 숨어서 山神이 되니, 壽가 1908歲였다."
195) 帝王韻紀 卷下, 「本朝君王世系年代」 條.
196) 『高麗史』 卷56, 志10, 「地理 1」 條.
197) 김갑동, 「고려시대의 산악신앙」(『한기두화갑기념 한국종교사상의 재조명(上)』, 圓光大出版局), 1993.
198) 홍준현, 「민족문화의 정신적 뿌리」(『법회』, vol. 15, 1986년 2월호), p.96.

사를 돕겠다"고 하였다 하여, 범어사에서는 현재에도 1년에 2번(陰 1월 15일, 5월 5일) 금정산 고당봉(姑堂峰)의 고모당(姑母堂)에서 산령축(山靈祝)의 축문(祝文)으로 범어사의 수호신 고모영신(姑母靈神) 할머니를 기리는 제사 고당제(姑堂祭)를 지내고 있는 것이다.[199]

　전통적으로 산신제는 입춘 후 첫번째 해일(亥日. 또는 음력 3월과 10월, 2년마다 2월 초하루에서 3일까지 등)에 지내게 된다. 그럼에도 『석문의범』에서는　갑자·갑신·을해·을묘·을유·병자·병술·경술·신묘·임신일 등 산신제 길일(吉日)을 소개하고 있으며, '매월 신유·술해일은 산신 하강일(下降日)로서 이날 산신제를 지내면 대길(大吉)이다'라 말하고 있기도 하다.[200]

도판 51. 산신
(사진 제공·범하스님)

199) 「梵魚寺書記槪留傳」, 大韓 光武 6년(1902).
200) 『釋門儀範(下)』, p.301.
　　한편 전주 七星寺의 경우 음력 3월과 10월에 걸쳐 연 2회 산신기도를 행하며, 3월은 산신의 降誕日로, 10월은 산신의 下降日로 믿는다. 한편 부안 내소사의 경우에는 2년마다에 2월 초하루에서 3일까지 마을의 山祭壇에서 산신제를 지낸다. 홍준현, 「민족문화의 정신적 뿌리」(『법회』, vol. 15, 1986년 2월호), p.6.

이에 사람들은 위 각각의 날들 내지 삼월 삼짇날 산신제를 지내게
되며, 또한 산에 갈 때 화를 면키 위해 〈산신청(山神請)〉을 통한 산신제
를 행하기도 한다.[201]

『석문의범』은 다음과 같은 산신청 및 산왕경(山王經)을 싣고 있
다.[202]

거목(擧目)

　나무(南無) 만덕고승(萬德高勝) 성개한적(性皆閒寂) 산왕대신(山王大神)

　나무(南無) 차산국내(此山局內) 항주대성(恒住大聖) 산왕대신(山王大神)

　나무(南無) 시방법계(十方法界) 지령지성(至靈至聖) 산왕대신(山王大神)

보소청진언(普召請眞言) (云云)

유치(由致)

절이(切以) 산왕대성자(山王大聖者)

최신최령(最神最靈) 능위능맹(能威能猛) 능맹지처(能猛之處)

최요강마(摧妖降魔) 최령지시(最靈之時) 소재강복(消灾降福)

유구개수(有求皆遂) 무원부종(無願不從)

시이(是以)(云云) 이(以) 금월금일(今月今日)

건설법연(虔設法筵) 정찬공양(淨饌供養) 산왕대성(山王大聖)

병종권속(幷從眷屬) 기회령감(冀回靈鑑) 곡조미성(曲照微誠)

앙표일심(仰表一心) 선진삼청(先陳三請)

나무(南無) 일심봉청(一心奉請)

후토성모(后土聖母) 오악제군(五岳帝君) 직전외아(職典嵬峨)

팔대산왕(八大山王) 금기오온(禁忌五蘊) 안제부인(安濟夫人)

익성보덕진군(益聖保德眞君) 시방법계(十方法界) 지령지성(至靈至聖)

제대산왕(諸大山王) 병종권속(幷從眷屬) 유원승(唯願承) 삼보력(三寶力)

---

201) 한편 산신불공은 동네에 초상이 났을 때나 解産 등 그밖의 불길한 일이 생겼을
　　경우에는 행하지 않는다. 이때의 불공은 기도의 영험이 없을 뿐 아니라 오히려
　　액운이 닥친다고 믿고 있다.

202) 『釋門儀範(下)』, pp.33~35.

강림도량(降臨道場) 수차공양(受此供養)
향화청(香花請)　　(가영〈歌詠〉)
영산석일여래촉(靈山昔日如來囑) 위진강산도중생(威鎭江山度衆生)
만리백운청장리(萬里白雲靑嶂裡) 운거학가임한정(雲車鶴駕任閒情)
고아일심(故我一心) 귀명정례(歸命頂禮)

산왕경(山王經)

대산소산산왕대신(大山小山山王大神)	대악소악산왕대신(大岳小岳山王大神)
대각소각산왕대신(大覺小覺山王大神)	대축소축산왕대신(大丑小丑山王大神)
미산재처산왕대신(尾山在處山王大神)	이십육정산왕대신(二十六丁山王大神)
외악명산산왕대신(外岳明山山王大神)	사해피발산왕대신(四海被髮山王大神)
명당토산산왕대신(明堂土山山王大神)	금궤대덕산왕대신(金匱大德山王大神)
청룡백호산왕대신(靑龍白虎山王大神)	현무주작산왕대신(玄武朱雀山王大神)
동서남북산왕대신(東西南北山王大神)	원산근산산왕대신(遠山近山山王大神)
상방하방산왕대신(上方下方山王大神)	흉산길산산왕대신(凶山吉山山王大神)

한편 『환주청규』에 "3월 4일은 가람신(伽藍神)의 탄일(誕日)로, 공양
을 올리며 풍경(諷經)을 행한다"[203]고 말하고 있기도 하다.

(4) 4월

『동국세시기』에 '4월 초파일 밤에 연등을 하며, 이때에 괴뢰(傀儡)를
만들어 줄에 달아매서 논다'고 하는 바, 연등(燃燈)은 발음상 유사성으
로 인해 영등(影燈)이라 불리기도 한다. 한편 위 기록에 의하면 '이날
매·개·사슴·호랑이·노루·꿩·토끼의 형상을 그려 그것을 선기(鏇
機)에 붙여 ……(중략)…… 여기서 비쳐 나오는 여러 형태의 그림자를
본다'[204]고 하여 연등(燃燈)을 이용한 그림자극이 행해졌음을 알 수 있

---

203) 卍續藏經 111, p.0974上.

기도 하다.

이에 초파일에 행해지는 그림자극으로는 만석중 놀이〔曼碩僧舞〕를 들 수 있는 바, 『경도잡지』에 "만석(曼碩)은 고려의 승(僧)이다"[205]고 기록되어 만석중 놀이는 불교와 밀접한 관계가 있는 놀이였음을 알 수 있다.[206] 그럼에도 만석중 및 노루·사슴·용·잉어 등이 등장하고 있는 그림자극 만석중 놀이에 대해서는 몇몇 기록만이 남아 전해질 뿐인 바,[207] 근래 민속 연극학자 심우성(沈雨晟)씨에 의해 만석중 놀이가 재연[208]된 바 있기도 하다.

한편 「농가월령가(農家月令歌)」에 '4월은 맹하(孟夏)이니, 입하(立夏) 소만(小滿) 절기로다'라 했다. 맹하는 초여름을 말한다. 입하가 되면 농작물이 무럭무럭 자라나기 시작하고, 소만에 이르러서는 모내기를 서두른다. 만물이 소생하는 때, 우후죽순(雨後竹筍)처럼 솟아나는 뭇 생명체들을 밟아 죽일까 하는 염려에서, 그리고 해충들에게 입히는 피해를 막기 위해 승려들은 홀로 또는 몇 사람이 짝을 지어 동굴 등에 거처를 정하여 살게 된다. 안거, 즉 결제일을 맞게 되는 것이다.

이에 음력 4월 15일부터 7월 15일까지의 90일 결제 기간 동안 비구들은 엄격히 외출을 삼가며, 일정 장소에 머물러 오로지 연구·정진·수양에 힘쓰게 되는데, 『환주청규』에 의하면 "결제일에 앞서 90일 동안 향·촉·화·과·다탕(茶湯) 등을 준비해 불전(佛前)에 배열한 채 4월 13일에 능엄회(楞嚴會)를 베풀며,[209] 4월 13일에 소문(疏文)으로서 신명(神明)의 가호를 구한다. 그리고 14일 저녁에는 '향·화·등·촉·다·

204) 『東國歲時記』, 四月 八日 條.
205) 京都雜志 卷一, 風俗, 「聲伎」 條.
206) 불교와 관련을 맺는 광대놀이로서 남사당놀이 및 괴뢰회(만석중놀이) 등은 주로 男寺黨牌들에 의해 행해졌는 바, 安城의 靑龍寺 및 南海의 花芳寺 등은 남사당패의 본거지가 되었었다.
207) 金在喆, 『朝鮮演劇史』, 漢城圖書, 1933, p.91.
208) 1998년 5월 沈雨晟에 의해 공연됨.
209) 卍續藏經 111, p.974下. "起 楞嚴會"

과 및 진수(珍羞)를 준비한 채' 토지[土地堂] 전에 염송(念誦)과 공양을
베풀고,210) 가람당(伽藍堂)에서는 90일 동안 수호(守護)의 공을 갚은 후
4월 15일 아침 일찍 대중이 모여 대비주를 외우며 축원한다. 그리고 나
서 암주(菴主)와 수좌(首座)가 동서로 나누어 선 채 향 1편을 향로에
꽂은 후 대중과 더불어 삼배를 올려 결제의 의(儀)를 표한다"211)고 하
여 안거와 관련된 위의를 기록하고 있기도 하다.

한편 『석문의범』에 의하면 음력 4월 4일은 문수보살 탄일로, '이날
공양하면 생자(生者) 사자(死者) 모두에게 이익이 있다'는 내용이 기
록212)되어 있으며, 『환주청규』에 '4월 4일은 토지신(土地神)의 생일'213)
이라 말하고 있기도 하다.

(5) 5월

음력 5월 5일 단오(端午)날은 1년 중 양기(陽氣)가 가장 왕성한 때로,
이 날을 천중가절(天中佳節)이라 하였다. 한편 『환주청규』에서는 단오
(端午)를 단양(端陽)이라 적기도 하는데,214) 여기서 단오의 단(端)은 처
음[初]을 뜻하며 오(午)는 다섯[五]과 상통하는 말로서, 곧 초닷새를 일
컫는 말이라 하겠다.

『송사』의 「외국열전」 '고려' 조에 의할 것 같으면 "매년 ……(중략
)…… 5월 5일에는 조상의 사당에 제사지냅니다"215)고 하며, 원인의 『
입당구법순례행기』 당 개성 4년(839년) 5월 5일 기사 가운데 "오월절
(五月節)을 지내고, 아울러 목욕하고 옷을 빨아 입었다"216)고 기록되는

210) 卍續藏經 111, p.974下.
211) 『幻住淸規』(卍續藏經 111, pp.976下~977上)
212) 『釋門儀範(下)』, p.301.
213) 卍續藏經 111, p.987上.
214) 卍續藏經 111, p.975上.
215) 宋史, 「外國列傳」, '高麗' 條, 淳化8年의 記事.

점을 미루어 5월 단오 행사는 승가의 법식에도 다소 영향을 미쳤음을 짐작할 수 있다. 한편 『입당구법순례행기』 당 회창 2년(842년) 5월 (? 일) 기사 가운데 "천자의 명을 받들어 속강(俗講)을 시작하였는데, 좌가 (左家)와 우가(右家)의 각기 다섯 군데 절에서 개최되었다"[217]는 기록 을 볼 때 단오를 기해 일반 민중들을 위한 설법으로서 속강이 행해졌음 을 알 수 있다.

한편 『동국세시기』에 의하면 단오날 처용의 그림을 그린다거나 도부 (挑符)의 그림을 그린 그림 등 단오부적을 붙였으며, 하선동력(夏扇冬 曆: 夏至에는 부채를 冬至에는 달력을 나누어 줌)이라 하여 '공조(工曹)에 서는 단오선(端午扇)을 만들어 왕에게 바쳤는 바, 임금은 그것을 각 궁 에 있는 하인과 재상을 위시한 시종관들에게 나누어 주었다. 한편 고을 의 수령 역시 왕께 부채를 선사하였던 한편, 전주 및 남평 등지에서 만 든 부채를 친지들에게 선사하기도 하였는'[218]데, 현재 각 사찰에서는 이 러한 풍속을 이어 단오날 불자들에게 부채를 나눠줌이 정례화되고 있 다.[219]

또한 단오날에는 화엄사상에 영향을 받은 오악숭배(五岳崇拜)가 행해 졌는데, 이러한 전통 속에 현재 범어사에서는 금정산 고모봉(姑堂峰)의 고모당(姑母堂)에서 산령축(山靈祝)의 축문(祝文)으로 범어사의 수호신 고모영신(姑母靈神) 할머니를 기리는 제사 고당제(姑堂祭)를 지내고 있 다.

---

216) 圓仁(申福龍 譯), 『入唐求法巡禮行記』, 정신세계사, 1991. p.97.
217) 圓仁(申福龍 譯), 『入唐求法巡禮行記』, 정신세계사, p.242.
218) 『東國歲時記』, 五月, 「端午」 條.
219) 『동국세시기』(五月, 「端午」 條)에 의하면 '이때 만들어진 부채는 그 모양에 따라 僧頭扇・魚頭扇・蛇頭扇・合竹扇・班竹扇・外角扇・內角扇・三台扇・二台扇・竹 節扇・丹木扇・彩角扇・素角扇・廣邊扇・狹邊扇・有還扇・無環扇 등이 있어 부 채를 얻은 사람들은 부채에 금강산 일만 이천 봉이며, 기생과 무당들은 버들가 지・복사꽃・연꽃・나비・흰 붕어・해오라기 등을 그려 넣었다'고도 하는 바, 僧 伽에서는 이때의 부채에 般若心經 등의 經文이나 禪句 등을 써넣는 것이 일반적 이다.

한편 『환주청규』에 의하면 '5월 28일부터 6월 1일까지 3일간 청묘경
회(靑苗經會)를 행한다고 하는 바, 향과 촉(燭)의 공양 및 소문(疏文)을
올린 연후 회향한다'[220]고 기록되어 있기도 하다. 여기서 청묘경회(靑苗
經會)란 밭에 씨를 뿌리고 나서 곡류(穀類)의 성장을 기원하며 행하는
선종(禪宗)의 법회를 말한다.

(6) 7월

우리 민족은 고래로 개고기를 즐겼다.[221] 이에 『경도잡지』에 "개고기
를 총백(葱白), 즉 파의 흰 대목을 넣고 푹 삶는다. ……(중략)…… 고
추가루를 뿌리고 흰밥을 말아서 먹기도 한다. 이것을 먹고 땀을 흘리면
무더위를 이길 수 있다"[222]고 하는 바, 7월 삼복(三伏)의 더위에 접어들
면 민간에서는 개를 '개장' 또는 '구장(狗醬)'이라 이름한 채 이를 즐겨
먹었다.

불가에서는 삼복 동안 '개장'을 대신하여 '육개장'을, 또한 '삼계탕'이
거나 '팥죽'을 쑤어 먹었는데,[223] 불가에서 개를 먹지 않음은 개에 대한
윤회적(輪廻的) 질서에서의 배려가 내재해 있다. 즉 『목련경』에 의하면
'목련존자의 어머니 청제부인은 개의 몸을 받은 후 인간으로 환생할 수
있음'을 말하고 있어, 개는 전생의 내 부모일지도 모른다는 관념의 확산
및, 『삼국유사』 가운데 '개는 사자좌(獅子座)로서 문수보살(文殊菩薩)의
탈 것'[224]으로 인식되기도 하는 등에 있어 불가에서는 개를 다른 동물

---

220) 卍續藏經 111, p.0975上.
221) 『규합총서』 및 『음식디미방(1670년 경)』, 『山林經濟(1715년 경)』, 『增補山林經濟
    (1766년)』, 『林園十六志(1827년)』 등 옛 조리서에 개고기를 삶는 법 내지 찌는
    법, 굽는 법 등이 소개되고 있다.
222) 『京都雜志』, 卷二 歲時, 「伏」條.
    『東國歲時記』, 六月, 「三伏」條.
223) 장수근, 『한국의 세시풍속』, 형설출판사, 1984, p.260.
224) 『삼국유사』에 '한 노인이 삼태기에 죽은 강아지를 넣고 자장법사를 찾아 石南院

보다 성스럽게 생각하였던 것 같다.

한편 『사분율』에 "한 비구가 백정의 집에 가서 개고기를 얻어먹은 적이 있었다. 그 다음부터 비구들이 걸식할 때마다 개들이 미워하면서 쫓고 짖으니, 이에 부처님께서 비구들에게 '지금부터는 개고기를 먹지 말라'고 말씀"225)하고 계시며, 이러한 맥락에서 조주(趙州) 스님은 탁발 시 언제나 짖어대는 '개에게 불성이 없다'고 말하였나 싶다.226)

여하튼 이러한 관념 하에 불자들은 '개장' 대신 쇠고기를 이용한 '육개장'을 끓여 먹는다. 그러나 『근본설일체유부비나야니타나목득가섭송』에 "발가락이 하나로 뭉쳐진 짐승의 고기를 먹으면 안 된다"는 조목에 따라 족발인 돼지고기 및 쇠고기와 말고기 등을 피한 채, 삼복 동안 불자들은 햇병아리를 이용한 '삼계탕' 내지 팥죽을 끓여 먹음으로서 삼복의 더위를 이기게도 된다.

이제 삼복의 더위도 한풀 꺾여지고 칠월 칠석이 찾아들 무렵, 일반에서는 견우와 직녀의 전설 되뇌는 가운데 '칠석(七夕)맞이'를 행한다. 그리고 이날 역시 정월 7일 때와 마찬가지로 수명장수를 위한 칠성불공(七星佛供)을 행하기도 하는데, 또한 근래 도가(道家)의 풍속으로서 칠월 칠석을 불교에서 수용·변형시킨 채 '97년 7월 7일 도선사에서는 '제2회 칠석 청소년 문화한마당'을 개최, 사물놀이 및 견우 직녀 선발대회와 함께 전통 혼례식을 베풀기도 하였다.227)

그리고 7월 15일이 되면 승가에서는 해제를 맞이하게 되는 바 이에

을 방문한 적이 있었다. 자장법사는 그를 미친 사람으로 취급하여 상대하지 않았다. 그러자 그 노인이 "돌아가겠다, 돌아가겠다. 我相을 가진 자가 어찌 나를 알아보리요" 하면서 삼태기 속의 죽은 강아지를 땅에 던지니 강아지는 금빛 찬란한 獅子座로 변하고 노인은 文殊菩薩로 化現하여 放光하며 하늘로 올라갔다'는 일화가 기록되고 있다. 『三國遺事』 卷第四, 「慈藏定律」 條.

225) 大正藏 22, p.868下.
"往旃陀羅家 於彼得狗肉食之 諸比丘乞食 諸狗僧逐吠之 諸比丘作是念 我等或能食狗肉 故使衆狗僧逐吠我耳 諸比丘白佛 佛言 自今已去 不得食狗肉 若食得突吉羅"
226) 『趙州錄(上)』, p.132. 「狗子佛性」 條.
227) 「불교신문」, '97년 8월 19일 기사.

앞서 『환주청규』에 의하면 '7월 13일 능엄회를 베풀었으며〔滿散楞嚴會〕, 14일에는 토지당(土地堂) 염송(念誦)'228)을 행함으로서 해제를 맞이하기도 하였다.

한편 『석문의범』에 의하면 음력 7월 30일은 '지장보살 탄일'로 "이 날 공양하면 생자 사자 모두에게 이익이 있다"229)는 내용을 기록하고 있기도 하다.

(7) 8월

8월 한가위의 보름달 속에서 '계수나무와 토끼 한 마리' 방아 찧는 모습을 그려낸 우리의 민족적 정서는 8월을 계월(桂月), 즉 계수나무의 달이라 불렀다. 그리고 8월 보름, 둥근 달 떠오른 8월 15일을 가을 삼추(三秋) 가운데 중추(中秋)라 부르기도 하였던 바, 원인의 『입당구법순례행기』당 개성 4년(839년) 8월 15일 기사 가운데 "다른 나라에는 이 명절이 없지만, 유독 신라에는 이 명절이 있다", "(신라방 적산원) 절에서 수제비와 떡을 장만하고 보름 명절을 지냈다"230)는 기록을 전하고 있다. 현재 8월 대보름, 절에서는 각단(各壇)에 공양과 함께 과일을 올리고 각 사찰의 예에 따라 선·조사 및 종사·중흥조를 위한, 그리고 일반 신자들의 선망(先亡) 조상들을 위한 차례(茶禮)를 행하기도 한다.

(8) 9월

『구오대사(舊五代史)』에 "신라의 풍속에 중구일(重九日)에는 서로 경

---

228) 卍續藏經 111, p.0975上.
229) 安震湖, 『釋門儀範(下)』, p.301.
　　『禪林疏語考證』(卍續藏經 111, p.799) 가운데 이때의 疏文이 실려져 있다.
230) 圓仁(申福龍 譯), 『入唐求法巡禮行記』, 정신세계사, 1991. p.111.

하(慶賀)하며, 해마다 이 달에는 일신(日神)과 월신(月神)에게 절을 한다"[231]고 하며, 『입당구법순례행기』당 회창 1년(841년) 9월 1일 기사에 "천자께서 양가(兩家)에 있는 여러 절에게 속강을 열도록 명령했다"[232]는 기록이 실려 있기도 하다.

(9) 10월

『환주청규』에 '초오일은 달마대사(達磨大師) 기일(忌日)로 차일(此日) 암주(庵主)는 다탕(茶湯)을 올리며, 능엄주를 독송한 후 회향한다'[233]라 기록되어 있다.

한편 『동국세시기』에 의하면 "보은 지방 풍속에는 속리산 꼭대기에 대자재천왕(大自在天王)의 사당이 세워져 있고, 그 신이 매년 10월 인일(寅日)에 법주사(法住寺)에 내려온다. 이때 산(山) 사람들은 음률을 연주하고 신을 맞이하여 제사를 지낸다"[234]라 기록되어 있는 바, 이때를 즈음하여 추수가 끝난 민가에서는 집의 가신(家神)을 모신 그릇에 새로운 곡식을 담는다. 즉 집안 장독대 옆 짚 주저리의 단지에 곡식을 넣고 그것을 마루 한구석이나 안방의 구석 시렁 위에 올려놓은 채, 철 따라 보리와 벼를 갈아 담아두는 '터주[基主]' 또는 '철륭단지' 내지 '성주단지'·'세존단지'·'제석오가리'를 마련하는 바, 음력 10월의 말날[午日]에 곡식을 갈아넣게 되는 것이다.

여기서 '철륭단지'의 '철륭'이란 불교의 팔부신중(八部神衆) 가운데

---

231) 舊五代史, 卷138「外國列傳」,〈新羅〉條.
　　　이에 대해『舊唐書』및『新唐書』에는 '正月 元旦에 禮拜한다'고 하였다.
232) 圓仁(申福龍 譯),『入唐求法巡禮行記』, 정신세계사, 1991. p.36.
233) 卍續藏經 111, p.975下.
　　　또한『叢林校定清規總要』(卍續藏經 111, p.0049)에 역시 達磨忌日의 의례가 설명되어 있기도 하다.
234)『東國歲時記』, 十月,「月內」條.

'천(天)·룡(龍)'을 의미하며, '세존(世尊)단지' 및 도리천(忉利天) 하늘의
제석천(帝釋天) 이름을 딴 '제석오가리'의 사용 등은 우리 고유민속과
결부된 불교적 양태를 보여 주고 있기도 하다.

여하튼 10월 상달[上月]이 찾아들면, 입동(立冬)과 함께 늦가을이 지
나 추위는 서서히 기승을 부리기 시작한다. 이렇듯 겨울이 우리들 계절
을 넘나볼 때 사람들은 겨울철의 반양식, 김장을 담근다. 김장은 입동
전후 3일 사이에 담그는 것이 원칙으로 되어 있는 바, 승가에서는 동안
거(冬安居) 결제를 맞이하기 며칠 전부터 '대중울력'으로서 동안거 석달
동안 먹을 김장을 준비한다.

(10) 11월

음력 11월, 동짓달. 동지(冬至)가 되면 태양은 그 죽음을 맞이한다.
하지(夏至)로부터 짧아져 간 낮은 동지에 이르러 그 극한에 이르고, 동
지로부터 짧았던 낮은 다시금 노루 꼬리만큼씩 길어져 고대인들은 이것
을 태양의 죽음과 부활로서 상징화하였다. 이 날은 태음(太陰)의 상징
인 노인과 소양(小陽)의 상징인 어린이의 두 양면성을 지닌 날이라 하
며 태양의 새로운 탄생을 의미하기도 하는 바, 이 날은 또다시 작은 설
['까치까치 설날'에 해당되는 날] 즉 아세(亞歲)라 불리워, '고조선대(古朝
鮮代)의 홍범구주(洪範九疇)를 바탕으로 한 주희(朱熹)의「구구원수도
(九九圓數圖)」에 의하면 이 날은 마침과 더불어 시작을 의미'하기도 하
였다.[235]

한편 『입당구법순례행기』 당 개성 3년(838년) 11월 26일 기사 가운
데, "밤에 모든 사람들이 잠을 자지 않았는데, 이는 일본에서 정월 경신
일(庚申日) 밤에 그러는 것과 같은 것이다"[236]라 쓰여 있다. 그리고 11

---

235) 강무학, 『한국세시풍속기』, 집문당, 1987, p.34.
236) 圓仁(申福龍 譯), 『入唐求法巡禮行記』, 정신세계사, 1991. pp.53~54.

월 27일 기사에

> "오늘은 동지다. 승려와 속인이 서로 하례(賀禮)를 나누었다. ……(중
> 략)…… 승려들도 서로 절을 하고 동지를 축하하는 말을 하면서 인사했
> 다. 중국의 승려가 외국의 승려를 만나면 '오늘은 동지입니다. 스님께서도
> 만복을 받으시고 전등(傳燈)이 끊이지 않으며 하루 빨리 본국으로 돌아가
> 오랫동안 국사(國師)가 되시길 바랍니다' 하고 말했다. ……(중략)…… 속
> 가와 사가(私家)가 각기 흔치 않은 음식을 장만하는데, 온갖 맛의 음식을
> 모두 모아 옛날 사람들이 즐기던 바를 따르면서 모두 명절을 축하하는
> 말을 나눈다. 절이든 속가(俗家)든 모두 사흘 동안 동지의 명절을 보낸다.
> ……(후략)……"[237]

고 하고 있다. 또한 『환주청규』에는 "동지 전날 밤에 토지당에서 염
송하고 동지날 아침 강례(講禮)를 행한다"[238]고 하는데, 이러한 기록 등
에 의거해 볼 때 승가에서는 동지에 즈음하여 수세(守歲)의 풍속과 함
께 토지신(土地神)에 대한 제사 및 동지 당일날에는 강(講)이 행해졌음
을 알게 된다. 그리고 『고려사』 기록에 의하면 "동지를 전후해 팔관회
(八關會)가 베풀어졌음"[239]을 알 수 있기도 하다.

한편 『동국세시기』 및 『형초세시기』 등에는 동지에 동지팥죽을 먹는
풍습을 전하고 있는데, 동지팥죽은 몸의 음사(陰邪)를 씻어 준다고 믿었
으며 집안과 동네의 고목 등에 뿌려 사귀(邪鬼)의 침입을 막기도 하였
다. 이날 아침 예불시 절에서는 각단(各壇)에 팥죽을 올리는 바, 일반에
서는 동지가 동짓달 상순에 드는 '애동지[兒冬至]'와 하순에 드는 '노동
지(老冬至)'를 구분하여 아이들에게 좋은 애동지 때에는 팥죽을 쑤지 않
으나, 그럼에도 절에서는 이에 관계없이 팥죽을 쑤는 까닭에 애동지 때

---

237) 圓仁(申福龍 譯), 『入唐求法巡禮行記』, 정신세계사, 1991. pp.53~54.
238) 卍續藏經 111, p.975下.
239) 『高麗史』 卷69, 志 第23, 「중동 팔관회의 의식」 條.

사람들은 절에서 팥죽을 조금씩 얻어 가는 풍속이 전한다. 또한 하선동
력(夏扇冬曆)의 풍습240)에 따라 이날 절에서는 다음해 달력을 나눠주는
것이 또한 관례화되어 있기도 하다.

　그리고 음력 11월 17일은 아미타불(阿彌陀佛) 탄일로, 『석문의범』에
'이날 공양하면 생자 사자 모두에게 이익이 있다'241)는 내용이 기록되는
바, 『선림소어고증(禪林疏語考證)』에는 이날에 사용되는 소(疏)가 소
개242)되어 있다.

(11) 12월

　음력 12월에는 납월(臘月) 행사가 행해진다. 먼저 납월 8일은 부처님
성도일(成道日)로서, 각 총림에서는 부처님 성도의 의미를 되새기는 가
운데 12월 초하루 새벽으로부터 12월 8일 먼동이 터 오를 때까지의 7일
을 일야(一夜)로 생각한 채 용맹정진에 임한다. 이때는 평소와 달리 해
정(解定)의 죽비를 치지 않으며, 12월 8일의 성도일 법요식 이후 용맹정
진에 임했던 선자(禪子)들은 죽(粥) 한 사발을 먹은 뒤 8일간의 졸음을
이겨낸 채 오후 산행(山行)을 행한다.

　한편 납월(臘月) 납일(臘日)의 풍속을 전하고 있는 『입당구법순례행
기』 당 개성 3년(838년) 12월 29일 기사에 의할 것 같으면,

　　"해가 지니 승(僧)과 속인들은 함께 지전(紙錢)을 태웠다. 여염에서는
　자정이 지나자 폭죽을 터트리면서 만세를 불렀고, 거리의 가게에는 음식
　이 이상하리만큼 푸짐했다. 일본에서는 오늘밤 정원이나 집안이나 대문
　등 온갖 곳에 등을 밝히는데, 당나라에서는 단지 평상시의 등만 밝히는
　것이 일본과 다르다. 절에서는 자정이 지나면 종을 치고 승려들이 식당에

---

240) 『東國歲時記』, 十二月, 「冬至」 條.
241) 安震湖, 『釋門儀範(下)』, p.301.
242) 卍續藏經 111, p.798.

모여 예불을 드리는데, ……(중략)…… 이때 고사(庫司)와 전좌(典座)가
대중들 앞에 나와 한해 동안에 있었던 살림살이의 갖가지 씀씀이와 비용
을 적은 장부를 읽어서 대중들에게 알려 준다. 날이 밝기 전에 등 앞에서
죽을 들고 ……(후략)……"243)

라 하고 있다. 여기서 납월 납일에 앞서 '지전(紙錢)을 태웠다' 함은
한해를 마무리하는 시점에서 내면의 닦음을 위한 예수재(豫修齋)가 거
행되었을지도 모른다는 추측을 가능하게 만든다. 또한 납일(臘日)에 이
르러 그 이른 새벽에 한해의 비용을 대중들에게 알려 주는 행사는 한해
의 외적 총결산을 행함으로서 납일을 깨끗이 마무리하겠다는 것을 의미
한다고 하겠다.
한편 이능화의 「조선신사지(朝鮮神事誌)」 가운데

"불사(佛寺)에서는 제석일(除夕日)이면 사중(寺衆)들이 각각 재미(齋米)
를 들고 미고(米庫)에 가서 제석신(帝釋神)을 위안한다. '석제환인위(釋提
桓因位)'라는 위패 아래 여러 승(僧)들은 삼배를 하고 미고(米庫)에 쌀을
납고(納庫)시킨다. 원일(元日)로부터 사중에 별좌(別座: 齋米를 관장하는
頭僧)가 조석으로 재(齋)를 올릴 때 먼저 석제환인위(釋提桓因位)에 삼배
를 행한 뒤에 그 쌀로 밥을 짓는다."244)

고 기록하고 있는데, 여기서 제석신(帝釋神)이 미곡(米穀)의 신으로
자리잡고 있는 점은 10월 상달 '제석(帝釋)오가리'의 전승과 밀접한 관
계를 맺고 있다고 하겠다. 이에 '밥을 먹다가 밥풀을 흘리면 그것을 주
워 먹을 때까지 제석신이 흘린 밥풀 앞에서 눈물을 흘린다'는 속담이
생겨져 나오기도 하는 바, 제석(除夕)에 이르러 제석신(帝釋神)에 대한
제사를 행함은 그 발음상의 유사성으로부터 행해진 것으로, 동시에 조

243) 圓仁(申福龍 譯),『入唐求法巡禮行記』, 정신세계사, 1991. p.58.
244) 李能和,「朝鮮神事誌」(『李能和全集』(속편), 1978), p.65.

왕신앙(竈王信仰)과 제석신앙(帝釋信仰)과의 습합의 한 형태로서 이해
되기도 한다.

납일(臘日)은 섣달 그믐날을 말한다.[245] 한편 납일(臘日)의 「납(臘)」
은 '승려의 한해'를 말하기도 하는 바, 승가의 한해가 마무리됨을 의미
한다.

이렇듯 승가의 한해가 마무리되는 납월 납일, 종로 네거리 보신각에
서는 제야(除夜)의 종소리 울려 퍼진다. 무수한 인간 염원 가득 담고서
하늘 제석천왕(帝釋天王) 다스리는 선경궁(先見宮)을 중심으로 도리천
(忉利天) 33천을 진동시키는 33번의 종소리는 온 법계의 진성(眞性)과
어울림 되어 우주를 가득 메운다. A-U-M(唵)--A-U-M(唵)-···

이날 사람들은 잠을 자지 않는다. 청소 끝낸 집안 곳곳에 등을 밝히
고 새해를 맞을 차비를 한다. 속설에 이날 잠들면 눈썹이 희어진다고
하며, 이날을 지새움은 경신일(庚申日)[246]의 풍습이 이어져온 것으로
민속에서는 이 풍습을 수경신(守庚申) 또는 수세(守歲)라 부르고 있다.
이날 불자들은 '옴 아모카 바이로 차나 마하 무드라 마니 파드마 즈바
라 프라 바를타야 훔'이란 광명진언(光明眞言)을 외우며 밤을 지새운다.

그러는 사이 "승려들은 제석(除夕)날 밤 자정이 되면 마을의 인가에
내려와 '제(祭) 올릴 쌀을 주시오' 하고 시주(施主)를 구한다. 이 소리를
들은 사람들은 이날 밤 수세(守歲)하느라 모여 앉아서 깊어 가는 밤을

---

245) "우리나라의 경우 臘日을 未日로 한 것은 東方이 木에 속하여 未日을 臘平이라
    한 듯하다." 京都雜志, 卷二 歲時, 「臘平」 條.
246) 庚申日은 六十甲子의 57번째 日에 해당하는 날을 말한다. 道家적 관념이 僧家
    및 민속에 전승된 풍습으로, 사람 몸에는 尸蟲이란 세 마리 벌레[三尸蟲]가 眉
    間 사이에 살고 있는데, 庚申日 밤 사람들이 잠자고 있는 사이에 그 벌레들이
    하늘에 올라 제석천에게 그 사람의 죄를 고해 바친다는 이야기가 있다. 이날 잠
    자지 않고 자기 몸의 三尸蟲을 지키는 풍습을 守庚申이라 하며, 이러한 뜻이 담
    겨져 있는 날을 庚申日이라 한다. 1년에 6번의 庚申日이 있어 六庚申을 지키면
    (잠을 자지 않으면) 三尸蟲을 자기 임의로 부릴 수 있는 채 天壽 즉 二周甲인
    120년을 살 수 있다는 것이다. 이 守庚申의 풍습은 중국 송나라 이후 행해졌으
    며, 경신일 밤을 지새울 때는 『원각경』을 독송하는 것이 상례였다고 한다.

모르고 있다가 승려의 외치는 소리를 듣고서야 '벌써 새해가 되었군' 한다."247)

그러는 사이에 새벽은 찾아들고 그것을 신호로 골목골목을 누비며 외쳤던 복조리 장수. 한해의 복(福)을 가득 담고자 사람들은 문설주에 복조리를 내어 건다. 그리고 아이들은 노래한다. "까치까치 설날은 어제 께고요, 우리우리 설날은 오늘이래요. ……" 이에 정녕 새아침이 밝아온다.

(12) 윤달

태양력(太陽曆)의 계산에 의하면 지구가 태양을 한바퀴 도는 데는 365일이 걸린다고 한다. 그러나 좀더 정확한 척력 율리우스(Julius)력(曆)에 의하면 1태양년은 365.242195일이며, 그러므로 4년마다 2월에 하루씩의 윤일(閏日)을 더하여 쓰게 되었던 것이다. 이에 현재 우리가 사용하는 그레고리오(Gregorio)력 역시 율리우스력과 마찬가지로 윤일(閏日)을 채택하여 쓰고 있다.

한편 태음력(太陰曆)의 계산에 의하면 만월(滿月)에서 만월까지는 29.53059일이 되어 순태음력(純太陰曆)에서는 12달을 작은 달[29日]과 큰달[30日]로 나누어 사용했으나, 태음력과 태양력을 절충한 태음양력(太陰陽曆)에서는 태음력(太陰曆)을 태양의 움직임에 맞추기 위해 19년에 7번씩의 윤달[閏月]을 설정해 두고 있다. 윤달은 '군달'이라 불리운다. '덤달'이라 하기도 하고 '공달', '여벌달'이라 부르기도 한다.

윤달이 오면 불가에서는 '삼사순례(三寺巡禮)'가 행해진다. 한편 우리 속담에 '윤달에는 시체가 거꾸로 서도 탈이 없다'248)고 하는 바 일반에

---

247) 洌陽歲時記, 正月, 「元日」條.
248) 東·西·南·北 사방을 다스리는 신들이 있어 이들이 봄·여름·가을·겨울을 관장하나, 윤달은 이 어느 계절에도 속하지 않기에 그들 신들에 의해 잘잘못을

서는 윤달 동안 집짓기를 시작하거나 묘(墓)를 이장한다거나 수의(壽衣)
를 제작하며, 또한 절에서는 '가사불사(袈裟佛事)' 및 '예수재(豫修齋)'
등의 행사가 행해지기도 한다. 이에 『동국세시기』에 의하면

> "윤달은 풍속에는 없는 달이라 하여 결혼하기에 좋고 또 수의(壽衣)를
> 만드는 데도 좋다. 까닭에 윤달은 꺼리는 것이 없다. 광주 봉은사(奉恩寺)
> 에서는 윤달을 만나면 서울 장안의 여자들이 다투어 모여 불공을 올리며,
> 또 돈을 탑 위에 놓는다. 이리하여 윤달이 다 가도록 이 행사는 그치지
> 않는다. 이렇게 하여 극락세계로 간다고 하여 사방의 노파들은 부산하게
> 다투어 모여든다."[249]

라 하여 윤달의 정황을 간략히 기록하고 있기도 하다.

① 삼사순례(三寺巡禮)

조선 말 이래 불보종찰(佛寶宗刹) 통도사(通度寺) 및 법보종찰(法寶
宗刹) 해인사(海印寺), 승보종찰(僧寶宗刹) 송광사(松廣寺) 등을 삼보사
찰(三寶寺刹)이라 한 채 이를 일반적으로 삼사(三寺)라 말하기도 하였
으나, 다만 거리상 가까운 절 세 곳을 찾아 참배함으로서 무량 공덕을
지을 수 있다고 믿고 있다.

② 가사불사(袈裟佛事)

가사(袈裟)는 비구가 항상 지녀야 할 비구육물(比丘六物) 가운데 하
나로 승가리(僧伽梨)와 울다라승(鬱多羅僧) · 안타회(安陀會) 등 삼의(三
衣)를 말하는 바, 이 삼의는 현성사문(賢聖沙門)의 표식(標識)이라 일컬
어지기도 한다. 또한 삼의는 할절의(割截衣)를 말한다. 즉 온전한 천으

간섭받지 않는다고 한다.
249) 『東國歲時記』, 「閏月」 條.

로 만들어진 것이 아닌, 죽은 사람의 수의(壽衣)나 분소의(糞掃衣) 등
조각 조각을 모아 만들어졌던 까닭에 납의(衲衣: 기운 옷)라 불리우며,
그 납의를 짓는 데 있어 밭의 가지런한 모양을 본떠 만들게 되는 까닭
에 이를 전의(田衣)라 일컫기도 한다.

출가(出家) 사문(沙門), 즉 납자(衲子)는 납의(衲衣)·전의(田衣)를 입
은 채 스스로의 참회와 정진 속에 삶을 살아간다. 그럼에도 사문(沙門)
스스로의 내면의 정진은 타인을 위한 외적 복전(福田)이 되어진다는 뜻
에서 그들이 입고 있는 옷을 '복전의(福田衣)'라 일컫기도 하는데, 이는
가사(袈裟) 즉 납의(衲衣)를 입은 납자(衲子)들의 내면 수행 자체가 중
생을 위한 '복의 증장(增長)의 터'가 되어진다는 관념에서 생겨난 말이
다.

이러한 등의 이유로 인해 가사, 즉 납의(衲衣)·분소의(糞掃衣)·할절
의(割截衣)·복전의(福田衣)를 조성하는 일은 옛부터 으뜸가는 불사(佛
事)로 여겨졌다. 이에 『불설가사공덕경』에 문수사리(文殊師利)가 "이 염
부제 중생이 무슨 인연을 지어야 명(命)과 복(福)을 얻겠습니까?"라는
말에 부처님께서는

"네가 대자비(大慈悲)로서 중생을 불쌍히 생각하여 수복(壽福) 얻는 법
을 물으니, 내가 너희를 위해 수복(壽福)을 선설(宣說)하자면, 가사(袈裟)
가 복출(福出)의 범요니라. 가사는 여래의 웃옷이고 보살의 대의(大衣)이
기 때문이다. 입는 이가 능히 복전(福田)을 지음에 시주(施主)한 이는 속
히 승과(勝果)를 얻게 될 것이다. 대범(大梵) 제석천왕(帝釋天王)은 남북
에 앉아서 옹호하고 사방천왕(四方天王)은 한편에 서서 시위하나니, 만일
용왕이 가사를 몸에 걸치게 되면 짐승을 해할 독한 마음이 없어지고, 사
냥하는 사람이 몸에 걸치게 되면 모든 짐승들이 공경하는 생각을 내게
된다. ……"

라 하여 가사의 공덕을 말하고 있기도 하다. 한편 『비화경(悲華經)』

에서는 여래가 보장불(寶藏佛) 처소(處所)에서 발원하되,

> "내가 성불할 때 나의 가사가 5종 공덕을 성취케 하리니, ① 불제자로
> 서 비록 사견(邪見) 등을 범하였다 하더라도 일념으로 가사를 공경하고
> 존중하면 성문(聲聞)·연각(緣覺)·보살(菩薩) 등 삼승(三乘)의 과위(果位)
> 에 도달할 것이요, ② 천(天)·룡(龍)·신(神)·귀(鬼)나 인비인(人非人)
> 등이 능히 가사를 공경하면 삼승(三乘)의 해탈도(解脫道) 가운데 불퇴전
> (不退轉)의 법을 얻을 것이요, ③ 귀신과 모든 사람이 빈궁 중에 있어 나
> 의 가사 4치 정도만이라도 얻어 가지면 음식이 충족될 것이요, ④ 만약
> 중생이 서로 충돌(衝突)하여 안 좋은 생각을 일으킬 때 가사의 신력(神
> 力)으로서 문득 자비의 마음을 생하게 할 것이며, ⑤ 가사의 일부분만이
> 라도 지니면 존경과 공경심이 생겨 전쟁 중에 있더라도 항상 승리함이
> 있으리라."[250]

는 등 가사의 5성(聖) 공덕을 말하고 있기도 하다.

이처럼 가사의 종교적 상징성은 후대에 이르러 이를 짓는 과정에 있
어서의 복잡성을 산출해 내기도 하였다. 이에 현행 가사불사(架裟佛事)
의 예를 들어 가사를 조성하는 데 있어서의 전체 행법 및 그 의미성 등
에 대해 상술해 보기로 한다.

우선 가사불사를 행함에는 가사를 몇 벌 조성하는가에 따라 그 품계
(品界)를 나누는 바, 대구품(大九品) 및 중구품(中九品), 하구품(下九品)
의 가사불사를 들 수 있다. 여기서 ① '대구품의 가사불사'는 9(9佛)×9(9
品界)[251]=81, 즉 81벌 이상의 가사를 조성함을 의미하며, ② 중구품의

---

250) 大正藏 3, p.220上～中.
　　『四分律刪繁補闕行事鈔』(大正藏 40, p.105中).
251) 여기서 '九佛' 및 '九品界'라 함은 架裟幢世界에 머무시는 각각의 부처님 數와 그
　　세계의 數를 의미한다. 즉 架裟幢世界 上品會上의 九品界에는 九佛께서 머무시
　　며, 中品會上의 九品界에는 과거 七佛, 下品會上의 九品界에는 五佛의 부처님께
　　서 그 세계 가운데 自在하신다는 의미로부터 생겨난 계산법이라 할 수 있다. 『
　　釋門儀範(下)』, pp.116～117 참조.

가사불사는 7(7佛)×9(9品界)=63, 즉 63벌 이상의 가사를 조성함을, 그리
고 ③ 소구품의 경우 5(5佛)×9(9品界)=45, 즉 45벌 이상의 가사를 조성
함을 의미한다.252)

그 조성 방법으로는 먼저 시주를 구하는 데서부터 출발하게 되는데,
시주의 청정성과 아울러 가사를 짓게 되는 양공(良工)의 청정심(淸淨心)
과 함께 가사를 시주 받는 이의 청정이 어우러진 속에 가사불사가 행해
져야 함이 강조된다.

한편 조성하고자 하는 가사의 크기에 대해 『사분율』에 "길이가 네
팔뚝 너비가 두 팔뚝인 옷을 속옷으로 하고, 넓이가 세 팔뚝 길이가 다
섯 팔뚝인 것을 속가사로 만들라. 큰 가사도 이와 같다"253) 하였는 바,
이외에도 여러 종류의 율(律) 가운데 가사의 크기에 대한 다음의 규정
을 말하고 있기도 하다.(도표 27)254)

그럼에도 불구하고 현재 조계종의 경우 대부분 스님의 체격에 따라
대·중·소로 나누어 가사를 짓고 있으며, 태고종에서는 침공(針工)하
시는 스님마다 기준이 조금씩 다르지만 꼭 맞게 입는 옷이 아니므로 눈
으로 대중하여 조(條)를 잰다.255)

가사의 크기는 보통 남자의 키(160Cm~170Cm)에 맞추어 25조의 경
우 가로 230Cm, 세로 110Cm를 기준하는데, 침공(針工)하는 사람 내지
가사를 수(垂)하게 될 사람의 체격에 따른 융통성이 고려되고도 있다.
이에 『입당구법순례행기』 당 개성 3년(838년) 10월 9일의 기사 가운데

252) 문수사 벽응스님의 구술.
　　한미혜, 「韓國 僧侶 袈裟에 관한 考察」(세종대 대학원 석사학위논문, 1989),
　　pp.70~71에서 재인용.
253) 大正藏 22, p.863中.
254) 한미혜, 「韓國 僧侶 袈裟에 관한 考察」 p.57.
　　以下의 기술 중 상당 부분을 이 논문 가운데서 차용했음을 밝혀 둔다.
255) 한미혜, 「韓國 僧侶 袈裟에 관한 考察」, p.60.

도표 27. 가사(袈裟) 크기에 관한 제종(諸種) 율(律)의 규정

三衣	律 (横/縱 品)	근본살바다부율섭 横(長)	縱(廣)	근본일체유부율 横(長)	縱(廣)	사분율 横(長)	縱(廣)	파리율 横(長)	縱(廣)	승지율 横(長)	縱(廣)	선견율 横(長)	縱(廣)
승가리	上品	五肘	三肘			크면六肘	三肘半						
	中品	上品과 中品의 중간		五肘	三肘	正衣量 五肘	三肘	五肘一磔手	四肘一磔手	五肘	三肘	四肘一拳肘	二肘一拳肘
	下品	四·五肘	二·五肘			작으면 四肘	二肘半						
울다라승	上品	五肘	三肘										
	中品	上品과 下品의 중간		승가리와 안타회의 중간		五肘	三肘	上同	上同	五肘	三肘	上同	上同
	下品	四·五肘	二·五肘										
안타회	上品	五肘	二肘										
	中品			四肘半	二肘半	四肘	二肘	二肘	二肘	四肘半	三肘	上同	二肘
	下品	四肘	二肘										

위의 단위 가운데 ①일주(一肘)라 함은 팔꿈치 끝으로부터 손가락을 폈을 때 중지(中指) 끝에까지의 길이를 말한다. 한편 ②일권주(一拳肘)란 팔꿈치 끝으로부터 주먹 쥔 손의 끝까지의 길이를, ③일력수(一磔手)라 함은 한 뼘의 길이를 말한다.

"이교 등을 위하여 삼의(三衣)를 짓도록 했다. 오조(五條)는 명주 두 길〔丈〕 여덟 자〔尺〕 다섯 치〔寸〕가 들고, 칠조(七條)는 명주 네 길 일곱 자 다섯 치가 들고, 대의(大衣)는 명주 네 길 25조가 들어 도합 열한 길 다섯 자가 들었다"256)는 기록을 통해 가사의 크기에 대한 규준(規準)을 짐작할 수 있기도 하다.

한편 가사의 조성은 가사불사의 총 책임자로서 편수와, 나머지 양공(良工) 및 침공(針工) 등에 의해 행해지게 된다. 그 순서로는 먼저 만들 가사의 조(條)에 따라 천을 자르는 작업을 행하며, 이어 바느질 작업이 행해진다.

가사는 할절의(割截衣)인 한에 있어 바늘로 꿰매 만들어야 하는데, 가사를 바느질하는 데 사용되는 용구로는 ① 가사(袈裟) 상(床: 가로·세로 70cm 정도의 陵績 소나무로 만든 것. 나무가 물러 的針의 사용이 용이하다), ② 바늘〔3호 정도], ③ 적침(的針: 헝겊을 床에 고정시키기 위해 대나무에 바늘을 매어 만든 針), ④ 실〔견사], ⑤ 밀납〔바느질할 때의 실을 밀랍에 대어 잡아 빼 사용하면 실이 단단해져 풀림이 적다], ⑥ 사기 조각〔칼이나 가위 대신 쪼개진 사기 조각의 날카로운 면으로 실을 절단한다], ⑦ 골무, ⑧ 인두, ⑨ 바늘겨레〔바늘을 꽂아 두는 물건], ⑩ 척(尺: 良工이 사용하는 대나무로 만든 자, 尺. 上品尺과 中品尺, 下品尺이 있다) 등이 쓰인다.

한편 바느질은 ㉠ 식서접기〔각각 잘라낸 조각을 바느질하기에 앞서 형태를 만들어 접는 일], ㉡ 마르기〔가사의 형태에 따라 위의 덮임 부분과 아래 부분 등 上短 및 下長 내지 上長 및 下短을 각 條에 따라 마름질한다], ㉢ 조(條) 지르기〔각각 마름질한 條와 條를 初針 및 再針의 반당침을 통해 이어 붙인다. 이어 각 條와 欄이 맞닿는 부분에 대한 通門을 만든다], ㉣ 귀짜기〔天王의 수를 붙이고, 가사의 네 모퉁이를 마감하는 일] 등의 순

---

256) 圓仁(申福龍 譯), 『入唐求法巡禮行記』, 정신세계사, 1991. p.43.

으로 진행되며, 그 각각의 꿰매는 법식에 있어서도 직봉(直縫: 바로 꿰맴)을 금하고 천 바탕이 얇은 경우에도 겹쳐 꿰매는 등, 그리고 바느질법은 한 땀씩 뒤로 물러가 다시 뜨는 반당침을 이용해 행하며, 난(欄)의 내침(內針)은 상침으로 하고 외침(外針)은 반당침으로 하는 등 규칙이 주어져 있기도 하다.

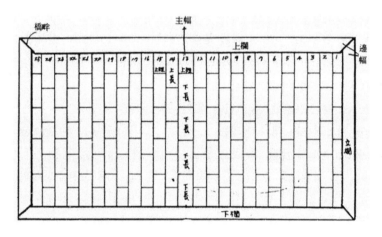

도판 52. 가사의 부분 명칭(25조 가사)
가사는 장방형의 포(布)를 논두렁 모양으로 할절(割截)하여 천과 천을 다시 모아 꿰매 만든 것이다. 5조·7조·25조라 하는 것은 포폭(布幅)의 수에 의한 것으로, 가사의 조 수는 중앙의 주폭을 중심으로 '다섯 폭의 것은 5조 ……' 등으로서 구분한다. 폭은 대개의 경우 사장일단(四長一短), 즉 4장의 긴 천과 1장의 짧은 천으로 구성되며, 주폭의 상단(上短) 및 하장(下長)을 중심으로 하여 그 양옆으로 상장(上長) 및 하단(下短)을 교차하여 만들게 된다.
한편 가사의 중앙을 둘러싼 바깥 부분은 난(欄)이라 불리운다. 세로의 난은 입란(立欄)이라 하고, 하단부는 하란(下欄), 상단부는 상란(上欄)이라 불리운다.

또한 "바느질은 사시(巳時)에 시작해서 신시(申時)에 끝내고, 항상 가사 짓는 곳에 삼보를 청하여 증명을 삼고 제석보살(帝釋菩薩)과 사방천왕(四方天王)이 옹호하고 오방신장(五方神將)으로서 외호하게 하며, 제석단(帝釋壇) 앞에 향화(香華), 공구(工具), 정미(精米) 제물(祭物)을 폐백하여 봉헌한다"[257]고 한다.

한편 가사의 조각과 조각이 이어지는 사방에 통로를 내어 이를 통문

(通門)이라 한다. '통문을 내는 것은 가사의 각 조(條)와 제(堤: 굽)가 밭이랑을 상징하는 것이므로, 물이 늘 흘러내려야 한다는 의미로서 물꼬를 트는 것'[258]을 상징하며, "하품(下品)은 시방(十方)의 도본(圖本)이요, 상품(上品)은 라천(羅天)의 도본이며, 그 가운데는 항하사(恒河沙)와 같은 부처님과 보살이 계시는 것과 같다"[259]고 하는 바, 이는 '가사당세계(袈裟幢世界)에 머물러 계신 상품회상(上品會上)의 ㉠ 금강당불(金剛幢佛)·㉡ 아미타불·㉢ 석가모니불·㉣ 미륵존불·㉤ 아촉불(阿閦佛)·㉥ 묘색신불(妙色身佛)·㉦ 묘음성불(妙音聲佛)·㉧ 향적광불(香積光佛)·㉨ 대통지승여래불(大通智勝如來佛) 등 9불과, 중품회상(中品會上)의 ㉠ 유위불(維衛佛)·㉡ 시기불(尸棄佛)·㉢ 패엽불(貝葉佛)·㉣ 구류손불(拘留孫佛)·㉤ 구나함모니불(拘那含牟尼佛)·㉥ 가섭불(迦葉佛)·㉦ 교주(敎主) 석가모니불 등 과거 7불, 하품회상(下品會上)의 ㉠ 청정법신 비로자나불·㉡ 원만보신 노사나불·㉢ 천백억화신 석가모니불·㉣ 구품도사(九品導師) 아미타불·㉤ 당래하생(當來下生) 미륵존불 등 5불의 모든 부처님'께서 그 세계 가운데 소요(逍遙) 자재(自在)하시기 바란다는 뜻이 그 안에 담겨 있다고도 할 수 있다.[260]

이 경우 '상품(회상)은 사각(四角)을 다 통하게 하고, 중품은 좌변 상각(上角)을 연침(連針)하고 나머지 각(角)은 다 통문(通門)을 두며, 하품은 우변 상각을 연침하되 하각교반(下角橋畔)에 통문을 두어야 한다. 한편 하교반(下橋畔)의 통문에 천지통(天地通)과 방생문(傍生門)을 두지 않으면 시주(施主)와 화주(化主), 조성자(造成者)가 후생에 안맹보(眼盲報)를 받는다'[261]고 일컬어지기도 하는 즉, 보통 콩알이 드나들 정도의 통문을 만들며, 콩알을 넣어 사방으로 굴려 통해야만 한다고 전한다.

257) 金東湖, 『佛心과 修行功德』, 京仁文化社, 1972, p.469.
258) 임영자, 「한국의 불교 복식에 관한 연구」, 한국미술사학회, 1980, p.123.
259) 金東湖, 『佛心과 修行功德』, 京仁文化社, 1972, p.469.
260) 『釋門儀範(下)』, pp.116~117 참조.
261) 金東湖, 『佛心과 修行功德』, 경인문화사, 1972, p.471.

한편 가사를 깁는 도중 통문을 만들게 되는 경우에는 바느질 한 땀
마다 1불의 명호를 불러야 하는 바, 양공(良工)이신 문수암 벽응(碧應)
스님의 구술에 의할 것 같으면 '구품가사(九品袈裟) 중 25조 상상품(上
上品) 한 벌을 기준할 때 이는 125조각의 4장(長)1단(短)이 모여 332개
의 통문(通門)을 갖게 되는 바, 상품에서는 9불(九佛)을 모시므로 통문
1문(門)을 바느질할 때에 제구녁뜨기로 9땀을 뜨면서 1땀마다 1불 명호
를 부른다. 그러므로 통문의 바느질 땀수는 332문에 각 9땀씩을 곱하여
25조 가사 한 벌의 통문 바느질 땀수는 2988땀을 뜨도록 되어 있다. 이
때 불(佛) 명호를 다 불러야 한다'262)라 하고 있다.

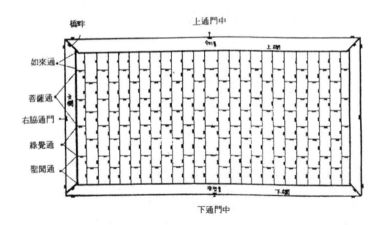

도판 53. 가사의 통문(通門)
난(欄)과 난이 겹친 부분을 교반(橋畔)이라 하며, 각 폭의 가장자리는 변(邊)이라 부르는 바,
변과 교반 사이, 변과 난 사이, 각 조각과 조각 사이에는 통문(通門)이 조성된다. 상품·중
품·하품 회상에 각각 부처님들께서 머무시게 되는 바, 그럼에도 이를 여래통과 보살통·연각
통·성문통 등으로 명칭한 채 구분하고 있다. 각 통문의 중앙 및 모서리에 여래통·석가통·
수미통 및 광명통, 천지통과 방생문 등 10통을 두고 있기도 하다.

---

262) 한미혜, 「韓國 僧侶 袈裟에 관한 考察」, p.85에서 재인용.

한편 이에 대해 『불설가사공덕경』에

"가사를 시주한 사람은 천재(天災)가 설소(雪消)하고 양공(良工)하는
사람은 백복(百福)이 운흥(雲興)하나니, 무슨 연고로 위덕(威德)이 있는가
하면 통문불(通門佛) 중에 제불(諸佛) 제보살(諸菩薩)과 일체신지등중(一
切神祇等衆)이 갖추어져 있으니, 바느질할 때에 만일 일통(一通: 門)이 없
으면 양공하는 사람과 입는 자가 다 같이 맹인보(盲人報)를 받으니 조심
하여 침공(針工)하라."

고 말하여 통문의 중요성을 강조하고 있기도 하다.

도판 54. 가사불사

만들어진 가사의 네 귀퉁이에는 각각 사천왕, 가사 중앙에는 해와 달이 일광보살 및 월광보살
로서 새겨진다. 즉 가사를 수(垂)함으로서 하단에 사천왕천을 두고 그 위에 해와 달과 별들의
세계, 일월성수천을 어깨에 두르는 것이니, 이는 가사를 두른 이가 수미산의 주인 제석천왕,
즉 환인제석 내지 인드라(indra)임을 상징하는 것이라 하겠다.
그럼에도 근래 조성된 가사에는 통문불(通門佛)이나 일광보살·월광보살의 첩상(貼相)이 없
으며, 사우(四隅: 가사의 네 모서리)에 첩(帖)은 있으나 팔부통(八部通)이 나 있지 않고 생략
된 채 사천왕을 표기하는 '王'자 역시 써 놓지 않아 가사 본래의 상징성을 잃어가고 있다.(사
진 제공·전통가사연구원)

그럼에도 이러한 외적 행법뿐만이 아닌 가사를 조성하는 데에는 그
내적 행법이 중요시되기도 하여, 가사의 품수(品數)에 따라 양공(良工)

의 식사 용기나 인원수 및 완성일에 대해서도 규정하고 있다. 즉 '하품
의(下品衣)를 조성하는 양공은 금기(金器)로서 식사를 하고 5인이 5일
작침(作針)하며, 중품의를 조성하는 양공은 은기(銀器)로서 식사를 하고
7인이 7일 작침(作針)하라. 그리고 상품의(25조)를 조성하는 양공은 유
기(鍮器: 놋쇠그릇)로서 식사를 하되 9인이 9일 작침하라'는 등.263)

　이렇게 행해지는 가사불사는 '가사점안(袈裟點眼) 의식' 및 '가사이운
(袈裟移運)'과 '피봉식(皮封式)' 등의 절차를 통해 회향된다.264) 이 가운
데 가사 피봉식의 경우 "상품의 승가리(僧伽梨) 1벌을 제석보살(帝釋菩
薩) 전에 바친다"는 내용의 게송과 함께 「증명비구(證明比丘) ○○, 송
주비구(誦呪比丘) ○○, 양공비구(良工比丘) ○○, 화주비구(化主比丘)
○○, 대시주(大施主) ○○○ 근봉(謹封)」이거나 「대시주(大施主) ○○
○ 보체(保體) 경조승가리(敬造僧伽梨) 사장일단이십오조상품상일령(四
長一短二十五條上品上一領) 봉헌우시방삼보(奉獻于十方三寶) 자존전(慈
尊前) 증명비구(證明比丘) ○○ 송주비구(誦呪比丘) ○○ 퇴수비구(退受
比丘) ○○ 근봉(謹封)」이라 적혀진 봉투에 두 장의 한지를 넣은 후 그
사이에 가사를 넣고 피봉함으로서 마무리된다.265)

③ 생전예수재(生前豫修齋)

　생전예수재(生前豫修齋)는 일명 예수시왕생칠재(豫修十王生七齋)라고
도 하며, 간략하여 예수재(豫修齋)라 일컫기도 한다. 사후(死後)에 갚아
야 할 빚과 과보를 미리[豫] 갚아[修] 살아서 사후의 복전(福田)을 일
굼을 말한다. 현생의 삶 가운데 지은 무수한 업과 자신의 과보를 청정
케 하여 죽은 후 49일간 중음계(中陰界)에 떠도는 고통을 면하게 한다

263) ibid.
264) 袈裟 點眼儀式 및 袈裟移運에 대해서는 『한국의 불교의례』 Ⅱ권 〔非常用儀禮〕의
　　'特別儀禮' 가운데 點眼儀禮 및 移運儀禮 부분 참조할 것.
　　또한 『釋門儀範(下)』, pp.111~118 참조.
265) 『釋門儀範(下)』, p.118.

는 뜻에서 예수재는 49일간 베풀어짐이 원칙이다.〔그럼에도 근래에는 하루 밤낮 행하는 것이 일반적이다. 그리고 명부冥府에서의 닦음이라는 상징성 속에 예수재의 본재本齋는 밤에 행해진다.〕즉 예수재를 행하는 하루는 중음계에서 겪는 고통의 하루가 될 것인 바, 자신의 업을 청정케 하는 의미로서 재(齋)를 행하며, 재를 행함으로서 중음계의 고통 없이 재의 기간 동안 익힌 습성의 방향에 따라 또 다른 좋은 몸을 받게 된다는 것이다.266)

예수재의 근거는 『지장보살본원경(地藏菩薩本願經)』 및 『불설예수시왕생칠경(佛說預修十王生七經: 佛說閻摩王授記四衆逆修生七往生淨土經)』, 『불설수생경(佛說壽生經)』, 『불설관정수원왕생시방정토경(佛說灌頂隨願往生十方淨土經)』 가운데서 찾을 수 있는 바, 예수재의 의미에 대해 보다 구체적으로 설명하고 있는 경전으로는 『불설관정수원왕생시방정토경(佛說灌頂隨願往生十方淨土經)』을 들 수 있다. 이 경전은 대략 다음과 같은 내용을 전하고 있다.

"부처님께서 구시나가라국 사라쌍수 사이에서 열반에 드시고자 할 때 그곳에 모인 대중들에게 다음과 같이 말씀하셨다. '의심이 있는 자는 마땅히 물으라. 내 멸도(滅度)하기 전 다소 의혹 되는 바가 있거든 그들을 위해 그 의혹을 끝까지 풀어 주리라.' 이때 타방국토(他方國土)의 보광보살(普廣菩薩)이 '네 무리의 제자가 임종(臨終)할 때이거나 이미 임종한 이를 위해 어떤 공덕을 닦아야 시방국토(十方國土)에 왕생할 수 있겠습니까?' 하였다.

이에 부처님께서는 입정진보살(入精進菩薩)께서 머무시는 「동방 향림

266) 그러한 그에게 貧窮의 고통 찾아오지 않는다. 飢寒의 고통 면하고, 그의 先亡父母 왕생극락할 것이며, 壽命長壽하고 生死의 공포 여윌 것이며, 건강하고 뛰어난 용모로 지혜와 재주 뛰어나 재산 또한 풍족하고 권속들 창성할 것이다. 지위와 명예 또한 드높고 언제나 삼매에 들어 冥府使者와 閻羅大王을 친견하고 生前과 死後에 아미타불과 관세음보살의 인도를 받게 될 것이라는 등의 믿음이 生前預修齋의 실행 가운데 담겨 있다. 『地藏菩薩本願經』(大正藏 13, pp.782~784).

세계(香林世界)」며, 진정진보살(盡精進菩薩)의 「동남방 금림세계(金林世
界)」·불사락보살(不捨樂菩薩)의 「남방 낙림세계(樂林世界)」·상정진보살
(上精進菩薩)의 「서남방 보림세계(寶林世界)」·습정진보살(習精進菩薩)의
「서방 화림세계(華林世界)」·일승도보살(一乘度菩薩)의 「서북방 금강세계
(金剛世界)」·행정진보살(行精進菩薩)의 「북방 도림세계(道林世界)」·비정
진보살(悲精進菩薩)의 「동북방 청련세계(靑蓮世界)」·정명정진보살(淨命
精進菩薩)의 「하방 수정세계(水精世界)」·지성정진보살(至誠精進菩薩)의
「상방 욕림세계(欲林世界)」 등 시방국토(十方國土)를 나열하시는 가운데,
임종시거나 임종에 다다르지 않았다 할지라도 모두 원에 따라 왕생할 것
을 말씀하고 계시다.

그럼에도 또다시 보광보살의 입을 빌어 말씀하시기를, '(저 시방 부처
님 세계에 태어나기를 희망한다면) 임종을 당하거나 임종을 당하지 않은
사람이라도 향을 사르고 등불을 켜고 탑사(塔寺)의 표찰(表刹) 중에 번
(幡)을 세우고 3·7일(21일) 동안 부처님 경을 외울 것 같으면, 목숨이 끊
어져 중음(中陰) 중에 있어 그 몸이 마치 어린아이와 같아 죄와 복이 결
정되지 못할 때 그때에 응당 복 닦음이 되어지리니, (그때) 망자(亡者)의
몸이 시방의 무량찰토(無量刹土)에 나기를 원하면 그와 같이 되어질 것이
다. 이에 이미 죽은 사람을 위해 이런 복업을 짓게 하면 죄업의 때를 소
멸할 수 있으리라' 하였다. 그리고 그의 부모·형제·친척이 삼도팔난(三
途八難)에 떨어져 갖은 고통받고 있을 때 부모형제와 친족이 그를 위해
복을 닦아줄 수 있는 바, 죽은 사람의 유산 등을 삼보께 보시함으로서 삼
도팔난 중의 사람은 친족이 닦은 복의 7분의 1을 얻을 수 있다. 또한 4배
(四輩)의 무리가 법과 계(戒)를 잘 이해하고 생명이 마칠 때 3·7일을 역
수(逆修)한다면 그 복이 무량할 것이다라고 말씀하시기도 하셨다."[267]

여기서 역수(逆修)라 함은, 살아 있는 사람이 죽음에 대비해 역(逆)으
로 현생 가운데 닦음[修]을, 즉 생전예수재(生前豫修齋)를 의미한다고
하겠다. 이에 『불설예수시왕생칠경』에는 역수(逆修), 즉 예수(豫修)의

---

267) 大正藏 21, pp.528下~ 530中.

방법이 구체적으로 기술되어 있다. 예수를 하려면 ① 매달 두 번 불·법·승 삼보를 공경한 뒤 시왕(十王)을 모신 다음 이름패에 자신 이름을 써넣는다. ② 그런 후『예수경(豫修經: 불설예수시왕생칠경)』을 지심으로 외우며 불(佛)과 지장보살, 시왕(十王)을 염(念)한다. ③ 이렇게 함으로서 건강·장수하고 죽어서는 정토(淨土)에 태어나게 된다[268]는 것이다. 그리고『지장보살본원경』「이익존망품(利益存亡品)」에는 '만약 어떤 남녀가 살아 있을 때 많은 죄를 짓더라도 죽은 뒤 그의 후손들이 그를 위해 복덕을 닦아주면 그 공덕의 1/7은 망인(亡人)에게 돌아가고 나머지 공덕은 산사람이 차지한다. 그러므로 사람들은 살아있을 때에 스스로 공덕을 쌓아야 한다'[269]고 말하고 있기도 하다.

한편『석문의범』의「방생편(放生篇)」에서는 '적선도인(積善道人)의 일곱 가지 방생'을 소개하는 가운데 "예수코자〔豫修齋를 행하고자〕하거든 방생부터 먼첨 하라. 세상 사람이 매양 중을 청해서 불사(佛事)를 작(作)하야 미리 닦는 것은, 진실로 죽은 뒤에는 육도(六途)에 윤회함에 업식(業識)이 망망(茫茫)할지라. 미리 불보살의 불쌍히 생각하여 줌을 구함이 아닌가. 대저 세간(世間) 자선(慈善)은 방생보다 더 조흠이 업시니 내가 자비지심(慈悲之心)으로 방생하야 불보살의 자비지덕(慈悲之德)에 감동되면 반다시 불보살의 복을 입을 것이니라"[270]라 하여 예수재를 행함에 있어 갖추어야 할 마음가짐을 강조하고도 있다.

현행 예수재는 위에 언급한 경문(經文) 내용들을 토대로 육화(六和) 찬(撰)의「예수천왕통의(豫修薦王通儀)」및 병사왕(빈비사라왕)의 꿈을 소재로 하여 만들어진「예수시왕의문(預修十王儀文)」, 그리고「예수시왕의문」에 있는 결단(結壇), 공물(供物), 조전법(造錢法) 등의 내용이 첨가된 채,[271]『석문의범』에 소개된 송당(松堂) 대우(大愚)의 찬술『예

268) 卍續藏經 111, p.976下.
269) 大正藏 13, p.784中.
270) 安震湖,『釋門儀範(下)』, p.192.

수시왕칠재의찬요(豫修十王七齋儀纂要)』272)를 저본(底本)으로 구성되는
바, 『석문의범』에 의거 예수재 시행 행법을 종합·재구성하면 다음과
같다.

㉮ 금은전 조전과 점안 및 이운

　예수재를 행함에는 재의식(齋儀式)에 쓰여질 돈, 즉 수생전(壽生錢)의
조전(造錢)과 점안(點眼) 및 그것을 단(壇)에 바치는 이운(移運)의 절차
가 먼저 행해진다. 이에 조전법(造錢法)으로는 『예수시왕의문』「조전법」
가운데 '종이 한 관에 돈 30문을 만들며', '1척(尺) 길이의 종이에 노랑
물을 들여 절반은 백지로 하고 교차로 엽전과 같이 조각하여 한 줄에
10문, 한 폭에 30문을 지었으니, 이것은 빈부의 차이 없이 가장 많이 사
용된 돈이다'273)라 하는 바, 금전(金錢)을 만듦에 있어서는 한지를 황색
(黃色)으로 물들이고 은전(銀錢)의 경우에는 한지 그대로를 써서 그 위
에 돈을 찍는 방법을 사용함을 말하고 있다. 한편 돈을 찍음에 있어서
는 법당 내에 다음과 같이 조전도량(造錢道場)274)을 차린 채 돈을 만들
게 되는 바, 법당 즉 조전도량 내에서 조전 및 점안의식(點眼儀式)과 함
께 이운의식(移運儀式)이 아울러 행하여진다.(도표 28)

조전(造錢) 및 점안(點眼)

　위 조전도량을 설치한 후 돈을 만들고〔造錢〕 그에 대한 점안의식을
행한다. 이에 『석문의범』의 「예수천왕통의」, '조전법' 항목에 의할 것 같
으면 '돈을 만들기 전에 먼저 법사가 동방을 향해 조전진언(造錢眞言:
옴 바아라 훔 사바하)을 108번 외우고서 돈을 만드는데, 버드나무 가지

271) 安震湖, 『釋門儀範(上)』, pp.219~236.
272) 『釋門儀範(上)』, pp.156~215.
273) 『釋門儀範(上)』, p.234.
274) 造錢道場 도표는 洪潤植 敎授에 의한 것(『佛敎儀式』, 문화재관리국 문화재연구
　　소, 1989, p.389)을 인용하였다.

3·7조를 1편으로 만들어 세 곳에 큰 발을 만든 다음 그 위에 돈을 놓고 월덕방수(月德方水: 달이 비치는 물) 1되를 길어[275] 돈 위에 뿌리고 성전진언(成錢眞言) 등 제주(諸呪)를 외우라'[276]는 등 조전(造錢) 및 점안의식에 대해 설명하고 있다.

```
┌─────────────────────────────────────────────┐
│                                               │
│                佛      壇                      │
│                                               │
│             月德水（淨水）                      │
│                                               │
│          버드나무 발로 만든 소반                 │
│                                               │
│  돈만드는 장소      證師席      돈만드는 장소      │
│                                               │
│              儀式僧席                          │
│                                               │
└─────────────────────────────────────────────┘
```

도표 28. 조전도량(造錢道場)의 배치

이에 대해 『예수시왕의문』에서는 "깨끗한 자리에서 버드나무가지 3·7조를 1편으로 만들어 세 곳에 큰 발을 만들어 놓고 그 위에 노랑색 종이와 흰색 종이의 돈을 찍어 놓고 월덕방수(月德方水) 1되를 길어 대가사를 입은 스님이 물가에 이르러 '옴 바아라 훔 사바하'라는 진언을 108번 외우고 그 물을 돈 위에 뿌린다. 혹 버드나무가 아닌 쑥 3·7조라 하기도 하였다"[277]고 좀더 상세한 기록을 행하기도 하는 바, 현행에

---

275) 『釋門儀範(下)』「吉凶各種」항목의 '月德方水法'에서는 月德方水에 대한 날과 시에 대한 규정을 두고 있다.(p.302) 즉 '1월·5월·9월에는 巳時에서 午時 사이의 丙水가 月德方水에 해당하며, 2월·6월·10월에는 寅時에서 卯時 사이의 甲水가, 3월·7월·11월에는 亥時에서 子時 사이의 壬水가, 4월·8월·12월에는 申時에서 酉時 사이의 庚水가 각각 月德方水에 해당한다'는 것이다.

276) 安震湖, 『釋門儀範(上)』, p.233.

277) 李相河 編, 『新編豫修齋儀式』, 경기도 水月寺, 1985, pp.131~132.

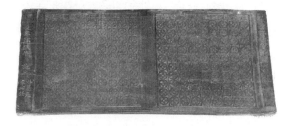

지전목판(紙錢木版)

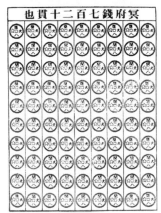

인쇄용 지전(紙錢)

일만관(壹萬貫) 지폐
(冥府金庫 발행)

도판 55. 금은전(金銀錢: 壽生錢)

『예수시왕의문』에 '종이 한 관에 돈 30문을 만들며', '1척 길이의 종이에 노랑물을 들여 절반은 백지로 하고 교차로 엽전과 같이 조각하여 한 줄에 10문, 한 폭에 30문을 지었으니, 이것은 빈부의 차이 없이 가장 많이 사용된 돈이다'라 하는 바, 金錢을 만듦에 있어서는 한지를 황색으로 물들이고 銀錢의 경우에는 한지 그대로를 써서 그 위에 돈을 찍는 방법을 사용했음을 말하고 있다. 위의 예와 같이 금은전(壽生錢)을 찍음에는 고래로 지전목판(紙錢木版)을 사용하여 종이 한 장에 720관씩의 돈을 찍고, 각각을 동그랗게 오려낸 채 가운데 구멍을 뚫어 꾸러미 돈을 만들어 사용했으나, 지전을 찍기 위해 너무 많은 종이가 소요된 관계로 근래에 와서는 이를 인쇄용으로 대치하고 있다. 돈 꾸러미의 양을 줄이기 위해 명부금고(冥府金庫) 발행권인 일만관(壹萬貫)짜리 지폐가 생겨나기도 하였다.

『삼국유사』(卷4, 「月明師兜率歌」 條)의 기록에 "경덕왕 19년(760년) '월명(月明)이 일찍이 망매(亡妹)를 위해 재(齋)를 올리고 향가를 지어 재축(齋祝)할 새, 홀연히 광풍이 일어 지전을 날려 서쪽으로 향해 없어졌다"하며, 『입당구법순례행기』에 당 개성 3년(838년) 12월 29일 기사에 "해가 지니 승(僧)과 속인들은 함께 지전을 태웠다"고 하는 바, 지전의 역사와 재(齋) 및 납일(臘日)에 즈음해 사용되었던 그 용도에 대한 추정을 가능케 한다.(사진 제공·범하스님)

있어 역시 돈을 만든 후 버드나무가지로 만든 발을 세 곳에 펴 금은전
(金銀錢)을 발 위에 놓고 그 위에 짚으로 만든 발을 덮은 다음, 그릇에
담은 정수(淨水)를 버드나무가지에 적셔 주위 사방에 뿌리면서 성전진
언(成錢眞言) '옴 반자나 훔 사바하'278)를 108번 외우고 있다.

한편 「예수천왕통의」에 의할 것 같으면, 위 성전진언(成錢眞言) 후에
"법사가 '나무불수(南無佛水)·나무법수(南無法水)·나무승수(南無僧水)
및 나무오방용왕수(南無五方龍王水)' 등의 게송 3·7편(21편)을 외운 다
음, 만들어진 돈을 정결히 한다는 뜻에서 증사(證師)가 솔가지로 돈 위
에 물을 뿌리며 쇄향수진언(灑香水眞言) '옴 바아라 바 훔' 108편을 외
운다. 그리고 동쪽으로 향해 앉아 금은전이 변화됨을 묵상(默想)한
다"279)라 하고 있다. 이어서 변성금은전진언(變成金銀錢眞言) '옴 발사
라 반자니 사바하'를 외운 뒤 이후 발(과 함께 돈)을 명부(冥府) 시왕
(十王) 및 제(諸) 권속들에게 바치는 바, 그 과정 가운데 괘전진언(掛錢
眞言) '옴 반자나 반자니 사바하' 및 헌전진언(獻錢眞言) '옴 아자나 훔
사바하' 등을 독송하게 된다.

금은전(또는 經函) 이운

이렇게 만들어진 돈을 예수재 행사장의 명부 시왕전(十王前)에 봉헌
하게 되는데, 이때 금은전(및 경함) 이운의식이 행해진다. 한편 『예수시
왕의문』에 의할 것 같으면 모든 인간은 명부에 이르러서 갚아야 할 돈
과 보지 못한 경전, 즉 흠전량(欠錢量) 및 독송해야 할 경전이 있게 되

---

278) 『예수시왕의문』 가운데는 '옴 반자나반자니 사바하' 및 『勝鬘經』 가운데 있는
'옴 아자나 훔 사바하' 등 成錢眞言을 소개(ibid. pp.132~133)하면서 '이렇게 經文
이 같지 않고 또 呪文도 같지 않다. 그러나 그 뜻을 취하여 쓴다면 기본은 하나
다. 어떻게 하든 돈을 만들 때는 진언을 외우고 月德水를 뿌려야만 그것이 법다
워진다는 것을 알면 된다'고 하고 있다.(ibid. p.133)
　　한편 『釋門儀範(上)』(p.237)에서는 成錢眞言으로서 '옴 반자나 훔 사바하'를 소개
하고 있다.
279) 安震湖, 『釋門儀範(上)』, p.236.

는 바, 이를 저승에서 갚아야 한다고 하고 있다. 그럼에도 그것을 현생
에서 미리 갚고 독송하는 것에 예수재의 중요 의미가 담겨 있기도 하
여, 그 돈을 명부 시왕전에 봉헌하여 미리 갚고 경전을 명부 시왕전에
봉독(奉讀)하여 미리 읽게 된다.280) 이에 돈과 경전을 예수재 석상(席
上)에 안치시켜야 하는데, 이를 행하는 행법이 금은전(및 경함) 이운이
라 할 수 있다.

「예수천왕통의」, '십이생상속(十二生相續)' 항목281)에서는 육십갑자(六
十甲子)에 따른 각각의 흠전(欠錢) 및 간경(看經)해야 할 경전(『금강경
』) 권수를 기록하고 있어, 이를 도표화하면 다음과 같다.(도표 29)

이 도표에 따라 각각에 해당하는 돈을 바쳐야 하며, 또한 경전을 읽
어야 한다는 것인데, 다만 예수재 가운데 돈만을 바치는 의식이 시행될
경우와 돈과 함께 경전을 읽어 바쳐야 할 경우 등이 각각 시행된다. 이
에 『석문의범』 「금량전(金量錢) 이운식(移運式)」 항목에 의할 것 같으
면 금은전 이운의 경우 우선 ⓐ '조성전산산경수(造成錢山山競秀) 봉헌

---

280) 모든 인간은 今生에 태어날 때 冥府에 어느 정도의 金錢 기증 또는 讀經을 약속
한 채 태어난다고 하며, 今生에 약속한 금액을 돈으로 반환하지 않으면 안 된다
는 신앙을 「還壽生信仰」이라 말한다. 한편 이러한 돈을 庫司에 납입해 두면 來
世에는 반드시 인간 또는 천상에 태어날 수 있다는 믿음을 「寄庫信仰」이라 하
며, 이러한 믿음의 바탕 위에 豫修齋 기간 동안 돈을 冥府 十王前에 奉獻해 미
리 갚고, 경전을 冥府 十王前에 奉讀하여 미리 읽는 의식을 행하게 된다.
이러한 신앙의 기원은 『佛說壽生經』(卍續藏經 87, p.922) 및 「十二相續」, 「壽生錢
」으로부터 유래한다. 『佛說壽生經』은 貞觀 13년(639년) 玄奘이 인도 순례 중 발
견했다는 경전으로, 「十二相續」과 「壽生錢」 역시 이때 발견하여 번역했다고 전
한다.
『佛說壽生經』의 내용은 『금강경』 및 『壽生經』을 독송하지 않고, 또한 전생의 빚
인 壽生錢을 바치지 않으면 살아서 18가지 고난이 있으며 죽은 뒤에는 薦度받지
못한 채 中陰神으로서 남아지게 된다는 것이다. 또한 살아 있을 때 바치지 못했
다면 죽은 뒤 49일 동안에 반드시 납입해야 한다고 하는 바, 이로서 후손들은
死者의 薦度를 위해 『금강경』 및 『壽生經』 독송 및 壽生錢을 대신 바치게도 된
다. 그리고 이러한 의식을 행하는 것이 生前預修齋라 말할 수 있다.
한보광, 「예수재 신앙의 재조명」, 불기 2537년 5월 15일, 「대한불교신문」 기사
참조.

281) 『釋門儀範(上)』, pp.223~229.

명부시왕전(奉獻冥府十王前) 안열종관고사중(案列從官庫司衆) 수차건성
대인연(受此虔誠大因緣)'이란 내용의 이운게(移運偈)를 외우고 난 후 커
다랗게 울리는 바라(鉢羅) 삼성(三聲)의 인도에 따라 고사단(庫司壇) 앞
에 이르른다. 이어 ⓑ '지조전산겸비수(紙造錢山兼備數) 헌상염라열성전
(獻上閻羅列聖前) 종관고사권속등(從官庫司眷屬等) 불사자비애납수(不捨
慈悲哀納受)'란 내용의 봉헌헌전게(奉獻獻錢偈)를 외운 다음 ⓒ 헌전진
언(獻錢眞言) '옴 아자나 훔 사바하'를 외우게끔 되어 있다.[282]

도표 29. 십이생상속(十二生相續)에 따른 흠전(欠錢) 및 간경(看經) 권수, 納曹官

干 支	分 支	欠 錢	看 經	納 曹 官
子 生	甲子生	53,000관	17권	제 3庫 元 曹官
	丙子生	73,000관	24권	제 9庫 王 曹官
	戌子生	63,000관	21권	제 6庫 尹 曹官
	庚子生	110,000관	35권	제 9庫 李 曹官
	壬子生	70,000관	22권	제 3庫 孟 曹官
丑 生	乙丑生	280,000관	94권	제15庫 田 曹官
	丁丑生	43,000관	94권	제15庫 田 曹官
	己丑生	80,000관	25권	제 3庫 崔 曹官
	辛丑生	110,000관	36권	제18庫 吉 曹官
	癸丑生	27,000관	10권	제 8庫 習 曹官
寅 生	丙寅生	80,000관	26권	제10庫 馬 曹官
	戌寅生	60,000관	20권	제11庫 郭 曹官
	庚寅生	51,000관	28권	제15庫 毛 曹官
	壬寅生	96,000관	22권	제13庫 崔 曹官
	甲寅生	33,000관	11권	제13庫 杜 曹官
卯 生	丁卯生	23,000관	9권	제11庫 許 曹官
	己卯生	80,000관	25권	제26庫 宋 曹官
	辛卯生	80,000관	26권	제 4庫 張 曹官
	癸卯生	12,000관	8권	제20庫 王 曹官
	己卯生	80,000관	26권	제18庫 柳 曹官

---

282) 安震湖, 『釋門儀範(上)』, p.217.

辰 生	戊辰生	52,000관	18권	제14庫 馮 曺官
	庚辰生	57,000관	19권	제24庫 劉 曺官
	壬辰生	45,000관	15권	제 1庫 趙 曺官
	甲辰生	29,000관	10권	제19庫 董 曺官
	丙辰生	32,000관	11권	제35庫 賈 曺官
巳 生	乙巳生	90,000관	30권	제21庫 楊 曺官
	丁巳生	70,000관	23권	제16庫 程 曺官
	己巳生	72,000관	24권	제31庫 曹 曺官
	辛巳生	57,000관	19권	제37庫 高 曺官
	癸巳生	39,000관	13권	제50庫 裵 曺官
午 生	甲午生	40,000관	13권	제21庫 午 曺官
	丙午生	33,000관	12권	제60庫 蕭 曺官
	戊午生	90,000관	30권	제39庫 史 曺官
	壬午生	70,000관	33권	제44庫 孔 曺官
	庚午生	62,000관	20권	제43庫 陳 曺官
未 生	己未生	43,000관	15권	제 5庫 卞 曺官
	丁未生	91,000관	29권	제52庫 朱 曺官
	辛未生	13,000관	32권	제59庫 常 曺官
	乙未生	40,000관	13권	제51庫 皇甫曺官
	癸未生	52,000관	17권	제49庫 朱 曺官
申 生	甲申生	70,000관	23권	제56庫 呂 曺官
	丙申生	33,000관	11권	제57庫 何 曺官
	戊申生	80,000관	36권	제58庫 柴 曺官
	庚申生	61,000관	21권	제42庫 胡 曺官
	壬申生	42,000관	14권	제49庫 苗 曺官
酉 生	乙酉生	40,000관	24권	제11庫 安 曺官
	己酉生	90,000관	29권	제32庫 孫 曺官
	辛酉生	37,000관	13권	제15庫 丁 曺官
	癸酉生	50,000관	16권	제12庫 申 曺官
	丁酉生	170,000관	48권	제29庫 閔 曺官
戌 生	甲戌生	25,000관	9권	제27庫 幷 曺官
	戊戌生	42,000관	14권	제36庫 晉 曺官
	庚戌生	110,000관	35권	제12庫 辛 曺官
	壬戌生	73,000관	25권	제 4庫 彭 曺官
	丙戌生	80,000관	25권	제 3庫 左 曺官

亥生	乙亥生	48,000관	16권	제42庫 成 曹官
	己亥生	72,000관	25권	제50庫 丁 曹官
	辛亥生	101,000관	45권	제40庫 石 曹官
	癸亥生	75,000관	24권	제15庫 仇 曹官
	丁亥生	39,000관	13권	제40庫 吉 曹官

그럼에도 예수재를 행함에 있어 금은전 뿐만이 아닌 경전 독송의 필요에 따라 경함(經函)을 동시에 이운할 경우에는 위와는 달리 ⓐ '수도금은산부동(誰道金銀山不動) 불번천제명과아(不煩天帝命夸娥) 인수지작명간보(人誰紙作冥間寶) 진시여래묘력다(儘是如來妙力多)'라는 이운게(移運偈)를 외우고 난 후 대중이 요잡(遶帀)하여 고사단(庫司壇) 앞에 이른다. 이어 ⓑ '화지성전겸비수(化紙成錢兼備數) 퇴퇴정사백은산(堆堆正似白銀山) 금장봉헌명관전(今將奉獻冥官前) 물기망망광야간(勿棄茫茫曠野間)'이란 내용의 헌전게(獻錢偈)를 외운 후 ⓒ '묘법하수별처토(妙法何須別處討) 화화초초노전기(花花草草露全機) 인인불식원주재(人人不識圓珠在) 야사능인권폐의(也使能仁捲蔽衣)'란 내용의 경함이운(經函移運)의 게, 그리고 ⓓ '주위산진등정안(珠爲山珍登淨案) 약인요병사금병(藥因療病瀉金瓶) 대승법력난사의(大乘法力難思議) 약천망령전차경(若薦亡靈轉此經)'이란 내용의 동경게(動經偈)를 외우고서 경(經)을 옮기는 것으로 되어 있다.[283]

㉯ 결단(結壇)

이상 조전 및 점안, 이운과 함께 예수재를 준비함에 있어 단(壇)의 설치가 필요하다. 이에 『석문의범』에 소개된 「예수재 분단규식(分壇規式)」[284]에 의하면 우선 상단(上壇)으로서 상·중·하 3단과, 중단(中壇)

---

283) 安震湖, 『釋門儀範(上)』, pp.217~218.
284) 『釋門儀範(上)』, pp.216~217.

으로서 중상단·중중단·중하단 3단, 그리고 하단(下壇)으로는 조관단(曹官壇)·사자단(使者壇) 등 8단을 차리게 되며, 이들 각단(各壇)에 다음 등 각위(各位)를 모시는 것으로 되어 있다.

상단(上壇): 상단에는 '나무청정법신비로자나불(南無淸淨法身毘盧遮那佛) 나무원만보신노사나불(南無圓滿報身盧舍那佛) 나무천백억화신석가모니불(南無千百億化身釋迦牟尼佛)' 등의 위목(位目)으로서 삼신불(三身佛)을, 중단에는 '본존지장보살(本尊地藏菩薩) 용수보살(龍樹菩薩) 관세음보살(觀世音菩薩) 상비보살(常悲菩薩) 다라니보살(陀羅尼菩薩) 금강장보살(金剛藏菩薩)' 및 '비로자나화신천조(毘盧遮那化身天曹) 노사나응신천조(盧舍那應身天曹) 노사나법신천조(盧舍那法身天曹) 대지노사나화신천조(大智盧舍那化身天曹) 미륵화신태산부군천조(彌勒化身泰山府君天曹) 남방노인지장화신천조(南方老人地藏化身天曹)' 등 육대천조(六大天曹)와 '도명존자(道明尊者)·무독귀왕(無毒鬼王)'을, 하단에는 '대범천왕(大梵天王)·제석천왕(帝釋天王)·사방천왕(四方天王)' 등을 위목(位目)으로서 모신다.

중단(中壇): 각 상·중·하로 나뉜다. 중상단에는 시왕(十王)[285]을, 중중단에는 하판관(夏判官)으로부터 영지(靈祗) 등에 이르기까지의 무리[286]를, 중하단에는 그 나머지 위(位)[287]를 모신다.[288]

하단(下壇): 조관단(曹官壇) 및 사자단(使者壇)[289]을 마련한다.

---

285) 十王壇의 상단에는 酆都大帝 一切聖衆과 十大王의 各目이 列書된다.(『釋門儀範(上)』, p.218)

286) ⓐ 26位의 判官과 三元將軍 등 무리, ⓑ 36位의 鬼王 등중, ⓒ 귀혼부제 2簿童子와 12사자, 그리고 호정신령지정등중 등 106位

287) 柳判官으로부터 이름을 알 수 없는 일체 등의 무리를 모신다.(『釋門儀範(上)』, p.218)
한편 「豫修薦王通儀」의 '結壇分位' 항목에서는 '十王案內眷屬衆爲下壇'이라 쓰여 있다.(『釋門儀範(上)』, p.231)

288) 『釋門儀範』의 「豫修薦王通儀」 '十王排置法' 항목(p.232) 가운데 地藏을 首로 한 채 단을 三壇으로 나누어 冥司 등을 안치하는 방법 내지, 공양하는 방법 등이 서술되어 있다.

289) 사자단에는 사직사자와 연직사천사자, 월직공행사자, 일직사자중, 시직기자 등이 모셔진다.

이렇듯 8단〔이 경우 마구단(馬廐壇)은 해탈문(解脫門) 안에 마련한다. 특별히 단을 차리는 것이 아닌 명부시왕의 말과 낙타를 그림으로서 모신다〕을 차리는 것과는 달리 「예수천왕통의」의 '결단분위(結壇分位)' 항목에 의할 것 같으면 하단에 조관단(曹官壇) 및 사자단(使者壇) 외에 마구단(馬廐壇)을 첨가 9단을 설정한 채, '이상합위예수구단(已上合爲豫修九壇)'이라 말하고 있기도 하다.[290]

한편 각단(各壇)에 각위(各位)를 모시되 그 높이는 각각 오촌(五寸)[291]으로 할 것이며, '상단으로부터 하단에 이르기까지 차차로 거불(擧佛)과 소(疏)를 독송해야 하며 사자단(使者壇)은 서변(西邊)에 배치한다'[292]고 하는 바, 이 가운데 상단은 증명단(證明壇)이며 하단은 부속단(附屬壇)으로, 시왕(十王)을 모신 중단이 중추적 위치를 차지한다.[293] (도표 31)

이렇듯 단을 설치한 후 「예수천왕통의」, '단중소입지물(壇中所入之物)' 항목에 의하면 'ⓐ 향(香), ⓑ 화(花), ⓒ 등촉(燈燭), ⓓ 다(茶), ⓔ 과(果), ⓕ 반(飯), ⓖ 병(餠), ⓗ 금은전(金銀錢), ⓘ 운마(雲馬) 14필, ⓙ

---

290) 安震湖, 『釋門儀範(上)』, p.231.
291) 『釋門儀範(上)』, p.216. "五寸爲準"
292) 『釋門儀範(上)』, p.216.
293) 이에 홍윤식 교수는 『梵音集』
   豫修二晝夜十壇排說之圖」에 의
   한 채 別壇으로서 醜陋壇 및
   壇位, 庫司壇・馬廏壇 등을 표
   한 다음의 設壇圖를 제시하고 있
   기도 하다.
   문화재관리국 문화재연구소
   『佛教儀式』, p.394.
   한국정신문화연구원, 『한국민족
   문화대백과사전(vol. 15)』, p.78.

도표 30.
예수재(豫修齋) 설단도(設壇圖)
(梵音集에 의거)

西	百億化身	淸淨法身	圓滿報身		東
	紺方大梵天王 梵帝天王 大梵天王	法堂內設壇	上位三壇則	黃飄鄭夫六大天 諸位諸大天王 左邊列位諸天王	下壇位
鐵牀壇	第二王 第四王 第六王 第八王 第十王	鄭都大帝衆中位三壇則 法堂外左邊設		第一王 第三王 第五王 第七王 第九王	庫司壇 從官壇
馬廏壇 解脫門 參設之 內可宜	列位 參設之 內可宜			參設 下可宜	

낙타(駱駝) 14필, ⓚ 소필(小筆) 10자루, ⓛ 진묵(眞墨) 10정(丁), ⓜ 연갑(硯匣: 벼루) 10개, ⓝ 연석(硯石: 먹) 10개, ⓞ 도자(刀子: 칼) 10자루, ⓟ 명미(命米), ⓠ 명건(命巾), ⓡ 명금(命金), ⓢ 장릉(長蔆: '마름'이란 풀), ⓣ 두탕(荳湯), ⓤ 주망(珠網), ⓥ 공사지(公事紙: 백지) 등을 각각의 성전(聖前)에 봉헌하되 다소를 막론하고 힘에 따라 소판(所辦)할 것'[294] 을 말하고 있다.

		* 사천왕(동방천왕)
* 사천왕(서방천왕)	① 상단(三身佛壇)	② 중단(地藏壇)
③ 하단(護法善神衆壇)	* 청정법신비로자나불	* 지장보살, 용수보살, 관세음보살, 상비보살, 다라니보살, 금강장보살 등 6보살 및 육대천조, 도명존자와 무독귀왕
* 대범천왕, * 제석천왕	* 원만보신노사나불	
* 사천왕(북방천왕)	* 천백억화신석가모니불	* 사천왕(남방천왕)
⑥ 중하단	④ 중상단(명부시왕단)	⑤ 중중단 * 26위의 판관과 삼원장군 등
* 柳判官부터 이름을 알 수 없는 일체 등의 무리	* 풍도대제 일체성중 * 십대왕	* 36위의 귀왕등중 * 귀혼부제 2부동자와 12사자 * 호정신령지정등중
⑨ 마구단	⑧ 사자단	⑦ 조관단
* 법당 밖(혹 해탈문)에 말과 낙타를 그림으로 모시기도 한다	* 연직사자, 일직사자, 제위사자등중, 일직지행사자, 시직사자 등	

도표 31. 예수재 설단도(設壇圖) (『석문의범』에 의거)

---

294) 安震湖, 『釋門儀範(上)』, p.232.

그리고 이렇듯 단(壇)에 물(物)을 올리고 난 후 '좌우수(左右手) 모지(母指)와 무명지(無名指)를 맞대고 나머지 지(指)는 흩트린 보통길상인(普通吉祥印)을 맺은 채 정법계진언 가지(加持) 3편과 변식진언 가지 3편을 외운 즉, 종종 미호(美好)의 식(食)은 백천 항하사수(百千恒河沙數)의 명왕(冥王) 등에 공양되어 각각 근본의 소원을 성취할 수 있다'[295]고 하고 있다. 한편 『예수시왕의문』에 의할 것 같으면, 이상 "상중단에 헌좌(獻座)하고 존물(尊物)을 바칠 때에는 정법계진언과 제석천왕제구예진언(帝釋天王除垢穢眞言) '야지부 제리나 아지부 제리나 미도제리'[296] 108번씩을 외우라"[297] 하고 있기도 하다.

㉓ 본재(本齋)

이상 금은전의 조전과 점안·이운, 그리고 결단(結壇)을 행한 후 '예수작법(豫修作法) 준비'가 행해진다. 즉 본재(本齋)에 앞서 천왕문(天王門) 앞에서 도량과 불법을 수호하고 모든 부정을 정화한다는 의미로서 시련(侍輦) 및 신중작법(神衆作法)이 행해지기도 하는 바,[298] 『석문의범』에 의하면 예수재 당일 ① 법사이운(法師移運) 및 ② 염향설법(拈香說法), ③ 권공축원(勸供祝願), ④ 시왕단(十王壇) 근처에 전막(錢幕)을 치고, 시왕(十王) 청좌(請座) 후 각위(各位)에 전(錢)을 봉헌함, ⑤ 중단권공(中壇勸供: 회향진언에 이르면 고사단 前에 錢을 봉헌한다), ⑥ 전종(轉鍾) 7하(七下: 종을 일곱 번 올렸다 내림) 및 소라〔法螺: 소라 나팔〕 3번을 불은 후 바라〔鈸〕 일종(一宗)을 울림, 이후 상번(上番)이 ⑦ 갈향게(喝香偈: 一片栴檀沒價香 須彌第一最高崗 六銖通遍熏沙界 萬里伊蘭一樣香.

295) 『釋門儀範(上)』, p.233.
296) 『예수시왕의문』에 소개된 帝釋天王除垢穢眞言 '야지부 제리나 아지부 제리나 미도제리'는 誤記로 보인다. 통상의 경우 '아지부 제리나 아지부 제리나 미아제리나 오소 제리나 아부다 제리나 구소 제리나 사바하'라는 眞言句를 사용한다.
297) 李相河 編, 『新編豫修齋儀式』, 경기도 水月寺, 1985, p.138 참조.
298) 文化財管理局 文化財研究所 編, 『佛教儀式』, 文化財研究所, 1989. p.401.

이후 사정이 허락하는 한 三燈偈와 三歸依 등을 행한다), ⑧ 연향게(燃香
偈: 戒定慧解知見香 遍十方刹常氛馥 願此香煙亦如是 熏現自他五分身), ⑨
정례(頂禮: 至心歸命禮 十方常住一切 佛陀耶衆 十方常住一切 達摩耶衆 十方
常住一切 僧伽耶衆), ⑩ 요잡(繞匝)과 명발(鳴鈸) 후 개계소(開啓疏) 읽
음, ⑪ 합장게(合掌偈: 合掌以爲花 云云), ⑫ 고향게(告香偈: 香煙遍覆三千
界 云云) 등으로서 '예수작법 준비'를 마치게 된다.299)

　이상 '예수작법 준비'가 끝난 후 본격적으로 예수재가 행해진다. 현행
의 예수재 본재(本齋)는『석문의범』에 소개된 송당(松堂) 대우(大愚) 찬
(纂)의 『예수시왕생칠재의찬요』 내용을 재구성한 것으로, 재를 지내는
동기를 밝히는 통서인유(通敍因由)를 시작으로 재자(齋者)의 축원, 그리
고 사자(使者)를 청해 공양을 올리고 봉송(奉送)한 다음 ① 상단에 시
방상주삼보(十方常住三寶)와 우주공간의 제(諸) 성중(聖衆) 및 ② 중단
에 명부세계(冥府世界)의 시왕권속(十王眷屬), ③ 하단 고사단(庫司壇)
의 각 판관(判官)들을 청해 공양을 올린 후, 전체 성중(聖衆)이 모인 가
운데 함합소(緘合疏)를 읽고 마구단 공양을 끝으로 각각 상중하 3단의
성위(聖位)를 봉송(奉送)하는 장면을 재구성한 것이라 할 수 있다.
　『석문의범』에 소개된 찬요(纂要:『豫修十王生七齋儀纂要』)의 내용은
다음과 같이 구성된다.300)

---

299)『釋門儀範(上)』, p.155.
300)『豫修十王生七齋儀纂要』는 조선조 이래 수 차례 판각되었는 바, ① 1566년 평안
　도 成川의 白蓮山 靈泉寺 판본을 필두로 그 외에 다음과 같이 6개의 판본이 남
　아 전한다. ② 1576년 경상도 안동 廣興寺 판본, ③ 1577년 충청도 서산 普願寺
　판본, ④ 1632년 삭령 龍復寺 판본, ⑤ 1647년 순천 松廣寺 판본, ⑥ 1670년 충
　청도 공주 岬寺 판본, ⑦ 1680년 묘향산 普賢寺 판본 등. 朴相國,『전국 사찰 소
　장 목판본』, 문화재관리국, 1987, p.482.
　이 가운데 松廣寺 판본의 경우, (1)의「통서인유편」으로부터 (31)의「보신회향편
　」에 이르기까지 제 31편으로 구성되었으나, 현재 유통되고 있는『釋門儀範』의
　경우 (13)의「보례삼보편」및 (22)의「공성회향편」등 4편이 첨가되어 총 35편으
　로 구성되어 있다. 한편 태고종에서 만든『예수의범』의 경우 (1)의「시련」으로부

① 통서인유편(通敍因由篇), ② 엄정팔방편(嚴淨八方篇), ③ 주향통서편(呪香通序篇), ④ 주향공양편(呪香供養篇), ⑤ 소청사자편(召請使者篇), ⑥ 안위공양편(安慰供養篇), ⑦ 봉송사자편(奉送使者篇), ⑧ 소청성위편(召請聖位篇), ⑨ 봉영부욕편(奉迎赴浴篇), ⑩ 찬탄관욕편(讚嘆灌浴篇), ⑪ 인성귀위편(引聖歸位篇), ⑫ 헌좌안위편(獻座安位篇), ⑬ 보례삼보편(普禮三寶篇), ⑭ 소청명부편(召請冥府篇), ⑮ 청부향욕편(請赴香浴篇), ⑯ 가지조욕편(加持澡浴篇), ⑰ 제성헐욕편(諸聖歇浴篇), ⑱ 출욕참성편(出浴參聖篇), ⑲ 참례성중편(參禮聖衆篇), ⑳ 헌좌안위편(獻座安位篇), ㉑ 기성가지편(祈聖加持篇), ㉒ 보신배헌편(普伸拜獻篇), ㉓ 공성회향편(供聖回向篇), ㉔ 소청고사판관편(召請庫司判官篇), ㉕ 보례삼보편(普禮三寶篇), ㉖ 수위안좌편(受位安座篇), ㉗ 제위진백편(諸位陳白篇), ㉘ 가지변공편(加持變供篇)(상단), ㉙ 가지변공편(중단), ㉚ 가지변공편(하단), ㉛ 공성회향편(供聖回向篇), ㉜ 경신봉송편(敬伸奉送篇), ㉝ 화재수용편(化財受用篇), ㉞ 봉송명부편(奉送冥府篇), ㉟ 보신회향편(普伸回向篇) 등.

이들 각 항목별 설행 절차를 현행의 형식에 따라 부가한 채 요약해 보면301) 다음과 같다.

① 통서인유편(通敍因由篇)에서는 예수재 설행 인유(因由)를 말하고 있는 ⓐ "개문(盖聞) 여래임입열반(如來臨入涅槃) ……" 등 유치(由致)의 게302)를 법주(法主)가 독송한 다음, 요령을 흔들며 ⓑ 정삼업진언〔옴 사바바바 수다살바 달바 사바바바 수도함〕 및 ⓒ 계도도장진언(戒度塗掌眞言: 옴 아모카 자라미망기 소로소로 사바하), ⓓ 삼매야계진언(三昧耶戒眞言: 옴 삼매야 살타밤) 등 주문 3번씩의 독송을 통해 재(齋)에 앞선 업(業)의 청정을 구하는 내용을 행한다.

<hr>

터 시작하여 총 59편으로서 이루어져 있기도 하다. 여기서는 『釋門儀範』의 구분에 따라 이를 분류하였다.
301) 이 부분을 기술하는 데 있어서는 『釋門儀範』 및 洪潤植 교수에 의한 서술(文化財管理局 文化財硏究所 編, 『佛敎儀式』, 文化財硏究所, 1989. pp.375~492)을 참조하였으며, 無形文化財 제55호 靈山齋 傳授者인 한동희 스님의 考證을 得하였다.
302) 『釋門儀範(上)』, pp.156~157.

② 엄정팔방편(嚴淨八方篇)에서는 제성(諸聖)들을 모시기 위해 도량을 깨끗이 장엄하며, 그 엄정(嚴淨)의 참뜻을 밝히고 마사(魔事)가 모두 물러나 구하는 바 성취되기를 기원한다. 이에 먼저 ⓐ '성스러운 단을 차려 불사를 이루고자 법수(法水)로서 도량을 청정히 하여 더러운 것들을 없이 하고 마사(魔邪)를 물리치며 모두 함께 감화를 얻어 원을 성취하겠다'는 내용의 게303)를 법주가 독송한 다음, ⓑ '근당선념(謹當宣念)'이란 게송 후 요령을 흔들며 '도량을 청소하고 마군(魔軍)을 항복 받고 법을 옹호'하기 위한 호마다라니(護魔陀羅尼: 나무 사만다 못다남 옴 호로호로 지따지따 반다반다 하나하나 아니제 훔 바탁)와, 이후 ⓒ 대중이 동음창화(同音唱和)로 징을 치면서 관음찬(觀音讚: 返聞聞性悟圓通 觀音佛賜觀音號 上同慈力下同悲 三十二應遍塵刹)을, 다시 ⓓ 법주가 요령을 흔들며 관음청(觀音請: 南無 一心奉請 千手千眼 大慈大悲 觀自在菩薩 摩訶薩 惟願不違本誓 哀愍有情 降臨道場 加持呪水)을 세 번 독송한다. 이후 ⓔ 대중이 징을 치면서 향화청과 ⓕ 산화락을 각각 세 번씩 동음창화하며, ⓖ 내림게(來臨偈: 願降道場 受此供養)를 세 번 동음창화한 다음 바라춤을 춘다.

이어 ⓗ 법주가 가영(歌詠: 一葉紅蓮在海中 碧波深處現神通 昨夜寶陀觀自在 今日降赴道場中)을 송(誦)해 마치면 대중이 징을 치며 '고아일심귀명정례(故我一心歸命頂禮)'를 동음창화한다. 그리고 대중이 ⓘ 걸수게(乞水偈: 金爐芬氣一炷香 先請觀音降道場 願賜瓶中甘露水 消除熱惱獲淸凉), ⓙ 쇄수게(灑水偈: 菩薩柳頭甘露水 能令一適灑塵方 腥膻垢穢盡鐲除 令此道場悉淸淨) 등을 동음창화하는 바, 각 게(偈)의 끝에 징을 울린다. 그리고 ⓚ 법주가 요령을 흔들며 호마다라니[나무 사만다 못다남 옴 호로호로 지따지따 반다반다 하나하나 아니제 훔 바탁]를 3설(說)하며, 이어 ⓛ 대중이 북과 징, 목탁을 치며 동음창화하여 복청게(伏請偈)로서 신묘장구

---

303) 『釋門儀範(上)』, p.157.

대다라니[천수다라니]를 독송하는 바, 이때 천수바라춤을 춘다.

이어 ⓜ 대중이 징을 치며 동음창화로 사방찬과 ⓝ 엄정게(嚴淨偈)를 독송하며, 이때 나비춤을 춘다. 그리고 ⓞ 법주가 참회게 전구(前句)를 선창하면 대중이 징을 치면서 후구를 동음창화하며, ⓟ 참석자 모두에게 (징의 울림 속에서 참회진언을 외우는 가운데) 연비(燃臂) 거량(擧揚)을 행한 후 ⓠ 설법[바쁠 때는 생략], 그리고 ⓡ 요령을 흔들며 개단진언[옴 바아라 노아로 다가다야 삼마야 바라베 사야훔], ⓢ 건단진언[옴 난다난다 나지나지 난다바리 사바하], ⓣ 결계진언(結界眞言: 옴 마니미야예 다라다라 훔훔 사바하) 등을 세 번씩 외워 단(壇)을 세우고 결계(結界)를 행한다.

③ 주향통서편(呪香通序篇)에서는 이미 마련된 단상(壇上)에 ⓐ '백화(百和)의 인온(氤氳) 등을 한 화로에 사루어 온 세상을 향기롭게 하여, 복은 구름과 비처럼 우러나 온 세계 성현들이 감동함으로서 중생이 고통의 세계를 건널 수 있게 해달라'는 내용의 게304)를 법주가 독송한 다음, 요령을 흔들며 분향(焚香) 및 ⓑ 분향진언(焚香眞言: 옴 도바시계 구로 바아리니 사바하)을 외운다.

④ 주향공양편(呪香供養篇)에서는 ⓐ '계향(戒香)·정향(定香)·혜향(慧香)·해탈향(解脫香)·해탈지견향(解脫知見香)으로 광명의 뭉게구름 만들어 법계에 가득케 함으로서 시방세계의 한량없는 불법승께 공양하고 시방 한량없는 진제(眞帝) 삼계의 일체만령(一切萬靈)께 공양하니, 이 공양 받고 법계 모든 중생이 상락아정(常樂我淨)의 묘법(妙法)을 성취하여 마하반야(摩訶般若)에 도달할 수 있도록 하소서'라는 내용의 게송305)에 따른 예로서 오분법신(五分法身)에 향공양을 올린다.

이후 ⑤ 소청사자편(召請使者篇) 및 ⑥ 안위공양편(安慰供養篇), ⑦ 봉송사자편(奉送使者篇)에서는 연직사천사자(年直四天使者)·월직공행

---

304)『釋門儀範(上)』, p.159.
305)『釋門儀範(上)』, pp.159~160.

사자(月直空行使者)·일직지행사자(日直地行使者)·시직염마사자(時直琰魔使者) 등 사직사자(四直使者)를 청하고, 공양하며 보내 드리는 절차를 행한다.

| 日直使者 | 月直使者 | 年直使者 | 時直使者 |

도판 56. 사직사자(四直使者)   (사진 제공·범하스님)

⑤ 소청사자편(召請使者篇)에서는 ⓐ 전종(轉鍾) 및 바라[鈸]를 울리며 동음창화로 거불[南無十方常住佛 南無十方常住法 南無十方常住僧]을 행한다.

이후 ⓑ 바라(鈸羅: 鈸)를 일종(一宗)한 후 소통(疏筒)에서 「수설명사승회소(修設冥司勝會疏)」라는 내용의 사자소(使者疏)[306]를 독송한 다음, ⓒ 요령을 흔들며 사직사자(四直使者)의 마음을 일으켜 삼보의 가피력으로 내려오기를 간청하는 내용의 진령게(振鈴偈; 以此振鈴伸召請 四直使者願遙知 願承三寶力加持 今夜今時來赴會) 전구(前句)를 법주가 송하면 이어 후구를 대중이 징을 치며 동음창화한 후

도판 58. 소통(疏筒)
(사진·범하스님)

306)『釋門儀範(上)』, pp.160~161.

ⓓ 법주는 요령을 흔들며 소청사자진언(所請使者眞言: 옴 보보리 가다리 이라가다야 사바하)을 외운다.

이어 ⓔ '공(功) 없는 것이 도(道)이고 헤아릴 수 없는 것이 신이다. 신은 변화불측(變化不測)하다. 그러므로 망극한 마음으로 공경히 받들어 모시고자 하니 넓고 넓은 신공(神功)과 높은 성덕(聖德)으로 명계(冥界)의 문서〔符文〕를 가지고 인간세계를 왕래하며 사주(四洲) 인간들의 선악다소(善惡多少)를 낱낱이 기록하여 십대명왕(十大冥王)에 사뢰되 털끝만큼도 미혹하지 않고 삿됨 없이 정직하게 아뢰는 위신을 갖추신 님들을 불러 예수시왕생칠지재(豫修十王生七之齋)의 의식을 통해 공양하오니 시주의 원을 따라 강림하여 주소서'라는 내용의 유치게(由致偈)307)를 독송한다.

이때 유치게의 뒷부분 '일심봉청(一心奉請) ……' 이하에서는 요령을 흔들며 독송한다. ⓕ 이어 대중은 징을 치며 동음창화로 '향화청' 세 번을 외우며, ⓖ 법주가 '분장보첩응군기(分將報牒應群機) 백억진환일념기(百億塵寰一念期) 명찰인간통수부(明察人間通水府) 주행신속전광휘(周行迅速電光輝)'의 게를 독송하면 ⓗ 대중은 징을 울리며 동음창화로서 '고아일심귀명정례(故我一心歸命頂禮)' 등의 게를 외움으로서 거듭 청한다.

⑥ 안위공양편(安慰供養篇)에서는 위에 청한 사자(使者)들에게 공양을 올리는 절차가 나열된다. 먼저 ⓐ 시주의 마음에 응하여 자리에 참석한 사자께 자리를 권하는 내용의 게308)를 법주가 송한 다음, ⓑ 법주가 요령을 흔들며 '아금경설보엄좌(我今敬說寶嚴座) 봉헌사직사자전(奉獻四直使者前) 원멸진로망상심(願滅塵勞妄想心) 속원해탈보리과(速圓解脫菩提果)'의 헌좌게(獻座偈) 전구(前句)를 송하면 대중은 칭을 치며 동음창화로 후구 및 헌좌진언〔옴 가마라 승하 사바하]을, 그리고 ⓑ 만다라(曼茶羅) 설립을 위해 먼저 대중이 '욕건만나라(欲建曼那羅)'를 외

---

307) 『釋門儀範(上)』, pp.161~162.
308) 『釋門儀範(上)』, pp.162~163.

우면 이후 법주는 요령을 흔들며 정법계진언(옴 남)을 세 번 독송한다.
그리고 ⓒ 법주가 '청정명다약(淸淨茗茶藥) 능제병혼침(能除病昏沈) 유
기사자중(惟冀使者衆) 원수애납수(願垂哀納受)'라는 내용의 다게(茶偈)
를 송하며, 요령을 흔들며 ⓓ 진공진언(進供眞言: 옴 반좌 사바하) 이후
ⓔ 변식진언, ⓕ 시감로수진언, ⓖ 일자수륜관진언, ⓗ 유해진언 등 「사
다라니(四陀羅尼)」를 각 세 번 독송함으로 가지(加持)를 행한 후 ⓘ 목
탁과 요령, 북·징 등을 치며 대중이 동음창화로 심경(마하반야바라밀
다심경)을 독송한다.

이후 ⓙ 위 각 법구(法具)를 치며 대중은 동음창화로 '상래(上來) 가
지이흘(加持已訖) 공양장진(供養將陳) 이차향수(以此香羞) 특신공양(特
伸供養) 향공양(香供養) 연향공양(燃香供養) 등공양(燈供養) 연등공양
(燃燈供養) 다공양(茶供養) 선다공양(仙茶供養) 과공양(果供養) 선과공
양(仙果供養) 화공양(華供養) 선화공양(仙華供養) 미공양(米供養) 향미
공양(香米供養) 유원사직사자(惟願四直使者) 영지등중(靈祗等衆) 애강도
량(哀降道場) 불사자비(不捨慈悲) 수차공양(受此供養)'의 내용을 담은
오공양(五供養)의 공양청을, 그리고 ⓚ 공양주(供養呪: 普供養眞言을 뜻
함), ⓛ 회향주(回向呪: 普回向眞言을 뜻함)를 독송한다. 이후 ⓜ '이차가
지묘공구(以此加持妙供具) 공양사직사자중(供養四直使者衆) 운운(云云)
……'의 가지게(加持偈) 전구를 법주가 독송하면 대중이 후구를 동음창
화하며, 이어 ⓝ 위 법구를 치며 대중이 동음창화로 심경(마하반야바라
밀다심경)을 독송한다. 그리고 ⓞ 법주가 「수설명사승회소」라는 행첩소
(行牒疏)309)를 독송하는 것으로 이 부분을 마친다.

⑦ 봉송사자편(奉送使者篇)에서는 위 공양이 마쳐진 후 사자를 봉송
하는 의식을 행한다. ⓐ 먼저 법주가 사자를 봉송한다는 내용의 게310)
를 송하여 아뢴 다음, ⓑ 대중이 북과 요령, 징·목탁 등을 치며 동음창

---

309) 『釋門儀範(上)』, pp.164~165.
310) 『釋門儀範(上)』, p.165.

화로 봉송진언〔옴 바아라 사타 목차목〕을 세 번 송한다. 이어 ⓒ 대중이
동음창화로 봉송게〔奉送使者歸所屬 不違佛語度群迷 普期時分摠來臨 惟願
使者登雲路〕를 송하며, ⓓ 법주가 청장(請狀) 및 물장(物狀) 등의 내
용311)을 송하여 시주의 공덕을 상기시킨 다음 ⓔ 요령을 흔들며 보회
향진언〔옴 사마라 사마라 미마나 사라마하 자가라바 훔〕을 외움으로서 사
자에 대한 공양의 예를 마친다.

⑧ 소청성위편(召請聖位篇)에서는 법신·보신·화신 등 삼신불(三身
佛) 및 지장보살과 그의 협시(脇侍), 육광보살(六光菩薩)·육대천조(六
大天曹)·범천(梵天)·제석천(帝釋天)과 사천왕 등 상단의 성위(聖位)를
청하는 절차를 행한다. ⓐ 먼저 상단에 목욕소(沐浴所) 5군데와 삼신불
및 육광보살·천조·도명존자(道明尊者)·무독귀왕(無毒鬼王) 및 범천
왕(梵天王) 등의 위패를 준비한다. 그리고 ⓑ 법주의 요령소리와 함께
'나무청정법신 비로자나불 나무원만보신 노사나불 나무천백억화신 석가
모니불삼신불'의 내용으로서 절을 하며 대중이 동음창화로 거불(擧佛)
을 행한다. 이어 ⓒ 법주가 「수설명사승회소」라 쓰여진 소청성위소(召
請聖位疏)312)를 독송한다. ⓓ 이어 법주가 요령을 흔들며 진령게〔以此振
鈴伸召請 十方佛刹普聞知 願此鈴聲遍法界 無邊佛聖咸來集〕 전구를 선창하
면 대중이 징을 치며 후구를 동음창화한다.

이후 ⓔ 법주가 요령을 흔들며 청제여래진언(請諸如來眞言: 옴 미보
라 바라라례 도로도로 훔훔), ⓕ 청제현성진언(請諸賢聖眞言: 옴 아가로
모항 살바 달마나아야 나녹다 반나다)을 각 세 번씩 외운 다음, ⓖ 법주
가 요령을 흔들며 '듣건대 하늘의 밝은 달이 천강(千江)의 물에 비치듯
불(佛)의 출세(出世)의 지혜는 만류(萬類)의 강수(江水)에 비칩니다. 마
치 가을 강물에 비친 달처럼 깊은 신심을 내어 일심으로 여래를 청하오
니, 어여삐 여기사 이 자리에 내려 증명해 주소서'라는 내용의 유치(由

311) 『釋門儀範(上)』, pp.166~167.
312) 『釋門儀範(上)』, pp.168~169.

致)313)를 독송하며, 이후 ⓗ 각각의 청문(請文)을 외우므로서 비로자나불 및 노사나불·석가모니불·육광보살·육대천조·도명존자·무독귀왕·육대천왕[大梵天王·帝釋天王·東方持國天王·南方增長天王·西方廣目天王·北方多聞天王〕등 각각의 성위(聖位)를 다시금 청하는 바, 위 청문에 이어 대중은 징을 치며 동음창화로 산화락과 함께 각각 그에 따른 가영(歌詠)을 독송한다.314)

⑨ 봉영부욕편(奉迎赴浴篇)에서는 제(諸) 불보살 및 성현들께 목욕할 것을 청하며, 목욕탕으로 인도하는 절차를 행한다. 이에 먼저 ⓐ 법주가 위에 청해 모신 각 성위들께 욕실에 들기를 권하는 내용의 송315)을 외운 후, ⓑ 요령과 목탁을 치며 대중은 동음창화로 목욕탕에로의 길을 인도하는 정로진언(正路眞言: 옴 소실지 나자리다라 나자리 다라 모라다예 자라자라 만다만다 하나하나 훔 바탁)을 외운다. ⓒ 그리고 '비람강생(毘藍降生)하실 때 뭇 중생들이 이익을 얻었듯 이곳에 오셔 뭇 중생을 제도키 바란다'는 입실게(入室偈: 毘藍園內降生時 金色妙身無厭疲 凡情利益臨河側 今灌度生亦復宜)를 외우며 목욕소에로 행렬을 하게 되는데, 이때 유나가 삼신불패(三身佛牌)를, 찰중(察衆)이 육광패(六光牌)를, 기사(記事)는 천조패(天曹牌)를, 입승은 도명존자와 무독귀왕의 패를, 종두(鍾頭)가 범천과 제석천·사천왕패를 들고 욕실 앞에 이르면 악운(樂云)을 그친다.

⑩ 찬탄관욕편(讚嘆灌浴篇)에서는 목욕을 행하는 절차를 설명하고 있다. 먼저 ⓐ 법주가 목욕에 대한 찬탄의 어구를 담은 송316)을 외운 후,

---

313) 『釋門儀範(上)』, p.170.
314) 『釋門儀範(上)』, pp.170~173.
　　　한편 『釋門儀範(上)』의 「豫修薦王通儀」 '將迎排座時' 항목에 의할 것 같으면, 이때 '王目(왕의 이름)을 혼란하지 않게 글씨를 써서 배치한다. 혼란하면 자리를 정하기 어렵기 때문이다'라 말하고 있다.(p.232)
315) 『釋門儀範(上)』, p.173.
316) 『釋門儀範(上)』, pp.173~174.

대중은 징을 치며 동음창화로 ⓑ 구룡찬(九龍讚: 五方四海九龍王 曾會毘藍吐水昻 凡情利益臨河側 令灌度生滿蘭堂) 및 ⓒ 관욕게(灌浴偈: 我今灌沐聖賢衆 淨智功德莊嚴聚 願諸五濁衆生類 當證如來淨法身), 그리고 관욕진언〔옴 제사제사 승가 사바하〕을 외우며 물을 끼얹는다. 이때 유나 등은 휘장 밖에 무릎을 꿇고 앉아 제불(諸佛) 관욕의 위의를 묵상한다. 이어 ⓓ 목욕이 끝나면 법주는 '목욕을 함으로서 때 없는 몸이 되셨으니, 본래의 서원을 버리지 마시고 예수재 불사에 증명이 되어 주소서' 등의 내용을 담은 헐욕게(歇浴偈: 以本淸淨水 灌浴無垢身 不捨本誓願 證明我佛事)와 '앙유성현(仰惟聖賢) 출어난탕(出於蘭湯) 부(赴) 게적지화연(憩寂之花筵) 수(受) 정엄지공양(精嚴之供養)'의 게를 외우는 바, ⓔ 대중이 동음창화로 헌수게(獻水偈: 今將甘露水 奉獻三寶前 不捨大慈悲 願垂哀納受)를 외워 삼보께 감로수(甘露水)를 바침으로서 이 부분이 마쳐진다.

⑪ 인성귀위편(引聖歸位篇)에서는 목욕이 마친 후 성현들을 연화대(蓮華臺)로 인도하는 의식을 행한다. 먼저 ⓐ 법주가 '목욕을 마쳤으니 다시금 자리에 모시겠다'는 내용의 게317)를 독송한 후, ⓑ 대중이 동음창화로 염화게(拈華偈: 靈鷲拈花示上機 肯同浮木接盲龜 飮光不是微微笑 無限淸風付與誰)를 독송하는 바, 염화게가 끝날 즈음 징을 세 번 치고, 이어 ⓒ 징을 울리며 산화락을 창하며 바라 3번을 울린다.

이후 ⓓ 대중의 '나무영산회상불보살(南無靈山會上佛菩薩)'이란 동음창화의 게송이 끝나면 ⓔ 목욕단(沐浴壇)에서 삼신패(三身牌)와 육광패(六光牌)·천조패(天曹牌) 등을 연(輦: 가마)에 모신 채 각종 삼현육각의 반주에 맞춰 나비춤과 함께 영산요잡(靈山遶帀)을 행하며, 연(輦)이 법당 앞에 이르면 음악을 멈춘다. 음악이 멈춘 후 ⓕ 삼신패와 육광패는 법당 안에 이르러 가마에서 내리며, 천조패 등은 문 밖에 이르러 가마에서 내린다.

---

317) 『釋門儀範(上)』, p.175.

이어 ⑧ 대중들이 징을 치며 각 불보살 및 성현들이 연화대에 앉기를 청하는 좌불게(坐佛偈: 請入諸佛蓮華坐 降臨千葉寶蓮臺 菩薩聲聞緣覺衆 惟願不捨大慈悲)를 동음창화함으로서 이 부분이 마쳐진다.

도판 59. 가마〔輦〕

연(輦), 즉 가마는 재의식을 행함에 있어 신앙의 대상 및 재를 올릴 대상을 모셔올 때 사용하는 법구이다. 절의 문 밖까지 나가 모시는 것이 통례이며, 가마에 모시는 위의를 시련(侍輦)이라 한다. 상단시련과 중단시련, 하단시련 등이 있으며, 주로 하단시련만이 행해진다. 이때 위패를 가마에 모신다.(사진 제공·「현대불교신문」)

⑫ 헌좌안위편(獻座安位篇)에서는 각 성위들께 자리를 정하여 앉아 쉬게끔 하는 내용이 행해진다. 먼저 ⓐ 법주가 요령을 흔들며 '제불보살 및 일체현성들이 청정한 화연(華筵)에 오셔 장엄된 묘좌(妙座)에 앉으셨으니, 이에 대중은 헌좌게(獻座偈)로서 화청(和請)합니다'라는 내용의 게318)를 독송한 후, ⓑ 법주가 헌좌게〔妙菩提座勝莊嚴 諸佛坐已成正覺 我今獻座亦如是 自他一時成佛道〕전구를 선창하면 대중은 징을 치며 후구를 창하고, 이어 ⓒ 헌좌진언〔옴 바아라 미나야 사바하〕을 세 번 독송한다. 그리고 ⓓ 대중 가운데 한 명이 징을 치며 다게〔我今持此一椀茶 變成無盡甘露味 奉獻十方三寶前 願垂慈悲哀納受〕를 독송함으로서 이 부분이

318)『釋門儀範(上)』, p.175.

마쳐진다.

⑬ 보례삼보편(普禮三寶篇)에서는 시방삼보께 보례(普禮)의 절차를 행한다. 먼저 ⓐ 법주는 요령을 흔들며 보례(普禮)의 인유(因由)를 밝히는 게[319]를 독송한 다음, ⓑ 대중은 징을 치며 동음창화로서 귀의예배(歸依禮拜)의 뜻을 아뢰는 사무량게(四無量偈: 大慈大悲愍衆生 大喜大捨 濟舍識 相好光明以自嚴 衆等至心歸命禮)와 ⓒ 불(佛)의 공덕을 찬탄하는 사자게(四字偈: 大圓滿覺應跡西乾 心包太虛量廓沙界 佛功德海秘密甚深 殑 伽沙劫讚揚難盡)를 독송한 다음 '지심정례상래봉청시방상주일체불타야중(志心頂禮上來奉請十方常住一切佛陀耶衆)   지심정례상래봉청시방상주일체달마야중(志心頂禮上來奉請十方常住一切達摩耶衆)   지심정례상래봉청시방상주일체승가야중(志心頂禮上來奉請十方常住一切僧伽耶衆)   유원자비(惟願慈悲)   수아정례(受我頂禮)'의 내용으로서 예배를 행한다. 이어 ⓓ 오자게(五字偈: 爲利諸有情 令得三身故 淸淨身語意 歸命禮三寶)와 진언〔옴 살바못다 달마승가람 나모 소도제〕 등으로서 상주삼보(常住三寶)에 대한 보례(普禮)를 행함으로서 이 부분이 마쳐진다.

이어 중단에 욕소(浴所) 6구(區)를 설치하고 풍도패(酆都牌) 및 시왕패(十王牌) · 판관장군패(判官將軍牌) · 귀왕패(鬼王牌) · 동자사자패(童子使者牌) · 부지명위패(不知名位牌) 등의 패를 안치한다.

⑭ 소청명부편(召請冥府篇)에서는 지장보살 및 도명존자와 무독귀왕을 필두로 중단에 모셔질 명부(冥府)의 모든 신들을 소청(所請)하는 절차를 행한다. 이에 먼저 ⓐ 대중이 징을 치며 동음창화로 지장보살 및 도명존자 · 무독귀왕에 대한 거불〔南無幽冥敎主地藏菩薩摩訶薩 南無助揚眞化道明尊者 南無助佛揚化無毒鬼王〕을 행한 뒤, ⓑ 법주는 「수설명사승회소」라 이름한 소청명위(所請冥位)의 소(疏)[320]를 독송한다. 그리고 ⓒ 법주가 요령을 흔들며 소청자(所請者)의 마음을 움직이고자 진령게〔以

---

319) 『釋門儀範(上)』, p.176.
320) 『釋門儀範(上)』, pp.177~179.

此振鈴伸召請 冥府十王普聞知 願承三寶力加持 今夜今時來降赴]의 전구를
독송하면 대중은 징을 치며 후구를 동음창화한다.

이어 ⓓ 법주는 요령을 흔들며 소청염마라왕진언(所請焰魔羅王眞言:
옴 살바염마라 사제비야 사바하)을 세 번 독송하며, ⓔ 법회 동기를 말하
는 유치(由致)의 게321)에 이어 ⓕ 풍도대제(酆都大帝) 이하 일체성현중
(一切聖賢衆) 및 시왕(十王)을 포함한 상단322)과, 26위의 판관(判官)과
삼원장군(三元將軍) 외 그의 권속들 및 37위의 귀왕(鬼王), 그리고 제위
(諸位)의 사자와 그의 권속을 포함한 중단,323) 그리고 하단 각 시왕의
안열종관(案列從官)324) 및 이름을 알 수 없는 명계(冥界)의 각 신까지
에 대한 청문(請文)을 외우는 바, 각각의 청문에 이어 대중은 징을 치며
각각에 따른 가영(歌詠)을 동음창화함으로서 이 부분이 마쳐진다.

⑮ 청부향욕편(請赴香浴篇)에서는 소청명부위(所請冥府位)께 목욕할

---

321) 『釋門儀範(上)』, p.180.
322) ⑴ 酆都大帝와 下元地官, 十方法界地府一切聖衆 및 ⑵ 十王(①秦廣大王 ②初江大
王 ③宋帝大王 ④五官大王 ⑤閻羅大王 ⑥變成大王 ⑦泰山大王 ⑧平等大王 ⑨都
市大王 ⑩五道轉輪大王) 등.
323) ⑴ 26位 判官(①夏判官 ②宋判官 ③盧判官 ④司命判官 ⑤舒判官 ⑥王判官 ⑦裵
判官 ⑧曹判官 ⑨馬判官 ⑩趙判官 ⑪崔判官 ⑫甫判官 ⑬熊判官 ⑭皇甫判官 ⑮鄭
判官 ⑯河判官 ⑰孔判官 ⑱胡判官 ⑲傅判官 ⑳屈判官 ㉑陳判官 ㉒陸判官 ㉓印
判官 ㉔掌算判官 ㉕江漢判官 ㉖庚判官) 등.
   ⑵ 三元將軍(①上元 周將軍 ②中元 葛將軍 ③下元 唐將軍) 등.
   ⑶ 37位 鬼王(①無毒鬼王 ②惡毒鬼王 ③惡目鬼王 ④諍惡鬼王 ⑤大諍惡鬼王 ⑥白
虎鬼王 ⑦血虎鬼王 ⑧赤虎鬼王 ⑨散殃鬼王 ⑩飛身鬼王 ⑪電光鬼王 ⑫狼牙鬼王
⑬千照鬼王 ⑭啗獸鬼王 ⑮負石鬼王 ⑯主耗鬼王 ⑰主禍鬼王 ⑱主食鬼王 ⑲主財
鬼王 ⑳主畜鬼王 ㉑主禽鬼王 ㉒主獸鬼王 ㉓主魅鬼王 ㉔主産鬼王 ㉕主命鬼王 ㉖
主疾鬼王 ㉗主儉鬼王 ㉘主目鬼王 ㉙四目鬼王 ㉚五目鬼王 ㉛那利叉鬼王 ㉜大那
利叉鬼王 ㉝阿那吒鬼王 ㉞大阿那吒鬼王 ㉟主陰鬼王 ㊱虎目鬼王 ㊲南安鬼王) 등.
   ⑷ 諸位使者(①善簿童子 ②惡簿童子 ③監齋使者 ④直符使者 ⑤追魂使者 ⑥注魂
使者 ⑦黃川引路五位使者 ⑧年直使者 ⑨月直使者 ⑩日直使者 ⑪時直使者 ⑫諸地
獄官典使者 ⑬諸位馬直使者 ⑭府吏使者) 외 護法善神과 土地靈祇等衆 및 그의
眷屬들.
324) ①秦廣大王案列從官 ②初江大王案列從官 ③宋帝大王案列從官 ④五官大王案列從
官 ⑤閻羅大王案列從官 ⑥變成大王案列從官 ⑦泰山大王案列從官 ⑧平等大王案列
從官 ⑨都市大王案列從官 ⑩五道轉輪大王案列從官 등.

것을 청하며, 목욕탕으로 인도하는 절차를 행한다. ⑨에서와 같이 먼저 ⓐ 법주가 요령을 흔들며 위에 청해 모신 각 성위들께 욕실에 들기를 권하는 내용의 송325)을 외운 후, ⓑ 요령과 징, 북·목탁 등을 치며 대중은 동음창화로 목욕탕에로의 길을 인도하는 정로진언(正路眞言)을 외운다. ⓒ 그리고 입실게(入室偈: 靜室燈明夜色幽 氷壺藻鑑瑞香浮 天行地步 諸神衆 來詣蘭湯擧錦幃)를 외우며 목욕소에로 행렬을 하게 되는데 이때 찰중은 풍도패(酆都牌)를, 기사(記事)는 시왕패(十王牌)를, 나머지 사람이 종관패(從官牌)를 들고 욕실 앞에 이르면 악운(樂云)을 그침으로서 이 부분이 마쳐친다.

⑯ 가지조욕편(加持澡浴篇)에서는 목욕을 행하는 절차를 설명하고 있다. 먼저 ⑩에서와 같이 ⓐ 법주가 요령을 흔들며 목욕에 대한 찬탄의 어구를 담은 송326)을 외운 후, 대중은 징과 목탁, 요령·북 등을 치며 동음창화로 ⓑ 관욕게〔我今以此香湯水 灌沐一切十王衆 身心洗滌令淸淨 證 入眞空常樂鄕〕, 그리고 진언〔옴 미마라 출제 사바하〕을 세 번 외운다. 이때 찰중 등은 휘장 밖에 무릎을 꿇고 앉아 제불(諸佛) 관욕의 위의를 묵상한다.

⑰ 제성헐욕편(諸聖歇浴篇)은 ⑩의 후반 부분과 유사한 내용을 담고 있다. 먼저 ⓐ 법주가 요령을 흔들며 시왕 등 성중(聖衆)께 욕탕에서 나와 단월〔檀那〕의 공양을 드실 것을 청하는 내용의 게327)를 외운 후, ⓑ 대중이 징과 목탁 등을 치며 동음창화로 헌수게(獻水偈: 今將甘露水 奉獻十王前 鑑察虔懇心 願垂哀納受) 및 ⓒ헐욕게(歇浴偈: 以此香湯水 灌浴 十王衆 願承法加持 普獲於淸淨)를 외움으로서 이 부분이 마쳐진다.

⑱ 출욕참성편(出浴參聖篇)에서 ⓐ 법주는 요령을 흔들며 '욕탕에서 나와 성중께서 와 계시는 도량에 나아가기를 청하는 내용'의 게328)를

325) 『釋門儀範(上)』, p.193.
326) 『釋門儀範(上)』, p.193.
327) 『釋門儀範(上)』, p.194.

외운 후, ⓑ 대중은 징과 북, 목탁 등을 치며 동음창화로 내림게(來臨
偈: 冥間一十大明王 能使亡靈到淨邦 願承佛力來降臨 現垂靈驗坐道場)를 외
우는데, 이때 바라춤을 춘다.

⑲ 참례성중편(參禮聖衆篇)에서는 먼저 ⓐ 법주가 요령을 흔들며 '소
청(所請)에 따라 도량에 내려오신 명부시왕께 삼보께서 와 계신 것을
알리고 일심으로 예를 올릴 것을 권하는 내용'의 게329)를 외운 후, ⓑ
대중은 징과 북, 목탁 등을 치며 보례게(普禮偈: 稽首十方調御師 三乘五
敎眞如法 菩薩聲聞緣覺衆 一心虔誠歸命禮)를, ⓒ 그리고 이어 시방상주의
불법승 삼보께 대한 예(禮)의 참례게(參禮偈: 一心頂禮 南無盡虛空 遍法
界 十方常住 一切 佛陀耶衆 惟願慈悲 受我頂禮 一心頂禮 南無盡虛空 遍法界
十方常住 一切 達摩耶衆 惟願慈悲 受我頂禮 一心頂禮 南無盡虛空 遍法界 十
方常住 一切 僧伽耶衆 惟願慈悲 受我頂禮 爲利諸有情 令得三身故 淸淨身語
意 歸命禮三寶) 게송을 외우며 예배를 행함으로서 이 부분이 마쳐진다.

⑳ 헌좌안위편(獻座安位篇)에서는 목욕을 마친 후 성현들을 연화대
(蓮華臺)에로 인도하는 의식을 행한다. 먼저 ⓐ 법주가 요령을 흔들며
'명부시왕(冥府十王) 및 일체 대중이 이미 삼업(三業)을 청정히 한 채
시방상주삼보(十方常住三寶)께 예를 마쳐 소요자재(逍遙自在)한 즉 이
제 단정히 자리를 잡고 앉으십시오'라는 내용의 게330)를 독송한 후 ⓑ
욕실에서 시왕패(十王牌) 등을 연(輦)에 모신 채 목탁과 징, 북 등에 따
라 동음창화로 법성게(法性偈)를 외우며, 나비춤과 함께 요잡(遶匝)을
행한 후 연(輦)이 마당 앞에 이르면 음악을 멈추고 가마를 내린다. 이
어 ⓒ 법주가 요령을 흔들며 헌좌게[妙菩提座寶嚴座 普獻一切冥王衆 願滅
塵勞妄想心 速圓解脫菩提果] 전구를 독송하면 대중은 징과 목탁을 치며
후구를 독송하며, 이어 ⓓ 진언[옴 가마라 승하사바하]을 세 번 독송한

328) 『釋門儀範(上)』, p.194.
329) 『釋門儀範(上)』, p.195.
330) 『釋門儀範(上)』, p.196.

다. 그리고 ⓔ 법주가 다게〔我今持此一椀茶 便成無盡甘露味 奉獻一切冥府
衆 惟願慈悲哀納受〕를 독송함으로서 이 부분이 마쳐진다.

㉑ 기성가지편(祈聖加持篇)에서는 ⓐ 법주가 요령을 흔들며 '음식물
에 대한 삼보력(三寶力)의 가지(加持)를 청하는 게'331)를 독송한 다음,
ⓑ 법주가 요령을 흔들며 변식진언 및 ⓒ 시감로수진언, ⓓ 일자수륜관
진언, ⓔ 유해진언 등 「사다라니」를 세 번 독송함으로서 가지(加持)를
행하는 절차가 행해진다.

㉒ 보신배헌편(普伸拜獻篇)에서는 위 가지를 행한 공양물 등으로 불
법승 삼보 및 명부의 신들, 이름을 알 수 없는 무수한 중신(衆神)들에
대한 공양의 절차가 행해진다. 이에 먼저 ⓐ 법주가 요령을 흔들며 '가
지공양물(加持供養物)이 세제(世諦)를 장엄하여 묘법공양(妙法供養)이
성취될 수 있기를 발원하는 내용'의 게332)를 독송하며, ⓑ 육법공양 후
대중은 요령과 목탁, 징·북 등을 치며 가지게(加持偈: 以此加持妙供具
供養十方諸佛陀 以此加持妙供具 供養十方諸達摩 以此加持妙供具 供養十方諸
僧伽 以此加持妙供具 供養地藏大聖尊 以此加持妙供具 供養六光諸菩薩 以此
加持妙供具 供養三身六天曹 以此加持妙供具 供養道明無毒尊 以此加持妙供具
供養梵釋諸天衆 以此加持妙供具 供養護世四王衆 以此加持妙供具 供養冥府十
王衆 以此加持妙供具 供養泰山府君衆 以此加持妙供具 供養十八獄王衆 以此
加持妙供具 供養判官鬼王衆 以此加持妙供具 供養將軍童子衆 以此加持妙供具
供養使者鬼卒衆 以此加持妙供具 供養不知名位衆)를 동음창화한 다음, 이후
ⓒ 보공양진언, ⓓ 보회향진언 등을 세 번씩 외우므로서 이 부분을 마
친다.

㉓ 공성회향편(供聖回向篇)에서는 법주가 요령을 흔들며 '위 공양의
공덕을 자비로이 살피사, 이로 하여금 삼계(三界) 구류중생(九類衆生)과
육취(六趣) 사생(四生)의 모든 중생들이 필경 부처가 되어지며, 재(齋)

---

331) 『釋門儀範(上)』, pp.196~197.
332) 『釋門儀範(上)』, p.196.

를 공양한 시주는 온갖 선(善)으로 장엄되고, 천도(薦度)를 받는 망령 (亡靈)들은 구품(九品) 연화대(蓮華臺)에 왕생할 것을 기원하는 외에 국가의 태평과 불법의 증장 등을 기원한 채 마지막으로 시방의 불보살께, 그리고 반야바라밀(般若波羅密)에 귀의한다'는 내용의 게333)를 통한 기원을 행한다.

㉔ 소청고사판관편(召請庫司判官篇)에서는 염라국에 있으면서 인간의 진망(眞妄)을 감찰하는 모든 조관, 고관, 사군 등 여러 권속을 청하는 절차를 행한다. 이에 먼저 ⓐ 법주 및 대중이 요령과 징, 북·목탁 등을 치며 동음창화로 시방삼보에 대한 거불[南無十方常住佛 南無十方常住法 南無十方常住僧]을 행한다. 이후 ⓑ 금은전 이운[앞의 金銀錢 造錢과 點眼 및 移運 항목 참조] 및 ⓒ 종과 바라를 울리며 ⓓ 요령을 흔든 채 진령게[以此振鈴伸召請 庫司諸君願遙知 願承三寶力加持 今夜今時來赴會]를 독송한다. ⓔ 이어 법주가 요령을 흔들며 보소청진언[나무 보보제 리 가리다리 다타아다야]을 세 번 외운 후 ⓕ 유치334)와 ⓖ 가영[司君位寄閻羅下 明察人間十二生 錢財領納無私念 靈鑑昭彰利有情] 등을 행한다.

㉕보례삼보편(普禮三寶篇)에서는 소청(所請)한 고사판(庫司判) 관원 (官員)들을 안내하여 삼보와 풍도(酆都), 시왕(十王), 판관(判官), 귀왕중(鬼王衆)들께 보례의 예를 행한다. 이에 ⓐ 먼저 법주는 요령을 흔들며 '고관등중(庫官等衆)께서 이미 청을 받들어 향단(香壇)에 강림하셨으니, 방일(放逸)의 마음을 없애고 온 마음 다하여 삼보께 예를 올릴 것을 권하는 내용'의 게335)를 외운 후, ⓑ 종두는 고사번(庫司幡)을 받들고, 대중들은 징과 목탁 등을 치며 각 상단 및 중단의 성현들에 대한 보례게 [普禮十方無上尊 五智十身諸佛陀 普禮十方離欲尊 五敎三乘諸達摩 普禮十方衆中尊 大乘小乘諸僧伽]를 외움으로서 보례를 행한다. ⓒ 보례를 행한

333) 『釋門儀範(上)』, p.198.
334) 『釋門儀範(上)』, p.199.
335) 『釋門儀範(上)』, p.200.

후 본단(本壇) 앞에 이르러 서며, 나머지는 여타의 관례와 같다.

㉖ 수위안좌편(受位安座篇)에서는 위 청자(請者)들에게 자리를 안내하며, 경(經) 외우는 소리 들으며 자리에 앉게끔 하는 절차를 행한다. 이에 ⓐ 먼저 법주가 요령을 흔들며 수위안좌(受位安座)의 게336)를 외운 후, ⓑ 대중은 징과 북, 목탁·요령 등을 치며 동음창화로 심경〔般若心經〕을 외운다. 이어 ⓒ 다게〔今將甘露茶 奉獻庫司前 監察虔懇心 願垂哀納受〕와 ⓓ 함합소(緘合疏)를 외운 후 ⓔ 영수전(領受錢) 위에 방화(放火)를 하고 성위(聖位) 앞에 환향(還向)한다. ⓕ 앞의 것이 다 타면 『금강경』 내지 『수생경(壽生經)』을 독송하고 오공양(五供養)을 올리며, ⓖ 정근과 함께 ⓗ 바라를 울리며 축원을 행함으로 이 부분을 마친다.

㉗ 제위진백편(諸位陳白篇)에서는 먼저 ⓐ 법주가 요령을 흔들며 위 청자(請者)들에게 차제(次第)로 공양할 것을 권하는 내용의 게337)를 독송한 다음, ⓑ 대중이 징을 치며 동음창화로 '욕건만나라'를 선송(先誦)하면 법주는 요령을 흔들며 정법계진언〔옴 남〕을 세 번 송한다. 그리고 ⓒ 법주가 다게〔我今諷誦秘密呪 流出無邊廣大供 普供無盡三寶前 願垂慈悲哀納受〕의 전구를 독송하면 대중이 징을 치며 후구를 동음창화함으로서 이 부분이 끝난다.

이어 ㉘ ㉙ ㉚에서는 각각 상·중·하단에 가지공양(加持供養)을 올리는 절차를 행하게 된다.

㉘ 가지변공편(加持變供篇)(上壇)에서는 상단에 가지공양 올리는 의식을 행하는 바, 먼저 ⓐ 법주가 요령을 흔들며 '이미 정단(淨壇)을 설치하고 향공(香供)을 나열하였으니 이에 삼보께서는 가지변화(加持變化)를 행해 주소서'라는 내용의 게338)를 송한 다음, ⓑ 변식진언, ⓒ 시감

---

336) 『釋門儀範(上)』, pp.200~201.
337) 『釋門儀範(上)』, p.201.
338) 『釋門儀範(上)』, p.202.

로수진언, ⓓ 일자수륜관진언, ⓔ 유해진언 등 사다라니를 각각 세 번씩 외운다. 이후 ⓕ 법주가 요령을 흔들며 '상래가지이흘(上來加持已訖) 공양장진(供養將陳) 이차향수(以此香羞) 특신공양(特伸供養)'을 독송하면 대중은 징을 치면서 '이차가지묘공구(以此加持妙供具) 공양삼신제불타(供養三身諸佛陀) 이차가지묘공구(以此加持妙供具) 공양지장대성존(供養地藏大聖尊) 이차가지묘공구(以此加持妙供具) 공양육광보살중(供養六光菩薩衆) 이차가지묘공구(以此加持妙供具) 공양화신육천조(供養化身六天曹) 이차가지묘공구(以此加持妙供具) 공양도명무독중(供養道明無毒衆) 이차가지묘공구(以此加持妙供具) 공양범석제천중(供養梵釋諸天衆) 이차가지묘공구(以此加持妙供具) 공양호세사왕중(供養護世四王衆) 불사자비수차공(不捨慈悲受此供) 시작불사도중생(施作佛事度衆生)'의 게송을 동음창화한다. 이어 ⓖ 대중은 징과 목탁 등을 치면서 보공양진언, ⓗ 보회향진언, ⓘ 능엄주, ⓙ 길상주(吉祥呪), ⓚ 성취진언(成就眞言), ⓛ 보궐진언 등을 세 번씩 동음창화하며, 이후 ⓜ 축원을 행한다.

이어 중단권공(中壇勸供)의 절차가 행해진다. 이는 ㉗ 제위진백편(諸位陳白篇)과 비슷한 내용으로 구성되는 바, 대중이 징을 치며 동음창화로 '욕건만나라'를 선송하면 법주는 요령을 흔들며 정법계진언(옴 남)을 세 번 송한다. 그리고 법주가 다게〔我今化出百千手 各執香花燈茶果 奉獻冥間大會前 願垂慈悲哀納受〕의 전구를 독송하면 대중이 징을 치며 후구를 동음창화함으로서 이 부분이 끝난다.

㉙ 가지변공편(中壇)에서는 중단에 가지공양 올리는 의식을 행한다. 먼저 ⓐ 법주가 징을 세 번 치고 요령을 흔들며 소(疏)를 읽은 다음, ⓑ 법주가 요령을 흔들며 삼보의 가지변화(加持變化)를 청하는 내용의 게339)를 송한 다음, ⓒ 법주가 요령을 흔들며 '상래가지이흘(上來加持已

---

339) 『釋門儀範(上)』, p.203.

訖) 변화무궁(變化無窮) 이차향수(以此香羞) 특신공양(特伸供養)'을 독송
하면 ⓓ 대중은 징을 치면서 '이차가지묘공구(以此加持妙供具) 공양풍
도대제존(供養酆都大帝尊) 이차가지묘공구(以此加持妙供具) 공양시왕명
부중(供養十王冥府衆) 이차가지묘공구(以此加持妙供具) 공양태산부군중
(供養泰山府君衆) 이차가지묘공구(以此加持妙供具) 공양십팔옥왕중(供養
十八獄王衆) 이차가지묘공구(以此加持妙供具) 공양제위판관중(供養諸位
判官衆) 이차가지묘공구(以此加持妙供具) 공양제위귀왕중(供養諸位鬼王
衆) 이차가지묘공구(以此加持妙供具) 공양장군동자중(供養將軍童子衆)
이차가지묘공구(以此加持妙供具) 공양아내종관중(供養衙內從官衆) 이차
가지묘공구(以此加持妙供具) 공양사자졸리중(供養使者卒吏衆) 이차가지
묘공구(以此加持妙供具) 공양부지명위중(供養不知名位衆) 실개수공발보
리(悉皆受供發菩提) 영리일체제악도(永離一切諸惡道)'의 게송을 동음창
화한다. 이어 ⓔ 대중은 징과 목탁 등을 치면서 보공양진언, ⓕ 보회향
진언, ⓖ 금강심주(金剛心呪), ⓗ 성취주(成就呪), ⓘ 보궐주(補闕呪) 등
을 세 번씩 동음창화한다.

　　이후 ⓙ 대중이 징을 치며 '명부시왕(冥府十王)과 제권속등중(諸眷屬
等衆)을 찬탄하는' 탄백(歎白)을 송하며, ⓚ 징과 목탁 등을 치며 동음
창화로 반야심경 삼 편 후 ⓛ 대중 가운데 한 명이 징을 치며 중단의
제성위(諸聖位)들께 재자(齋者)의 생전과 사후를 축원하는 화청(和
請)340)을 송한다. 이어 ⓜ 시왕단(十王壇)에서 고사단(庫司壇)에로 옮겨
봉전(奉錢)하며, ⓝ 징을 울린 후 축원을 행한다.

　　이어 하단권공(下壇勸供)의 절차가 행해지며, 고사단(庫司壇) 권공(勸
供)과 마구단(馬廏壇) 권공 등의 순으로 이어진다.

　　㉚ 가지변공편(下壇)에서는 먼저 고사단 공양이 행해진다. ⓐ 법주가

---

340) 『釋門儀範(上)』, pp.204~207.

요령을 흔들며 '향수나열 재자건성 욕구공양지주원 수장가지지변화 앙
유삼보 특사가지 나무시방불 나무시방법 나무시방승'의 게를 외우며 가
지변공(加持變供)을 행한다. 다음으로 ⓑ 법주가 요령을 흔들며 사다라
니(四陀羅尼) 각 세 번씩을 송하며, 이어 ⓒ 대중은 징과 목탁·요령 등
을 치면서 오공양(五供養)의 게와 함께 ⓓ 가지게(加持偈: 以此加持妙供
具 供養天曹地府君 以此加持妙供具 供養本命星祿衆 以此加持妙供具 供養善
惡童子衆 以此加持妙供具 供養宅神將軍衆 以此加持妙供具 供養家竈大王衆
以此加持妙供具 供養水草將軍衆 以此加持妙供具 供養福祿財祿衆 以此加持妙
供具 供養食祿命祿衆 以此加持妙供具 供養本庫星官衆 虔誠拜獻妙供具 不捨
慈悲受此供)를 독송한다. 가지게의 경우 법주가 요령을 흔들며 전구를
송하면 대중이 징을 치면서 후구를 송하며, ⓔ 대중이 징을 치며 보공
양진언 및 ⓕ 보회향진언을 동음창화로 세 번씩 독송한다.

이후 ⓖ 「수설명사승회소」라 이름한 채 '명부(冥府)에 금은전을 헌납
했다는 영수증의 의미를 갖는 함합소(緘合疏)341)를 대중 가운데 한 명
이 독송하는 바, 소(疏)를 다 읽은 다음 반으로 찢어 반쪽은 불사르고
나머지 반은 재자(齋者)에게 주어 죽은 후 명부에 가지고 가게 한다.
이어 ⓗ 할수재자(割授齋者)를 위한 축원이 행해진다.

다음으로는 마구단(馬廏壇) 공양이 이어진다. ⓘ 해탈문(解脫門) 내에
이르러 화마(畵馬) 10필(匹)을 단상(壇上)에 배치한 후, 콩죽[太豆粥]을
끓여 각각 놓아둔 다음 ⓙ 대중이 징을 치며 동음창화로 변식진언(變食
眞言)을 21편 외운 다음 ⓚ 운심게(運心偈: 願此淸淨妙供饌 供養幽冥神馬
衆 受此妙供大因緣 速離本趣生善道)를, 그리고 ⓛ 대중이 징을 치며 보공
양진언과 ⓜ 보회향진언 등을 각각 세 번씩 독송함으로서 이 부분이 끝
난다.

---

341) 『釋門儀範(上)』, pp.209~210.

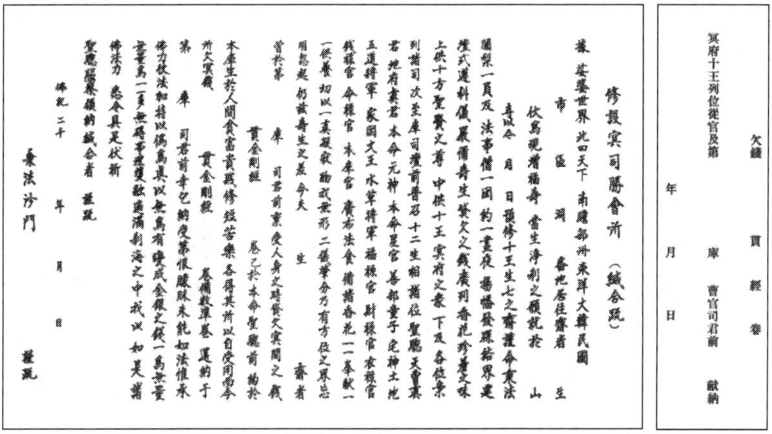
修設冥司勝會疏 (緘合疏)
據 娑婆世界 此四天下 南贍部洲 東洋大韓民國
市 區 洞 居住齋者 生
伏爲現增福壽 當生淨刹之願 就於 山
寺以今 月 日 預修十王生七之齋 謹命秉法
闍梨一員及 法事僧一壇 約一晝夜 揚幡發牒 結界建
壇式遵科儀 嚴備壽生貸欠之錢 廣列香花珍羞之味
上供十方聖賢之尊 中供十王冥府之衆 下及各位眷
列諸司 次至庫司 普召十二生相 諸位聖聰 天曹
君 地府冥君 本命元神 本命星官 善部童子 定神土地
五道將軍 家國大王 水草將軍 福祿官 財祿官 家祿官
錢祿官 命祿官 本庫官 廣布法食 備諸香花 一一奉獻 一
一供養 切以一真凝寂 物我無形 二儀肇分 乃有方位之界 忽
明忽起 仍茲壽生之差 今夫 生 齋者
曾於第 庫 司君前 稟受人身之時 貸欠冥間之錢
貫金剛經 卷乙於本命聖聰前 納於
本庫生於人間 貪富貴賤 修短苦樂 各得其所 以自受用 而今
所欠冥錢 貫金剛經 卷備數準卷 還納于
第 庫 司君前 幸乞納受 第根 賤 未能如法 惟承
佛力扶法加持 以偽爲真 以無爲有 壞成金銀之錢 一爲無量
無量爲一 一多無礙 普覆獻遍滿刹海之中 我以 如是 諸
佛法力 悉令具足 伏祈
聖慈照察 領納緘合者 謹疏
佛紀 二千 年 月 日
秉法沙門 謹疏

欠錢 貫 經 卷
冥府十王列位從官及第 庫 曹官司君前 獻納
年 月 日

도판 60. 수설명사승회소(修設冥司勝會疏: 함합소〈緘合疏〉)

예수재를 행함에 있어 '수설명사승회소'라 이름하는 여러 장의 소(疏)가 쓰인다. 수설명사승회소에는 먼저 사자를 청하는 「사자소(使者疏)」와 사자들에게 공양의 연유를 아뢰는 「행첩소(行牒疏)」, 그리고 삼신불 및 지장보살과 그의 권속 등 상단의 성위를 청하는 「소청성위소(召請聖位疏)」, 지장보살 및 무독귀왕 등 중단의 성위를 청하는 「소청명위소(所請冥位疏)」와 함께 「함합소(緘合疏)」 등이 쓰인다. 이 가운데 「함합소」는 명부(冥府)에 금은전을 헌납했다는 영수증의 의미를 갖는다.

이에 대중 가운데 한 명이 '사바세계 ○○에 사는 ○○가 현증복수(現增福壽)와 당생정찰(當生淨刹)의 원을 세우고 ○○寺에서 예수시왕생칠재를 지내고자 합니다. 하룻밤 동안 번(幡)을 달고 결계(結界)를 짓고 단(壇)을 세워 법식대로 부족한 돈을 만들고 향화와 진수로서 시방성현들 및 12생상(生相)의 제위 등에 이르기까지에 바치오니 공양하옵소서' 등의 내용을 담은 함합소를 독송하고 나면, 소를 반으로 찢어 반쪽은 『금강경』 및 『수생경』, 「금은전(壽生錢)」과 함께 불사르고 나머지 반은 재자(齋者)에게 주어 죽은 후 명부에 가지고 가게끔 한다. 후손들은 이 함합소의 조각을 사자(死者)의 입관시 「금강경 탑타라니」 뒷면에 붙여 명부에 가져가게 한다. 이에 명부에서는 명부에 가져간 조각과 불태워진 조각을 대조·확인하며, 틀림이 없으면 그 공덕으로 왕생케 된다고 한다.

㉛ 공성회향편(供聖回向篇)에서는 위에 청한 제성현제위(諸聖賢諸位)에 대한 공양이 마침과 함께 봉송(奉送)을 위한 예비절차를 행한다. 먼저 ⓐ 법주가 요령을 흔들며 '상래(上來)의 대중이 대비다라니와 제부신주(諸部神呪)·『금강경』·『수생경(壽生經)』 등을 외웠으니 재를 행한 시주와 제유정(諸有情)이 복수(福壽) 현증(現證)하고 정토에 왕생하며,

구경성각(究竟成覺)을 발원한 채 소청(所請)한 모든 신들께 공양이 끝났음을 알리는 내용'의 게342)를 독송하면, 이어 ⓑ 대중이 동음창화로 십념(十念)을 염(念)한다.

이후 재자(齋者)들이 위패며 그릇 등을 받들고 문 밖에 나가면, 시식(施食) 법주가 말번(末番)으로 그들을 마당 가운데로 인도한다. 한편 종두(鍾頭)는 고사패(庫司牌)를 들고 당좌(堂佐)는 화향촉(花香燭)을 들고 법주에게 이르러 마당에로 나아간다. 다음으로 당좌(堂佐)가 사자(使者) 및 동자위패(童子位牌)를, 부종두(副鍾頭)가 귀왕(鬼王)·장군(將軍)·판관(判官)·부지명위(不知名位)의 패(牌)를, 부기사(副記事)는 풍도패(酆都牌)를, 찰중은 단주(壇主) 및 중번(中番)을 인도하여 마당 우측에 서며, 경당좌(經堂佐)는 범석천왕의 패를, 수당좌(首堂佐)가 천조패(天曹牌)를, 상종두(上鍾頭)는 도명무독패(道明無毒牌)를, 상기사(上記事)가 육광패(六光牌)를, 유나는 가마에 있는 삼신패(三身牌)를 시중하며, 단주(壇主) 및 상번(上番)을 인도하여 마당 좌측에 선다.

그리고 병법(秉法)이 경신봉송편(敬伸奉送偏)을 창한 후 고사(庫司) 인도(引導)가 봉송게(奉送偈)를 선창한다.

㉜ 경신봉송편(敬伸奉送篇)에서는 먼저 ⓐ 법주가 요령을 흔들며 제성(諸聖)들을 각 진계(眞界)에 돌아가도록 봉송(奉送)할 것을 고하는 내용의 게343)를 송한 다음, ⓑ 법주가 요령을 흔들며 전구를 창하면 대중이 징을 치며 후구를 창하는 방법으로서 봉송게(奉送偈; 奉送地藏六光尊 拔苦與樂度衆生 奉送道明無毒尊 助揚眞化利有情 奉送應化六天曹 大權示迹濟衆生 奉送梵釋四王衆 實報酬因利人間 奉送國王龍神衆 各離邪見得佛身 奉送酆都大帝衆 回向菩提無上果 奉送十殿冥王衆 速證如來正法身 奉送判官鬼王衆 各離業道證菩提 奉送庫官司君衆 悉發菩提得三昧 奉送將軍童子衆 悉除熱惱得淸凉 奉送使者諸眷屬 遠離憂患常安樂 我於他日建道場 不違本誓還來赴)를

342) 『釋門儀範(上)』, p.211.
343) 『釋門儀範(上)』, p.212.

외운다. 봉송게를 외운 후 법주는 '이 시식염불(施食念佛)을 들은 공덕으로 망연(妄緣)을 여의었는가, 그렇지 못한가? 망연(妄緣)을 여의었다면 천당불찰(天堂佛刹)에 임의로 소요(逍遙)할 것이요, 망연을 여의지 못했다면 다시금 산승(山僧)의 말후(末後) 일게(一偈)를 들어라'라는 내용의 게344)를 외운 후 요령을 한번 흔든다. 이어 '사대각리여몽중(四大各離如夢中) 육진심식본래공(六塵心識本來空) 욕식불조회광처(欲識佛祖回光處) 일락서산월출동(日落西山月出東)'의 게송을 외우는 바, 마지막 구(句)에서 요령을 한번 내린다.

이후 ⓒ 대중이 징과 북, 목탁을 치면서 동음창화로서 십념(十念)과 ⓓ 왕생게(往生偈), ⓔ 소전진언(燒錢眞言), ⓕ 상품상생진언(上品上生眞言), ⓖ 봉송진언(奉送眞言) 등을 외우는 바, 각 진언의 경우에는 세 번씩 외운다. 이어 ⓗ 대중이 징을 치며 동음창화로 파산게(罷散偈: 火湯風搖天地壞 遙遙長在白雲間 一聲揮破金城壁 但向佛前七寶山)를 외움으로서 이 부분이 마쳐진다.

다음으로 고사단주(庫司壇主)가 화재수용편(化財受用篇)을 창하며 화재게(化財偈)를 창한다.

㉝ 화재수용편(化財受用篇)에서는 먼저 ⓐ 법주가 요령을 흔들며 '하나의 재물이 많은 재물로 바뀌어 수용무궁(受用無窮)함을 기원하는 내용의 게'345)를 외우는데, 이때 금은전에 불을 붙여 태운다. 이어 ⓑ 대중이 징을 치며 화재게(化財偈: 願諸佛以神通力 加持冥財遍法界 願此一財化多財 普遍冥府用無盡)를 동음창화하며, ⓒ 징을 치며 소전진언(燒錢眞言: 나모 사만다 못다남 옴 바자나 비로기제 사바하) 및 ⓓ 헌전진언(獻錢眞言: 옴 아자나 훔 사바하)을 각각 세 번씩 동음창화함으로서 이 부분을 마친다.

㉞ 봉송명부편(奉送冥府篇)에서는 명부의 제중(諸衆)을 봉송하는 의

---

344) 『釋門儀範(上)』, p.213.
345) 『釋門儀範(上)』, p.213.

식을 행한다. 이에 먼저 ⓐ 법주가 요령을 흔들며 '제(諸) 명부의 성중
및 영관(靈官)께서 자비로이 이 연회에 오셔 공양하심으로서 우리를 요
익(饒益)케 하셨는 바, 이제 연회가 끝나 본래의 자리에로 모셔 드리고
자 합니다. 이에 우리 부처님께 봉송다라니(奉送陀羅尼)가 있으신 즉,
삼가 마땅히 염(念)코자 합니다'는 내용의 게346)를 독송한 후, ⓑ 법주
와 대중은 북과 징, 목탁 등을 치면서 단(壇)에 올린 물건을 태운다. 이
때 '십전올올환본위(十殿兀兀還本位) 판관호종귀각점(判官扈從歸各店)
동자서서차제행(童子徐徐次第行) 사자상상행차도(使者常常行次到) 봉송
명부예배간(奉送冥府禮拜間) 전위소진풍취헐(錢爲燒盡風吹歇) 소재강복
수여해(消災降福壽如海) 영탈객진번뇌염(永脫客塵煩惱焰)'의 게송을 외
운다. 이어 ⓒ 대중이 징과 북, 목탁 등을 치며 소재주(消災呪) 및 ⓓ
봉송진언을 각각 세 번씩 독송하며, ⓔ 삼보불패(三寶佛牌)와 삼신번(三
身幡) 등을 태울 때에는 징을 치며 '시방제찰해(十方諸刹海) 장엄실원만
(莊嚴悉圓滿) 원수귀정토(願須歸淨土) 애념인계인(哀念忍界人)'이란 게
송을 동음창화함으로서 이 부분을 마친다.347)

㉟ 보신회향편(普伸回向篇)에서는 예수재가 끝났음을 아뢰는 절차를
행한다. 이에 먼저 ⓐ 법주는 소대(燒臺)에서 상단을 향해 선 채 재(齋)
가 끝났음을 알리는 간략한 게348)를 독송하며, ⓑ 대중은 '삼보께 지은
공덕으로 일체 유정이 모두 불도(佛道) 이룰 수 있기를 발원하는' 내용
의 게〔歸依三寶竟 所作諸功德 施一切有情 皆共成佛道 南無歡喜藏摩尼寶積
佛 南無圓滿藏菩薩摩訶薩 南無回向藏菩薩摩訶薩〕를 동음창화한다. 게송의

346) 『釋門儀範(上)』, p.214.
347) 『釋門儀範』의 「豫修薦王通儀」'將迎排座時' 항목에 의할 것 같으면 '장군을 맞아
    모두 공양하고 나서 錢과 馬, 王目(위패)을 거둘 때는 아래서부터 위로 차례를
    따라 거두어 鐵床 위에서 사룬다. 철상이 없을 때는 쑥〔蒿〕으로 비를 만들어 깨
    끗이 땅을 쓸고 태우되, 막대기로 뒤적이지 말라. 만약 뒤적거리면 靈神이 收用
    하는 바가 없을 것이니, 뒤적거리지 않으면(뒤적거리지 않고도 타면?) 그 복덕이
    무량할 것이다'라고 말하고 있다.(p.232)
348) 『釋門儀範(上)』, p.215.

마지막 구(句)에 이르면 징을 세 번 친다. 이어 ⓒ 대중이 동음창화로 회향게(回向偈: 普願衆生苦輪海 摠令除熱得清凉 皆發無上菩提心 同出愛河 登彼岸)를 독송하는데, 마지막 구(句)에 이르러 징을 세 번 친다. 이로서 예수재의 모든 절차를 마친다.

Ⅲ

맺음말

불교의례의 궁극적 지향점은 불교 근본 목적으로서 '수행을 통한 해탈'의 성취에 있다고 할 수 있다. 이에 '수행'이란 śila, 즉 계(戒)라 번역되는 용어로서, 부처님 모범에 따른 '적합한 규범'을 실행함을 뜻한다. 한편 부처님께서는 재세시(在世時) 승단 구성원들이 행해야 할 '행위의 규범적 원리'를 제정한 바 있어 이는 vinaya, 즉 율(律)이라 번역되며, '길들임'을 의미한다. 즉 '적합한 규범(śila; 戒)'의 실행을 통한 우리 자신 '길들임(vinaya; 律)'을 통해 우리는 신·구·의 삼업(三業)의 허망한 열정을 가라앉힌 채 내면의 '개인적 자유', prātimokṣa(波羅提木叉)를 성취할 수 있으리라는 것이다.

이로서 생각해 본다면 불교 수행의 궁극적 목표를 향해 나아가고자 하는 입문자(入門者)들은 부처님 모범을 따라 부처님께서 제정하신 '적합한 규범'인 śila(戒)의 실행과 함께, '행위의 규범적 원리'로서 vinaya(律)에 스스로 길들여질 수 있어야 하는 바, 위 śila(戒)와 vinaya(律)의 총체적 의미성을 의례(儀禮) 가운데서 찾아야 할 것이라 생각한다.

이에 불교의례란 그 자체가 수행의 방법을 뜻하고 있음을 말할 수 있다. 한편 불교 수행이란 무명(無明)의 집착으로부터 생겨난 탐·진·치 삼독을 제거한 채 계·정·혜 삼학을 통한 현세해탈(現世解脫)에 있음을 말할 수 있어, 무명(無明)의 탐·진·치는 윤회의 근본으로서 그 자체가 고(苦)라 표현될 수 있기도 하는 바, 그 고(苦)의 근원인 업(業)의 청정을 통해 우리는 무명 자체인 혹(惑)을 제거할 수 있기도 하다. 이로서 생각한다면 불교의례란 혹(惑)을 제거하기 위한 신·구·의 삼업(三業)의 청정이라 말할 수 있는 채, 이는 신·구·의 삼업의 참회(懺悔)와 연결되어 있기도 하다.

한편 불교의례는 '공덕을 통한 현세구복(現世求福)' 내지 '업의 청정을 통한 정토왕생의 희구'적 측면으로서 예경(禮敬) 및 반승(飯僧: 그리고 齋)의 의미를 넘어선 채, 적합한 규범(śila; 戒)의 실행과 우리 자신의 길들임(vinaya; 律)을 통해 신·구·의 삼업의 허망한 열정을 가라앉힘으로서 바라제목차(波羅提木叉, prātimokṣa) 또는 해탈(解脫, mokṣa)을 추구한다는 불교 수행의 궁극적 목표에로 그 지향점을 설정하고 있는 바, 그럼에도 신·구·의 삼밀(三密)의 가지(加持)를 통한 현세해탈, 즉 즉신성불(即身成佛)에로의 추구 가운데 그 참다운 목적이 존재함을 말할 수 있기도 하다.

한편 '승가(僧伽) 일상생활 그대로가 의례이며 일상생활을 영위함이 곧 의례의 집행'이라는 규준 속에서 생각해 본다면 불교의례란 승가생활의 행·주·좌·와·어·묵·동·정을 포괄한 모든 위의(威儀)와 법식(法式)을 의미할 것인 바, 그럼에도 그 가운데 본고(本稿)에서는 그 설행(設行) 시기에 따른 상용의례(常用儀禮)만에 한정한 채 이를 기술하였다.

또한 이미 상정된 본고(本稿)의 부제(副題)가 〈불교 제(諸) 의례의 설행 절차와 방법〉이라 규정되어진 속에 본 논문은 기존 문헌의 나열 및 현장조사에 의거한 보고서적 성격을 크게 벗어날 수 없는 한계를 갖는다. 그럼에도 불구하고 불교의례 전반에 대한 일련(一連)의 외적 양태에 대한 정리를 통해, 그리고 그 각각의 의미성에 대한 체계적 분석을 통해, 불교의례 가운데 담겨 있는 의례 본연의 모습을 발견할 수 있는 충분한 자료적 구실을 할 수 있으리라 생각한다.

參考文獻

1. 原典

〈大正新修大藏經〉
大正藏 1　　中阿含經
　　　　　　持齋經
　　　　　　大樓炭經
　　　　　　羅摩經
　　　　　　遊行經
大正藏 2　　雜阿含經
　　　　　　耕田經
　　　　　　增一阿含經
大正藏 3　　佛說普曜經
　　　　　　悲華經
大正藏 4　　賢愚經
　　　　　　法句經
大正藏 8　　金剛般若波羅密經
大正藏 9　　妙法蓮華經
大正藏 13　地藏菩薩本願經
大正藏 14　維摩詰所說經
大正藏 16　佛說盂蘭盆經
　　　　　　佛說浴佛功德經
　　　　　　佛說摩訶刹頭經
大正藏 18　一切如來大秘密王未曾有最上微妙大曼拏羅經
　　　　　　大日經
大正藏 19　大佛頂如來密因修證了義諸菩薩萬行首楞嚴經
大正藏 21　佛說灌頂隨願往生十方淨土經
　　　　　　新集浴佛儀軌

佛說安宅神呪經

大正藏 22 摩訶僧祇律

四分律

大正藏 24 善見律毘婆沙

大比丘三千威儀

沙彌十戒法幷威儀

大正藏 25 大智度論

大正藏 27 阿毘達磨大毘婆沙論

大正藏 29 阿毘達磨俱舍論

大正藏 32 菩提心論

大正藏 40 四分律刪繁補闕行事鈔

大正藏 45 教誡新學比丘行護律儀

說罪要行法

大正藏 46 四明尊者教行錄

大正藏 48 勅修百丈清規

頭首就僧堂點茶

誡初心學人文

大正藏 51 大唐西域記

大正藏 53 法苑珠林

大正藏 54 南海寄歸內法傳

釋氏要覽

諸經要集

飜譯名義集

〈卍續藏經〉

卍續藏經 59 菩薩戒義疏

卍續藏經 87 佛說壽生經

卍續藏經 106 在家律要廣集二卷

卍續藏經 109 衣鉢名義章

卍續藏經 110 佛制比丘六物圖

卍續藏經 111　佛說預修十王生七經
　　　　　　　幻住淸規
　　　　　　　禪林備用淸規
　　　　　　　禪林疏語考證
　　　　　　　叢林校定淸規總要
　　　　　　　入衆日用
　　　　　　　入衆須知

〈韓國佛敎全書〉
韓佛全 1　　發心修行章
韓佛全 7　　雲水壇謌詞
韓佛全 10　作法龜鑑
　　　　　　　三門直指
　　　　　　　禪文手鏡
韓佛全 11　天地冥陽水陸齋儀梵音刪補集

〈其他〉
三國遺事
帝王韻紀
高麗史
高麗圖經
朝鮮神事誌(李能和)
朝鮮禪敎史(忽滑谷快天 著)
朝鮮佛敎通史
東國歲時記
洌陽歲時記
慵齋叢話
京都雜志
東國李相國集
朝鮮金石總覽

韓國佛敎儀禮資料叢書(朴世敏 編)
釋門儀範
舊五代史
宋史
舊唐書
新唐書
Ṛg-Veda

〈古書本〉
梵魚寺書記横留傳, 大韓 光武 6년(1902).
現行經(고려 충열왕 24년, 1298년 居祖寺 道人 元昷 錄).

〈CD 資料〉
僧伽學會ed, CD Title〈불교학 관련자료 모음〉, 1997.

2. 二次資料

〈單行本〉
姜舞鶴,『韓國歲時風俗記』, 서울, 집문당, 1987.
金東湖,『佛心과 修行功德』, 서울, 경인문화사, 1972.
金煐泰,『한국불교사』, 서울, 경서원, 1997.
金月雲,『日用儀式隨聞記』, 서울, 中央僧伽大學 出版局, 1991.
金在喆,『朝鮮演劇史』, 漢城圖書, 1933.
대구사원주지연합회 편,『발원문선집』, 대구, 中文出版社, 1986.
대한불교조계종 교육원 편,『行解禮敬集』, 서울, 불지사, 1996.
대한불교 조계종 개혁회의 포교부 편,『우란분재의 참뜻 참실천』, 서울, 불지사, 2538.
대한불교조계종 총무원,『宗憲』(대한불교조계종 법령집, 서울, 다보기획), 1995.

東國大學校 博物館, 通度寺 編, 『佛敎儀式具』, 서울, 도서출판 신유, 1995.

목정배, 『삼국시대의 불교』, 서울, 동국대학교 출판부, 1991.

文化財管理局 文化財硏究所 編, 『佛敎儀式』, 文化財硏究所, 1989.

문화체육부 종무실, 『한국종교의 의식과 예절』, 1995.

朴相國, 『전국 사찰 소장 목판본』, 서울, 문화재관리국, 1987.

법현(김응기), 『영산재 연구』, 서울, 운주사, 1997.

法興 편역, 『戒律綱要』, 서울, 우리출판사, 1994.

불광사출판부 편, 『금강반야바라밀경 사경』, 서울, 불광출판부, 1996.

불일출판사 편집부, 『성불합시다』, 서울, 불일출판사, 1987.

釋哲牛 註釋, 『沙彌律儀』, 서울, 도서출판 토방, 1993.

운허용하, 『방생의식』, 서울, 보련각, 1983.

圓仁(申福龍 譯), 『入唐求法巡禮行記』, 서울, 정신세계사, 1991.

李相河 編, 『新編豫修齋儀式』, 경기도 水月寺, 1985.

任東權, 『韓國民俗綜合調査報告書〈충남편〉』, 1976.

임동권, 『한국민요집(1)』, 서울, 집문당, 1974.

장수근, 『한국의 세시풍속』, 서울, 형설출판사, 1984.

井辛 編, 『佛家日用作法』(月雲 編著, 『日用儀式隨聞記』, 서울, 중앙승가대학 출판국), 1991.

中村元(金知見 譯), 『佛陀의 世界』, 서울, 김영사, 1984.

日陀 編譯, 『梵網經 菩薩戒布薩 朗誦本』, 용안사 刊.

正 覺, 『法住寺』, 보은, 법주사출판부, 佛紀 2537.

正 覺, 『예불』, 서울, 운주사, 1994.

正 覺, 『천수경 연구』, 서울, 운주사, 1996.

正 覺, 『가람, 절을 찾아서』, 서울, 운주사, 1991.

조계종 포교원 편, 『불교입문』, 서울, 조계종출판사, 1996.

조셉 켐벨·빌 모이어스(이윤기 역), 『신화의 힘』, 서울, 고려원, 1992.

通度寺 佛敎專門講院 編, 『行者受持』, 己未 孟秋.

崔法慧 篇, 『高麗板〈重添足本〉禪苑淸規』, 서울, 민족사, 1987.

한정섭, 『불교의식의 바른 이해』, 서울, 삼원사, 1995.

玄奘(권덕주 譯), 『대당서역기』, 서울, 우리출판사, 1983.

438

洪潤植, 『불교와 민속』(현대불교신서, vol. 33), 서울, 동국대학교 부설 역경원, 1980.

洪潤植, 『한국불교의 밀교적 특색』, 서울, 도서출판 만다라, 1995.

洪潤植, 『불교의식구』, 서울, 대원사, 1996.

赤松智城, 秋葉隆 共編(沈雨晟 譯), 『朝鮮巫俗의 硏究(上)』, 서울, 동문선, 1991.

佐藤密雄(崔法慧 譯), 『律藏』, 서울, 동국역경원, 1994.

佐藤義英, 『雲水日記』, 東京, 禪文化硏究所, 昭和58.

Chögyam Trungpa, Journey without Goal – The Tantric
    wisdom of the Buddha(Boston: Shambhala Pub), 1981.

〈論文〉

高翊晋, 「新羅下代의 禪傳來」(『한국 선사상 연구』, 동국대), 1984.

김갑동, 「고려시대의 산악신앙」(『한기두 화갑기념 한국종교사상의 재조명』(上), 圓光大出版局), 1993.

金煐泰, 「新羅 占察法會와 眞表의 敎法 硏究」(佛敎學報 vol. 9), 1972.

金煐泰, 「서문」(朴世敏 編, 『韓國佛敎儀禮資料叢書』〈第一輯〉, 三聖庵), 1993.

金雲學, 「韓國 禪茶의 硏究」(佛敎學報, vol. 12), 1975.

김형우, 「고려시대 국가적 불교행사에 대한 연구」(동국대학교 박사학위 논문), 1992.

사재동, 「고려조의 강창문학」(충남대 박사학위 논문), 1996.

오출세, 「한국민속과 불교의례」(홍윤식 외 편, 『불교 민속학의 세계』, 서울, 집문당), 1996.

李智冠, 「韓國僧伽敎育의 史的考察」(佛敎學報 vol. 18), 1981.

李智冠, 「看堂作法에 對한 考察」(佛敎學報, vol. 19), 1982.

印 幻, 「律藏의 번역 간행에 붙이는 跋文」(佐藤密雄〈崔法慧 譯〉, 『律藏』, 서울, 동국역경원), 1994.

임영자, 「한국의 불교 복식에 관한 연구」, 한국미술사학회, 1980,

任昌淳, 「典籍」(한국문화재보호협회 편, 『文化財大觀』, vol. 2), 1988.

張椿錫, 「敦煌父母恩重經講經文硏究」(프랑스 東方學大學院〈INALCO〉 석사학

위 논문), 1991.

正覺, 「千手陀羅尼에 대한 印度 神話學的 一考察」(『미래불교의 향방〈미천 목정배박사 화갑기념논총〉』, 도서출판 장경각), 1997.

正覺, 「불교적 구원관」(神學과 思想, vol. 22), 1998.

한미혜, 「韓國 僧侶 裂裟에 관한 考察」(세종대 대학원, 석사학위논문), 1989.

韓龍雲, 「朝鮮佛敎維新論」, 1909年(『禪과 人生』, 서울, 동서문화사), 1977.

洪潤植, 「佛典上으로 본 佛敎音樂」(佛敎學報, vol. 9), 1972.

洪潤植, 「韓國 佛敎儀式에 나타난 淨土信仰」(佛敎學報, vol. 13), 1976.

洪潤植, 「삼국유사와 불교의례」(佛敎學報, vol. 16), 1979.

홍준현, 「민족문화의 정신적 뿌리」(法會, vol. 15), 1986년 2월.

黃壽永, 「新羅 景德王代의 白紙墨書 華嚴經」(歷史學報, vol. 83)

〈其他〉

左藤達玄, 「中外日報」, 昭和59년 8월 22일 기사.

「朝鮮後期 韓國 寺刹의 看經制度」 李晦明禪師 實錄(韓國佛敎最近百年史 第2冊, 「敎育編年」)

六甲十王願佛歌(「和請」, 문화재관리국 무형문화재 조사보고서, 제65호)

一陀, 「儀式 · 衣制 · 僧規의 改善」(法興 편역, 『戒律綱要』, 서울, 우리출판사, 1994.)

回光僧贊, 「禪家의 生活」(法興 역음, 『禪의 世界』, 서울, 도서출판 호영), 1992.

한보광, 「예수재 신앙의 재조명」(「대한불교신문」, 불기 2537년 5월 15일) 기사.

「주간불교신문」, 1997년 9월 9일 기사.

「불교신문」, 1997년 8월 13일 기사.

「불교신문」, 1997년 8월 19일 기사.

「불교신문」, 1997년 8월 26일 기사.

440

圖版目錄

　이 책에 사용된 도판(圖版) 중 많은 부분이 저작권자의 양해하에 기존 자료로부터 인용되었다. 이들 각각의 도판들을 게재할 수 있도록 허락해 주신 통도사 범하스님과 송광사 법흥스님, 박상국님, 「동학」, 「수다라」, 「현대불교신문」, 「불교신문」 관계자들께 감사 드리며, 각각의 인용 도판에는 그 출전을 밝혀 두었다.

442

圖表目錄

찾아보기

450

452

453

454

456

460

정각(正覺, 문상련)

송광사 출가, 통도사 강원講院 졸업, 동국대 불교학과 및 미술사학과 박사과정 수료, 철학박사 학위를 받았다. 무비스님을 법사로 강맥講脈을 전수했으며, 조계종 교수아사리에 위촉되었다. 동국대 겸임교수 및 불교신문 논설위원, 경북 문화재위원, 문화재청 문화재위원, 한국종교인평화회의(KCRP) 종교간대화위원장을 역임하였다. 현재 중앙승가대학교 교수 및 고양 원각사 주지로 있다. 『천수경연구』 등 10여 종의 저서와 「소의경전에 따른 천수관음도 지물持物 도상의 유형 변화」 등 40여 편의 논문을 저술하였다.

한국의 불교의례 I

초판 1쇄 발행 2001년 1월 15일 | 초판 3쇄 발행 2016년 7월 11일
지은이 정각 | 펴낸이 김시열
펴낸곳 도서출판 운주사

    (02832) 서울시 성북구 동소문로 67-1 성심빌딩 3층

    전화 (02) 926-8361 | 팩스 0505-115-8361

ISBN 978-89-85706-58-2 93220 값 27,000원

http://cafe.daum.net/unjubooks 〈다음카페: 도서출판 운주사〉